A NOSSA ÚLTIMA ESPERANÇA

Rei Abdullah II da Jordânia

A NOSSA ÚLTIMA ESPERANÇA

A DEMANDA DA PAZ EM TEMPOS ADVERSOS

Linotipo Digital

Título original: Our Last Best Chance

Créditos fotográficos da capa: Y. Allan

Editores brasileiros: Laerte Lucas Zanetti e Luiz Márcio Betetto Scansani

Coordenação de produção: Laerte Lucas Zanetti

Capa da edição brasileira: Rogério Salgado/ Spress

Tradução: Michelle Hapetian

Versão da edição brasileira e revisões: Luiz Márcio Betetto Scansani

Dados Internacionais de Catalogação na Publicação (CIP)
(Câmara Brasileira do Livro, SP, Brasil)

Abdullah II, Rei da Jordânia, 1962-
A nossa última esperança : a demanda da paz em tempos adversos / Rei Abdullan II da Jordânia ; [tradução Michelle Hapetien ; versão da edição brasileira e revisões Luiz Márcio Betetto Scansani]. / — São Paulo : Linotipo Digital, 2014.

Título original : Our last best chance

ISBN 978-85-65854-04-7

1. Abdullan II, Rei da Jordânia, 1962- 2. Conflito árabe-israelense — 1993 — Paz 3. Consolidação da paz — Oriente médio 4. Jordânia — Política e governo 5. Jordânia — Reis e governantes — Autobiografia I. Título

14-02535 CDD-956.95044092

Índices para catálogo sistemático:
1. Jordânia : chefes de Estado : Autobiografia 956.95044092

Este livro segue as regras do Acordo Ortográfico da Língua Portuguesa, em vigor desde 01/01/2009.

2014
Todos os direitos desta edição reservados à
Linotipo Digital Editora e Livraria Ltda.
Rua Marconi, 107, sala 505
01047-000 - República - São Paulo, SP
www.linodigi.com.br - (11) 3256-5823

Este livro é para o povo da Jordânia

SUMÁRIO

Prefácio 9

Parte I

1. O Início do Conflito 23
2. A Guerra de 1967 35
3. Um Céu Carregado Sobre Amã 45
4. Chegada à América 55

Parte II

5. Sandhurst 67
6. Noites de Qatraneh 75
7. Missão Secreta 83
8. "Vocês Não Têm Alternativas" 93
9. Casamento Real 107
10. Lições de Diplomacia 117
11. Operações Muito Especiais 133

Parte III

12. No Encalço de uma Lenda 143
13. Ser Rei 165
14. Amigos e Vizinhos 179

15. Transformar a Jordânia 193
16. Deerfield do Deserto 217

Parte IV
17. Jerusalém no Cerne do Conflito 227
18. Procurar a Paz, Obter a Guerra 237
19. Guerra no Deserto 257
20. "Seremos Recebidos como Libertadores" 269

Parte V
21. O Meu Islã 285
22. O 11 de Setembro da Jordânia 297
23. A Mensagem de Amã 305

Parte VI
24. O Fim de uma Era 315
25. Cai a Máscara 329
26. Uma Nova Voz da América 341
27. Fortaleza Israel ou Uma Solução de Cinquenta e Sete Estados? 359

Agradecimentos 383
Índice Remissivo 387

PREFÁCIO

Quando comecei a escrever este livro, há dois anos, tinha esperança de que ele viesse a revelar as engrenagens do processo através do qual, contra todas as probabilidades, os Estados Unidos, Israel e o mundo árabe e muçulmano tinham celebrado a paz no Oriente Médio. No entanto, ao redigir estas linhas, só posso dizer que esta história nos mostra como a paz insistiu em escapar-nos. A verdade é que, numa região como a minha, onde o otimismo é mais precioso do que a água, não nos podemos dar ao luxo de perder a esperança.

O que levaria um chefe de Estado a escrever um livro? São tantas as contra-indicações. Afinal de contas, governar um país, por menor que este seja, é um emprego a tempo inteiro. A essa função, se acresce a tarefa de manter boas relações com os vizinhos – muitos dos quais poderão ofender-se facilmente com a apresentação sincera dos fatos, vista sob a perspectiva de outra nação. Além disso, há também aqueles que preferem manter a discrição sobre os seus atos ou receber mais elogios do que merecem.

Decidi ignorar esse tipo de considerações e escrever esta obra, pois o Oriente Médio – o lugar violento em que habito – está sofrendo uma verdadeira crise. Creio que ainda nos resta uma última esperança de conseguir a paz. Contudo, essa janela não tarda a fechar-se. Se não aproveitarmos a oportunidade apresentada pelo consenso internacional já quase unânime quanto à solução, estou seguro de que assistiremos a outra guerra na região – muito provavelmente pior do que as anteriores e com consequências bem mais desastrosas.

As gentes daqui têm boa memória e lembram-se prontamente de todas as anteriores tentativas falhadas para juntar as partes do conflito. Muitos desses intervenientes ainda se mantêm na ribalta e o mais certo é lá continuarem durante muitos anos. Essa pode ser uma boa razão para não se abordar publicamente as questões mais delicadas, mas sou da opinião de que o mundo deve conhecer os riscos da inação.

A geração de meu pai viu-se a braços com uma sucessão de guerras que iam ocorrendo a um ritmo de uma por década. À guerra de 1948, desencadeada pela criação de Israel, seguiram-se a do Suez, em 1956, a desastrosa guerra de 1967 em que Israel se apoderou da Cisjordânia, do Sinai e dos montes Golã, e o conflito de 1973, em que o Egito e a Síria tentaram inutilmente recuperar os territórios perdidos em 1967. Depois, nos anos 80 do século XX, eclodiu a Guerra Irã-Iraque, e os israelenses invadiram o Líbano. Em 1991, foi a vez da Guerra do Golfo. Os interregnos só poderiam ser denominados de tempos de "paz" em termos muito latos. Nos onze anos transcorridos desde que me tornei rei da Jordânia assisti a cinco conflitos: a Intifada de Al Aqsa, em 2000, a invasão americana do Afeganistão, em 2001, a invasão americana do Iraque, em 2003, a invasão israelense do Líbano, em 2006, e o ataque israelense a Gaza, em 2008-9. A nossa conturbada região parece presenciar um novo conflito de dois em dois ou de três em três anos. O meu maior temor para o futuro é que, por qualquer novo atrito, Israel volte a confrontar-se com os seus vizinhos, iniciando uma guerra de proporções assustadoras.

O conflito entre os israelenses e os palestinos remonta ao primeiro quarto do século XX, mas o impacto da sua luta repercute-se no presente. Desde o fracasso do processo de paz de 2000 quando foram mortos cerca de mil israelenses e mais de seis mil e quinhentos palestinos. O número de feridos de ambas as partes é bastante superior. Atualmente, o Oriente Médio enfrenta o desafio fulcral de resolver um conflito que quase definiu a história moderna da região. Creio que, tendo êxito, atingiremos uma das principais raízes da violência e da instabilidade que afligem o Oriente Médio.

Muitos ocidentais entendem a nossa região como um conjunto de desafios isolados: o expansionismo iraniano, o terrorismo extremista, as tensões sectárias no Iraque e no Líbano, bem como o conflito já fora de prazo entre Israel e os palestinos. No entanto, a verdade é que esses desafios estão todos interligados. O fio condutor é o conflito israelo-palestino.

Para os muçulmanos, o conflito israelo-árabe é qualitativamente diferente de qualquer outro em que eles alguma vez se tenham envolvido. Ao contrário do que algumas pessoas gostam de dizer, esta não é uma luta religiosa. Trata-se de um conflito sobre direitos e terras. Em 1900, viviam cerca de 60 mil judeus e 510 mil árabes no território da histórica Palestina. Após um século de imigração em massa, a população é agora composta por seis milhões de judeus e por apenas cinco milhões de árabes. Muitos imigrantes judeus chegaram na época das perseguições do regime nazista que culminaram numa das maiores tragédias da história – o Holocausto. Muitos mais chegaram depois, quando Israel abriu as portas aos judeus de todo o mundo. A guerra de 1948 resultou no deslocamento de centenas de milhares de palestinos cuja maioria jamais pôde regressar ao lar. A guerra de 1967 colocou muitos mais – especialmente os que viviam na Cisjordânia, que pertencera à Jordânia – sob ocupação israelense. Hoje em dia, milhões de palestinos vivem sob ocupação israelense e veem a identidade de Jerusalém – uma das três cidades santas do Islã – ameaçada pelos atos israelenses. É a importância de Jerusalém que explica, em parte, a centralidade que assume a questão palestina para os árabes e os muçulmanos do mundo inteiro.

Se há coisa que o Ocidente não compreende bem é que se trata de uma questão global. Quando vou à Indonésia ou à China encontrar-me com muçulmanos, eles querem falar de Jerusalém. Quando me desloquei a Nova Deli, em 2006, e me reuni com a comunidade muçulmana da Índia, perguntaram-me: "Quando é que os árabes vão resolver o problema israelo-palestino?" Sempre que os paquistaneses enumeram os seus ressentimentos, Israel surge logo a seguir à Índia. A questão palestina é uma causa que ressoa entre os 1,5 mil milhões de muçulmanos do mundo inteiro.

Eis a explicação (mas não a justificativa) para que grupos extremistas como os da Al Qaeda, afirmando querer "libertar" Jerusalém, consigam manipular a causa e cativar outras pessoas para cometerem atos terroristas em nome da defesa do Islã e dos palestinos. É por isso que grupos como o Hezbollah e o Hamas, tão diferentes da Al Qaeda quer em missão, quer em ideologia, se armam contra Israel, e é por isso também que cada vez mais árabes e muçulmanos respondem aos apelos à resistência. À medida que vão fracassando os esforços dos países árabes, como a Jordânia, o Egito e o reino da Arábia Saudita, para se conseguir uma paz negociada, a instigação à luta armada contra a ocupação ganha mais credibilidade.

No entanto, se Israel conseguisse estabelecer a paz com os palestinos, então, que justificativa moral poderia qualquer governo ou grupo de resistência apresentar para insistir na luta? Se Jerusalém fosse uma cidade partilhada e Jerusalém Oriental fosse a capital de um Estado palestino viável, soberano e independente, que justificativa teria o governo do Irã, por exemplo, para a sua retórica e os seus atos anti- israelenses?

Uma das melhores armas contra os extremistas violentos é menosprezar-lhes os clamores de guerra. Resolver o problema mais sensível do mundo muçulmano com o estabelecimento de um Estado palestino baseado nas fronteiras que este tinha até 1967, com capital em Jerusalém Oriental, ajudaria a eliminar um dos maiores motivos de conflito no mundo muçulmano. Alcançar uma paz justa e duradoura é uma das ferramentas mais poderosas contra o extremismo que certamente não demoverá todos os fanáticos, mas levará a uma transformação radical no campo de jogo. Essa deveria ser uma prioridade não só americana, mas também do mundo árabe.

O impacto que este conflito produz sobre a comunidade cristã e os locais sagrados de Jerusalém é outro dos aspectos frequentemente mal interpretados. Embora tenha deixado de reger a Cisjordânia – e em consequência, Jerusalém Oriental – com a guerra de 1967, a Jordânia permanece a guardiã legal e política de todos os locais sagrados da Cidade Antiga, tanto cristãos como muçulmanos. Assim, quando os israelenses tentam consolidar a sua ocupação ilícita de Jerusalém Oriental, erigindo mais colônias, a

Jordânia impõe-se como acérrima defensora dos direitos das comunidades cristãs e muçulmanas. Atualmente, restam apenas cerca de oito mil cristãos em Jerusalém, em contraste com os trinta mil que lá residiam em 1945. As políticas israelenses, por um lado, e as pressões socioeconômicas, por outro, forçaram a maioria dos cristãos a partir. Os cristãos naturais de Jerusalém são, em boa parte, árabes e, embora aceite os cristãos estrangeiros que visitam Jerusalém, Israel dificulta muito a vida aos cristãos hierosolimitas. É irônico, pois, além de ser a mais antiga comunidade cristã do mundo, a comunidade cristã árabe está em Jerusalém desde os tempos de Jesus Cristo. A ocupação infligiu sofrimento quer aos cristãos palestinos, quer aos muçulmanos palestinos, e ambas as partes desejam a liberdade e o estatuto de Estado.

Até aqui a abordagem dos esforços pela paz tem consistido em instar todas as partes a tomar medidas suplementares para resolver pequenas questões, deixando as mais problemáticas – como a do estatuto definitivo de Jerusalém – para data posterior. O problema é que, se insistirmos em deixar para amanhã os maiores dilemas, jamais poderemos concluir este assunto. Temos de resolver imediatamente as questões quer dos estatutos definitivos de Jerusalém, dos refugiados e das fronteiras, quer da segurança. Nesta altura, essa é a nossa única esperança de resgatar a solução de dois Estados. Não há outra hipótese.

Houve momentos em que censurei veementemente o comportamento e a intransigência de Israel, mas escusado será dizer que ambas as partes são muito culpadas pelo fracasso do processo de paz. Árabes e israelenses têm de reconhecer as necessidades de cada lado. Uma solução de dois Estados predica-se tanto no reconhecimento dos direitos dos palestinos à liberdade e ao estatuto de Estado pelos israelenses como no reconhecimento do direito de Israel à segurança pelos palestinos e o resto do mundo muçulmano. Não temos outra escolha senão viver juntos. Ambas as partes têm a responsabilidade moral de se empenhar no estabelecimento da paz. Para além disso, têm um imperativo pragmático muito convincente: a alternativa é mais conflito e violência.

A geografia, a história e o direito internacional ditam o envolvimento da Jordânia no processo da busca de uma solução para o conflito. Acolhemos mais de 1,9 milhões de refugiados palestinos – um número superior ao de qualquer outro país – e mantemos relações de amizade quer com os vizinhos árabes de Israel, quer com os Estados Unidos. Somos também um dos dois únicos países árabes que assinaram um tratado de paz com Israel.

É a resolução do conflito palestino que permitirá a normalização das relações entre Israel e o mundo muçulmano inteiro. Nos últimos anos do seu reinado, meu pai desenvolveu uma proposta que oferecia a Israel abrangentes termos de paz com a totalidade dos vinte e dois países árabes, em troca da retirada completa de Israel das terras árabes ocupadas e do estabelecimento de um Estado palestino. Infelizmente, a sua proposta não teve força e ficou encalhada com a sua morte. Quando me tornei rei, recuperei o plano de meu pai e levei o nosso governo a debatê-lo com o Egito e a Arábia Saudita. Os sauditas acabaram por pegar a ideia e desenvolvê-la, quando o príncipe real, Abdullah bin Abdulaziz al Saud, o apresentou na Cimeira da Liga Árabe, realizada em Beirute, em 2002. A cimeira adotou coletivamente a proposta saudita que se tornou conhecida como a Iniciativa de Paz Árabe.

A iniciativa exigia a completa retirada israelenses de todos os territórios árabes ocupados desde 1967, um acordo negociado sobre a questão dos refugiados palestinos e o estabelecimento de um Estado palestino independente e soberano, com capital em Jerusalém Oriental. Em troca, os vinte e dois países árabes declaravam-se dispostos a "dar por concluído o conflito israelo-árabe, entrar num acordo de paz com Israel e proporcionar segurança a todos os Estados da região". Além disso, afirmavam-se capazes de "estabelecer relações normais com Israel no contexto dessa paz abrangente". Fiquei surpreendido com os israelenses e, até, com alguns membros da administração americana, por terem logo abatido a iniciativa, categoricamente. Muitos deles com quem conversei posteriormente deram-me a entender que nem sequer tinham lido o documento. No que respeitava aos refugiados, por exemplo, a iniciativa propunha "a procura de uma solução justa para o problema dos refugiados palestinos a ser acordada em concordância com a resolução 194 da Assembleia Geral da ONU". A expressão operativa a reter aqui é "acordada" e sempre que mencionava esse fato aos israelenses eles responder-me-iam "ah" e alguns admitiriam nem sequer se ter dado ao trabalho de ler o texto. A Iniciativa de Paz Árabe seria subsequentemente aprovada pela totalidade dos cinquenta e sete estados-membros da Organização da Conferência Islâmica (OCI). Infelizmente, Israel nunca a levou a sério e jamais reconheceu a oportunidade sem precedentes que ela representava. Ainda estamos agarrados aos velhos costumes, a negociar as questões menos prioritárias e a deixar as decisões difíceis para depois. Israel parece sentir que tem todo o tempo do mundo, mas as suas táticas de adiar, voltar atrás com a palavra e protelar acarretam os seus custos.

Os acontecimentos decorridos nos últimos onze anos destruíram a cofiança de ambas as partes. A credibilidade do processo de paz ficou em escombros. Uma vez dizimada a confiança entre as duas partes, talvez se torne impossível reconstruí-la. Israel deveria ser encorajada por todas as suas nações amigas ao empenho total e expedito no processo de paz. Como velha e verdadeira nação amiga de Israel, os Estados Unidos não deveriam hesitar em pressionar os dois lados, se necessário pela força, a reunir-se em negociações para chegarem a um acordo definitivo.

Disposto a dar ouvidos e a estender a mão ao mundo árabe e muçulmano, o presidente norte-americano Barack Obama abriu uma frincha na janela da esperança. Contudo, árabes e palestinos sentem-se frustrados por se terem feito tão poucos progressos concretos. O presidente Obama foi criticado por ter pressionado o primeiro-ministro israelense Benjamin Netanyahu a congelar os colonatos, e a intransigência de Israel prejudicou o prestígio da América na região. No entanto, recuar seria para Obama um terrível erro. Se a América não exercer a sua força política e moral no sentido de se negociar uma solução de dois Estados, o mais certo é nunca mais surgir outra oportunidade. A janela está se fechando e, se não agirmos depressa, as gerações vindouras irão condenar-nos por não termos aproveitado esta última oportunidade de fazer a paz.

A paz, por si só, seria suficiente como recompensa. Todavia, no meu entender, os benefícios que dela derivam ultrapassam largamente esse precioso bem. Não restam muitas dúvidas de que as organizações terroristas tiram partido da injustiça resultante da ocupação continuada. A resolução deste conflito eliminaria o poder de atração dessas organizações. Muitas pessoas dirão que é impossível suplantar o ódio semeado e alimentado pelas facções extremistas de ambas as partes na Terra Santa. Contudo, a história já demonstrou que até os mais ferozes inimigos podem estabelecer a paz. Há bem pouco tempo, os observadores poderiam julgar que as tensões em torno do Muro de Berlim ou entre as facções da Irlanda do Norte jamais cessariam – mas a verdade é que essas lutas já se tornaram, em grande parte, meras memórias. Porque não havemos nós de fazer o mesmo com o Oriente Médio?

Fazer a paz não é a única luta que enfrentamos. Alguns dos nossos maiores desafios são a reforma política e a melhoria das nossas economias. Temos de aprender a fazer coisas que o resto do mundo queira comprar e a aumentar os padrões de vida dos nossos povos. Proporcionar a devida educação e bons empregos aos jovens é uma das defesas mais eficazes contra o canto da sereia dos extremistas. Não nos podemos dar ao luxo de ter tantos jovens desempregados. Para além disso, temos de permitir uma maior participação das mulheres nas nossas economias. O impulso de impedir as mulheres de avançar pelas chamadas razões religiosas ou culturais, mantendo-as longe da força de trabalho, é sintomático de uma profunda insegurança. É inaceitável que se negue os direitos a metade da sociedade e que metade da força de trabalho permaneça fechada em casa.

Pensemos num mundo onde seria possível combinar com eficácia a perícia dos israelenses na gestão, o profissionalismo dos jordanianos, o espírito empreendedor dos libaneses e a educação dos palestinos. Considero que a associação desses potenciais parceiros gerará uma central econômica regional – um Benelux do Oriente Médio. Tudo isto é viável. Todavia, a situação que se vive no terreno escapa-se-nos rapidamente por entre os dedos e torna essa hipótese cada vez mais improvável. Se não nos apressarmos a inverter as tendências atuais, não tardaremos a ficar sem terras para trocar pela paz – sem motivos que levem os palestinos a optar por entregar o seu destino a líderes moderados e não extremistas. O nosso futuro estará condenado à guerra e ao conflito.

Tanto na vida como na política, tendemos a retomar o *status quo*. No entanto, a estabilidade que observamos é enganosa. Sinto aproximar-se uma onda crescente de frustração e ressentimento e o meu receio é vê-la, muito em breve, arrasar todos os sonhos de paz e reconciliação. Não me parece que a maioria dos americanos e europeus reconheça a urgência da situação. É por sentir essa urgência que decidi escrever este livro. Nestes onze anos que passaram desde que sucedi a meu pai, observei e aprendi muito. Quero partilhar a minha história de forma aberta e franca, na esperança de, assim, ajudar a mudar esta situação.

Na minha região, para o bem ou para o mal, vivemos a história. Aquilo que, ao longe, pode parecer abstrato e intangível, está tecido nas nossas vidas quotidianas. Assim sendo, concluí que a forma mais eficaz e persuasiva de contar esta história é associá-la à história da minha própria vida – partilhando o que vi e o que fiz – para demonstrar como as esferas pessoais e políticas tantas vezes se entrelaçam.

Nunca fiz tenções de assumir o cargo que me confiaram e esperava, até, fazer a minha vida no Exército. Uma parte da minha história gira em torno dessa experiência militar e do que aprendi com ela acerca da Jordânia e da liderança em geral. Tentei narrar a minha história singelamente, empregando a linguagem e a imagética direta de um militar, em vez de me lançar em verborreias e no vocabulário que os políticos tanto adoram.

Espero que este livro desafie algumas das falsas ideias que circulam acerca da região em que vivo. No Ocidente, as pessoas tendem demasiado a associar imagens de terrorismo, bombistas suicidas e fanáticos tresloucados escondidos em cavernas, às palavras "árabe", "muçulmano", ou "Oriente Médio". O que pretendo é que associem a nossa região às empresas emergentes de TI da Jordânia, aos laureados com o prémio Nobel do Egito e à arquitetura histórica de Damasco.

Uma das noções mais perigosas que surgiram nos últimos anos foi a sugestão de que o Ocidente e o mundo muçulmano são dois blocos isolados a avançar numa trajetória de inevitável colisão. Esse é um conceito enganador, inflamatório e errado. Os muçulmanos, os judeus e os cristãos coabitaram pacificamente durante mais de mil anos, enriquecendo as culturas uns dos outros. Certamente que ocorreram conflitos, tais como as Cruzadas ou a colonização europeia de muitos países do Oriente Médio no rescaldo da Primeira Guerra Mundial. Contudo, trata-se de conflitos políticos arreigados nas motivações de uma determinada época e de um determinado contexto e não de manifestações de uma eterna hostilidade cultural.

Concluída a minha formação militar em Sandhurst, servi um ano nos regimentos 13.º/18.º dos Hussardos da Grã-Bretanha – um regimento digno cuja história remonta a quase seis décadas antes da Batalha de Waterloo. O regimento também combateu corajosamente na Guerra da Crimeia, no século XIX. Nesse conflito tão celebrizado pelo poema de Alfred Tennyson, "A Carga da Brigada Ligeira", a Grã-Bretanha e a França lutaram lado a lado com o Império Otomano para o protegerem da invasão russa. Mais de metade dos trinta milhões de súditos do Império Otomano era cristã e muitos deles serviam no Exército otomano. Além disso, de ambos os lados do conflito combatiam valentes soldados muçulmanos – até nos Exércitos francês e russo.

Essa perniciosa ideia de um choque de culturas invade o domínio político moderno, dando força aos extremistas de todos os lados e poder a quem deseja voltar homens e exércitos uns contra os outros. Se um argelino, um afegão ou um jordaniano lança um atentado terrorista, o Ocidente descreve-o inevitavelmente como um "terrorista muçulmano". No entanto, se o autor do atentado for irlandês ou cingalês, raramente o veremos referido como terrorista cristão" ou "terrorista hindu". Em vez disso, ele será descrito de acordo com as motivações do grupo a que pertence, ou seja, como ativista do IRA, ou como separatista Tamil.

As pessoas com uma visão tacanha da história presumem que a situação em que nos encontramos é a que sempre se verificou. No entanto, a ascensão econômica e tecnológica do Ocidente é um fenômeno relativamente recente, nascido do espantoso florescimento de inovações na Europa e na América, nos séculos XIX e XX. Para quem tem as vistas mais alargadas, o panorama pode ser bastante diferente. Na Idade Média, quando Washington D.C. não passava de um pântano, as grandes cidades de Jerusalém, Bagdá e Damasco eram os principais centros mundiais de ensino e conhecimento. Com o passar dos séculos, o pêndulo da história inclinou-se para o Ocidente e, no século XX, o mundo árabe já tinha ficado bem para trás.

A minha família, os Hachemitas, descende do profeta Maomé e há gerações que somos os líderes e os dirigentes da nossa região. No final do século V, o meu antepassado Qusai foi o primeiro governante de Meca. O meu legado consiste numa atitude de tolerância e aceitação para com as diferentes culturas e fés. O Sagrado Alcorão dita:

> Deus Todo-Poderoso disse: "Ó humanos, em verdade, Nós vos criamos de macho e fêmea e vos dividimos em povos e tribos, para reconhecerdes uns aos outros."
> (Os Aposentos: 13)

Nunca senti que a interação com a cultura ocidental me custasse a identidade de árabe ou muçulmano. Nascido no Oriente e educado no Ocidente, sinto uma profunda afinidade por ambas as culturas. A minha esperança é que este livro possa constituir uma modesta ponte entre elas. São demasiadas as vezes que temos os extremistas de ambas as partes a enquadrar esta discussão e a dominar este debate. São demasiadas as vezes que às vozes dos árabes moderados se sobrepõem as de quem grita mais alto. Não gritarei, mas quero que ouçam a minha mensagem. Quero dizer ao mundo que, muito embora apresente grandes problemas, a nossa região também oferece esperança.

PARTE I

CAPÍTULO 1

O Início do Conflito

Desde a minha infância que o conflito entre os israelenses e os palestinos tem sido uma constante da minha vida. Algumas pessoas do Ocidente e de Israel gostam de definir essa situação como a continuação de uma luta com séculos de existência. Trata-se de um conflito recente, com raízes na imigração judaica para a Palestina, no início do século XX. Talvez mais do que em qualquer outra parte do mundo, no Oriente Médio a história é importante, embora demasiadas pessoas utilizem os ressentimentos históricos como pretexto para não lidarem com os problemas atuais. Para compreendermos o rumo que seguimos, ajuda saber de onde viemos. Assim, antes de tentar explicar a situação em que nos encontramos agora, oferecendo algumas sugestões sobre como sair do presente impasse, gostaria de tecer algumas considerações acerca da distância que percorremos.

Ainda o Império Otomano, que desde o século XVI se estendia por uma boa parte do território do Oriente Médio, soltava o seu último suspiro, perto do fim da Primeira Guerra Mundial, e já os árabes começavam a seguir novos líderes nacionalistas. Um deles era o meu trisavô, Sharif Hussein bin Ali, o xerife de Meca. Membro da família hachemita que governava Meca desde o século X, Sharif Hussein era um manifesto apoiante do nacionalismo árabe. Os outros nacionalistas árabes acreditavam que ele detinha a experiência política e o estatuto religioso necessários para liderar o movimento nacionalista árabe e a revolta planejada contra o regime otomano, bem como para representar o seu povo nas negociações com os britânicos, com vista à instauração de um estado árabe independente. O seu papel ficou formalizado pela Carta de Damasco, em 1915. As negociações entre Sharif Hussein e o alto-comissário britânico no Egito, *Sir* Henry McMahon, resultaram na correspondência secreta Hussein – McMahon de 1915-16, em que Sharif Hussein recebe a promessa de apoio para um reino árabe unido e independente, sob a sua liderança. O acordo com McMahon seria posteriormente sujeito a diferentes interpretações por parte dos britânicos e dos árabes.

Em junho de 1916, Sharif Hussein lançou a Revolta Árabe, dando início ao primeiro impulso revolucionário para um único estado árabe independente, e foi declarado rei dos árabes. O seu intuito era estabelecer um novo país árabe, com um território que iria desde a Palestina ao Iêmen. Para além de acreditar que os povos árabes se poderiam unir por partilharem a mesma cultura e os mesmos ideais islâmicos, Sharif Hussein cumpria uma tradição de tolerância e respeito pelas minorias. Sua esperança era gerar um Renascimento Árabe. Seus quatro filhos, os príncipes Ali, Faisal, Abdullah e Zeid, encabeçaram os exércitos árabes contra as forças otomanas e acabaram por obter a vitória, conseguindo expulsar os turcos da Arábia, em 1918. Faisal tornou-se rei da Síria e, depois, do Iraque, enquanto Abdullah foi feito emir da Transjordânia.

No seguimento da abdicação de Sharif Hussein, em 1924, Ali tornou-se rei do Hejaz (posteriormente integrado na moderna Arábia Saudita). Zeid colaborou com Faisal no Iraque e foi embaixador do Iraque na Turquia, na Alemanha e no Reino Unido.

Na Revolta Árabe ganhou proeminência um jovem oficial britânico conhecido por T. E. Lawrence. Esse oficial viria a ser imortalizado no grande filme por Peter O'Toole, no filme de 1962, "Lawrence da Arábia," com algumas cenas rodadas na Jordânia. No filme, o meu tio-bisavô, o príncipe Faisal, foi interpretado por Alec Guinness.

Minha mãe só colaborou brevemente na produção do filme, pois casou-se com o meu pai no verão de 1961. Alguns meses depois, levou-o a visitar o local das filmagens. O realizador estava filmando a cena em que o campo do príncipe Faisal é bombardeado por aviões turcos, enquanto as suas forças se dirigem a

Damasco. Minha mãe e meu pai observaram tudo do cimo de um monte com vista para o local das filmagens. Quando se espalhou a palavra de que meu pai estava lá, os figurantes beduínos deixaram o campo e foram ter com ele, clamando-lhe a sua lealdade e admiração. Assim que os ânimos se acalmaram, a equipe de filmagem preparou-se para rodar outra vez a cena. Quando os aviões passavam por cima das suas cabeças, um dos empregados pessoais de meu pai – um velho nigeriano muito alto – encarou-o e disse-lhe: "Não foi assim que aconteceu, vossa senhoria." Meu pai perguntou-lhe como é que ele sabia e ele respondeu: "Ora, nessa época era eu criança, estava nesse campo e vi os aviões chegarem do lado oposto." Depois daquela visita de meus pais, a equipe de produção pediu educadamente a meu pai para não voltar a visitar o local das filmagens.

O filme tornou-se extremamente popular no Ocidente, mas não tanto na Jordânia, onde muitas pessoas o consideraram uma versão tendenciosa e incorreta da história. Além disso, apesar de Lawrence ainda representar para muitos ocidentais um herói romântico que desempenhou um papel fulcral na libertação do povo árabe, a opinião que a minha família tem desse registo histórico é consideravelmente mais comedida. Meu bisavô, o rei Abdullah I, considerava Lawrence uma "estranha personagem", disposta a influenciar as pessoas de acordo com o que mais lhe convinha. Nas suas memórias, meu bisavô escreve:

> As suas intrigas chegaram ao ponto de tentar influenciar-me contra o meu próprio pai, sob o pretexto de que meu pai era uma pessoa obstinada. Recambiei-lhe o mensageiro com a seguinte resposta: "Diga ao seu amigo que meu pai é rei e senhor. Contentar-me-ei com essa relação até ao fim dos meus dias." Na verdade, Lawrence prestou o maior dos serviços aos árabes, ao reiterar que meu pai era uma pessoa determinada no que respeitava aos seus objetivos. Lawrence parecia só necessitar de pessoas sem opinião própria sobre as quais pudesse impor as suas ideias pessoais.

No fim da Primeira Guerra Mundial, o destino dos árabes complicou-se devido às rivalidades entre as grandes potências, pois a Grã-Bretanha fizera promessas secretas não só ao xerife de Meca, mas também aos franceses. Nos termos do acordo Sykes--Picot de 1916, a Síria e o Líbano da era moderna ficariam sob a esfera de influência da França, enquanto o Iraque, a Palestina e a Jordânia dos tempos modernos, bem como o território que constitui agora a parte ocidental da Arábia Saudita, ficariam sob a esfera de influência da Grã-Bretanha. A Conferência de San Remo, em 1920, formalizou o novo mapa regional, com os franceses e os britânicos a reivindicarem mandatos da Liga das Nações sobre esses territórios. A 2 de novembro de 1917, contrapondo as promessas feitas aos árabes, o Secretário dos Negócios Estrangeiros britânico, Arthur Balfour, anunciara publicamente o apoio do seu governo ao "estabelecimento de um lar nacional para o povo judaico na Palestina".

Sharif Hussein considerava-se incapaz de, em boa consciência, dar o seu consentimento ao Mandato Britânico na Palestina ou à Declaração de Balfour, pois ambos os atos representavam uma traição à Revolta Árabe. Esses compromissos e acordos alimentariam a causa do nacionalismo árabe durante várias décadas.

A nova ordem regional foi, em parte, definida pelo secretário de Estado para as Colônias da Grã-Bretanha, Winston Churchill. Meu bisavô Abdullah tinha Churchill em muito maior conta do que Lawrence, descrevendo-o como "único entre os homens que a Grã-Bretanha tem feito surgir nos últimos tempos". Em 1921, Abdullah tornou-se emir da Transjordânia, que abrangia as terras a leste do rio Jordão. Todas as terras a oeste do Jordão, integrando o moderno território de Israel, da Cisjordânia, de Jerusalém e da Faixa de Gaza, permaneciam sob domínio britânico, como Mandato Britânico na Palestina.

Muitos milhares de imigrantes judeus começaram a chegar à Palestina, sendo seu deslocamento encorajado e facilitado pela Declaração de Balfour. Naquela época, os árabes perfaziam cerca de 90% da população da Palestina. Em 1897, no seu primeiro congresso em Basileia, o movimento sionista definira o seu propósito de estabelecer "um lar para o povo judeu na Palestina". Em 1947, o número de judeus na Palestina aumentara para perto dos seiscentos mil – um acréscimo instigado pelo movimento sionista e reforçado pela perseguição aos judeus na Europa. Esse enorme afluxo gerou tensões com os 1,2 milhões de palestinos muçulmanos e cristãos. Pela primeira vez, a América entrou na arena, insistindo em que a Palestina abrisse as suas portas a cem mil imigrantes judeus.

Num artigo profético, publicado em 1947, pela já extinta revista *American*, seis meses antes da primeira guerra israelo-árabe, meu bisavô alertava para os perigos da imigração desenfreada:

> Povo algum nesta terra tem sido menos antissemita do que os árabes. A perseguição aos judeus restringiu-se quase exclusivamente às nações cristãs do Ocidente. Os próprios judeus admitirão que, desde a Grande Diáspora, nunca conseguiram desenvolver-se com tanta liberdade e assumir tanta relevância como na Espanha de domínio árabe. Salvo exceções de somenos importância, os judeus viveram muitos séculos no Oriente Médio, num ambiente de plena paz e amizade com os seus vizinhos árabes [...]
>
> Tenho a impressão de que muitos americanos se consideram bastante alheios aos problemas da Palestina, que a América pouco teve a ver com essa questão e que vos colocais na posição de meros espectadores compassivos.
>
> Creio que não vos apercebeis do quanto vós, como nação, sois diretamente responsáveis por todo o movimento sionista, em geral, e pelo presente terrorismo, em particular. Chamo a vossa atenção para isso, por estar certo de que, se vos aperceberdes da vossa responsabilidade, sereis justos, admitindo-a e assumindo-a.
>
> A atual catástrofe poderá ir bater unicamente à vossa porta. Praticamente sozinho no mundo, o vosso governo insiste na admissão imediata de mais cem mil judeus na Palestina – a que se seguirão inúmeras outras. As consequências serão altamente assustadoras, gerando-se um caos como nunca antes se imaginou na Palestina.
>
> Tenho a mais perfeita confiança no sentido de justiça e na generosidade do público americano. Nós, os árabes, não pedimos favores. Apenas vos pedimos que estejais cientes de toda a verdade e não apenas de metade. Apenas vos pedimos que, para julgar a questão da Palestina, vos

> coloqueis no nosso lugar. O que diríeis vós se uma qualquer agência de fora vos dissesse que deveríeis acolher no seio da América vários milhões de perfeitos desconhecidos – em número suficiente para vos dominar o país – simplesmente porque eles insistem em ir para a América e porque os seus antepassados já lá tinham vivido cerca de dois mil anos antes?
>
> Nós dizemos o mesmo.
>
> E o que faríeis vós se, apesar da vossa recusa, essa agência de fora começasse a impor-vos a presença deles?
>
> Nós faríamos o mesmo.

O conflito na Palestina resumiu-se, desde logo, à luta entre os imigrantes judeus e o existente povo árabe, nunca tendo sido, como tantas vezes se retrata, a sequela de ódios antigos entre os judeus e os árabes.

Na década de 30 e no início da década de 40 do século XX, os britânicos tentaram restringir a afluência de imigrantes judeus à Palestina. As organizações sionistas como o Haganá, o Irgun e o Lehi (também conhecido por *Stern Gang*) cometeram assassinatos, colocaram bombas e procederam a outros atos de terrorismo e sabotagem para afugentar os palestinos das suas terras, obrigar os britânicos a deixarem a Palestina e impor um estado judaico.

Em novembro de 1944, o *Stern Gang* assassinou o Ministro de Estado britânico para o Oriente Médio, *Lord* Moyne, no Cairo. Dois anos depois, membros do Irgun colocaram uma bomba no Hotel King David de Jerusalém, onde se localizava o secretariado do Mandato Britânico e a sede dos serviços secretos militares britânicos. Morreram noventa e uma pessoas. Para além disso, em agosto de 1947, em retaliação pela execução de três terroristas judeus, o Irgun raptou dois sargentos britânicos e enforcou-os em eucaliptos, numa floresta a sul da cidade costeira de Netanya. Nos corpos dos sargentos foram montadas armadilhas e, quando os soldados britânicos tentaram retirá-los das árvores, explodiu uma bomba que feriu outro oficial. Esse incidente bárbaro foi amplamente condenado. O líder do Irgun, Menachen Begin, fundaria posteriormente o Movimento Herut de extrema-direita e tornar-se-ia primeiro-ministro de Israel.

A 23 de setembro de 1947, os britânicos marcaram o término do seu Mandato na Palestina para 15 de maio de 1948. A Grã-Bretanha decidira passar às Nações Unidas, estabelecida em 1945, o dilema de decidir quem deveria governar a Palestina. É interessante constatar que a ONU propôs uma solução de dois Estados. A 29 de novembro de 1947, a Assembleia Geral da ONU procedeu a uma votação com o intuito de separar a Palestina em dois Estados, um árabe e outro judeu, e tornar Jerusalém uma cidade internacional controlada pela ONU. Nos termos da Resolução 181, metade do território, incluindo a preciosa linha costeira, foi entregue aos judeus que, na época, só dominavam 6% das terras. O conflito era inevitável.

Antes da eclosão formal das hostilidades, em maio de 1948, já ocorriam sangrentos confrontos entre as comunidades judaicas e árabes. A 9 de abril de 1948, os terroristas judeus do *Stern Gang* e do Irgun atacaram a aldeia de Deir Yassin, vários quilômetros a oeste de Jerusalém, massacrando 250 pessoas, na sua maioria mulheres e crianças. Para proteger os palestinos de tais atrocidades, nos finais de abril, meu bisavô, o rei Abdullah I, começou a deslocar forças da Legião Árabe, para lá do rio Jordão. Ao mesmo tempo, os líderes judeus começaram a reunir as suas forças, incluindo seu exército emergente, o Haganá, o Irgun e o *Stern Gang*.

A 14 de maio de 1948, no último dia do Mandato Britânico, o Conselho Popular Judaico declarou a instauração do Estado de Israel. Onze minutos depois, essa nova entidade foi reconhecida pelo presidente dos EUA, Harry Truman, e, logo a seguir, pela União Soviética. As tensões entre judeus e árabes não tardaram a escalar para o conflito armado. Na noite em que Israel proclamou a sua independência, o Egito, a Jordânia, a Síria e o Iraque enviaram tropas para a Palestina, visando proteger os direitos dos palestinos árabes. Superando em número as tropas árabes, o novo exército israelense foi ganhando vantagem, tirando partido da falta de coordenação entre as forças árabes.

Com a sua importância para os muçulmanos, os judeus e os cristãos e com a sua relevância estratégica para o centro da Palestina, Jerusalém era o principal foco do conflito. Uma das mais ferozes batalhas ocorreu nos arredores da aldeia de Latrun, atribuída aos árabes no plano de partição, onde as forças jordanianas e israelenses disputaram o controle de uma fundamental via de acesso a Jerusalém. Comandadas por Habis Majali, as forças jordanianas repeliram vários ataques das forças israelenses. Num dos confrontos, o jovem comandante de um pelotão israelense foi alvejado e gravemente ferido pelas forças jordanianas. Seu nome era Ariel Sharon e ele acabaria por se tornar uma proeminente figura militar e política – ministro da Defesa e, depois, primeiro-ministro.

Comandada por meu bisavô, a Legião Árabe contava com o melhor equipamento e os melhores soldados, mas era um dos mais reduzidos exércitos árabes. Conseguiu dominar a Cisjordânia, incluindo Jerusalém Oriental, e até algumas conquistas. Na primavera de 1949, após mais de oito meses de lutas ferozes pontuadas por pausas intermitentes, os representantes de Israel e dos Estados árabes reuniram-se na ilha grega de Rodes. A 2 de abril, o Reino Hachemita da Jordânia e Israel assinaram um acordo geral de armistício. A ONU atribuíra a Cisjordânia aos árabes e, em sinal de reconhecimento do contributo de meu bisavô para a proteção dos palestinos e o domínio da Cisjordânia, um grupo de líderes palestinos já instava à união com a Transjordânia sob o governo de meu bisavô que, em maio de 1946, o Parlamento proclamou rei da Jordânia, mudando também o nome do país de Emirado da Transjordânia para Reino Hachemita da Jordânia. Assim, em abril de 1950, num Ato de União das duas margens da Jordânia, a Cisjordânia tornou-se formalmente parte do Reino Hachemita da Jordânia, com direito a representação no Parlamento e no governo.

Antes, durante e depois da guerra de 1948, cerca de 750 mil refugiados palestinos árabes fugiram aos confrontos ou foram despejados das suas casas, estabelecendo-se na Cisjordânia, na Jordânia, na Síria, no Líbano, nos Estados do Golfo e noutras partes da região ou fora. Em muitos países, esses refugiados permaneciam apátridas, impossibilitados de viajar ou trabalhar, e viviam nos campos de refugiados da ONU, mas meu bisavô acolheu os refugiados palestinos na Jordânia, concedendo-lhes a cidadania jordaniana. Mais de sessenta anos depois, o direito que assistia esses refugiados e respectivos descendentes de regressarem às suas casas no que é agora Israel mantém-se uma das questões mais contenciosas entre Israel e os palestinos.

Famoso pela sua compaixão e bondade, meu bisavô demonstrava especial interesse por meu pai. Embora entendesse, não falava inglês e, por vezes, chamava meu pai ao seu escritório no palácio, para ser o seu tradutor. À noite, meu bisavô debateria os acontecimentos do dia ao jantar, explicando a meu pai as complexidades e as sutilezas das negociações diplomáticas que estivera a traduzir.

Meu pai foi enviado para um colégio interno no Egito, o Victoria College, em Alexandria, que talvez fosse a melhor escola da região, naquela época. No verão de 1951, meu pai estava na Jordânia quando ocorreu uma tragédia. A 20 de julho, numa visita a Jerusalém para as orações de sexta-feira, meu bisavô foi assassinado por um palestino armado, à entrada da Mesquita de Al-Aqsa. O assassino, membro do grupo radical Jihad al-Muqaddas, alvejou meu bisavô na cabeça, matando-o. Na altura com 15 anos, meu pai estava com ele e foi atrás do homicida, disparando sobre ele. Uma segunda bala da arma do assassino ricocheteou milagrosamente numa medalha que ele ostentava ao peito – foi por um triz que não o matou – e uma terceira cortou-lhe a orelha. O assassino acabou por ser morto pelos guardas de meu bisavô. Outros seis homens foram posteriormente detidos e condenados à morte pela sua participação na conspiração. Quatro deles foram executados, mas dois conseguiram, de alguma forma, refugiar-se no Egito, que se recusou a entregá-los.

O trágico assassinato de meu bisavô foi lamentado não só por toda a região, mas também pelo mundo inteiro. Quem lhe sucedeu foi o meu avô, Talal bin Abdullah, que frequentara a Real Academia Militar de Sandhurst, no Reino Unido, e servira na Legião Árabe como oficial da Cavalaria. De acordo com a Constituição estatuindo que a sucessão cabe ao filho primogênito do rei, meu pai tornou-se príncipe real.

Dado, naquela época, o Egito se demonstrar publicamente contra o governo da Jordânia, considerou-se demasiado arriscado que meu pai prosseguisse os seus estudos em Alexandria e ele foi enviado para Harrow, na Inglaterra. Embora meu pai soubesse que, um dia, viria a assumir os seus deveres oficiais, sua esperança pessoal era poder concluir os estudos e iniciar uma carreira, passando uns tempos a levar uma vida normal. Contudo, sofrendo de esquizofrenia, meu avô viu-se incapaz de governar por muito tempo, devido a problemas de saúde, e abdicou um ano após ter assumido o cargo. A 12 de agosto de 1952, meu pai estava gozando suas férias de verão na Suíça, na companhia da mãe, a rainha Zein al Sharaf. Estava hospedado no Hotel Beau Rivage, no lago Genebra, quando recebeu um telegrama dirigido a "Sua Majestade o rei Hussein".

De regresso a Amã, meu pai reuniu-se com o tio, Sharif Nasser bin Jamil, com quem tentou encontrar a melhor solução para aproveitar seu tempo, uma vez que ainda faltavam seis meses para seu aniversário, em cuja data passaria a ter a idade legal para aceder ao trono. Foi então que surgiu a ideia de Sandhurst, a academia famosa por ter formado líderes de todas as camadas sociais. O tio dissera-lhe: "O teu pai frequentou Sandhurst. Lembro-me de o ouvir dizer que Sandhurst era a melhor academia militar do mundo e o lugar mais indicado para um homem aprender a ser rei."

Meu pai recordou-se dos tempos da sua infância, em que brincava com soldadinhos, e das palavras de meu avô: "Homem algum poderá governar um país sem disciplina. Homem algum poderá ser bom soldado sem disciplina. E em lugar algum na Terra se ensina disciplina aos homens como em Sandhurst."

Assim, a 9 de setembro de 1952, o aspirante a oficial rei Hussein chegou a Sandhurst e juntou-se à Inkerman Company. O curso regular de um ano foi comprimido em seis meses. Embora meu pai cumprisse um horário exigente, com manobras e marchas adicionais, aquele foi um dos períodos mais formativos e felizes da sua vida. Passaria mais uns breves momentos como simples cadete, entre os cadetes.

A 2 de maio de 1953, ao celebrar os seus dezoito anos, meu pai assumiu suas responsabilidades de monarca. Durante seu reinado de quarenta e seis anos na Jordânia, assistiria a quatro guerras em grande escala entre Israel e os estados árabes. A certa altura, conseguiria assinar um tratado de paz com Israel e veria o seu parceiro israelense ser assassinado pelo fato de procurar instaurar a paz. No entanto, meu pai jamais testemunharia o fim do conflito que tanto se esforçara por ajudar a resolver.

A primeira prova de meu pai surgiu três anos após a sua subida ao trono, com a crise no Suez. No seguimento da revolução egípcia de 1952 que derrubou o rei Farouk e levou à ascensão de Gamal Abdel Nasser, o fervor nacionalista estava em alta no Egito. Em 1956, Nasser nacionalizou o Canal de Suez que, até aquela data, estivera sob o controle da Grã-Bretanha e da França. Em resposta, esses dois países engendraram um plano secreto com Israel. Israel atacaria o Egito e a Grã-Bretanha e a França reagiriam, enviando "tropas de manutenção da paz" para retomarem o domínio do canal.

Cumprindo a sua parte do acordo, em outubro de 1956, os israelenses avançaram pela península do Sinai adentro. Logo em seguida, uma força especial anglo-francesa foi enviada para se apoderar do canal. Embora esta operação tenha sido militarmente bem-sucedida, as fugas de informação acerca da conspiração tornaram-na um fiasco político. Pressionadas pelos Estados Unidos, a Grã-Bretanha e a França viram-se obrigadas a retirar suas tropas e o primeiro-ministro Anthony Eden apresentou a demissão. A crise do Suez veio reforçar as credenciais nacionalistas árabes de Nasser e exacerbou as tensões entre Israel e o mundo árabe. Além disso, esse incidente serviu um pouco para demonstrar a inutilidade de se recorrer a uma crise como pretexto para justificar a intervenção das potências ocidentais. Felizmente, a Jordânia evitou ser arrastada para a questão do Suez. Todavia, não tivemos tanta sorte no conflito seguinte entre o Egito e Israel, que ocorreu na primavera de 1967.

CAPÍTULO 2

A Guerra de 1967

Estava no meu quarto quando ouvi o som abafado de uma explosão, seguida de muitas outras. Agarrando meu telescópio, corri pelo corredor afora até à janela. Distinguia, à distância, uma coluna de fumo negro e ouvi outro estrondo, dessa vez mais sonoro. Os jatos israelenses atacavam as guerrilhas palestinas nos arredores de Salt – uma cidade 24 km a noroeste de Amã. Meu pai apressou-se a subir e pegou-me no telescópio. Depois de o rodar e de constatar que se tratava de um brinquedo, lançou-o impacientemente para o chão e afastou-se correndo, para vestir a farda militar.

Tinha cinco anos e esse foi o meu primeiro contato com a guerra. Cerca de quarenta minutos depois, ouvi o tossir *stacatto* da artilharia antiaérea do Exército da Jordânia a disparar contra os aviões israelenses.

Naquela noite, ao voltar para casa com uma expressão de fúria estampada no rosto, meu pai foi direito ao quarto. Embora fosse pequeno, sentia que alguma coisa terrível se passava. Fui atrás dele e encontrei-o sentado na cama, com o rosto enterrado nas palmas das mãos. Quando ele ergueu o olhar alertado pela minha chegada, vi-lhe os olhos úmidos. Essa foi uma das únicas escassas ocasiões em que vi o meu pai chorar. Perguntei-lhe o que é que se passava: porque é que se ouvia tanto barulho e porque é que passavam tantos aviões por cima de nós.

Meu pai explicou-me com muita paciência que os israelenses estavam tentando abater os combatentes da guerrilha palestina que viviam na Jordânia. Naquela época não fazia ideia do que fossem guerrilhas ou do motivo pelo qual os israelenses tentavam matá-los. Apenas sabia que as coisas corriam mal. Em vez de selecionarem alvos militares específicos, os israelenses estavam bombardeando comunidades cheias de famílias, arrasando-lhes as estradas e as habitações.

Muitas das suas munições não explodiram logo. Meu pai contou-me a história de uma menina que, pensando estar livre de perigo, se aproximara de uma das bombas no preciso momento em que ela, por fim, explodiu. Ele apressara-se a ir retirá-la do meio dos escombros, mas, assim que a conseguiu encontrar, apercebeu-se de que ela estava gravemente ferida. Perdera uma perna. Pegando-a delicadamente ao colo, levou-a para uma ambulância que se encontrava ali perto, mas já era demasiado tarde. A menina morrera-lhe nos braços.

Vivíamos num pequeno complexo arborizado, numa zona chamada Hummar, subindo vinte minutos pelos montes dos arredores de Amã. O relativo isolamento proporcionava alguma proteção de quem nos quisesse fazer mal, mas não dos aviões israelenses: para nos protegermos deles, tínhamos as nossas armas quádruplas de calibre 50 montadas em torreões, no jardim. Os soldados que manejavam as armas permitiram gentilmente que eu e meu irmão de quatro anos, Feisal, julgássemos fazer parte do esforço de defesa. Nossa tarefa consistia em transportar latas de óleo e lubrificar as armas se começassem a disparar. Adoramos assumir o nosso papel de membros mais jovens da unidade militar – uma associação que teve um fim abrupto quando alguém mostrou à nossa mãe uma fotografia dos filhos posando ao lado das armas, com cigarros pendurados nos lábios. Minha mãe ainda vive nessa casa, mas a zona onde estava a artilharia antiaérea é agora uma horta; no mesmo local onde havia uma arma montada, há agora um monte de estrume.

Apesar de, em criança, ser capaz de sentir o impacto emocional da guerra, naquela época, não fazia grande ideia nem do seu significado, nem das suas implicações.

Na primavera de 1967, já se tornara evidente para muitas pessoas daquela região que Israel e os seus vizinhos árabes se precipitavam de cabeça numa rota de colisão. Em novembro de 1966, as forças israelenses lançaram um ataque devastador a Samu – uma aldeia nas proximidades de Hebron – como represália pela morte de três soldados com uma mina terrestre, aumentando as preocupações de Amã no que respeitava às intenções dos israelenses. No início de maio, o presidente Nasser mobilizou tropas na península do Sinai e solicitou a retirada das forças de manutenção da paz da ONU (Força de Emergência das Nações Unidas – FENU) do Sinai, onde estavam posicionadas desde a crise do Suez, havia mais de uma década. Pouco tempo depois, o presidente Nasser encerrou o estreito de Tiran e o único acesso de Israel ao Mar Vermelho, às embarcações israelenses.

As forças árabes não formavam um exército coeso, mas sim um agrupamento de diferentes exércitos nacionais recentemente reunidos. No seguimento de uma série de tentativas falhadas visando uma união política mais próxima entre os estados árabes na década de 60, em 1964, os egípcios, os sírios e os iraquianos tinham juntado os seus exércitos para formar o Comando Árabe Unido. Foi então que, em novembro de 1966, o Egito e a Síria assinaram um tratado de defesa.

Confrontado com a crescente possibilidade de um conflito e com o sentimento nacionalista árabe altamente inflamado que se manifestava naquela época, nos finais de maio de 1967, meu pai considerou não ter outra hipótese senão anunciar seu apoio aos líderes árabes, face à agressão israelense. Deslocando-se ao Cairo, tomou a fatídica decisão de comprometer a Jordânia num tratado de defesa mútua com o Egito. Daí em diante, as Forças Armadas da Jordânia passariam a estar sob o comando de um oficial egípcio, o general Abdul Monim Riad. Os israelenses decidiram proceder a uma ofensiva preventiva, alegando que Nasser tencionava atacar. Já tinham preparado o caminho.

Naquela altura, o Oriente Médio era um foco de intensa competição entre as superpotências rivais, envolvidas numa guerra fria. A região dividia-se em duas amplas zonas de influência: um campo pró-soviético, liderado por Nasser e os egípcios, e um campo pró-Ocidente, a que pertencia o meu pai. Segundo documentos americanos, a que foi levantado o segredo oficial a 1 de junho de 1967, o então diretor do Mossad, os serviços secretos israelenses, o general Meir Amit, dirigiu-se a Washington, D.C., e reuniu-se com Richard Helms, o diretor da Central Intelligence Agency - CIA.

Aproveitando-se dos temores americanos relativamente ao expansionismo soviético, Amit retratou o Egito e Nasser como ameaças não só a Israel, mas também a toda a região. Segundo Helms, Amit era da opinião de que, se ninguém o impedisse, o presidente egípcio arrastaria todo o Oriente Médio para a esfera de influência soviética. Seguindo essa lógica, a acomodação forçada da Jordânia ao Egito seria um sinal do que estaria para vir. Seguir-se-iam a Arábia Saudita e o Líbano e, depois, seria a vez da Turquia e do Irã. Até a Tunísia e o Marrocos acabariam por derrubar Nasser. Resumindo essa conversa num memorando dirigido ao presidente Johnson, Helms diz: "Amit julga que os israelenses optarão por atacar."

A visita do general Amit serviu de aviso para Israel e para a América. Se o presidente Lyndon Johnson não os contrariasse, os israelenses atacariam o Egito.

A 3 de junho, o presidente Johnson escreveu ao primeiro-ministro de Israel, Levi Eshkol, dizendo: "Devo salientar a necessidade de Israel não se tornar responsável pelo início das hostilidades." Em seguida, Johnson acrescenta: "Tivemos uma completa e plena troca de opiniões com o General Amit." Quando, no dia seguinte, Amit regressou a Israel, a carta de Johnson foi entregue ao governo israelense.

Um dos maiores talentos de Israel tem sido a capacidade de exagerar a ameaça representada pelos países que considera seus inimigos estratégicos, perpetuando a lenga-lenga de sempre, de que é uma nação diminuta rodeada de potências hostis. Esse mito tem permitido aos israelenses apresentarem os seus próprios atos de agressão calculados como atos de autodefesa e, em alguns casos, persuadirem outras nações a atacar-lhes os inimigos no seu lugar.

Em 1967, em termos militares, Israel estava certamente à altura de enfrentar os seus adversários árabes. O exército israelense tinha cerca de 300 mil homens, 800 tanques e 197 aviões-caça. Os exércitos árabes combinados tinham cerca de 240 mil homens, 900 tanques e 385 aviões de todos os tipos. No entanto, é enganador fazer a simples comparação entre forças de combate. Para começar, naquele momento, o maior exército árabe, o do Egito, com mais de 100 mil homens, tinha cerca de um quinto da sua força no Iêmen, apoiando as forças republicanas na decorrente guerra civil. Ao dizer aos americanos que o Egito era uma ameaça para toda a região, Israel tinha, na melhor das hipóteses, enganado e, na pior, mentido propositadamente a uma nação que constituía, e ainda constitui, um dos seus mais próximos aliados.

Ao tomar conhecimento do conflito instante pelos serviços de informação da OTAN, o embaixador turco na Jordânia alertou meu pai para a iminência de um ataque israelense. Meu pai avisou imediatamente Nasser, que se recusou a dar atenção ao alerta.

Quando se implementou o pacto de defesa que a Jordânia estabelecera com o Egito, o general Riad assumiu o comando das nossas Forças Armadas. Encontrava-se numa posição gravemente desvantajosa, pois não conhecia bem os territórios da Jordânia ou da Palestina, nem tinha uma boa noção das capacidades dos homens sob o seu comando. Além disso, era do Cairo, e não de Amã, que recebia ordens. Se Israel atacasse o Egito, Riad enviaria as tropas jordanianas para a batalha e nós entraríamos em guerra com Israel.

A 5 de junho, os jatos israelenses entraram no Egito e atacaram a força aérea egípcia. Os aviões egípcios não eram os seus únicos alvos. Nesse mesmo dia, dois jatos Mystère atacaram o palácio real de Amã, apontando mísseis e metralhadoras ao escritório privado do meu pai. Felizmente, naquele momento, ele encontrava-se no quartel-general do Exército. Se estivesse no palácio, teria sido morto.

Nossa família alargada inteira, incluindo meu tio, o príncipe Muhammad, e os dois filhos, Talal e Ghazi, residia na nossa casa durante a guerra, acampando na cave em sacos de dormir. Incumbido da segurança de meu pai, meu tio Muhammad dormia de metralhadora na mão, no chão, à porta do quarto do irmão. Para uma criança de cinco anos, tudo aquilo parecia uma grande aventura – era demasiado novo para compreender os acontecimentos trágicos que estavam se desenrolando.

Certa tarde, eu e meu irmão Feisal estávamos escondidos na cave, na companhia de várias tias, primos e outros familiares.

Decorria outro ataque aéreo israelense e ouvíamos as explosões lá fora. Meu irmão desafiou-me a sair e a atravessar o gramado correndo, tocar na vedação e voltar. Instigado por Feisal, saí disparado para o gramado e corri tão depressa quanto pude. Deu-se uma enorme explosão. Desatei a chorar e corri outra vez para casa.

A Força Aérea israelense passou o dia 5 de junho de 1967 a atacar-nos as bases de Amã e Mafraq, destruindo-nos os aeródromos e nossa frota de aviões Hawker Hunter. Nos dois dias seguintes, as forças jordanianas combateram com bravura para defender a Cisjordânia e Jerusalém Oriental, mas, superadas em homens e em armas, e sem cobertura aérea, acabaram por ser esmagadas pelos israelenses. A Força Aérea Real da Jordânia também fez um excelente trabalho, tendo em conta seus recursos limitados e a superioridade do poder aéreo israelense, abatendo oito aviões israelenses e lançando dois ataques às cidades do centro de Israel. A nossa foi a única força aérea árabe a abater aviões israelenses nessa guerra.

Sem parar, comandadas por Yitzhak Rabin, as Forças Armadas israelenses tentaram tomar o controle de toda a Cisjordânia. Decidido a chegar à linha da frente, meu pai dirigiu-se ao vale do Jordão para estar com os seus homens. Quando lá chegou, esperava-o uma terrível imagem que ele viria a descrever: "Estradas entupidas com caminhões, jipes e todos os tipos de veículos, torcidos, destruídos, amolgados, ainda fumegantes e a soltar aquele odor tão característico a metal e tinta queimados por bombas explosivas – um mau cheiro que só a pólvora pode produzir."

No decorrer da noite de 5 de junho e até ao dia seguinte, os nossos soldados e condutores de carros de combate, incluindo a 40.ª Brigada Blindada em que mais tarde viria eu a servir como jovem militar, demonstraram grande coragem, mas viram-se impotentes sob o bombardeamento dos caças israelenses. A maioria dos carros de combate foi destruída pelas bombas israelenses. Posteriormente, meu pai descreveria a batalha do seguinte modo: "Essa noite foi um inferno. Era clara como o dia. O céu e a terra refulgiam com a luz dos mísseis e das constantes explosões das bombas que choviam dos aviões israelenses."

Essa guerra foi catastrófica para a Jordânia e outros estados árabes. Quando os confrontos cessaram, a 10 de junho, Israel conquistara a Cisjordânia e Jerusalém Oriental à Jordânia, a península do Sinai e a Faixa de Gaza ao Egito, e os montes Golã à Síria. Uma boa parte do território de que se apoderou em 1967 permanece ainda hoje ilicitamente ocupada por Israel. Cerca de 200 mil a 300 mil palestinos atravessaram o rio Jordão para a Transjordânia, acrescendo o número total de refugiados palestinos na Jordânia para três quartos de milhão. As Forças Armadas jordanianas foram arrasadas. Além dos setecentos soldados que morreram e dos seis mil que ficaram feridos, perdemos toda a nossa Força Aérea e a maioria dos nossos carros de combate. Terminada a guerra, as debilitadas Forças Armadas jordanianas foram submetidas a um vigoroso programa de reestruturação e treino, com a assistência de uma missão paquistanesa de aconselhamento encabeçada pelo brigadeiro Zia-ul-Haq que viria, mais tarde, a tornar-se presidente do Paquistão.

A conquista da Cisjordânia não era, de modo algum, necessária se Israel tencionasse apenas reagir às suspeitas de ameaça por parte do Egito. A verdade é que os líderes israelenses pretendiam proceder, tal como alegavam, a uma exaustiva defesa; assim, quando surgiu a oportunidade de adquirir mais território, aproveitaram-na. Se conquistassem território, então, tencionavam mantê-lo.

As consequências da ocupação israelense da Cisjordânia e de Jerusalém Oriental ainda hoje se fazem sentir, não só naquela região, mas também pelo mundo inteiro. A perda de Jerusalém foi particularmente dolorosa para meu pai. Minha família pertence ao ramo da tribo dos Coraixitas, da mesma linhagem do profeta Maomé, descendendo diretamente do profeta pela linha masculina do seu neto mais velho, Al Hasan (na realidade, o bisavô do profeta era "Hashim" e é daí que vem o nome de família dos "Hachemitas"). É pelo fato de os Hachemitas terem governado Hejaz, na Arábia ocidental, e cumprido a função de guardiães das cidades sagradas de Meca e Medina, de 965 d. C. até 1925, que somos a segunda mais antiga dinastia governante do mundo, a seguir à família imperial japonesa. Como líder da família Hachemita, responsável pela salvaguarda de Jerusalém, meu pai ficou arrasado ao ver-se incapaz de proteger Jerusalém e a Mesquita de

Al-Aqsa – um dos locais mais sagrados do Islã – do usurpador exército israelense.

Assim que a guerra acabou, deu-se início às negociações de paz. Embora famosa pelos seus "três nãos" – não à paz, não ao reconhecimento de Israel e não a negociações com Israel – a Cimeira Árabe que se realizou em Cartum, nos finais de agosto, acabou por proporcionar um enquadramento para a via diplomática. As conversações continuaram, em novembro, no Hotel Waldorf-Astoria de Nova Iorque, a terra do embaixador americano da ONU, Arthur Goldberg, que moderou reuniões privadas com as delegações israelenses, egípcias e jordanianas. Ex-juiz do Supremo Tribunal de Justiça, o embaixador era um proeminente apoiador de Israel e, como tal, tanto o meu pai como os egípcios o consideravam suspeito. Suas suspeitas acabariam por se justificar.

Segundo os apontamentos tomados por um dos conselheiros mais próximos de meu pai que participara nos debates, Goldberg enviou uma mensagem verbal ao meu pai, dizendo-lhe que, se os árabes aceitassem uma resolução do Conselho de Segurança da ONU, os Estados Unidos instariam Israel a retirar-se dos territórios ocupados e que quaisquer alterações às fronteiras pré-guerra seriam "pequenas retificações fronteiriças recíprocas". Goldberg dava a entender que os israelenses estavam de acordo. Meu pai foi de avião ao Cairo discutir a proposta com Nasser, que lhe pediu para apoiar a resolução.

No início de novembro, meu pai regressou a Nova Iorque para se reunir com o secretário-geral da ONU, U Thant, e para conversar com as outras delegações árabes, nas vésperas da reunião seguinte do Conselho de Segurança. A 8 de novembro, foi à Casa Branca falar com o presidente Johnson. Após dez dias nos Estados Unidos, meu pai partiu para a Europa. O resultado final das negociações foi a Resolução 242 da ONU, adotada por votação unânime pelo Conselho de Segurança, a 22 de novembro de 1967. A resolução exigia a retirada de Israel dos territórios (a redação em árabe exigia a retirada "dos" territórios, enquanto o texto em língua inglesa só mencionava "de" territórios) que ocupara em troca da paz, lançando assim uma fórmula de terra-pela-paz que viria a definir a futura política de relações externas da Jordânia.

O preâmbulo da resolução enfatizava a inadmissibilidade da aquisição de território pela força e declarava:

> [O] cumprimento da Carta de Princípios requer o estabelecimento de uma paz justa e duradoura no Oriente Médio que deverá incluir a aplicação de ambos os princípios que se seguem:
>
> (i) A retirada das Forças Armadas Israelenses de territórios ocupados no recente conflito;
>
> (ii) O cessar de todas as reivindicações ou estados de beligerância e a atestação de respeito e reconhecimento pela soberania, integridade territorial e independência política de todos os Estados da zona e fronteiras reconhecidas, isentos de ameaças ou atos de força.

A resolução também demonstrava a necessidade de se alcançar uma resolução justa do problema dos refugiados. Mais de quarenta anos depois, a Resolução 242 do Conselho de Segurança da ONU, em cuja formulação a Jordânia assumiu um papel importante, mantém-se o primeiro ponto de referência para a edificação de uma paz duradoura entre israelenses e palestinos.

Para uma boa parte do mundo árabe, tratava-se do fim do conflito, mas para nós, que vivíamos na Jordânia, tratava-se do início de uma época conturbada. Desta vez, a tempestade que se formava no nosso horizonte não nos traria conflitos com inimigos externos, mas sim uma revolta entre irmãos.

CAPÍTULO 3

Um Céu Carregado Sobre Amã

No rescaldo da guerra de 1967, a Jordânia recebeu um afluxo de cerca de 300 mil refugiados da Cisjordânia. Yasser Arafat, um palestino que vivera no Egito e se mudara para o Kuwait em 1957, onde foi co-fundador do movimento Fatah, antes de voltar a mudar-se, dessa vez, para a Síria, no início da década de 60, também foi viver para a Jordânia no rescaldo da guerra. Juntamente com várias facções armadas palestinas, esparsamente reunidas sob a égide da Organização para a Libertação da Palestina (OLP), a Fatah começou a instar à resistência armada contra Israel. A Fatah e as outras guerrilhas palestinas, conhecidas por *fedayeen*, recrutaram jovens descontentes dos campos de refugiados e começaram a lançar ataques contra as forças israelenses, do outro lado do rio Jordão.

No ano seguinte, o exército israelense decidiu contra-atacar. Ao amanhecer do dia 21 de março de 1968, esperando uma vitória fácil, Israel enviou duas brigadas armadas para o outro lado do rio Jordão. O plano era investir sobre o campo de refugiados de Karamé, 32 km a oeste de Amã, onde se sediavam alguns desses *fedayeen* palestinos, e seguir daí para a capital. Ainda a se recuperar da guerra de 1967, o Exército jordaniano enfrentou as forças israelenses num feroz combate e infligiu-lhe tais perdas que os israelenses acabaram por implorar um cessar-fogo. Meu pai insistiu que só procederia ao cessar-fogo quando todos os soldados israelenses se retirassem de Karamé. Quinze horas após o ataque, os regimentos semidesfeitos das tropas invasoras israelenses concluíram o processo de retirada. Foi na Batalha de Karamé que os israelenses sofreram a sua primeira derrota contra um exército árabe. Embora os *fedayeen* tenham participado nos confrontos, foi o Exército que conseguiu a vitória. Contudo, Arafat e as suas guerrilhas não tardaram a reivindicar os louros. Em breve começariam também a crer na sua própria retórica e a fletir os músculos, de tal modo que, como movimento armado, os *fedayeen* passaram a representar um desafio para o país. Constituíam uma ameaça para a segurança, infringiam a lei e procuravam instituir um Estado dentro do Estado.

Na década de 50 e no início da década seguinte, a Jordânia manteve-se extremamente vulnerável a insurreições políticas regionais. Era a idade do nacionalismo árabe. Nessa época, os Nasseritas revolucionários do Egito e os partidários do Baath que se apoderaram da Síria e do Iraque eram muito populares. Tinham grandes visões da união árabe e as suas aspirações no que se refere ao domínio geopolítico estendiam-se à Jordânia. Entre os seus 18 anos, a idade com que se tornou rei, e os 30, quando eu tinha 3 anos, meu pai sofreu dezoito tentativas documentadas de assassinato, incluindo duas perpetradas por traidores inseridos no seio da Corte. Os homicidas trabalhavam para Gamal Abdel Nasser e a sua República Árabe Unida – uma união de três anos entre o Egito e a Síria (1958-61). A RAU era aliada da União Soviética. Meu pai era aliado do Ocidente e, com a sua morte, Nasser e a União Soviética esperavam gerar instabilidade na Jordânia, para melhor poderem movê-la para a sua órbita.

O primeiro atentado interno foi realizado com ácido. Na altura com cerca de 25 anos, meu pai sofria de sinusite e usava regularmente gotas nasais de solução salina. Alguém com acesso a seu banheiro pessoal trocou a solução salina por ácido clorídrico. Um dos frascos caiu acidentalmente no lavatório. Ao ver o esmalte do lavatório fervilhar e rachar por ação do poderoso ácido, meu pai apercebeu-se de que escapara por um triz a uma morte muito dolorosa.

A segunda tentativa de assassinato foi com veneno. Meu pai reparou que o terreno circundante do palácio começava a encher-se de cadáveres de gatos. Ao investigar as causas desse curioso fenômeno, o pessoal descobriu que um ajudante de cozinheiro do palácio fora contratado para assassiná-lo. O indivíduo em questão era bom cozinheiro, mas pouco sabia de venenos e resolvera praticar a sua arte nos desgraçados gatos, para calcular a dose mais adequada.

Em parte devido à elevada probabilidade de um desses assassinos acabar por ter êxito, e visando proteger a monarquia, em 1965, quando eu tinha apenas 3 anos, meu pai decidiu retirar-me o título de príncipe real. Nomeou seu sucessor o irmão, o príncipe Hassan, com dezoito anos. Embora nem me desse conta disso na altura, aquela mudança foi uma das melhores coisas que meu pai alguma vez fez por mim, uma vez que me permitiu levar uma vida relativamente normal. Um dos poucos vestígios do breve período que passei como príncipe herdeiro é uma coleção de selos com a minha imagem aos três anos de idade. A verdade é que não necessitava de títulos reais para desfrutar da minha infância.

Meu pai tinha um Mercedes-Benz 300 SL Gullwing prateado com que acelerara pelos montes do Líbano acima, na década de 50. Adorava a forma como as portas se abriam para cima, como num carro saído de um filme. Meu pai gostava mesmo de carros velozes e andava sempre a acelerar numa moto, num carro, ou mesmo num helicóptero. Nesse tempo, não dispúnhamos da grande variedade de canais televisivos que existe hoje – na realidade, a Jordânia só transmitia duas horas de televisão por dia e cabia-nos a nós encontrar os nossos próprios passatempos. Em momentos mais calmos, eu, meu pai e minha mãe íamos de carro para o Norte. Dado o 300 SL de meu pai só ter dois lugares, eu viajava ao colo dele. Seguindo velozmente pelas estradas desertas, meu pai buzinava para manter o ritmo enquanto cantávamos a melodia "Popeye the sailor man", que era o gênero de um dos meus programas preferidos. Era costume pararmos ao entardecer para fazer um piquenique perto de um campo de trigo. Os soldados que nos protegiam entravam pelo trigo adentro, apanhavam algumas espigas e assavam os grãos sobre folhas numa fogueira. Desde então que adoro o aroma a trigo torrado.

Todos os meninos passam por uma fase em que consideram os pais reis. Sabia que o meu pai era especial e percebia que era um líder, apesar de não compreender bem o que é que ele passava o dia a fazer. Todavia, prezava muito aqueles momentos que passávamos juntos. Quando eu e meu irmão éramos pequenos, meus pais faziam o que podiam para nos proporcionarem uma vida normal. Às sextas-feiras, levavam-nos a uma quintinha que ficava no vale do Jordão, acompanhados dos amigos e respectivos filhos. Outra atividade de que gostávamos bastante era o tiro ao alvo. Tínhamos uma área de tiro no fundo do jardim onde eu, Feisal, meu pai e minha mãe praticávamos tiro ao alvo, às vezes.

A minha mãe cresceu numa família de militares. O pai dela, que, como oficial britânico, combatera na Segunda Guerra Mundial, e depois na Malásia, ensinara-a a disparar quando ela era pequena. Assim, tinha uma excelente pontaria. Na adolescência, o pai fora enviado para a Jordânia e ela conhecera o meu pai numa recepção diplomática. Na altura, tinha apenas dezenove anos, e o meu pai vinte e cinco. Perfeitamente arrebatado pela sua beleza e o seu encanto, meu pai convidá-la-ia ocasionalmente a visitar o palácio para ver um filme, acompanhados da mãe e da família dele. Minha mãe correspondia, convidando-o a ir a casa dos pais dela, onde lhe servia bolos e um forte chá inglês. Descobrindo um interesse comum por esportes motorizados, meus pais tiveram a oportunidade de se conhecerem melhor em idas ao Cartódromo de Amã, onde meu pai ensinou a minha mãe a conduzir. Não tardou que ela competisse nas corridas femininas. Cerca de um ano depois de se terem conhecido, meu pai pediu minha mãe em casamento, e, tão comovida que nem conseguia falar, ela acenou simplesmente com a cabeça em consentimento. Nascida Antoinette Gardiner, minha mãe converteu-se ao Islã antes do casamento, tornou-se cidadã jordaniana e adotou o nome de Muna al Hussein.

Dois dias antes do casamento, estavam eles a discutir o futuro papel de minha mãe na família real, quando ela declarou: "Parece ridículo se eu disser que não desejo realmente o título de rainha?" Deleitado com a constatação de que ela o desposava por amor e não pelo título, meu pai acedeu alegremente ao pedido e ambos se casaram a 25 de maio de 1961, numa cerimônia simples realizada no Palácio Zahran, em Amã. Após o casamento, minha mãe tornou-se a Princesa Muna e, um ano depois, cheguei eu.

Em 1968, Amã não era uma cidade muito segura. Yasser Arafat e seus guerrilheiros lançavam ataques contra Israel a partir do território da Jordânia e os israelenses retaliavam periodicamente, atingindo alvos jordanianos. Além das bombas israelenses, havia vários egípcios e sírios com intuitos nefastos: os agitadores comunistas de patrocínio soviético e os assassinos a soldo estavam decididos a desestabilizar os governos moderados como o nosso. Amã tornou-se um ponto de encontro para todos os tipos de radicais, desde o Grupo Baader-Meinhof da Alemanha, ao Exército Vermelho Japonês e ao terrorista venezuelano, Carlos o Chacal, muitos dos quais chegavam atraídos pela proximidade da Jordânia à Cisjordânia de ocupação israelense e pela possibilidade de atacarem Israel. Com o exército jordaniano patrulhando as fronteiras, as guerrilhas e os radicais apoderaram-se de algumas partes da cidade, bloqueando estradas e dominando bairros inteiros. Lembro-me que, quando saíamos de casa, à noite, para ir a Amã de carro, no Mercedes branco da minha mãe, tínhamos de cobrir os faróis dianteiros, para que as guerrilhas não disparassem sobre nós. Minha mãe nunca saía de casa sem ter uma Kalashnikov no banco do lado e um pequeno revólver Colt escondido no porta-luvas.

A situação da Jordânia era especialmente desanimadora pelo fato de, após a guerra de 1967, o país ter recebido de braços abertos Yasser Arafat e seus homens, concedendo liberdade de movimento à OLP. A verdade é que Yasser Arafat não correspondeu a tal generosidade. Suas forças começaram a prejudicar o Estado, lançando impostos e ignorando as leis. Muitos grupos de guerrilha sob a alçada da OLP atuavam com impunidade. Quando tinham fome, os guerrilheiros entravam pelas casas adentro quando os proprietários estavam a trabalhar e obrigavam suas mulheres a fazerem-lhes o almoço, apontando-lhes as armas. Raptavam pessoas para pedirem resgates, matavam aleatoriamente, confiscavam carros, ocupavam casas e atacavam hotéis na esperança de fazerem reféns os estrangeiros de passagem.

Nessa época, tinha eu seis anos e os meus pais decidiram enviar-me para o estrangeiro, de modo a manter-me afastado da onda de violência e caos que crescia na Jordânia. Como meu pai tinha frequentado Harrow, a Inglaterra era a escolha mais natural. Ainda me lembro de chegar à noite à St. Edmund's School, que era uma enorme casa de campo, com um bom terreno circundante, em Surrey. No percurso de carro desde o Aeroporto de Heathrow, passando por campos verdejantes e intermináveis sebes espessas, senti-me a quilômetros de distância das estradas empoeiradas do deserto da Jordânia.

Embora os professores fossem amigáveis e hospitaleiros, não me sentia feliz em St. Edmund's. Esse sentimento de desagrado devia-se, por um lado, ao fato de estar afastado de meus pais em tão tenra idade e, por outro, a questões de idioma. O árabe é a minha língua materna e, como a minha ama era suíça, falava bastante francês em casa. O inglês era a língua que acabava por falar pior. No entanto, não tardei a dominar a língua inglesa e adquiri o sotaque britânico, que mantive desde então. Um ano e meio depois, meu irmão Feisal veio ter comigo, mas não ficaríamos muito tempo na Inglaterra.

As tensões cresciam entre meu pai e as forças de guerrilha. Enquanto Arafat redobrava esforços para controlar a Jordânia, seus homens começaram a voltar-se para o rei.

Em setembro de 1970, quando se dirigia a Amã, acompanhado por Zaid Rifai, o imponente chefe da Casa Real, formado em Harvard, e Sharif Nasser bin Jamil, um homem entroncado que, naquela altura, era chefe do Estado-Maior do Exército Jordaniano, meu pai foi obrigado a parar num cruzamento onde havia uma barricada. Assim que um dos seus homens saiu do carro para deslocar a barricada, os guerrilheiros que estavam escondidos nas montanhas abriram fogo com todo tipo de armas, incluindo uma pesada metralhadora Dushka de fabricação russa. O soldado que tentava deslocar a barricada foi morto e meu pai viu as balas aproximarem-se dele e atingirem o chão como pedras de granizo. Todos se agruparam e começaram a retaliar. Meu pai gritou: "Deviam ter vergonha!", o que pode parecer uma frase algo estranha para quem está sob ataque, mas ele tinha um forte sentido de honra pessoal e considerava os seus agressores meros bandidos covardes. Zaid Rifai e Sharif Nasser imploraram-lhe que se abrigasse numa vala próxima. Mal viram meu pai abrigar-se, os atacantes apontaram a metralhadora para ele. Zaid Rifai e o comandante da Guarda Real lançaram-se para o protegerem, colidindo no ar e caindo em cima dele. Meu pai sentiu as costas estalarem com a sobrecarga.

Depois de repelirem os atacantes, meu pai e seus homens saltaram para dentro dos carros. Meu pai ia sentado à frente quando se apercebeu de que a boina lhe caíra e ficara no meio do chão. Ficou tão furioso por lhe terem feito uma emboscada que saiu do carro e foi a passo firme, com as balas a assobiarem à sua volta, recolher a boina. Depois de apanhá-la, colocou-a na cabeça e regressou calmamente ao carro, que arrancou em seguida. Enquanto se dirigiam à nossa casa, em Hummar, meu pai voltou-se para Zaid Rifai e disse-lhe: "Da próxima vez, deixem-me lidar com os *fedayeen*. Vocês dois fizeram mais estragos do que eles!" Desde aquele dia passou a queixar-se de dores nas costas.

Por aquela altura, no seguimento de dois cessar-fogos fracassados, já se tornara evidente que a Jordânia não poderia coexistir com as guerrilhas de Arafat. Naquele tempo, a OLP e os seus militantes perfaziam cerca de 100 mil homens: 25 mil combatentes permanentes e cerca de 75 mil milicianos armados. Além disso, a sua ousadia não parava de aumentar. A 6 de setembro de 1970 a organização radical Frente Popular para a Libertação da Palestina (FPLP) desviou três aviões comerciais de linhas aéreas internacionais que haviam partido de Frankfurt, Zurique e Amsterdam com destino a Nova Iorque, dois para Dawson's Field, um aeródromo perdido no deserto na região de Azraq, e o terceiro para o Cairo, onde o fizeram explodir. Três dias depois, um terceiro avião comercial foi desviado para a mesma faixa. As guerrilhas exigiram a libertação dos militantes palestinos detidos em prisões europeias. A 12 de setembro, não lhes tendo sido satisfeitas as exigências, as guerrilhas libertaram todos os passageiros e fizeram explodir os três aviões sob o olhar atento dos meios de comunicação mundiais. Dois dias depois, a OLP instou ao estabelecimento de uma "autoridade nacional" na Jordânia.

Para meu pai, aquela era a última gota. Oito dias depois, a 17 de setembro, mandou o exército investir agressivamente sobre os *fedayeen*, em Amã e noutras cidades. Seria um erro caracterizar esse confronto como uma guerra civil entre os jordanianos e os palestinos. O exército contava com muitos jordanianos de origem palestina combatendo corajosamente a seu lado. Tal como muitos jordanianos da Transjordânia haviam aderido às forças de guerrilha que se opunham ao exército. Como chefe do Estado-Maior do Exército, Sharif Nasser encabeçou a luta. Homem poderoso e feroz combatente, tinha cara de quem conseguia enfrentar um cavalo e matá-lo com as próprias mãos. Um dos seus truques favoritos era esmagar uma cebola com uma só mão, espremendo-a sobre o prato, para dar um pouco de gosto a um jantar mais sensaborão.

As forças jordanianas e os *fedayeen* tinham confrontos temerosos. Não tardou que nossos inimigos deixassem de ser só internos. No outono de 1970, a Síria atacou o norte da Jordânia com três brigadas blindadas, uma brigada de forças especiais e uma brigada de guerrilheiros palestinos, visando ajudar os homens de Arafat. Embora bastante inferiores em número, os soldados jordanianos da 40.ª Brigada Blindada, responsáveis pela defesa da fronteira, combateram com bravura e resistiram. A invasão síria ameaçava transformar um conflito interno numa crise internacional. A 23 de setembro, os sírios foram rechaçados. Contudo, embora tivéssemos defendido nossa fronteira ao norte, no seio da Jordânia o conflito com os *fedayeen* continuava quente.

Com seu grau superior de profissionalismo, formação e equipamento, as Forças Armadas Jordanianas acabaram por prevalecer. Até ao verão de 1971, decorreram ainda vários combates com as guerrilhas, mas foi a Jordânia que venceu. O exército reconquistou o poder do país e a legitimidade manteve-se. Meu pai e Sharif Nasser tiveram conhecimento de que Arafat estava escondido na Embaixada do Egito em Amã, que recebia a visita de uma delegação da Liga Árabe. À saída da embaixada, a referida delegação parecia ter ganho mais um membro: uma mulher atarracada, coberta dos pés à cabeça por uma *abayah* negra e de lenço na cabeça. Os serviços secretos de meu pai relataram que a mulher misteriosa seria provavelmente Arafat, tentando fugir.

Sharif Nasser queria capturar e matar Arafat, argumentando que ele não merecia viver. No entanto, meu pai deu ordens aos seus homens para deixarem Arafat sair da Jordânia. Considerava sempre importante deixar em aberto a possibilidade de reconciliação.

Vinte anos depois, meu pai salvaria a vida de Arafat uma segunda vez. Em abril de 1992, apanhado por uma tempestade de areia, o avião em que seguia Arafat caiu no deserto do Líbano, matando três passageiros. Nessa altura, a relação entre Arafat e meu pai já tinha mudado muito. Se a vida não o tivesse lançado para a política, meu pai teria sido médico. Dois meses depois do acidente, meu pai viu Arafat e, preocupado com seu mau aspecto, enviou-o ao Centro Médico Rei Hussein. Sendo-lhe detectado um coágulo de sangue no cérebro, Arafat foi submetido a uma intervenção cirúrgica de urgência e os médicos conseguiram extraí-lo em segurança.

Quando as guerrilhas palestinas foram expulsas da Jordânia, muitos guerrilheiros voltaram para o Líbano, tornando-o a arena seguinte de uma guerra ainda mais sangrenta. Entretanto, no nosso país, uma meia dúzia de guerrilhas formou uma sofisticada nova organização terrorista, com financiamento internacional. A Organização Setembro Negro, assim chamada devido ao mês em que começara o conflito entre a Jordânia e a OLP, jurava vingar-se da derrota dos guerrilheiros. Um dos seus primeiros atos foi assassinar o primeiro-ministro jordaniano, Wasfi Tal, quando este visitava o Cairo, em novembro de 1971.

No mês seguinte, Zaid Rifai, recentemente nomeado embaixador no Reino Unido, recebeu um telegrama urgente de meu pai, informando-o de que um esquadrão de assassinos da Setembro Negro havia sido enviado para Londres com o intuito de atacar um alvo jordaniano. Rifai reforçou a segurança da embaixada e elaborou uma lista de alvos potenciais, entre os quais se incluíam o meu nome e o de meu irmão Feisal, que fora recentemente para a Inglaterra, juntar-se a mim na escola. Embora ainda nem tivesse dez anos, depressa percebi que alguma coisa se passava, quando mandaram para a minha escola vários policiais com cães de guarda para me acompanharem a toda hora.

Um dia depois, Rifai saiu de sua casa, em Regent's Park, mais tarde do que era costume. O carro seguia pela Kensington High Street, apinhada de transeuntes a fazerem as suas compras de Natal e, ao diminuir a velocidade antes de fazer uma curva mais apertada, deparou-se com um homem que saltou para o meio da estrada com uma pistola-metralhadora Sten e desatou a disparar. Apercebendo-se de que o alvo a abater era ele próprio, Rifai atirou-se para o chão do carro, enquanto o atirador continuava a disparar contra o banco de trás. Quando cessaram os tiros, Zaid Rifai gritou ao motorista, mandando-o levá-lo para o hospital. O carro arrancou a toda a velocidade, mas deteve-se uns minutos depois. "O que foi?", perguntou Zaid. "Excelência", respondeu o motorista, que era inglês, "o sinal está vermelho."

Rifai sobreviveu, mas sofreu ferimentos bastante graves que implicaram várias intervenções cirúrgicas à mão e ao braço. Não restavam muitas dúvidas quanto à autoria do atentado: a Setembro Negro. Foi então que, concluindo que a Inglaterra já não era um local seguro, meus pais decidiram enviar-nos, a mim e a meu irmão Feisal, para mais longe: para a América.

CAPÍTULO 4

Chegada à América

O ano de 1972 foi difícil para a minha família e não apenas devido às ameaças dos terroristas. Foi nesse ano que, ao fim de dez anos de casamento e quatro filhos (minhas irmãs gêmeas Aisha e Zen nasceram em 1968), meus pais decidiram divorciar-se. Não foi pelo fato de estarmos sempre no colégio interno que eu e meu irmão deixamos de sentir a mesma incerteza que todos os filhos de pais divorciados enfrentam. Contudo, tivemos a sorte de os nossos pais terem permanecido muito próximos, unindo-se nas suas preocupações por nós e no apoio que nos prestavam.

Em setembro de 1972, a Setembro Negro realizou outro atentado, fazendo reféns e acabando por matar onze atletas israelenses que participavam nos Jogos Olímpicos de Verão, em Munique. Tendo decorrido sob os focos dos meios de comunicação social internacionais, o mundo inteiro testemunhou a sua brutalidade.

Em outubro, eu e meu irmão Feisal fomos para a América. Na nossa primeira viagem aos Estados Unidos, uns anos antes, estivéramos na Florida com os nossos pais e as nossas irmãs, onde visitáramos Cypress Gardens e a recém-inaugurada Disney World. A ideia de voltar aos Estados Unidos enchia-me de entusiasmo – para mim, não passava de um enorme parque temático. A verdade é que Nova Inglaterra no outono não era propriamente uma Disney World.

Eaglebrook, a minha nova escola, era uma escola preparatória que ficava na parte ocidental de Massachussetts, empoleirada num monte da serra de Pocumtuck, com vista para a cidade de Deerfield. As instalações assemelhavam-se às de um *resort* de montanha suíço, com chalés e a sua própria pista de esqui. Partilhava o meu quarto com Feisal, numa residência, mas ele frequentava Bement, uma escola no sopé do monte. Uma das coisas a que nos custou adaptar-nos foi a alimentação. Na Jordânia, adorava comer pão com *seit* ou *zatar* – azeite com tomilho seco. No entanto, na América, tive de me habituar às delícias das sanduíches de manteiga de amendoim com compota.

Não tinha gostado de frequentar a St. Edmund's, no Reino Unido, mas jamais me metera em rixas lá. Eaglebrook era diferente. Fui o primeiro árabe a frequentar a escola e tinha vários colegas judeus. Não tardou que alguns me dessem a entender que não era bem-vindo. Não compreendia a razão da sua animosidade e era demasiado jovem para alguma vez me ter deparado com o conceito de preconceito irracional. Apesar de, com os anos, me ter familiarizado até bem demais com o fato de algumas pessoas julgarem os outros com base na sua identidade, em criança não era capaz de compreender isso. Sabia que os jordanianos e os israelenses eram inimigos, mas, afinal de contas, estávamos nos Estados Unidos e os meus colegas eram americanos. Não conseguia fazer a associação entre um israelense e um judeu. Todavia, aparentemente, era-me impossível escapar aos conflitos do Oriente Médio, nem mesmo na parte ocidental de Massachusetts.

Vi-me envolvido numa série de rixas. Embora tivesse guarda-costas que me acompanhavam para todo o lado, estes tinham ordens para me proteger de terroristas e assassinos, e não de meninos agressivos com dez anos. Por vezes, ainda me prejudicava mais. Num confronto, o meu opositor perguntou: "Sim? Você e que exército?" E eu respondi: "Sou eu e o exército do meu pai!"

Certa tarde, um dos supervisores – outros alunos responsáveis por manter a disciplina – expulsou meu irmão do nosso quarto da residência, foi chamar um rapaz mais velho de um dos quartos mais ao fundo do corredor e disse: "Você e ele vão lutar." Fiquei entusiasmado, mas, como nem eu nem ele sabíamos lutar, envolvemo-nos em braços e batemos nas costas um do outro. Os supervisores deixaram-nos assim até ficarmos sem fôlego, separaram-nos e, depois, obrigaram-nos a recomeçar. Saltei para cima de uma cama e lancei-me sobre o meu opositor, deitando-o ao chão. Ao cair, bateu com a cabeça com toda a força no chão. Ficamos todos aflitos, com medo que lhe tivesse acontecido alguma coisa e os supervisores o agarraram e levaram-no. Apesar de tudo ter acontecido por mera sorte, uma vez que eu vencera um rapaz muito maior, os outros começaram a demonstrar um pouco mais de respeito para comigo.

Acabara de chegar a Eaglebrook quando meu pai se casou com Alia Toukan, filha de um diplomata jordaniano de uma importante família de origem palestina. Tragicamente, a rainha Alia morreu com apenas vinte e oito anos, em 1977, num desastre de helicóptero. Um ano depois, meu pai casou-se com Lisa Halaby, filha de um empresário americano-árabe e funcionário superior do Departamento de Defesa norte-americano, que adotou o nome de Rainha Noor.

Tenho uma família bastante grande. Além de minha irmã mais velha, Alia, fruto do primeiro casamento de meu pai com Sharifa Dina Abdel Hamid, na década de 50, tinha meu irmão Feisal e minhas irmãs gêmeas Aisha e Zein. Do casamento de meu pai com a rainha Alia tive outra irmã, Haya, e outro irmão, Ali, mais uma menina órfã adotada, Abir. Posteriormente, quando meu pai se casou com a rainha Noor, tivemos mais dois irmãos, Hamzah e Hashim, e mais duas irmãs, Iman e Raiyah. Ao todo, éramos doze filhos, cinco rapazes e sete moças, e uma família bem unida. Eu e os meus quatro irmãos gostamos de dizer que somos como cinco dedos de uma mão. Aos bem-intencionados, estendemos a mão da amizade, mas aos forasteiros que tentam fazer mal à nossa família, unimo-nos e formamos um punho cerrado.

O ano de 1972 foi um período turbulento tanto para a região como para o nosso lar. Preocupados com as suas vias de abertura com a China, os Estados Unidos sob a administração Nixon cessaram a maior parte das atividades diplomáticas visando mediar uma resolução do conflito israelo-árabe. No Egito e na Síria, crescia a impaciência perante o impasse. Num discurso que proferiu nos finais de janeiro, Anwar Sadat que sucedera a Nasser na presidência do Egito, em 1970, declarou que "A guerra é inevitável." Em setembro de 1973, Sadat e o presidente sírio Hafez al-Assad acordaram em coordenar um ataque em simultâneo a Israel para que ambos pudessem reconquistar os territórios perdidos na Guerra de 1967.

A 6 de outubro de 1973, enquanto as tropas egípcias atacavam o Sinai, as forças sírias lançavam-se sobre os montes Golã. Depois de recuperarem do ataque-surpresa, ao fim de três semanas, as forças israelenses ganharam vantagem. Embora nem Sadat, nem Assad tivessem informado ao meu pai sobre os seus planos de guerra, a Jordânia viu-se arrastada para a luta, com o mundo árabe inteiro a apoiar a guerra. A prioridade de meu pai era garantir a segurança da Jordânia. Foi nesse sentido que colocou as forças jordanianas em estado de alerta máximo e que enviou a 40.ª Brigada Blindada para os montes Golã, para dar assistência ao exército sírio, em vez de se arriscar a abrir uma terceira frente, atravessando a fronteira para a Cisjordânia. Três dias depois, as forças jordanianas tiveram um breve confronto com as forças israelenses e uma das companhias sofreu pesadas perdas. A 22 de outubro declarou-se um cessar-fogo. A guerra não alterou o estado de coisas – pelo contrário, consolidou-o. Essa seria a última guerra entre Israel e os vizinhos, durante quase uma década. Quatro anos depois, em novembro de 1977, o presidente Sadat seria o primeiro líder árabe a visitar Israel. Em setembro de 1978, o Egito e Israel assinaram os históricos Acordos de Camp David, em parte negociados pelo presidente Jimmy Carter. Um ano depois, os dois países assinaram um tratado de paz. Israel devolveu a península do Sinai ao Egito. Em troca, o Egito tornou-se o primeiro país árabe a reconhecer Israel.

Apesar de o conflito ocorrer a uma distância de oito mil quilômetros, as suas reverberações alcançavam os montes da parte ocidental do Massachusetts. Uma das mais acarinhadas tradições de Eaglebrook era colocar os alunos mais novos a dar assistência durante as refeições. Pouco depois da eclosão da guerra, estava eu no refeitório quando o chefe de mesa, que era um dos alunos mais velhos, me fitou e me mandou aproximar-me dele. Assim que cheguei perto dele, agrediu-me. No meio de um refeitório apinhado de alunos, fiquei embasbacado a olhar para ele. Antes de me voltar as costas para se afastar, ele disse-me: "É um árabe e te odeio!" Quando regressava a Amã de férias, minha mãe perguntava-me como estava a correr a minha vida na escola e, muito embora tendesse a dizer-lhe que não gostava lá muito de lá estar, nunca lhe dava pormenores. Fora criado com a convicção de que nunca devemos fazer queixa de nada e que devemos ser nós próprios a enfrentar as nossas batalhas.

Enquanto estava a passar férias na Jordânia, feri o pulso num acidente de barco. Depois de o médico local me ter tratado da lesão, enfaixando-me o braço, entrei em casa sentindo pena de mim próprio. Foi então que vi meu pai e, quando estava prestes a contar-lhe sobre o acidente, ele lançou-me um olhar que me dizia: "Porque está você aí a lamentar-se?" Ele pertencia àquela geração criada com a crença de que devemos ser duros. Não querendo passar por fraco, retirei a faixa que tinha ao peito e isso fez com que o meu braço inchasse muitíssimo. Passados três dias, fiz uma radiografia e descobri que tinha uma fratura e que era necessário engessar o braço.

Foi com esse acidente que finalmente me consegui afirmar, em Eaglebrook. Com o meu pulso partido, não poderia participar nas aulas de esqui. Quando me retiraram o gesso, faltavam três semanas para o fim do período e lançaram-me para a equipe de luta livre. Meu pai, que era um aficionado do treino físico, dera-me alguns exercícios para executar chamados Comando 7, que se baseavam num programa de treino do exército canadense. Dediquei-me à luta livre e descobri que poderia ser bom nessa modalidade. No ano seguinte, já mais robusto e em melhor forma física, juntei-me à equipe de luta livre. Embora não respeitassem títulos, os meus colegas demonstravam um enorme respeito pelas capacidades desportivas. Além da luta livre, comecei a praticar atletismo. Naquela época, era um excelente corredor e acabaria por me tornar capitão de ambas as equipes de atletismo e luta livre da minha escola. O esporte proporcionou-me um escape dos preconceitos mesquinhos de alguns dos meus colegas e deu-me a minha primeira oportunidade de liderança.

Embora tivesse passado um mau bocado com alguns colegas de Eaglebrook, o mesmo não posso dizer sobre os meus professores, que eram excelentes. Desenvolvi-me muito sob a sua tutela e tenho boas memórias de muitos deles, especialmente com os chefes de dormitório, o meu professor de francês e os meus treinadores de luta livre. Todos eles me ensinaram muito e me ajudaram a aclimatar-me aos Estados Unidos.

Quando chegou a altura de ir para o liceu, desci o monte e fui para a Deerfield Academy, enquanto Feisal, um ano e meio mais novo do que eu, permaneceu em Eaglebrook. Apesar de estar apenas a 1,5 km de distância, entrara num mundo completamente diferente. Com duzentos anos de tradição às costas, Deerfield dedicava-se não só a manter os seus elevados padrões acadêmicos, mas também ao desenvolvimento pessoal dos seus alunos. A atmosfera era de genuíno respeito e tolerância para com o próximo, fomentando o sentido de comunidade entre os alunos. Posso dizer com toda a franqueza que os anos passados em Deerfield foram dos mais felizes da minha vida.

Tinha boas credenciais desportivas para um novato e entrei na equipe de luta livre da escola logo no segundo ano. Contudo, não o consegui sem esforço. Naqueles tempos, a luta livre regia-se muito pelo peso. O treinador disse-me que, se conseguisse perder peso até aos 53,5 kg, entraria na equipe. O meu problema era pesar 59 kg e estar em boa forma. Calculando que a única forma de perder tanto peso seria deixar de comer, passei três semanas a comer bolachas de água e sal com compota de dieta. Consegui entrar na equipe, venci todos os meus desafios e, no terceiro confronto, alcancei a vitória bloqueando o meu opositor durante um tempo recorde de 11 segundos. No entanto, o meu êxito durou pouco. No meu estado de subnutrição, era incapaz de me concentrar nas aulas e as minhas notas pioraram muito. Para além disso, comecei a desmaiar e tive de me afastar por uns tempos, por motivos de saúde. Em resultado, retiraram-me da equipe e colocaram-me nos suplentes.

Embora fosse difícil estar tão longe de casa e da minha família, sentia o espírito igualitário da América como uma lufada de ar fresco. Na Jordânia, o meu título de primogênito do rei pesaria sempre sobre todas as minhas interações, fossem elas com professores ou colegas. Todavia, em Deerfield, não se fazia diferença entre o filho de um diretor executivo, o bolsista proveniente do South Side de Chicago ou um dos Rockefeller – todos tinham de cumprir as mesmas tarefas e tinham as mesmas oportunidades de brilhar. Todos os dias, à hora das refeições, alguns alunos serviam os seus colegas às mesas. A certa altura, quando calhou a mim essa tarefa, não a cumpri como devia ser. Jim Smith, o treinador de futebol americano, era também quem geria o refeitório e gritou-me num tom de voz bem-disposto: "Abdullah, não me interessa se o teu pai é o rei da Jordânia, pois deste refeitório o rei sou eu!" Compreendendo o que ele queria dizer, melhorei o meu desempenho. Smith era bastante popular entre os alunos. Ele próprio tinha uma família numerosa, com vários filhos e uma filha, e considerava a escola uma extensão da sua família. Era frequente desatar a cantar no refeitório e, embora tivesse uma bela voz, os alunos gostavam de fingir que ele lhes evocava o som de unhas a arranhar um quadro negro.

Foi em Deerfield que fiz os meus primeiros grandes amigos americanos: George "Gig" Faux, filho de um piloto de caças dos arredores de Boston; Chip Smith, um menino de classe alta da Nova Inglaterra; e Perry Vella, que tinha vindo como bolsista de Queens, Nova Iorque. Os meus colegas de turma conheciam o meu histórico, mas não eram dados a cerimônias. Para eles, eu era apenas o Abdullah ou, como tantas vezes me chamavam, o "Ab". Deerfield permitiu-me ter uma infância normal e forneceu-me as ferramentas necessárias para me transformar no homem que tinha de ser. Ainda hoje, alguns dos meus melhores amigos são velhos colegas de turma de Deerfield.

Dado a Jordânia ser demasiado longe para lá ir passar temporadas mais curtas do que as férias grandes, passava muitas das pausas escolares com Gig e a família dele. Ficando a minha casa do outro lado do mundo, prezava a hipótese de passar algum tempo numa atmosfera de vida em família. Naquela altura, como tínhamos de marcar com antecedência os dias em que faríamos as nossas chamadas internacionais, só conseguia falar com meu pai uma ou duas vezes por semestre.

Os meus guarda-costas viviam perto, numa casa que ficava no fundo do *campus*. Foram eles que me deram um primeiro gostinho de "ação encoberta": deleitava-me descobrir novas formas inovadoras de escapar do dormitório à noite, sem ser visto. Embora nem sempre fôssemos bem-sucedidos, essas operações foram um bom treino para mim e para Gig quando, como finalistas, nos tornámos supervisores de dormitório. Por essa altura, já conhecíamos a maioria das artimanhas, algumas por experiência própria. O pai de Gig era piloto de caças da força aérea e Gig tinha conseguido, de alguma forma, arranjar um facho de socorro militar. Mortos por ver como funcionava, certa noite, escapulimo-nos dos dormitórios com outros dois amigos e lançamos a coisa. O facho pairou no céu noturno da Nova Inglaterra, iluminando o *campus* com uma resplandecente luz vermelha, e dirigiu-se para a entrada de pilares brancos do Velho Ginásio, num magnífico e robusto edifício onde ficavam as quadras de *squash* e as instalações dos treinos de luta livre. Em pânico por temermos que o facho incendiasse o ginásio, ou até mesmo o refeitório que ficava ao lado, desatamos a correr a toda a velocidade para o edifício. Ainda recordo o alívio que senti quando nos apercebemos de que o facho tinha rebentado sobre o telhado do ginásio e aterrisado no campo de jogos.

Apesar da sua grande inutilidade para me proteger dos outros alunos em Eaglebrook, os meus guarda-costas tinham uma excelente vantagem: carro próprio. Nos fins-de-semana prolongados, eu e Gig pedíamos-lhes para nos levar a casa dos pais dele. Na nossa primeira visita, os pais de Gig sentiram-se um pouco nervosos por nos verem chegar num carro acompanhado de guarda-costas armados. Por sorte, o irmão mais novo de Gig, Chris, quebrou o gelo assim que saí do carro – alvejando-me com uma arma de pressão de ar. Depois desse episódio, desatamos todos a rir e descontraímo-nos, deixando-nos entrar na caótica atmosfera da vida em família dos Faux. Mary, a mãe de Gig, era ítalo-americana e tinha preparado uma deliciosa lasanha que eu passaria a conhecer bem. Após cada visita, dava-nos uma enorme travessa de lasanha para levarmos conosco e, até hoje, não consigo comer outra lasanha senão a dela.

Um dos meus professores preferidos era Dan Hodermarsky, o exuberante diretor do departamento de arte com a sua característica barba branca. Era uma pessoa afável e uma figura sociável bem-amada de muitos alunos. À semelhança de tantos outros professores de Deerfield, "Hodo" cuidava de nós como se fôssemos filhos dele, muitas vezes deliciando-se com as nossas palhaçadas, mas orientando-nos com delicadas admoestações.

Quando chegou a sua vez de ir para o liceu, para evitar ser sempre conhecido como o "irmão mais novo de Abdullah," Feisal decidiu não ir para Deerfield. Quando éramos pequenos, teimava em fazer tudo ao contrário de mim. Se eu usava calças *jeans* e camiseta, ele vestiria um terno. Com um espírito muito acadêmico e dotado para a Matemática, foi para o liceu St. Albans, em Washington, D.C., antes de prosseguir os estudos em Engenharia Elétrica, na Universidade de Brown, em Providence, Rhode Island. Depois de Brown, Feisal passou a diferenciar-se completamente de mim, frequentando o Royal Air Force College, em Cranwell, na Inglaterra, licenciando-se como o melhor da sua turma e ganhando cinco dos sete galardões destinados aos cadetes. Posteriormente, Feisal tornar-se-ia piloto da Força Aérea da Jordânia.

A minha temporada em Deerfield passou a correr e, sem me dar conta, já estava no fim do último ano. Tinha intenção de frequentar Dartmouth com Gig, mas a minha vida estava prestes a dar uma reviravolta e a levar-me por um caminho muito diferente. Pouco antes de acabar o liceu, sentei-me com meu pai e ele perguntou-me como me corria a escola e o que pensava fazer depois. Contei-lhe os meus planos de frequentar a universidade e disse-lhe que queria estudar Direito e Relações Internacionais. Depois de me ouvir, meu pai ficou algum tempo em silêncio e perguntou: "Nunca pensou em ir para o Exército?" Vindo do meu pai, tratava-se mais de uma ordem do que de uma sugestão. Foi então que comecei a estudar as minhas opções. Fui visitar a Citadel – a academia militar da Carolina do Sul – mas fiquei desanimado com a perspectiva de lá passar quatro anos submetido ao seu rigoroso programa de estilo prussiano. Ao atravessar o refeitório, observei os cadetes e estes pareceram-me muito rígidos e formais. Aquele ambiente era muito diferente do de Deerfield.

De volta a Amã, certa noite, sentei-me com meu pai e Feisal a ver um filme. Constatando a minha falta de entusiasmo por uma formação militar americana, meu pai perguntou-me: "Então, e Sandhurst? Eu e o seu avô nos formamos lá. Porque não vai para lá?"

PARTE II

CAPÍTULO 5

Sandhurst

Os pneus do carro detiveram-se ruidosamente sobre o cascalho, quando cheguei aos portões. Saí do carro, peguei minha mala e apresentei-me ao adjunto da academia, responsável pela recepção dos novos alunos. No outono de 1980, nos Estados Unidos, os meus amigos de Deerfield descobriam as delícias da música *pop*, dançando ao som de Fleetwood Mac e dos Blues Brothers. Alguns dos meus pares no Reino Unido faziam *piercings* e pintavam o cabelo de roxo. Já eu estava prestes a passar por uma experiência bastante diferente. Depois de atravessar os portões da Real Academia Militar de Sandhurst, iria apanhar o maior choque da minha vida.

As primeiras cinco semanas foram infernais. Marchávamos horas a fio na parada, acordávamos antes do amanhecer para ir correr debaixo da chuva torrencial e engraxávamos as botas sem parar, com sargentos porta-bandeiras a gritar-nos constantemente. Pensava para comigo: "Onde raio me vim eu meter?" Todos os meus colegas de turma de Deerfield eram calouros em estabelecimentos de ensino superior como Darthmouth, Brown e Columbia, onde a prova mais dura que teriam de enfrentar era a de outro inverno rigoroso. E ali estava eu a dar voltas correndo pelo campo de treino de Barossa, com o rosto enlameado e uma espingarda. Era surreal. Ao lado do campo de treino havia uma velha estrada romana apelidada de Auto-Estrada do Diabo. Depois de passar duas horas ao frio, comecei a perceber porque lhe haviam dado esse nome.

Naquela época, a maioria dos cadetes que chegavam vinha do liceu e tinha cerca de 18 anos. Não me parece que a maioria de nós fizesse ideia do que nos aguardava. Nos primeiros cinco meses, metade dos cadetes do meu pelotão desistiu. O programa de treino fora intencionalmente concebido para ser duro e os nossos superiores esperavam mesmo que alguns desistissem. Separavam o trigo do joio, visando manter apenas aqueles que não se davam por vencidos. Lembro-me de passar uma tarde a treinar sob a vigilância do sargento porta-bandeira Lawley. Fazendo-nos correr até aos portões, de onde se avistava o Staff College de Camberley, que dava formação militar pós-graduada aos oficiais superiores. Parecia um pequeno palácio. O sargento mandou-nos fazer flexões e, quando estávamos todos com os rostos enterrados na lama, disse: "Ali está o Staff College. Olhando para vocês digo que nenhum de vocês passará daqui!"

O sargento Lawley era um filósofo um pouco ao modo de um soldado. Encontrávamo-nos a meio de um exercício de fogo no campo e as coisas corriam de mal a pior. A minha seção de cadetes estava prestes a tomar um monte de assalto e só esperávamos pela ordem. Eu e o sargento estávamos sentados um pouco à margem dos outros, de lado, atrás de umas árvores. A certa altura, ele disse-me: "Sr. Abdullah, queria dizer-lhe uma coisa." E fez uma pausa, para dar ênfase. "O Sr. estará sempre metido na merda. A única coisa que varia é a profundidade." Esse passou a ser o meu lema e ainda hoje penso nessas palavras sempre que me deparo com uma situação difícil.

Os que, dentre nós, conseguiram concluir o treino básico tornaram-se oficiais. Depois, os que pretendiam fazer carreira no Exército ainda tinham pela frente cinco ou seis meses de formação de oficiais, incluindo disciplinas como Liderança, Doutrina Militar Britânica e Relações Internacionais. Depois de receber a minha patente de oficial do Exército Britânico das mãos da rainha Elizabeth, teria de escolher um regimento. Fui encorajado a juntar-me aos Coldstream Guards, um regimento de infantaria e um dos mais antigos do Exército Britânico que fazia parte da guarda pessoal da rainha. Era considerado o regimento mais adequado para um príncipe – e, mais importante ainda, o meu sargento porta-bandeira pertencia aos Coldstream. Assim sendo, comecei a preparar-me para me juntar a eles.

No entanto, surgia um problema: a vida quotidiana dos soldados de infantaria revelou ser menos glamorosa do que o esperado. Num dos raros fins-de-semana livres que tive em Sandhurst encontrei-me com o príncipe real do Bahrein no Hotel Dorchester de Londres. Como grande amigo de meu pai que era, considerava Hamad bin Isa al Khalifa uma espécie de tio. Tendo-se igualmente formado em Sandhurst, esboçou um sorriso conhecedor quando lhe falei no treino penalizante a que nos submetiam. Quando nos despedíamos, ele fez-me uma esplêndida surpresa: um cesto de sanduíches feitos nas cozinhas do Dorchester. Nessa noite fui o cadete mais popular do meu pelotão, embora não tenha bem a certeza se os outros cadetes terão acreditado em mim quando lhes disse que as sanduíches eram uma oferta do príncipe real do Bahrein.

Anos depois, numa viagem a Londres, também eu comprei um cesto de sanduíches do Dorchester. Sabia que o neto do xeque Hamad que, nessa época já se tornara rei do Bahrein, apreciaria muito esse presente. Ele estava em Sandhurst e, como ainda me lembrava muito bem do que passara por lá, tinha uma boa noção de como seria a vida dele.

Na primavera de 1981, uma semana antes de ter de tomar uma decisão final sobre o regimento para onde iria, estava fazendo exercícios com o meu pelotão, numa zona de treino próxima da fronteira com o País de Gales. Já tínhamos passado quatro dias entrincheirados e o tempo estava péssimo – neve, gelo e um nevoeiro gélido. Sofria de pé-de-imersão e sentíamo-nos todos miseráveis. As noites eram tão frias e horríveis que alguns dos cadetes até choravam.

Ao amanhecer, depois de termos montado um contra-ataque contra uma das nossas posições conquistadas pelos Gurkhas, parou ao lado da nossa trincheira um carro de combate leve Scorpion, integrando um grupo de reconhecimento do exercício de outro regimento. Entre a infantaria, corria o rumor de que os carros de combate tinham tudo, desde televisores até máquinas de lavar a roupa e, até, chaleiras para que os chefes de carro pudessem fazer as suas próprias bebidas quentes. Um oficial da cavalaria espetou a cabeça de fora da torre do Scorpion com uma chávena de chá fumegante nas mãos. Depois de olhar para nós, voltou a entrar no carro e reapareceu uns segundos depois com um pequeno copo de vinho do Porto. Depois de erguer o copo na nossa direção, num brinde silencioso, fechou-se no carro e seguiu viagem.

"Pronto! A infantaria que vá para o Diabo!", pensei eu. "Eu vou mas é para a cavalaria!" No dia seguinte, fui transferido para o reconhecimento e juntei-me ao 13.º/18.º regimento dos Royal Hussars*, que se viria a fundir com o regimento 15.º/19.º dos Royal Hussars do Rei, formando os Light Dragoons. (Há alguns anos, Sua Majestade, a rainha Elizabeth, honrou-me com o título de *Colonel-in-Chief* dos Light Dragoons.)

Começando como segundo tenente, dois meses depois fui fazer um curso básico para jovens oficiais, antes de regressar ao meu regimento. Foi no Bovington Camp, em Dorset, que concluí a minha formação em blindados, servindo um ano como oficial do Exército Britânico, no Reino Unido e na Alemanha Ocidental. Naquela época, no início da década de 80, a Guerra Fria ainda estava no seu auge e, como regimento blindado, uma das nossas missões teria sido repelir um avanço dos russos pela Abertura de Fulda, até ao coração da Alemanha Ocidental.

Certa tarde, seguia eu com o meu regimento pela estrada M4, a principal via rápida entre Londres e a região ocidental do país, em carros blindados Fox que, embora tenham torres equipadas com canhões de 30 mm, se deslocam sobre rodas e não sobre lagartas. Os civis, porém, tomam-nos por carros de combate. Como os Fox tinham a reputação de serem velozes, resolvi pô-los à prova. Rodávamos a uma velocidade bem superior à permitida por lei quando espreitei pela torre e vi um carro patrulha ao nosso lado, na auto-estrada, com a sirene tocando e as luzes acesas. Dei ordens para parar e a coluna deteve-se no acostamento da estrada. O policial saiu do carro abanando a cabeça. "Não faço ideia de como vou fazer este relatório," declarou ele. "Ninguém acreditaria em mim se dissesse que mandei encostar cinco carros de combate por excesso de velocidade, na M4!" O policial

* Os Hussardos. (*N. da T.*)

deixou-nos ir embora com uma admoestação e mandou-nos seguir caminho, com atenção à velocidade.

No decorrer da Guerra das Malvinas, que começou em abril de 1982, quando a Grã-Bretanha e a Argentina lutavam pelo domínio das ilhas Malvinas, foi a primeira vez que nos deram chapas de identificação – chapas de metal que os soldados usam à volta do pescoço com informações pessoais para serem identificados caso sejam mortos em combate. Telefonei ao meu pai e disse-lhe que nos estavam fazendo chapas de identificação e que tudo indicava que seríamos mobilizados. Sem fazer uma pausa, ele disse: "Se eles forem, você vai com eles." No fim das contas, foi enviada outra unidade e nós passamos todo o período do conflito fazendo exercícios de treino em Fort Polk, na Louisiana.

Em junho de 1982, quando a Guerra das Malvinas estava já terminando, do outro lado do mundo eclodia outra guerra. A 6 de junho, o Exército Israelense invadiu o sul do Líbano – apenas quatro anos depois de ter atravessado, pela última vez, a fronteira para ocupar o sul do Líbano com o intuito de destruir as bases da OLP e expandindo a zona-tampão que estabelecera onde uma força suplente, sob a liderança de um oficial do Exército Libanês, renegado, fornecia apoio. Em junho de 1978, as forças israelenses tinham sido substituídas pela Força Interina das Nações Unidas no Líbano (FINUL), instaurada ao abrigo da Resolução 425 do Conselho de Segurança das Nações Unidas. Seu mandato visava confirmar a retirada de Israel e assistir o governo libanês na restauração da paz e da segurança.

Dessa vez, em contravenção ao cessar-fogo negociado pelo enviado norte-americano, Philip Habib, em julho de 1981, sob o comando do Ministro da Defesa Ariel Sharon, o Exército Israelense levou a cabo uma agressiva campanha – Israel chamava-a "Operação Paz na Galileia" – atrás de Yasser Arafat e dos seus guerrilheiros da OLP. Sharon avançou à força até Beirute. Sendo uma das primeiras guerras do Oriente Médio a receber cobertura televisiva, milhões de pessoas assistiram, atônitas, à entrada de carros de combate israelenses pelas ruas de uma capital árabe. Para mim e para todos os árabes, tratava-se de um acontecimento trágico e traumático. Era um momento decisivo e ainda hoje as pessoas se lembram perfeitamente do que estavam fazendo quando do início da invasão. Quando as forças israelenses bombardearam Beirute, estava eu vendo televisão na sala dos oficiais de Carver Barracks, em Saffron Walden, mesmo a sul de Cambridge. Dado usarem artilharia de oito polegadas que não é propriamente certeira, sabia que as baixas civis seriam muitas. No entanto, o que nenhum de nós poderia calcular era que os próprios civis seriam os alvos de ataques deliberados e brutais.

No fim de agosto de 1982, as forças da OLP já tinham sido evacuadas de Beirute. Depois, no dia 14 de setembro, o presidente eleito libanês cristão, Bachir Gemayel, foi assassinado. Passados dois dias, as forças israelenses entraram na parte ocidental de Beirute e Sharon autorizou um grupo de milicianos cristãos a atacar os campos de refugiados de Sabra e Shatila, para ajustar contas antigas. Na tragédia que daí resultou, foram massacrados cerca de oitocentos refugiados. À medida que as reportagens e as fotografias começaram a alcançar o olhar horripilado do mundo, foram reveladas as cenas mais grotescas, dignas de entrarem nos anais dos piores momentos da história humana. Vimos imagens de pilhas de corpos, uns por cima dos outros, espalhados pelas ruas, de mulheres e crianças estripadas por facas e machados e de idosos alinhados contra uma parede a serem executados. Durante todo este tempo, o Exército Israelense cercava os campos, disparando luzes sinalizadoras para os céus de modo a iluminarem o caminho dos homicidas que executavam a sua doentia tarefa. Estava furioso e passei muitos dias sem conseguir dormir. Sempre que fechava os olhos, era assaltado por visões de corpos mutilados.

Por todo o planeta, as pessoas ficaram horrorizadas com o sucedido. Como poderia Israel proclamar-se uma nação democrática e cumpridora da lei, e deixar os seus soldados de braços cruzados, enquanto se cometiam tais crimes? Ariel Sharon que, como ministro da Defesa, era quem supervisionava a operação, era considerado por muitos um assassino e um criminoso de guerra. Subsequentemente, ao encerrar os trabalhos em fevereiro de 1983, a comissão de inquérito israelense para investigar o incidente (a Comissão Kahan), que fora instaurada em setembro de 1982, concluiu que Sharon era "pessoalmente responsável" por não ter impedido o massacre e recomendou a sua destituição do cargo de ministro da Defesa. Sharon demitiu-se do cargo de ministro da Defesa, mas manteve-se no governo na qualidade de ministro sem pasta.

Cheguei a pensar que, após Sandhurst, talvez frequentasse uma universidade nos Estados Unidos, mas, de alguma forma, a vida levou-me por outro rumo. Depois de ter completado um ano no Exército Britânico, fui estudar Relações Internacionais no Pembroke College, em Oxford. Estive um ano entre os quadrângulos verdejantes e os edifícios de pedra cor de mel dessa venerável instituição, estudando Política do Oriente Médio. Passava a maior parte do meu tempo trabalhando em sessões privadas com excelentes tutores. Embora tenha aprendido muito acerca dos desafios da região e da complexidade das suas políticas, não era aquele tipo de experiência universitária que procurava. Ao acabar o curso, regressei à Jordânia e retomei minha carreira militar. Aos vinte e um anos já era um oficial do exército em tempo inteiro.

Uma das coisas que lamento na minha vida foi nunca ter tido a oportunidade de gozar quatro anos de estudos universitários como fizeram os meus amigos de Deerfield. Minha iniciação nas responsabilidades da idade adulta foi acelerada. Uma educação militar força-nos a amadurecer rapidamente, desafia-nos a estar à altura das exigências da liderança e obriga-nos a zelar pelos outros. Mal sabia eu o quanto essas capacidades me viriam a ser úteis.

Tanto em Sandhurst como no ano que passei no Exército Britânico recebi um tratamento bastante idêntico ao que recebiam os outros cadetes e segundos tenentes. Isso foi importante, pois implicou que, ao regressar à Jordânia, me seria fácil perceber quando as pessoas tentavam dar-me um tratamento especial. Estava decidido a fazer do Exército uma carreira de tempo inteiro. Não queria aparecer ocasionalmente de Mercedes para inspecionar as tropas como coronel honorário de um regimento. Queria, tanto quanto fosse possível, ser apenas outro oficial do Exército, a liderar e a combater com os meus homens.

CAPÍTULO 6

Noites de Qatraneh

Quando regressei a casa, em 1983, juntei-me à 40.ª Brigada Blindada, uma unidade com uma honrosa história. Esta segunda mais antiga unidade blindada do Exército da Jordânia travou os seus três últimos combates em 1967, 1970 e 1973. Sua base localizava-se em Qatraneh, uma pequena povoação do deserto, cerca de 97 km a sul de Amã. Nos primeiros anos do século XX, essa localidade era um dos pontos de parada das ferrovias de Hejaz – a linha construída pelos otomanos, ligando Damasco, na Síria, a Medina, na Arábia Saudita. Desde então que Qatraneh não tinha grande atividade. Na primeira noite, estava eu no quartel-general da brigada quando ouvi um barulho vindo da sala dos oficiais. Fui lá ver o que se passava. As cadeiras estavam todas alinhadas fora da sala, os oficiais tinham recebido uma chávena de chá e preparavam-se para contemplar o pôr do sol. Frustrado por constatar que a única diversão que aquele local tinha para nos oferecer ao fim de um longo dia era uma chávena de chá ao pôr do sol, voltei para o meu quarto, vesti o uniforme de treino e fui correr.

O fato de estar tão embrenhado no deserto pouco tinha a ver com as minhas capacidades militares. Alguns oficiais superiores sentiam-se ameaçados por eu entrar no exército, calculando que, com o tempo, pudesse invadir a esfera dos seus hábitos e, até, das suas funções. Ao longo da minha carreira militar, tive grandes problemas com alguns oficiais de alta patente cujas decisões, na minha opinião, não tinham sido benéficas para as forças. No meu entender, era preciso modernizar e tirar partido dos mais recentes avanços tecnológicos e táticos em nível militar. Defensores acérrimos do *statu quo*, esses oficiais não viam necessidade de mudança e pareciam decididos a fazer-me a vida negra. Creio que aumentavam a pressão com exigências irracionais e inspeções-supresa e isolando-me no deserto por pensarem que assim me convenceriam a deixar o exército regular numa questão de meses para assumir um papel mais cerimonial.

Estava decidido a contrariá-los. Pareceu-me melhor não mencionar nada disso ao meu pai, pois temia que ele pudesse intervir secretamente para me facilitar a vida. No fim das contas, um dos maiores favores que alguém alguma vez me fez foi colocar-me junto do verdadeiro exército. Era aí que ficava, normalmente, meses a fio. Muitos jovens oficiais preferem ficar no relativo conforto do quartel-general, em Amã, a passar muito tempo no deserto. Quem serve no quartel-general também faz um bom trabalho, mas, para aprendermos bem o teor do nosso ofício, não há melhor do que estar no campo. Uma parte do que o exército tem para ensinar só se aprende nos confins da terra, no cumprimento das rotinas diárias e a lidar com todos os problemas difíceis e desagradáveis que aí vão surgindo. Ficamos sem vida social, mas aprendemos muito sobre liderança.

Aos vinte e um anos, como segundo-tenente, sentia-me relativamente responsável pelos meus homens, sobretudo por estarmos todos metidos numa localização remota. Incumbia-me a mim proporcionar-lhes treino, garantir-lhes alimentação e vestuário e, em certa medida, zelar pelo bem-estar dos seus dependentes. Naquela época, nosso exército era uma mistura de soldados profissionais e recrutas que cumpriam o serviço militar obrigatório. Tal como acontece com todos os exércitos de recrutas, enfrentávamos alguns desafios. Os recrutas tendiam a fazer de tudo um pouco para se safarem das suas obrigações. Um soldado chegou mesmo a injetar querosene na própria perna (tive de cortá-la com uma faca para drená-la). O exército reflete o seu país. Na Jordânia, o exército tem sido uma das vias tradicionais de promoção na vida, e os meus homens vinham de todo o país e de todos os estratos sociais. Eram, na sua maioria, pessoas muito pobres e alguns tinham problemas tremendos.

Pouco depois de eu lá chegar, um dos outros tenentes que subira a pulso viu-se em meio a uma crise familiar. Morrera-lhe o irmão. Este homem era casado e tinha oito filhos, tal como o seu irmão, o que significava que passara, subitamente, a ter a seu cargo dezoito dependentes, com o modesto salário de oficial. Enquanto lá estive, dei-lhe sempre metade do meu salário – cerca de um ano. Naqueles tempos, o exército mantinha-se em estado de alerta máximo – a qualquer altura, um terço das nossas unidades teria de estar preparado para partir, com um pré-aviso de quinze minutos, para uma eventual guerra, o que implicava que os nossos oficiais teriam de cumprir muitos deveres adicionais. Era frequente assumir mais deveres para libertá-lo e permitir-lhe ir para casa nos fins-de-semana. Os seus problemas excediam claramente os meus. Ainda hoje penso nos meus homens e nas suas famílias sempre que me centro em programas de apoio à habitação, à saúde e à educação.

Embora fossem pobres, os meus homens demonstravam uma enorme riqueza em termos de coragem e espírito de combate. Muitos tinham muito pouca educação ao nível formal, mas compensavam em grande medida essa falha com os seus conhecimentos práticos da vida nas ruas e em inteligência realista. A certa altura, a minha unidade tinha novos carros de combate Khalid/Shir I – os antecessores dos carros de combate britânicos Challenger. Detentores da mais alta tecnologia militar, esses temerosos veículos moviam-se por um complexo sistema de pura mestria eletrônica. Contudo, em menos de um mês, meus homens pareciam já conduzí-los desde sempre.

As nossas condições eram mais elementares do que as do Exército Britânico, mas gostava mais da nossa forma de atuar. Na sala dos oficiais do 13.º/18.º regimento dos Royal Hussars, jantávamos de paletó e gravata, numa mesa confiscada a Napoleão, na Batalha de Waterloo. Na sala jordaniana, por vezes, comíamos alimentos já bem fora do prazo de validade, em mesas e cadeiras de plástico, mas a essência de um exército não tem a ver com acessórios formais ou armas finas. Tem a ver com a capacidade dos seus homens para fazer face à perspectiva de morrer, sem qualquer hesitação. Os meus homens eram os soldados mais corajosos que alguma vez conhecera.

A 40.ª Brigada Blindada era normalmente conhecida como a "Brigada de Deus", numa referência ao seu papel histórico na defesa de Jerusalém, em 1967, e ao seu histórico de combate até às últimas consequências. A primeira ocasião surgiu em 1967 quando, numa missão para cortar o eixo de Jenin-Nablus, a brigada se deparou com duas brigadas israelenses que vinham da planície costeira do norte. Em 1970, contra fortes probabilidades, a brigada enfrentou as mais bem equipadas tropas sírias que avançavam por Irbid adentro, para dar apoio às guerrilhas palestinas (no fim desse confronto, apesar de já só lhe restarem três carros de combate, a minha unidade, o 2.º Regimento da Cavalaria Blindada, deteve a invasão síria). Em 1973, a brigada combateu os israelenses nos montes Golã, lançando uma ofensiva pelas encostas de Tal El Harra acima – uma formação vulcânica com 915 metros de altura. Apanhada por uma pesada carga de fogo israelense de ambos os flancos, a brigada teve de retirar. Uma das motivações dos meus homens era poder, um dia, reclamar as terras perdidas em 1948 e 1967. Das margens do Mar Morto, avistávamos a muralha de Jerusalém. Embora as forças armadas israelenses fossem muito mais bem equipadas do que nós, os meus homens jamais temiam a perspectiva de enfrentar um exército altamente armado.

Foi por fazermos manobras e exercícios por todo o país que comecei a apreciar a extraordinária beleza e diversidade da Jordânia. A Jordânia é um país pequeno, mas, num só dia, podíamos descer das montanhas e dos pinhais de Ajloun, no Norte, pelas ruínas romanas de Jerash, até ao Mar Morto – o ponto mais baixo da Terra. Seguindo para sul, ao longo da histórica Estrada do Rei, passamos pelos castelos dos Cruzados de Shobak e Kerak, residência do rei francês Raynald de Chatillon, que foi decapitado por Salaheddin al Ayyoubi (conhecido no Ocidente por Saladino) no século XII. Parando em Wadi Rum, um dos mais belos vales do deserto no mundo, e nas antigas ruínas de Petra, à noite chegaríamos à estância balnear de Aqaba.

No verão, fazíamos ocasionalmente exercícios no vale do Jordão, pela margem oriental do rio. Para evitar o calor abrasador e os gigantescos mosquitos, acordávamos às quatro da manhã e tentávamos terminar quaisquer tarefas mais exigentes antes do nascer do sol. Aí, a terra é muito fértil e vermelho-acastanhada. À noite, o pôr do sol reflete nas rochas e gera uma brilhante tela numa enorme variedade de tons de vermelho. O vermelho sempre foi a minha cor preferida: é a cor da bandeira hachemita, do *keffiyeh* tradicional da Jordânia e do coração.

Certa tarde, quis pôr à prova uma das novas táticas que tinha aprendido na academia de blindados de Bovington e saímos em exercícios. Tinham-me ensinado a proceder a uma "retirada de combate" – ou seja, como retirar gradualmente quando estamos sendo atacados por um exército superior, infligindo baixas durante a retirada. Depois de fazer o reconhecimento da primeira posição com os meus suboficiais (SO), reunimo-nos para discutir a nossa abordagem da batalha. Disse: "Muito bem, vamos para a segunda posição." Um dos meus SO encarou-me e respondeu: "Não precisamos de uma segunda posição, meu tenente. É aqui que vamos combater e morrer se assim tiver de ser. Não vamos nos retirar!" Fiquei impressionado com a sua coragem, mas um pouco assustado com as suas táticas. Fora formado pela velha escola, segundo a qual retirar é uma desonra. Aquele tipo de espírito de combate fora muito útil para a Jordânia em 1948, quando preservamos o domínio árabe de Jerusalém Oriental e da Cisjordânia, em 1968, quando rechaçamos a incursão israelense na Batalha de Karamé, e em 1970, quando nosso exército fez recuar uma invasão síria pelo norte. Contudo, com a potência acrescida das armas modernas e a devastadora combinação de ataques aéreos e artilharia de longo alcance, manter essa linha seria um suicídio.

Estava decidido a tornar os meus homens mais eficientes, complementando a sua destemida coragem com um certo engenho tático. Defendi que, se recuássemos um pouco mais algumas posições, seguindo a doutrina padrão da OTAN, poderíamos matar mais homens do inimigo, durante a retirada. Os homens olharam para mim com uma expressão irônica e juntaram-se. Depois de conferenciarem uns com os outros, declararam que matar o inimigo era mais importante do que manter a linha e concordaram em retirar para a posição seguinte. Foi assim que fiquei conhecendo o espírito de combate do soldado jordaniano. Em Sandhurst, nada me preparara para aquela avidez pela morte em combate. O fervor dos meus homens refletia o temperamento natural do lugar perigoso em que vivíamos. Naquela época, a Jordânia ainda mantinha um estado de guerra fria com Israel e, apesar do cessar dos tiroteios, tínhamos de estar preparados para enfrentar qualquer ameaça súbita da parte do nosso vizinho dotado de armas nucleares.

Em março de 1984, a rainha Elizabeth II fez uma visita de Estado à Jordânia. Montaram-se as mais altas medidas de segurança, pois, dois dias antes da chegada da rainha, um grupo de terroristas fizera explodir uma bomba num hotel de Amã. Meu pai pediu-me para servir como estribeiro-mor (uma espécie de ajudante de campo) da rainha e do marido, o príncipe Philip. Era uma honra e uma situação particularmente excitante, porque me formara havia não muito tempo de Sandhurst e servira no Exército Britânico. Por motivos de segurança, meu pai também me pediu para ser o guarda-costas pessoal da rainha e tive de receber formação adicional das Forças Especiais. Perto do dia da chegada da rainha, perguntei a meu pai: "Se alguém disparar contra mim, eu retalio, mas até que ponto quer que chegue?"

"Se alguém disparar contra a rainha", respondeu-me ele, "coloque-se à frente dela. Se isso implicar perder a vida para proteger a nossa convidada, trata de fazê-lo. Se não, eu próprio te darei um tiro!" Sabia que ele tentava impressionar-me, mas meu pai colocava a honra e o dever em primeiro lugar, mesmo antes da sua própria família.

Mantive-me ao lado da rainha durante os cinco dias da sua visita e, felizmente, não tive de receber nenhuma bala por ela. Embora pudesse, por vezes, parecer duro, meu pai partilhava comigo o fervor pelo exército. Gostávamos de ver filmes antigos juntos e trocávamos muitas vezes impressões sobre o mais recente equipamento militar produzido em diferentes países, discutindo a sua possível utilização pelo nosso exército. Aparentemente, minha carreira militar conferia-me um respeito renovado, aos olhos de meu pai, pois, aos poucos, foi começando a pedir-me para aceitar mais deveres e responsabilidades.

Desde os tempos de meu bisavô, o rei Abdullah I, e da Legião Árabe, que o Exército da Jordânia era um dos exércitos mais bem treinados, mais disciplinados e mais profissionais do Oriente Médio. Contudo, decidira fazer dele o melhor exército do mundo. "Não nos comparem aos outros exércitos da região", argumentaria eu, "mas sim à OTAN." Para o conseguir, sabia que tínhamos de nos modernizar. Apesar do seu talento e da sua coragem, os meus soldados ficavam a perder com um sistema que, por vezes, não lhes fornecia os equipamentos mais avançados. Aprendi a lidar com o que tínhamos, a ser desembaraçado e a encontrar soluções inovadoras. Imploraria, pediria emprestado ou roubaria o que fosse para que os meus homens obtivessem o equipamento e as provisões necessárias.

À semelhança de todos os jovens, desejava impacientemente uma mudança. No entanto, a minha frustração aumentava, perante aquilo que eram capazes de fazer alguns oficiais superiores para defender o *status quo*.

CAPÍTULO 7

Missão Secreta

Certa noite, estava eu descontraído, na minha base do exército em Qatraneh, quando o telefone tocou. Meu pai pedia-me para ir ter com ele imediatamente em Amã. Meti-me no carro para ir ao seu encontro, curioso em saber porque tinha ele de me ver tão tarde, e cheguei por volta das dez da noite.

Puxando-me para o lado, meu pai informou-me de que tencionava ir a Aqaba no dia seguinte à noite. De lá, apanharia um barco para se reunir com os israelenses, visando pressioná-los a chegarem a uma solução que acabasse com a ocupação das terras que eles haviam conquistado em 1967 e que gerasse a paz na região. "Quero que seja o meu motorista e guarda-costas", pediu-me ele. Embora a Jordânia partilhasse uma extensa fronteira com Israel, para nós, tratava-se de território desconhecido. Entrarmos em Israel seria o mesmo que um berlinense ocidental esgueirar-se para o outro lado do Muro, com o intuito de visitar Berlim Oriental no auge da Guerra Fria. Disse-lhe que me sentiria honrado por estar a seu lado. Combinamos encontrar-nos no aeroporto, na manhã seguinte. A caminho de casa, senti-me entusiasmado, mas também nervoso. Era capitão do exército e escoltar o meu pai numa missão secreta ao território inimigo era uma tarefa de peso. Seria a primeira vez na minha vida que deixaria de ser um mero observador da história israelo-árabe – eu próprio desempenharia um pequeno papel nessa história.

Decidi contar esta história pessoal por ela oferecer um vislumbre dos enormes riscos que meu pai correria pela paz. Tendo ele falecido, parece-me importante revelar como ele se dedicava ao esforço de estabelecer na região uma paz que garantisse a retirada de Israel de todos os territórios árabes ocupados e, especialmente, de Jerusalém, que ele tanto acarinhava. O meu pai acreditava que a paz era um direito que assistia a todos os povos da região, fossem eles árabes ou israelenses. Como ele diria, é com os nossos inimigos que fazemos a paz, e não com os nossos amigos. A recusa em cativá-los não trazia nenhum benefício. Meu pai reuniu-se muitas vezes com os israelenses para discutir propostas, mas a sua solução baseava-se sempre na sua convicção de que Israel deveria retirar-se completamente da Cisjordânia, incluindo Jerusalém Oriental. Dado a Jordânia então partilhar uma fronteira de cerca de 600 km com Israel, meu pai considerava necessário proceder a conversações para evitar a guerra. Já tínhamos sofrido uma calamidade em 1967 e pretendíamos evitar outra. Uma das maiores virtudes de meu pai era a sua capacidade de inspirar confiança e admiração em todos, até em quem discordava das suas opiniões. Era demasiado bem-educado para assinalar que muitos dos líderes árabes que o criticavam publicamente, por se envolver com Israel, lhe pediam para interceder em nome deles, a título privado.

Eu e meu pai fomos de avião para sul de Amã, até Aqaba, acompanhados do primeiro-ministro, Zaid Rifai, e pelo Sharif (posteriormente príncipe) Zeid bin Shaker, o chefe da Corte Real. Tencionávamos fazer uma viagem noturna clandestina num pequeno barco de pesca, para atravessar o golfo de Aqaba, até Israel. Ao chegarmos a Aqaba, dirigimo-nos ao nosso barco e esperamos pelo anoitecer. Perto das 21h, embarcamos os quatro no barco de pesca de dez metros e zarpamos. Dirigindo-nos à fronteira, atravessamo-la e entramos em águas israelenses. Procedendo com cautela, acendemos uma luz na proa da embarcação e avistamos uma luz em resposta. Das trevas surgiu um pequeno bote com Efraim Halevy, membro do Mossad, o serviço secreto israelense, a bordo. Advogado nascido na Grã-Bretanha que chegaria a diretor do Mossad, Halevy não estava para conversas naquela noite e fez-nos um aceno para o seguirmos. Começamos a aproximar-nos de Israel. Embora já tivéssemos combinado onde seria o local da reunião, o bote mudou de direção. Sharif Zeid ficou muito preocupado. "Não foi isto que combinamos", declarou ele. Meu pai fez-me sinal para acompanhá-lo à ponta do barco. Quando já estávamos a uma distância à qual ninguém nos poderia ouvir, perguntou: "Então, o que te parece?"

Como jovem que era, a cumprir a minha primeira missão secreta, instei meu pai a prosseguir. Ele fitou-me com um sorriso. Depois de nos juntarmos aos outros, meu pai disse a Sharif Zeid: "Não há problemas: vamos a isto."

Fomos até à cidade israelense de Eilat, a pouca distância de Aqba, e ancoramos diante de um hangar naval, a cerca de 300 metros da margem. Meu pai, Zaid Rifai e Sharif Zeid embarcaram no bote israelense e seguiram para terra, deixando-me ali sozinho a proteger o barco.

Apaguei todas as luzes e vistoriei a praia com os meus binóculos, em busca de soldados israelenses. Tudo parecia tranquilo. Avistei uma fogueira com um casal de *hippies* sentado ao lado, a tocar violão. Ao vislumbrar por breves momentos a ponta incandescente de um cigarro ao lado do hangar, apontei os meus binóculos nessa direção. Era um atirador furtivo israelense que me vigiava. Não tinha forma de comunicar com meu pai e, nesse momento, apercebi-me do quanto estava isolado, ali sozinho, num barco de pesca, ao largo de um porto israelense. Assim, peguei minhas granadas manuais e montei-as ao longo da parede lateral do barco, com um sistema de roldanas. Bastaria puxar o fio para as fazer explodir todas.

Deviam ser umas dez da noite, quando chegamos, e passei várias horas à espera de meu pai e dos outros. A certa altura, ocorreu-me: "Daqui a mais ou menos cinco horas, o sol nasce. Estou sozinho, num barco, num ancoradouro israelense, armado até aos dentes e cheio de granadas, e ninguém sabe que estou aqui. Se meu pai não voltar, o que farei?" Felizmente, não tive de invadir as praias sozinho nem regressar à Jordânia com a tarefa de explicar como tinha conseguido perder o rei. Pouco antes do nascer do sol, meu pai regressou no mesmo botezinho e voltamos todos para Aqaba. Embora meu pai nunca me tenha contado o que se passou naquela noite, foram reuniões como aquela que pavimentaram o caminho para o tratado de paz que a Jordânia acabaria por assinar com Israel.

Ao longo dos anos, fui subindo de patente, deixando ocasionalmente a Jordânia para breves temporadas de formação e, depois, voltando para o exército. Uma viagem memorável foi a de um curso de formação de comandante de companhia, com a duração de seis meses, em Fort Knox, no Kentucky, nos EUA, em 1985, para estudar estratégia e tática de blindados. Embora nos estivéssemos aproximando dos exércitos da OTAN, ainda tínhamos um longo caminho a percorrer, sobretudo no que dizia respeito a obter o mais avançado equipamento militar. Certa tarde, estava eu a equipar-me quando um coronel do exército israelense que frequentava o mesmo curso veio ter comigo. Ao ver a insígnia no meu ombro, comentou: "Então você é da 40.ª Brigada? Vocês, os jordanianos, são duros." O coronel referia-se, sem dúvida, ao aceso combate que a Brigada travara com o Exército Israelense, na Guerra de 1967.

Quando regressei à Jordânia, fizeram-me comandante de companhia da 91.ª Brigada Blindada que tinha base em Zarqa, a nordeste de Amã. Sendo a segunda maior cidade da Jordânia, Zarqa era conhecida não só pela sua guarnição militar, mas também pela sua indústria pesada. Ao contrário das cidades com grandes bases militares da Inglaterra, tais como Aldershot, onde poderiam surgir tensões ocasionais entre os soldados e os habitantes locais, em Zarqa os soldados sentiam-se bastante bem integrados na comunidade. Era uma localidade com fortes ligações ao exército, pois muitos eram os militares que se tinham mudado para lá, com suas famílias, vindos de toda a Jordânia.

Embora, na base, os oficiais e os soldados comessem em salas diferentes, fora dela esse tipo de distinção desaparecia. Naquela época existiam muito poucos restaurantes em Zarqa; por essa razão, os meus amigos e colegas convidavam as pessoas a irem a casa deles comer a típica comida jordaniana. Um acepipe muito especial era *mansaf*, cordeiro cozido servido numa cama de arroz, com molho de iogurte guarnecido com pinhões torrados. Comíamos como mandava a tradição, com as mãos.

Um dos aspectos menos agradáveis da vida em Zarqa era a poluição industrial. Havia uma refinaria de petróleo a norte da povoação e uma fábrica de curtumes a sul e nenhuma das instalações respeitava os padrões ambientais modernos. Sempre que o vento soprava numa determinada direção, os vapores das duas fábricas misturavam-se e criavam um desagradável odor sulfúrico. Para mudar de cenário, de vez em quando, íamos para a povoação vizinha de Ruseifa, conhecida pelos seus jardins e árvores de citrinos, e sentávamo-nos num restaurante a observar o movimento.

Apesar de os tempos serem bons ao nível pessoal, em termos profissionais eu tinha uma vida difícil. Ainda não resolvera as minhas divergências com alguns dos oficiais superiores do exército que se mostravam decididos a fazer-me descarrilar na minha carreira. As instâncias superiores tinham dado ordens para me fazerem a vida negra e, durante o período de cerca de um ano que passei em Zarqa, a minha companhia estava sempre recebendo deveres adicionais e inspeções-surpresa. Era amigo de um grupo de outros comandantes de companhia a quem me juntava para passar o tempo. Mantinha uma relação mais formal com outro comandante de companhia que era de origem beduína e se mostrava sempre respeitoso, mas mantinha uma certa distância.

Todos os anos, havia uma inspeção-geral que nos exigia muito trabalho e preparativos. Tínhamos de dispor todo o nosso equipamento para os inspetores conferirem nos livros se faltava alguma coisa. Bastava perdermos uma simples chave inglesa para fazerem logo um grande alarido, o que levava todas as companhias a trocar informações e equipamento antes do grande evento. Normalmente, a inspeção anual aplicava-se a toda a brigada mas, certa noite, o comandante de companhia beduíno veio ter comigo e disse-me: "Amanhã vão fazer uma inspeção-surpresa só à sua companhia. Querem ver se o apanham para poderem enviar um relatório negativo para o quartel-general." Tratava-se de algo sem precedentes.

Os outros comandantes de companhia, que julgava serem meus amigos, abandonaram-me e deixaram-me resolver as coisas sozinho, mas o comandante que se mantinha à distância declarou: "Dou-lhe tudo o que precisar." Passamos toda a noite a trabalhar em conjunto para que a minha companhia estivesse pronta de manhã. Pedi desculpa aos meus soldados, dizendo-lhes que nos impunham aquele escrutínio tão rigoroso devido à minha pessoa, mas que, infelizmente, não havia outra hipótese senão aguentar.

O comandante do batalhão entrou com a sua equipe na manhã seguinte e realizou a inspeção-surpresa. Passamos. No entanto, ocorreu um incidente como eu nunca tinha visto nem nunca mais voltei a ver. O comandante do batalhão dirigiu-se aos meus SO superiores que estavam todos perfilados e disse-lhes: "As vossas botas não estão suficientemente boas." Os meus homens haviam passado a noite em branco e tinham as botas brilhando. Fitando-o, olhos nos olhos, o comandante do batalhão fincou a bota na do sargento-mor. Um outro SO não respondeu a uma pergunta com a devida rapidez e, quebrando todas as regras, o comandante do batalhão deu-lhe um par de tapas – o que, na minha cultura, é um incrível insulto.

Foi nesse momento que perdi a cabeça. Segui o comandante do batalhão até ao gabinete dele e disse-lhe: "Se volta a tocar num dos meus soldados, juro por Deus que lhe dou um tiro." Creio que lhe chamei a atenção. Não sou pessoa para me descontrolar facilmente, mas o comportamento dele para com os meus soldados enfureceu-me. Além disso, embora tenha perdido as estribeiras para proteger a minha companhia, não me orgulho assim tanto do meu ato.

Durante o resto do tempo que estive com aquela companhia – cerca de seis meses – passei as noites fechado no meu quarto. Nunca mais voltei à sala dos oficiais. Os meus congêneres comandantes de companhia tinham-me desiludido e optei por me afastar deles. Aquele foi o ponto mais baixo da minha carreira no Exército e quase me levava a desistir. Queria muito falar dos meus problemas com meu pai, mas não queria receber um tratamento especial. Foi por essa razão que recorri a meu tio, o príncipe Hassan. Depois de termos conversado sobre as dificuldades que enfrentava, meu tio sugeriu que eu esperasse pelo fim do meu serviço para ver como me sentia.

Em 1987, fiz uma pausa na minha carreira militar e passei um ano na Universidade de Georgetown, em Washington, como investigador externo do programa do Master of Science in Foreign Service. Estudei Relações Internacionais e passei a conhecer bem a capital americana. Quando regressei de Georgetown, voltei a discutir minha carreira militar com meu tio e disse-lhe que estava pensando em enveredar por outra carreira. Foi então que o príncipe Hassan me perguntou: "Porque vai dar aos sacanas essa satisfação?" Embora em anos posteriores, nem sempre nos tenhamos entendido, naquele tempo, meu tio era uma fonte de apoio e conselhos sábios, sobretudo no que dizia respeito a problemas que preferia não discutir com meu pai.

Depois de deixar Zarqa, continuei no corpo de blindados e aprendi a pilotar helicópteros de ataque.

Nos finais da década de 80, o general Norman Schwarzkopf, que assumira recentemente o cargo de comandante-em-chefe do Comando Central Americano, convidou-me para passar uma semana numa missão de treino com o Exército Americano, no Golfo Pérsico. Embora a Guerra Irã-Iraque estivesse chegando ao fim, como os petroleiros que passavam pelo estrategicamente importante estreito de Ormuz ainda eram alvo de ataques ocasionais, a Marinha Americana tinha alargado a sua proteção a todos os navios neutros. Estacionadas num batelão no Golfo, as tropas das Forças Especiais proporcionavam apoio adicional, procurando navios hostis.

Naquela época, o Golfo era um local muito perigoso. Em maio de 1987, um jato F-I iraquiano amigável disparou dois mísseis Exocet contra a fragata USS *Stark*, matando trinta e sete marinheiros e quase afundando a embarcação. Os iraquianos alegaram que o ataque fora acidental. Em abril de 1988, a fragata USS *Samuel B. Roberts* ficou gravemente danificada ao esbarrar numa mina iraquiana. Na resposta ao incidente, os EUA perderam um helicóptero com os seus dois tripulantes. Então, a 3 de julho de 1988, o cruzador USS *Vincennes* tomou um avião comercial iraniano por um avião militar de ataque. O engenho iraniano foi tragicamente abatido e os 290 civis que seguiam a bordo morreram.

Quando cheguei ao Golfo, o ambiente era de grande tensão e as estreitas vias marinhas estavam atulhadas de embarcações americanas, iranianas, iraquianas, da OTAN e, até, da União Soviética. Durante várias décadas, o domínio do golfo constituíra um dos principais problemas estratégicos do Oriente Médio. Em

Georgetown debatera esses temas em termos abstratos, analisando a política do Oriente Médio como se me debruçasse sobre um gigantesco jogo de xadrez. No entanto, ali, as peças do jogo de xadrez tinham mísseis superfície-ar e podiam responder ao ataque. Observava os problemas políticos mais latos desenrolar-se em tempo real e compreendia o que significava, por um lado, impedir, em termos práticos, os iranianos de bloquear o golfo e, por outro, como os pequenos incidentes têm o potencial para se exacerbarem num ápice.

Embora uma carreira civil tenha muitos pontos fortes, há coisas que só conseguimos perceber se servirmos no Exército. Se me tivesse tornado advogado em Amã, a minha perspectiva do conflito seria muito diferente. Contudo, ali estava eu, um oficial do Exército, a observar missões de helicópteros protegendo as embarcações neutras. Isso dava-me um entendimento próximo e pessoal das lutas regionais de poder, que se revelaria cada vez mais útil nos anos vindouros.

Passei três dias na fragata USS *Elrod*. Embora fosse alvo de muitos cuidados, partilhando os aposentos do capitão, essa experiência não me inspirou a juntar-me à Marinha. Ao fim de três dias, fui transferido para um enorme batelão chamado *Hercules* fervilhando de ação. Era interessante ver tantos ramos diferentes do Exército – equipes americanas da Força Delta, dos *SEAL* da Marinha (equipes de Mar, Ar e Terra*) e soldados regulares, marinheiros e aviadores, todos trabalhando em perfeita harmonia. Essa vivência viria a moldar meu entusiasmo pela criação do nosso próprio Comando Especial de Operações na Jordânia.

Não muito depois disso, em janeiro de 1990 e quase um ano depois de ter sido promovido a major, em fevereiro de 1989, regressei à Inglaterra para receber mais formação militar. Passei quase um ano frequentando o Staff College. Ficava ao lado de Sandhurst e, ao passar os seus ornamentados portões, recordei o tempo que lá tinha passado como cadete, e a previsão do meu antigo sargento porta-bandeira de que nenhum de nós alguma vez veria o interior daquele edifício. A sua provocação funcionou.

---

* SEAL é o acrônimo de *Sea, Air, and Land*, ou seja, Mar, Ar e Terra. (*N. da T.*)

Como parte da nossa introdução à política internacional, marcaram-nos uma viagem a Berlim Oriental que foi cancelada à última hora devido às dramáticas mudanças a decorrer. No anterior mês de novembro, eu e os meus colegas tínhamos assistido, espantados, à queda do Muro de Berlim e ao desaparecimento da velha ordem mundial que conhecêramos até ali. O confronto entre o Ocidente e a União Soviética dividira o mundo em dois blocos em competição. As velhas certezas depressa seriam substituídas por novas alianças em mutação.

Os países do Oriente Médio que vinham seguindo o patronato da União Soviética tiveram dificuldades em adaptar-se a um mundo diferente onde já só existia uma superpotência. Os oportunistas e os predadores começaram a fazer cálculos acerca da guerra e da paz que divergiam das anteriores estimativas quando a região se dividia nas esferas soviética e ocidental e uma coisa de nada poderia desencadear um conflito global. O que nenhum de nós no Staff College sabia era que, muito em breve, teríamos de nos confrontar com os novos perigos de um mundo alterado.

CAPÍTULO 8

"Vocês Não Têm Alternativas"

De regresso do Staff College de Camberley, em outubro de 1990, voltei a juntar-me ao Exército Jordaniano e tornei-me representante do corpo de blindados como inspetor-geral. Incumbia-me assegurar o cumprimento de padrões comuns de treino e equipamento em todos os setores do Exército Jordaniano. Saindo do Staff College, temos de desempenhar um cargo do Estado-Maior, no quartel-general, durante pelo menos um ano. Fui colocado em Amã.

Dois meses antes, o Iraque tinha invadido o Kuwait. Eram tempos terríveis para todos os vizinhos do Iraque. Partilhávamos uma extensa fronteira com o Iraque a oriente e perguntávamo-nos se Saddam se ficaria só pelo Kuwait. Chocado com os atos de Saddam, meu pai tinha um tremendo mau pressentimento. Ainda que a invasão fosse péssima, meu pai sentia que ela marcava o início de algo bem pior. No dia seguinte à invasão, fui com ele à sede da Corte Real, conhecida por Diwan. Juntos, ouvimos os primeiros relatos acerca da incursão iraquiana.

Nesse outono, Saddam Hussein tornou-se o inimigo público número um dos Estados Unidos. Contudo, ele nem sempre fora considerado um vilão. Uns anos antes, tinha o estatuto de aliado contra o Irã. Embora não fosse amigo de Saddam, na década de 80, meu pai desenvolvera uma relação de proximidade com ele, durante a Guerra Irã-Iraque, numa altura em que a Jordânia era um ponto de passagem das armas e dos serviços secretos ocidentais com destino a Bagdá.

Lançado para o poder pela Revolução Iraniana de 1979, o aiatolá Khomeini instava à derrubada dos governos da região e à sua substituição por repúblicas islâmicas. Saddam Hussein temia a ameaça desse novo regime radical iraniano à ordem regional e estava convencido de que os iranianos se preparavam para atacar o Iraque. Em setembro de 1980, apenas um ano depois de ter assumido a presidência do Iraque, Saddam lançou um ataque preventivo ao Irã. No entanto, a nova República Islâmica respondeu com um feroz contra-ataque e, durante oito anos, o Irã e o Iraque viram-se envolvidos num amargo conflito.

Fossem quais fossem as causas daquela guerra, preocupados com o potencial do Irã para desestabilizar a região e enfurecidos pela captura de reféns americanos na embaixada americana em Teerã, em novembro de 1979, os EUA prestaram auxílio a Saddam. Já com o apoio da União Soviética, o Iraque passava a ter o seu esforço de guerra sustentado por ambas as superpotências. Os Estados Unidos proviam secretamente o Iraque de imagens de satélite com os movimentos das forças iranianas. Isso não só foi uma grande ajuda para as operações militares iraquianas, mas também garantiu o êxito da ofensiva decisiva do Iraque, em 1988. Em julho desse mesmo ano, o Irã aceitaria um cessar-fogo.

Considerando sensato expor os membros mais jovens da família à diplomacia internacional, em meados da década de 80, certa manhã, ao café da manhã, meu pai anunciou que iria fazer uma visita ao Iraque e que queria que alguns de nós o acompanhássemos. No dia seguinte, eu e meu irmão mais novo, Feisal, juntamente com os nossos dois primos, Talal e Ghazi, reunimo-nos no Palácio Nadwa – um edifício com dois andares no interior do complexo da Corte Real – e partimos para Bagdá no avião de meu pai.

Aterrissamos ao entardecer e fomos recebidos no aeroporto por Saddam Hussein e os dois filhos, Uday e Qusay. Sempre pensando na segurança, trouxera com ele várias colunas fictícias que partiram em diferentes direções, enquanto nós nos dirigíamos ao Palácio Radwaniyah, não muito longe do aeroporto. Com os seus cerca de dez quartos, a casa de meu pai era decididamente modesta comparando com aquela. Radwaniyah era uma construção em grande escala, com centenas de divisões forradas de mármore ornamentado, torneiras de ouro em todas as casas de banho e mobiliário de imitação de estilo Luís XIV. Jamais se esperaria um tal espectáculo de mau gosto da parte do líder de um país orgulhoso que nos oferecera as maravilhas da Antiga Babilônia e que já fora a sede do califado.

Depois da habitual troca de cordialidades, meu pai anunciou que passaríamos lá a noite. Não contáramos com isso e tratava-se de um gesto de solidariedade numa altura em que o Iraque estava atolado numa comprida e sangrenta guerra. Saddam anunciou que, nesse caso, no dia seguinte, os mais jovens iriam todos a Habbaniyah – um enorme lago da província de Anbar, a oeste de Bagdá – pescar e nadar. Saddam era um homem implacável mas carismático, e irradiava uma estranha espécie de energia pessoal. Combinava os impulsos de um tradicional líder tribal com o conhecimento da vida nas ruas. Era uma figura fascinante de se ver.

Na manhã seguinte, bem cedo, reunimo-nos no átrio do palácio. "Adorávamos ir pescar", disse eu a Qusay, "mas não trouxemos os nossos trajes de banho."

"Não faz mal", respondeu ele. "Arranjamo-vos tudo o que for preciso." Partindo de avião, de Bagdá para Habbaniyah, fomos para um palácio nas imediações do lago trocar de roupa. No quarto de vestir, eu, Feisal, Talal e Ghazi tínhamos vistosas camisas havaianas à nossa espera. Embora o Iraque e a Jordânia partilhassem a mesma língua, era evidente que não tínhamos o mesmo sentido de moda. Como convidados, não tínhamos grande escolha, mas os nossos seguranças desataram a gargalhar quando nos viram com aquela indumentária.

Embarcamos os seis num pequeno barco a motor, do tipo que se usa para puxar um esqui aquático, e dirigimo-nos ao centro do lago. Nesse momento, Feisal perguntou: "Onde estão as varas de pesca?"

Sorrindo, Uday retirou do fundo do barco um saco de plástico cheio de dinamite. Pegando num pau de dinamite, enquanto dava uma baforada num charuto cubano, agarrou numa faca e começou a fazer cortes no rastilho. A ideia era que, ao arder, o rastilho fizesse efervescência ao atingir as marcas da faca, permitindo-nos perceber quando estaria prestes a explodir. Com um sorriso rasgado, Uday ergueu a dinamite e acendeu o rastilho com a ponta do charuto. O rastilho começou a crepitar e, depois, parou. "Deve estar inutilizada", resmungou ele, atirando o pau para o fundo do barco e agarrando noutro.

Feisal e Ghazi conversavam e observavam tudo despreocupados, mas eu e Talal já tínhamos lidado com explosivos no nosso treino militar e sabíamos que aquela era uma situação ultraperigosa. Qualquer soldado profissional vos dirá que alguns rastilhos podem parecer apagados e continuarem a arder. Afastamo-nos o mais que pudemos, lívidos e rezando para que a "dinamite inutilizada" não explodisse.

O segundo pau também não funcionou. Por fim, Uday encontrou um que funcionava e atirou-o para o lago. Segundos depois, aquela paisagem idílica era, então, destroçada por uma colossal explosão. "Ora bem, vamos lá apanhá-los", disse Qusay, sugerindo que mergulhássemos para apanharmos os peixes mortos que flutuavam à superfície.

Pousando a mão no meu braço, Talal sussurrou-me: "Deixemo-los entrar primeiro na água. A nossa família não tem tido lá grande sorte no Iraque." O rei Faisal II do Iraque e o meu pai eram primos direitos. Tinham frequentado Harrow juntos e eram muito próximos. Em 1958, o Rei Faisal foi derrubado num golpe militar e brutalmente executado, juntamente com o regente e tio, o príncipe Abdel Ilah, e com todos os membros da família Hachemita que estavam no Iraque, naquela época. Os atacantes lançaram o corpo do príncipe real por uma janela para uma multidão em fúria que, depois, o arrastou pelas ruas de Bagdá. A instabilidade política desencadeada pelo golpe levou à ascensão do Partido Baath e, por fim, à subida ao poder de Saddam Hussein, em 1979.

Qusay acabou por saltar borda afora e começou a apanhar peixe e a lançá-lo para dentro do barco. Quando voltamos da nossa "pescaria", reunimo-nos com o meu pai no palácio. Nessa altura, já ele estava pronto para regressar a casa.

Já em Amã, os filhos de Saddam começaram a pedir-me ocasionalmente, através do embaixador iraquiano, as mais recentes armas ou espingardas, sabendo que o meu cargo de oficial do Exército Jordaniano me dava acesso ao armamento mais avançado. Em geral, acedia, uma vez que, na cultura árabe, trocar armas é uma tradição, e não me era fácil recusar um pedido do filho de outro líder árabe. Certa ocasião, recebi um pedido de uma arma com um silenciador encaixado. Recusei delicadamente, pois já tinha ouvido rumores de que Uday e Qusay testavam as suas armas em alguns desgraçados iraquianos que levavam para o subsolo de seu palácio. Da última vez que o vi, Uday tinha acabado de sair da prisão por ter matado o criado pessoal do pai. Só tornaria a ver Qusay em janeiro de 1991, em Bagdá, mesmo antes do início da primeira Guerra do Golfo.

A 2 de agosto de 1990, após semanas de crescentes tensões, o exército de Saddam invadiu o Kuwait. As tropas iraquianas devastaram a Cidade do Kuwait, ateando fogo às casas, confiscando bens e atacando civis. O irmão mais novo do emir, o xeque Fahad al-Ahmad al-Jaber al-Sabah, combateu heroicamente em defesa do seu país, até ser abatido a tiro pelos soldados iraquianos que lhe passaram por cima do corpo com um carro de combate. Quatro mil ocidentais foram apanhados no meio daquele tumulto, incluindo mil e trezentos cidadãos britânicos e novecentos americanos. O Iraque utilizou alguns reféns britânicos e americanos como "escudos humanos", mantidos em pontos estratégicos militares por todo o país, para prevenir eventuais ataques. Dezesseis dias após ter adotado a Resolução 660, que exigia a retirada das forças iraquianas do Kuwait, a 18 de agosto, o Conselho de Segurança das Nações Unidas aprovou a Resolução 664, instando o Iraque a deixar todos os nacionais de países terceiros sair do Kuwait. Depressa se tornou evidente que os Estados Unidos estavam organizando uma resposta militar para o caso de o Exército Iraquiano se recusar a retirar-se.

Mais de um milhão de pessoas entraram em torrente pela nossa fronteira oriental, fugindo ao conflito. Tratava-se de um afluxo maciço para um país tão pequeno que equivalia a um quarto da nossa população inteira, naquele momento. Tínhamos pessoas acampadas na parte baixa de Amã. Os jordanianos reagiram com a sua habitual hospitalidade, saindo à rua com ofertas de comida e vestuário. Alguns até acolheram hóspedes inesperados nas suas casas.

Meu pai opunha-se veementemente à invasão e à anexação iraquiana do Kuwait, reiterando que a Jordânia reconhecia o governo do emir. Contudo, ele julgava tratar-se de um problema árabe que incumbiria aos Estados árabes resolver. Durante a crise, meu pai envidou todos os esforços para encontrar uma solução diplomática visando acabar com a ocupação iraquiana do Kuwait. Um livro branco subsequentemente publicado pelo governo em agosto de 1991 dava ênfase a esses esforços para esclarecer a posição da Jordânia, mal interpretada por muitos naquela época.

Colaborando em estrita coordenação com o rei Fahd, da Arábia Saudita, e o presidente Hosni Mubarak, do Egito, a 3 de agosto, meu pai foi a Bagdá, reunir-se com Saddam Hussein. Após várias discussões acesas, conseguiu convencer Saddam a participar numa minicimeira árabe que se realizaria a 5 de agosto, em Jeddah, com o intuito de resolver a crise no seio do contexto árabe. Para retirar as suas tropas do Kuwait, Saddam exigia que a Liga Árabe não condenasse o Iraque. Saddam chegou mesmo a anunciar que o Iraque começaria a recuar do Kuwait a 5 de agosto. Meu pai julgava estar prestes a conseguir negociar uma solução árabe para a crise no período de quarenta e oito horas que ele pedira para se consultar com o rei Fahd e o presidente Mubarak. Contudo, a Liga Árabe rejeitou-lhe a proposta. Nessa noite, a Liga aprovou uma resolução condenando a agressão do Iraque e instando a uma retirada incondicional. As tentativas de meu pai para conseguir uma solução diplomática foram por água abaixo.

Enquanto os árabes negociavam, a retórica dos norte-americanos foi-se tornando cada vez mais beligerante. Meu pai sentia-se perturbado com o risco de internacionalização da crise e com a perda inútil de vidas e a destruição que uma nova guerra implicaria. Preocupava-se com o impacto desestabilizador que teria a invasão de um país árabe de maior monta pela América e seus aliados, bem como do estacionamento de tropas ocidentais na Península Arábica e no Golfo. Previa que isso desse início a uma imparável cadeia de eventos que acabaria na retaliação por parte dos grupos radicais e em mais guerras na nossa região.

Uns dias depois de se ter reunido com Saddam em Bagdá, meu pai foi aos Estados Unidos falar com o presidente George H. W.

Bush, que se encontrava na sua casa de férias, em Kennebunkport, no Maine. Estava plenamente convicto de que aquela desavença se poderia resolver sem uma guerra. "Podemos fazer o Iraque sair do Kuwait sem violência", dizia ele. Meu pai tentou explicar os riscos que uma guerra no Oriente Médio implicaria e detalhar em termos concretos a destruição e a miséria que causaria, mas o presidente Bush não lhe deu ouvidos. "Fui a Kennenbunkport como amigo!", exclamaria o meu pai, exasperado. "Expliquei ao presidente que Saddam se comprometeu comigo a se retirar do Kuwait!" Contudo, o presidente norte-americano já tinha tomado a sua decisão.

Opunha-me totalmente à invasão iraquiana do Kuwait, mas, tal como o meu pai, não apoiava uma guerra retaliatória lançada pelos Estados Unidos. Meu pai ficara numa posição impossível e pagou um elevado preço por tentar negociar uma retirada pacífica das forças iraquianas do Kuwait. Sentia que os seus esforços de mediação haviam sido deliberadamente mal interpretados pelo Ocidente, pois ele próprio era acusado de alinhar com Saddam. Na sua opinião tanto a primeira-ministra britânica, Margaret Thatcher, como o presidente Bush assumiram atitudes demasiado extremistas, recusando um meio-termo. A maioria dos seus amigos, incluindo muitos do Oriente Médio, voltou-se contra ele. Já o príncipe Charles da Inglaterra nunca deixou de o apoiar, mantendo-se à margem dos outros e demonstrando entender que os esforços de meu pai para abrandar a corrida às armas não eram sinal de que ele apoiava Saddam.

Em novembro, o Conselho de Segurança da ONU aprovou a Resolução 678 exigindo ao Iraque a retirada incondicional do Kuwait, até 15 de janeiro de 1991. Em dezembro, meu pai pediu-me para me juntar a ele numa missão a Bagdá. Essa seria a sua terceira e última visita, no decorrer da crise. Combinara ir com Yasser Arafat e o vice-presidente do Iêmen, Ali Salem al Beidh, num esforço de negociar a libertação dos reféns ocidentais. Percorremos os 805 km entre Amã e Bagdá no avião do meu pai, em bem menos de duas horas, ou seja, mais depressa do que um voo entre Washington D.C. e Boston. Embora Bagdá fosse geograficamente perto, em termos filosóficos era outro mundo. Enquanto meu pai conversava com Saddam no principal salão do Palácio Republicano, esperei lá fora, num pátio, com Qusay e o cunhado, Hussein Kamel. Ambos fumavam e pareciam muito bem dispostos. Nessa altura, já eu era major do exército e contei a Qusay e a Hussein Kamel que acabara de sair do Staff College, na Inglaterra, e que tinha uma boa noção de como operavam as forças da OTAN, sobretudo no que se referia à força aérea. Dizendo-lhes que, na minha opinião, os iraquianos não seriam capazes de deter as forças da coligação, perguntei-lhes se lhes parecia possível sobreviverem a um ataque multifacetado. Todavia, nessa altura já se tornara evidente que a maioria dos líderes árabes se uniria à coligação internacional que os Estados Unidos e o Reino Unido construíam para enfrentar o Iraque.

A liderança iraquiana estava isolada do mundo mais lato e, tal como tantas vezes pode acontecer nas ditaduras, ninguém queria dizer ao líder que as suas ideias não eram boas. Assim, os filhos de Saddam tinham uma percepção exagerada – e irrealista – da sua força militar.

"Podemos detectar-lhes os bombardeiros furtivos!", declarou Qusay, num tom triunfante. "Temos os ânimos em alta e queremos guerra." Qusay e o cunhado começaram a descrever-me os novos tipos de artilharia que tinham desenvolvido, os sistemas de radares secretos e as bombas de 9000 kg. Nada daquilo fazia muito sentido.

"É como digo", expliquei eu, "segundo apurei na Inglaterra, vocês não têm alternativas." Nenhum deles reagiu. Sentiam um tremendo orgulho no seu país, mas subestimavam terrivelmente as capacidades do adversário que enfrentavam. Demonstravam aquele tipo de arrogância que pode (e depressa o fez) provocar a morte de dezenas de milhares de pessoas.

Pouco tempo depois daquela nossa conversa, meu pai surgiu da sala de conferências com um ar desanimado e voltamos para Amã. No dia seguinte, a 6 de dezembro de 1990, Saddam anunciou que iria libertar os reféns. Contudo, os preparativos para a guerra prosseguiam.

* * *

Na época do fim de ano, junto-me regularmente com um grupo de grandes amigos dos Estados Unidos e de outros países – tornou-se uma tradição anual. Nesse ano, dada a probabilidade de uma guerra iminente na nossa fronteira, não sabia se algum dos meus amigos de fora da Jordânia teria vontade de vir.

Embora eu e minha família tentássemos manter uma atmosfera de normalidade, meu pai estava visivelmente exausto. Passava o dia inteiro ao telefone com os americanos, Saddam Hussein e os kuwaitianos, tentando desesperadamente afastá-los da beira do precipício. Eu e alguns amigos decidimos tentar animá-lo. Ao vasculharmos sua casa em Hummar, descobrimos um velho baú com uma coleção de fotografias de meu pai acompanhado de Gamal Abdel Nasser, o general britânico, *Sir* John Glubb e muitas outras figuras históricas. Rodeado pela família, meu pai esteve a ver as fotografias e deu-nos uma lição espontânea de história, descrevendo o que se passava na Jordânia na época em que fora tirada cada uma das fotografias e contando-nos acerca dessas figuras histórias, das suas personalidades e dos vários conflitos que vivera.

Na véspera do Ano Novo desse ano, encontrava-me no vale do Jordão com o meu amigo Gig, que viera visitar-me com outros amigos americanos, contra a vontade dos seus próximos. Conversamos bastante sobre as nossas famílias e os velhos tempos em Deerfield, mas debruçamo-nos sobretudo sobre a guerra iminente com o Iraque e os efeitos que esta teria sobre a Jordânia. Se as coisas corressem mal, a Jordânia tornar-se-ia um inimigo para os Estados Unidos? O 229.º Esquadrão da 101.ª Divisão Aérea do Exército Americano, onde aprendera a pilotar helicópteros Cobra, fora mobilizado para o Iraque e era chocante pensar que muito em breve poderíamos estar em campos opostos. Eu era jordaniano e Gig americano, mas a nossa amizade era mais forte do que a política.

Em janeiro de 1991, mais de meio milhão de soldados de uma coligação liderada pelos Estados Unidos e pelo Reino Unido, a que se juntaram cerca de trinta países, foram mobilizados para a Arábia Saudita e o Golfo Pérsico. O opositor era o exército de Saddam, com cerca de um milhão de homens – o maior da região e o quarto maior do mundo. O fato de o Iraque ter obtido sistemas de armamento do mundo inteiro e adquirido muita experiência no campo de batalha durante a prolongada guerra que travara com o Irã afastava quaisquer certezas de que o conflito iminente seria uma vitória fácil para os americanos.

Preocupávamo-nos que pudéssemos ser arrastados para a guerra ou pelos israelenses, ou pelos iraquianos. Era possível que os jatos israelenses tentassem passar pelo espaço aéreo jordaniano para atacar o Iraque, pois Saddam ligara retoricamente os seus atos ao seu apoio à Palestina – um clamor de guerra comum que ainda hoje soa pela região. Também existia a possibilidade de as tropas iraquianas entrarem na Jordânia para atacar Israel. Meu pai disse a Saddam: "Basta um só soldado iraquiano pousar o pé do outro lado da fronteira, para entrarmos logo em guerra." Foi essa mesma mensagem que passou a Israel: o fato de um só caça israelense atravessar o território jordaniano para atacar o Iraque, significaria guerra.

A 16 de janeiro de 1991, começou a guerra da coligação contra o Iraque. Tratando-se de uma época de emergência nacional, meu pai pediu-me que estivesse preparado para me mobilizar com o 2.º Batalhão da 40.ª Brigada Blindada até as proximidades da fronteira com Israel. Certa noite, alguns dias antes do início das hostilidades, mandaram-me realizar a inspeção de uma unidade que protegia a fronteira da região inferior do vale do Jordão, nas margens do Mar Morto. Era uma daquelas noites que só vemos no deserto, com uma pálida lua a lançar a sua tênue luz acima de nós. Dada a escassez de luzes humanas no deserto, avistamos muito mais estrelas do que numa cidade. É como se estivéssemos na borda do universo, a espreitar lá para dentro.

Subitamente, a escuridão foi interrompida pelo clarão de um míssil Scud iraquiano que atravessava os céus, incandescente, rumo a Israel.

A nossa Força Aérea estava em alerta máximo. Nossa preocupação era que a Força Aérea iraquiana pudesse tentar fugir para a Jordânia, mas esta acabou por ir parar ao Irã, para evitar os caças da coligação e os israelenses não dispararam.

O exército de Saddam não estava à altura das forças de coligação e, seis semanas após seu início, a guerra acabou. Com os conhecimentos que tinha das táticas da OTAN e do poder de fogo dos exércitos americano e britânico, já sabia que não haveria outro resultado, mas até eu fiquei surpreendido com a rapidez com que o Exército Iraquiano fora derrotado.

A inimizade era grande entre o meu pai e Saddam Hussein. Meu pai estava bem ciente do sofrimento que as forças iraquianas tinham infligido aos kuwaitianos. Contudo, também queria evitar o sofrimento desnecessário que, na sua opinião, a guerra infligiria no povo iraquiano. Muitos Estados do Golfo, incluindo o Kuwait, eram incapazes de aceitar o papel de meu pai como mediador que visava evitar a guerra, acusando-o de alinhar com Saddam. Meu pai sentia-se ferido com essa atitude. Sentia que seus velhos aliados deveriam depositar mais confiança nele e perceber que ele tentava defender os interesses de todos. As relações entre a Jordânia e o Kuwait permaneceram tensas durante anos. Após a guerra, as nossas relações com os outros Estados do Golfo deterioraram-se. As resultantes perdas de ajudas financeiras, de petróleo do Iraque – a principal fonte de fornecimento da Jordânia – e das receitas dos jordanianos que trabalhavam no golfo – pois muitos perderam os empregos e viram-se obrigados a voltar para casa – infligiriam graves danos na economia.

Todos nós, naquela região, sentíamos uma profunda tristeza com a morte e a destruição provocada pela Guerra do Golfo. Aliás, essa poderá ter sido uma das razões pelas quais alguns países começaram a envidar mais esforços para estabelecer a paz com o nosso outro vizinho: Israel.

No seguimento do fim da Guerra Fria e da retirada iraquiana do Kuwait, em outubro de 1991, os Estados Unidos e a União Soviética reuniram-se numa conferência de paz, em Madri. As negociações de paz, que passaram a ser conhecidas por Conferência de Paz de Madri, representaram um marco na longa história dos esforços envidados pelos Estados árabes moderados e a comunidade internacional, visando resolver o conflito israelo-árabe mais lato e negociar um acordo israelo-palestino. Tratava-se da primeira vez que todas as partes árabes, incluindo os palestinos, se reuniam para abordar as suas diferenças num fórum mediado. Nos seus fóruns bilaterais e multilaterais, o processo de Madri revitalizou os tão empatados esforços pela paz. Uma vez que os israelenses declararam ainda não estar preparados para negociar diretamente com os palestinos, a Jordânia ofereceu um meio para as conversações com os israelenses sob uma "proteção jordaniana", numa delegação conjunta jordano-palestina. O objetivo do processo lançado em Madri era uma paz regional abrangente e, no início de novembro, Israel deu início às conversações com os seus vizinhos árabes em quatro vias bilaterais isoladas: com a Jordânia, os palestinos, o Líbano e a Síria.

Segundo o entendimento implícito entre os Estados árabes, estes deveriam manter uma frente unida para preservar os interesses dos palestinos, em vez de negociarem individualmente, com base nos seus próprios interesses. Para tal, aceitaram coordenar as suas posições e manter todos a par dos progressos feitos.

No entanto, sem conhecimento de meu pai, Israel e a OLP encetaram conversações secretas paralelas com Oslo, na Noruega, e, seis meses depois, alcançaram inesperadamente um novo entendimento histórico que se tornou conhecido pelos Acordos de Paz de Oslo. Esses acordos, estabelecendo o reconhecimento mútuo entre Israel e a OLP, bem como um governo autônomo palestino em Gaza e Jericó, representaram um ponto de virada nas relações israelo-palestinas. Foi neste contexto que se definiu o enquadramento para um acordo de paz definitivo e se estabeleceram as etapas para a sua implementação. A Declaração de Princípios foi assinada em Washington, em setembro de 1993, pelo primeiro-ministro israelense, Yitzhak Rabin, e o presidente da OLP, Yasser Arafat, numa cerimônia organizada por Bill Clinton, na Casa Branca.

Meu pai ficou furioso por Arafat não tê-lo informado acerca do canal de Oslo e de que fizera uma paz isolada com Israel. "Não posso acreditar que fizeram isso!", exclamou ele. Além disso, meu pai sentia-se alarmado por os sírios terem avançado mais nas suas negociações do que o que nos tinham informado. Profundamente desiludido pelo fato de os árabes não terem sido capazes de manter uma frente unida, meu pai passou a centrar-se mais nas negociações de paz da própria Jordânia com Israel.

A Jordânia já vinha promovendo negociações israelo-palestinas diretas desde 1988, quando meu pai tomara a decisão histórica de cortar os vínculos legais e administrativos da Jordânia com a Cisjordânia de ocupação israelense. Quando da ocupação pelos israelenses, em 1967, a Cisjordânia pertencia ao Reino Hachemita da Jordânia. Os palestinos da Cisjordânia eram cidadãos jordanianos e o governo de Amã permanecera responsável pelos seus assuntos e por manter as escolas, o sistema judicial e outras instituições palestinas, durante todo o período da ocupação. Os funcionários públicos da Cisjordânia eram empregados do governo jordaniano, mesmo após 1967, e metade dos assentos do Parlamento era atribuída à Cisjordânia. A decisão da separação implicava que a Jordânia deixaria de ter a incumbência dessas instituições. Essa decisão apenas excluía a sua responsabilidade sobre os locais sagrados. Meu pai considerava que ao abdicar dessa sua responsabilidade geraria um vácuo que Israel utilizaria para assumir o controle sobre os locais sagrados de Jerusalém. Foi por isso que manteve essa responsabilidade que seria posteriormente reconhecida por Israel no tratado de paz assinado com a Jordânia em 1994.

A cisão formal de meu pai com a Cisjordânia permitia aos palestinos assumir a responsabilidade pelo seu próprio futuro político nos territórios ocupados. Num discurso dirigido à nação, a 31 de julho, ele declarou acreditar que aquela seria a resposta mais lógica à conclusão da Cimeira de Rabat de 1974, em que todos os Estados árabes haviam decidido designar a OLP a única representante legítima do povo palestino. Essa decisão também foi motivada por muitas tentativas fracassadas de coordenar uma estratégia com a OLP e pela eclosão, em dezembro de 1987, de uma revolta civil na Cisjordânia e na Faixa de Gaza contra a ocupação israelense – a primeira intifada palestina. Os palestinos tinham evidenciado a sua intenção de seguir os seus objetivos políticos independentemente da Jordânia. Meu pai não iria impedi-los de fazê-lo. Sua decisão era crucial para as ambições da Palestina de implantar o seu próprio Estado: a Cisjordânia passaria a formar o centro de um futuro Estado palestino.

Uma outra consequência inesperada da Guerra do Golfo em 1991 foi o enorme afluxo de iraquianos ao nosso país. Antes, durante e depois da guerra, várias centenas de milhares de iraquianos e cidadãos de outros países que viviam no Iraque procuraram refúgio na Jordânia. A maioria dos expatriados jordanianos e palestinos no Kuwait também voltou para a Jordânia. Além disso, embora não o soubesse naquela altura, um encontro fortuito com um deles iria, muito em breve, mudar a minha vida.

CAPÍTULO 9

Casamento Real

Em agosto de 1992, eu era comandante de batalhão do 2.º Regimento da Cavalaria Blindado. No decorrer de exercícios de campo, eu e meus homens estávamos acampados há dois meses no deserto, dormindo em tendas. As nossas acomodações eram bastante básicas. Para tomar uma ducha quente tinha montado uma engenhoca com um reservatório que aquecia a água com o calor do sol. Como os exercícios correram bem, o comandante da brigada comunicou a todos os oficiais que poderíamos ter uma noite de folga.

Despi a farda, vesti uma camiseta, calcei tênis, meti-me no carro e fui a Amã. Tinha acabado de chegar em casa quando a minha irmã Aisha telefonou a dizer: "Ouvi dizer que está por aqui. Venha jantar conosco." Respondi-lhe que o que queria mesmo era tomar uma boa ducha e deitar-me numa cama confortável, mas ela não me via há muito tempo e prometeu-me que o evento não seria de cerimônias. Dado, nos últimos dois meses, só ter comido feijão e espaguete enlatados, a perspectiva de um jantar a sério era demasiado convidativa para rejeitar.

Dirigi-me a casa da Aisha, com o rosto vermelho como uma lagosta, após semanas sob o sol do deserto. Sem me dar conta de que ela tinha convidados, vinha vestido tal e qual como saíra do campo militar. Um dos amigos de minha irmã trabalhava na Apple Computer, em Amã, e trouxera com ele uma colega chamada Rania al Yassin. Assim que a vi, pensei: "Uau!"

Com quase vinte e dois anos na época, Rania passara muito tempo fora da Jordânia. Descendia de uma família jordaniana de origem palestina e crescera no Kuwait. Fora durante a Guerra do Golfo que se mudara com a família para a Jordânia. O pai já planejava mudar-se para a Jordânia na sua reforma, tendo até mandado construir uma casa em Amã, mas a guerra acelerara-lhe os planos.

Tendo estudado Gestão na Universidade Americana do Cairo, Rania trabalhara no Citibank de Amã e, depois, na Apple, onde conhecera o amigo da minha irmã. Apesar de só termos conversado por breves momentos ao jantar, fiquei impressionado com a sua postura, a sua elegância e a sua inteligência. Estava enfeitiçado e sabia que tinha de voltar a vê-la. Demorei algum tempo a localizá-la, mas acabei por conseguir o número dela e liguei-lhe para o emprego. Depois de lhe dizer quem era, acrescentei que esperava vê-la outra vez. "Ouvi dizer algumas coisas a seu respeito", respondeu ela. Embora não tivesse acabado a frase, percebia que aquilo que ela tinha ouvido dizer sobre mim não seria muito favorável. "Não sou nenhum anjo", retorqui eu, "mas pelo menos metade do que ouviu dizer não passa de conversa fiada." Não se mostrando muito convencida, ela disse-me que teria de ponderar um pouco.

Não seria assim tão fácil dissuadir-me. Tínhamos um amigo comum, Tawfiq Kawar, a quem pedi para passar pelo escritório dela e convencê-la das minhas boas intenções. Rania não se deixou convencer, pois considerava que ele não estava sendo objetivo. Tawfiq regressou da sua missão dizendo que não me tinha assegurado um encontro, mas que descobrira que Rania gostava de chocolate. Assim, enviei-o outra vez, munido de uma caixa de chocolates belgas. Depois disso, ela aceitou o meu convite para jantar. Já estávamos em novembro quando ela foi a minha casa e decidi surpreendê-la, cozinhando pessoalmente o jantar.

Foi por necessidade que aprendi a cozinhar no exército, mas passei a gostar de fazê-lo. Parecia-me uma forma excelente de descontrair e descomprimir a mente. Tinha uma mesa japonesa *teppanyaki*, de fabricação local, e uma grelha de ferro em que preparava pratos tradicionais japoneses de frango, camarão e carne de vaca ao estilo de um verdadeiro restaurante japonês. A refeição correu bem e voltamos a encontrar-nos mais uma ou duas vezes antes do fim do ano, mas conversamos muito mais vezes pelo telefone. Tínhamos de manter a discrição. Amã é uma cidade que adora intrigas e nenhum de nós queria ser fonte de especulação.

Mesmo antes do início do novo ano, encontrei-me com Gig. Nessa altura já não era capaz de conter o meu entusiasmo. Contei-lhe que tinha conhecido uma mulher espantosa em Amã e que julgava ser a tal.

Fazia aniversário no dia 30 de janeiro e convidei Rania para a festa. Meu pai sentou-se ao lado dela e os dois começaram a conversar. Impressionado com a sua inteligência, o seu charme e a sua beleza, o meu pai não tardou a descobrir o nosso segredo. Depois de os convidados terem saído, estava eu em casa com Rania quando o telefone tocou. Era o meu pai, que adorava ser alcoviteiro: "Então", perguntou ele, "quando é que poderei conhecer os pais dela?"

Tinha o costume de fazer ralis, chegando a participar em competições profissionais. Eu e meu co-piloto, Ali Bilbeisi, conseguimos ficar em terceiro lugar no Rali Internacional da Jordânia, em 1986 e em 1988. Um dos meus locais preferidos era Tal al Rumman, um monte nos arredores de Amã, onde meu pai e alguns amigos libaneses começaram uma escalada que é hoje um dos mais duradouros eventos desportivos do Oriente Médio. Convidei Rania a dar uma volta de carro comigo e subimos o monte. Esperava fazer o pedido num contexto muito mais romântico, mas, quando estávamos conversando fora do carro, disse-lhe que pensava que a nossa relação estava se tornando séria e que encarava a possibilidade de nos casarmos. Rania fitou-me, sorrindo em silêncio. Interpretando o seu silêncio como sinal de consentimento, contei a meu pai sobre a nossa conversa e, a partir daí, as coisas processaram-se com grande rapidez.

Duas semanas depois, combinamos uma visita de meu pai à casa dos pais dela. Tinha andado em viagem a serviço do exército e, quando saí do avião, no Aeroporto Internacional rainha Alia, em Amã, avistei meu pai na porta de desembarque, à minha espera. De que tenha memória, aquela foi a primeira vez que ele veio ter comigo no aeroporto. Creio que queria apenas certificar-se de que eu não voltaria atrás com a minha palavra! Como homem romântico que era, meu pai já havia muito tempo que queria ver-me casado e com uma vida estável.

Na nossa cultura, quando um homem quer pedir uma mulher em casamento, leva os membros mais influentes e poderosos da sua família ou tribo a garantir à família da noiva pretendida que ela será bem recebida e tratada. Que melhor porta-voz poderia eu arranjar do que o rei da Jordânia? A caminho da casa de Rania, meu pai passou pelo escritório, onde tinha papéis para assinar. Fiquei à espera uns bons quarenta e cinco minutos. Já suava, com medo que chegássemos atrasados.

Quando chegamos, constatamos que os pais de Rania contavam com um encontro informal. Não faziam ideia de que meu pai tencionava pedir-lhes a mão da filha em casamento por mim. Foram bons anfitriões. A mãe serviu biscoitos, chá e café e, ao oferecer uma chávena de café ao meu pai, ele pegou nela mas não bebeu. Na Jordânia, quando um homem tenciona pedir a mão de uma mulher em casamento, faz parte da tradição a família dela oferecer-lhe uma chávena de café da Arábia e a família dele só o beber depois de aceitarem o pedido. Se a família da mulher em questão recusar o pedido de casamento, então, presume-se que essa desconsideração é correspondida com a desfeita da recusa em beber o café. Hoje em dia ainda se realiza esse ritual e todos sabem desempenhar seu papel. Contudo, com tantas pressas, e apesar de eu e Rania termos falado em casarmo-nos quando a pedi em casamento, esquecera-me de informá-la acerca daqueles planos.

Quando viu meu pai recusar-se a beber o café, Rania apercebeu-se do que estava se passando. A sua pobre mãe não compreendia e insistia com meu pai para ele comer e beber. Por fim, meu pai encarou o pai de Rania e explicou-lhe porque considerava que eu e Rania faríamos um bom casal. Sentia-me tão nervoso que nem me lembro bem do discurso dele. Certamente que foi persuasivo pois, para meu grande alívio, os pais da Rania acederam e meu pai acabou por beber o café. Cerca de uma semana depois, a 22 de fevereiro de 1993, eu e Rania fizemos o anúncio formal do nosso noivado.

Ainda nesse mês, passei de comandante de batalhão no Corpo Blindado, onde passara a maior parte da minha carreira militar, para segundo comandante das Forças Especiais. Juntamente com outros regimentos de elite, como a Força Delta americana e o Serviço Aéreo Especial britânico, as Forças Especiais jordanianas estavam incumbidas das operações de contraterrorismo e eram treinadas para operar em terra, no ar e no mar. Um dos benefícios pessoais dessa mudança era o fato de se tratar de um cargo no quartel-general que me permitia mudar de uma base militar para a casa da família em Amã. Com a data do nosso casamento a aproximar-se a passo rápido, tinha pouco tempo para me instalar.

Meu pai queria fazer do casamento uma grande cerimônia e foi ao ponto de mandar vir de Londres um dos organizadores do Royal Tournament – um desfile militar anual que, na altura, era dos maiores do mundo. Dado eu e Rania preferirmos uma cerimônia discreta, comecei a negociar com meu pai. Sua excitação era tal que percebi ser-me impossível dissuadi-lo. Assim, acabamos por combinar que ele trataria do evento formal a ocorrer durante o dia e nós nos encarregaríamos da organização da festa, que teria lugar à noite.

No dia 10 de junho de 1993, Amã encheu-se de sol e de multidões de pessoas nas ruas acenando e atirando flores. Enverguei minha farda militar negra e Rania surgiu com um resplandecente e vaporoso vestido de seda branco, bordado a ouro, e um véu branco. Casamo-nos numa cerimônia simples, realizada à tarde, no Palácio Zahran, na baixa de Amã, diante da família e de alguns amigos. Zahran que, em árabe, significa "botão em flor", era a casa da minha avó, a rainha Zein.

Depois da cerimônia, percorremos as ruas de Amã num Lincoln conversível bege de 1961, enfeitado de flores brancas, acenando para as multidões. Seguimos lentamente pela cidade em direção ao Palácio Raghadan, a sede da Corte Real, onde meu pai organizara as festividades formais. Mandado erigir por meu bisavô, o rei Abdullah I, o fundador da moderna Jordânia, no cimo de um monte com vista para Amã, Raghadan acolhe o salão do trono e é amiúde utilizado em eventos de Estado formais.

Nessa tarde, a atmosfera era tudo menos formal, pois tínhamos cerca de dois mil convidados espalhados por todo o palácio e no meio do arvoredo dos jardins. Além dos amigos e da família da Jordânia, tínhamos convidado amigos de fora, incluindo Gig Faux, Perry Vella e muitos outros de Deerfield. Também vieram muitos professores de Deerfield, entre os quais Jim Smith e um dos meus velhos guarda-costas. Tínhamos lá também não só amigos meus de Sandhurst e da Inglaterra, mas também amigos e familiares de Rania oriundos do Kuwait e do Cairo. Estavam presentes o príncipe real de Marrocos e o general Joseph Hoar, que liderava o Comando Central dos EUA. A rainha Sofia da Espanha também veio, uma vez que meu pai mantinha uma relação próxima com a família real espanhola. (Esse contato desenvolvera-se indiretamente. Um dos colegas de meu pai no Victoria College do Egito era o exilado rei Simeão II da Bulgária, que o apresentou a outras famílias reais europeias, incluindo a espanhola. Por ironia do destino, após o colapso do governo comunista, o rei Simeão regressou à Bulgária, fundou um novo partido político, ganhou por maioria absoluta nas eleições búlgaras de 2001 e tornou-se primeiro-ministro.)

O ponto alto da festa foi a chegada inesperada de meu antigo chefe de salto, Samih Janakat. Tal como cabe a um oficial das Forças Especiais, Samih Janakat veio de pára-quedas, saltando para os terrenos do palácio depois do entardecer. Conseguindo contornar as árvores, os edifícios e a fonte, fez um salto perfeito diante dos convidados, e dirigiu-se a mim e a Rania, oferecendo-nos a espada que usamos para cortar o bolo de casamento.

Depois do comemoração formal realizado no palácio, a família e os amigos mais próximos foram jantar a casa de minha mãe, nos montes acima de Amã, onde comemos, conversamos e dançamos à beira da piscina. Por fim, perto das duas da manhã, eu e Rania despedimo-nos. Na manhã seguinte partimos para a nossa lua-de-mel na América, ansiosos por começar a nossa nova vida a dois.

Como presente de casamento, meu pai pagara-nos uma viagem em primeira classe com destino a São Francisco, via Londres, mas, assim que lá chegamos, compramos um *Visit USA Air Pass*, que nos proporcionava um mês de viagens ilimitadas na classe turística. Rania já tinha ido algumas vezes aos Estados Unidos, mas eu estava ansioso por lhe mostrar mais coisas. Começamos por ir para o Havai, passamos pelo Tahiti e por Bora Bora e, depois, dirigimo-nos à Costa Leste, onde visitamos Nova Iorque e Washington D.C. Ocasionalmente, descobrindo que íamos em lua-de-mel, o pessoal do *check-in* colocava-nos na primeira classe.

Ao regressarmos da América, eu e Rania começamos a procurar uma casa para comprarmos juntos, mas meu pai disse-nos que nos ofereceria uma nos arredores de Amã que ele já comprara havia uns tempos e pretendia renovar. As obras de reforma eram profundas e demoraram cerca de um ano. Entretanto, instalamo-nos num pequeno anexo da casa de meu pai que ele utilizava para acomodar visitas. Viver ao lado de meu pai implicava que o veríamos muitas vezes e isso permitiu que Rania e ele se conhecessem melhor. Reuníamo-nos muitas vezes para tomar o café da manhã ou para ver televisão juntos à noite. Esse período serviu também para apresentar Rania à outra face da realeza. Essa proximidade com o rei gerava inveja em muitas pessoas e ela tinha de ser extremamente diplomática. O percurso que eu tinha de percorrer entre Amã e o quartel-general das Forças Especiais em Zarqa demorava cerca de uma hora. Era a primeira vez em muitos anos que vivia fora de uma base militar. A nossa casa não era nada parecida com um palácio – limitava-se a uma sala de estar, uma sala de jantar e dois quartos – mas éramos mesmo muito felizes. Nossa felicidade ainda se tornava maior com a presença constante de meu pai na nossa vida. Foi mais tarde, ao olharmos para trás, que nos apercebemos realmente do valor dessa época.

Rania deixara o seu emprego na Apple. Inicialmente pensamos que ela se encarregaria de tratar da nossa casa e passaria algum tempo a habituar-se à vida como membro da família real. No entanto, ela era uma mulher de carreira com demasiada energia para se deixar ficar em casa o dia inteiro. Ser dona de casa não era o futuro que previra para si própria. Nossa relação se assentara sempre numa parceria de igualdade. Percebia que ela queria voltar a trabalhar, mas, como membro da família real, jamais poderia retomar as suas antigas funções na Apple ou trabalhar noutra empresa comercial. Juntos, decidimos que a melhor forma que ela tinha de aplicar a sua visão, o seu talento e a sua inteligência seria no setor público. Dirigi-me a meu pai e pedi-lhe que me sugerisse um papel adequado para Rania. Conhecendo o seu passado no setor comercial, meu pai sugeriu que ela trabalhasse na Companhia Jordaniana de Desenvolvimento das Exportações (JEDCO), ajudando a promover as empresas jordanianas nos mercados estrangeiros.

Muito embora pudesse, por vezes, ser conservador, meu pai acreditava que as mulheres deveriam desempenhar um papel público, o que era invulgar para um homem da sua geração na nossa região. Na década de 70, numa altura em que as mulheres de muitos líderes árabes raramente eram vistas em público, meu pai insistia que a sua mulher, a Rainha Alia, o acompanhasse nas funções e nos encontros públicos com líderes de estado, tanto na região como no estrangeiro. Além disso, apoiava o desejo de minha irmã Aisha de ir para o Exército.

Sempre preferindo brincadeiras e esportes para homens, tal como percebêramos quando éramos pequenos, Aisha era dura de roer. Se eu ou Feisal tentássemos provocá-la, ela nos fazia o mesmo. Aisha foi para os Estados Unidos aos oito anos e frequentou uma escola de Washington, antes de se mudar para a Escola Secundária Dana Hall, em Wellesley, no Massachussetts. Certo verão, quando estava passando férias em Amã, perguntou-me se a levaria comigo para saltar de pára-quedas. Disse-lhe que sim, mas em segredo, pois meu pai não gostava muito dessas coisas. Aisha ainda não tinha dezesseis anos e era tão leve que tivemos de lhe aplicar pesos e pedras ao equipamento. O primeiro a aterrissar fui eu e ela, devido ao peso, afastou-se da zona de aterrissagem, acabando num campo próximo. Corri por entre as pedras e, quando a avistei, ela estava deitada no chão, imóvel. Assustado, fui ter com ela. Encontrei-a estendida de costas, no chão, cantando de felicidade! Nesse verão levei-a várias vezes para saltar e ela tornou-se a primeira mulher da Jordânia a fazer cinco saltos completos e a receber as suas asas*.

---

* Distintivo de paraquedista. (*N. da T.*)

Foi nessa altura que decidimos contar a meu pai. Como ele estava em viagem, telefonei-lhe e disse: "É verdade, pai, tenho a Aisha ao meu lado e queria dar-lhe os parabéns. A sua filha ganhou as suas asas de pára-quedismo." Em choque, meu pai fez um momento de silêncio e, depois, passou a perguntar-me o que é que eu pensava que estava fazendo, exatamente. Fingia-se furioso, mas todos nós sabíamos que, depois de recuperar do choque, sentiria um tremendo orgulho. Ela própria vinda de uma família de militares, minha mãe também deu o seu total apoio ao interesse de Aisha pelas Forças Armadas. O orgulho deles aumentou quando, em 1987, Aisha se tornou a primeira mulher do Oriente Médio a formar-se em Sandhurst. Atualmente, Aisha é general brigadeiro no exército e adida militar na embaixada da Jordânia em Washington, D.C., sendo a primeira mulher oficial da Jordânia a cumprir tal função. Convicta de que as mulheres merecem desempenhar cargos mais importantes nas Forças Armadas, é uma decidida defensora desse tema.

São mulheres como Aisha, com o seu papel ativo nas Forças Armadas, e como Rania, com as suas funções de liderança em organizações filantrópicas e associações de beneficência, que demonstram como as mulheres podem ter um potencial ilimitado no nosso país.

No verão de 2009, eu estava passando férias no Arizona com meu filho Hussein e o filho de Aisha, Aoun, quando fomos a uma escola de aviação e as crianças pediram para saltar de pára-quedas. "Por favor, não diga à minha mãe", pediu-me Aoun. "Ela o mataria!" Conhecendo minha irmã, sabia que aquela era uma séria ameaça. Depois de as crianças terem saltado, telefonei a Aisha e disse-lhe: "Tenho o seu filho ao meu lado e só queria dar-lhe os parabéns, porque ele acaba de dar o seu primeiro salto de pára-quedas."

Sempre adorei o pára-quedismo e, quando eu e Rania éramos recém-casados, levantava-me antes do amanhecer duas ou três vezes por semana para ir saltar de pára-quedas. O êxtase de saltar de um avião a milhares de metros de altura, sentindo o vento roçar-me as faces e vendo o chão por baixo de mim aproximar-se rapidamente, alimentava-me o ânimo durante vários dias. Rania, que até então tivera tão pouca interação com o exército, levou algum tempo a habituar-se. Sempre que ia saltar, ela insistia comigo para mandar alguém telefonar-lhe para dizer que tinha aterrissado em segurança. Por mais cedo que me levantasse, ela mantinha-se acordada, atenta ao telefone, à espera de receber essa chamada. Ao progredir na minha carreira militar, minhas outras responsabilidades começaram a aumentar e a deixar-me cada vez menos tempo para ir saltar de pára-quedas. Meu pai começou a pedir-me para viajar mais, incumbindo-me de representar a Jordânia em nível internacional, de cumprir tarefas diplomáticas informais e de avaliar equipamento militar estrangeiro. Aceitei sempre com muito gosto, pois queria que as nossas Forças Especiais tivessem o melhor e o mais avançado equipamento e treino disponíveis fosse onde fosse. Por vezes, ele também me pedia para ir a locais muito fora de mão.

CAPÍTULO 10

Lições de Diplomacia

Nos finais de 1993, meu pai tinha marcado uma viagem à Ásia para visitar Singapura, o Japão, a China e a Coreia do Norte. Nessa época, os Estados Unidos estavam envolvidos num confronto político com a Coreia do Norte, que testara recentemente e com sucesso um míssil balístico Nodong-I no Mar do Japão e ameaçara sair do Tratado de Não-Proliferação de Armas Nucleares (TNP). Considerando que os Estados Unidos talvez entendessem a visita formal de um chefe de estado à Coreia do Norte como um entrave aos seus esforços para conduzir uma linha diplomática dura, meu pai cancelou a viagem e pediu-me para substituí-lo. Assim, recomendou-me que pedisse desculpas ao presidente Kim Il-sung, a quem os coreanos chamam "o Grande Líder" por não poder ir pessoalmente.

No fim de novembro, parti rumo a Singapura, onde me reuni com os líderes superiores e comprei armas ligeiras. Daí, segui para o Japão, onde conversamos sobre uma assistência à polícia jordaniana, uma vez que, nessa altura, os japoneses estavam nos ajudando na formação em desarme de bombas. Após Tóquio, fui para a China, onde me encontrei com membros superiores do Exército de Libertação Popular da China. As reuniões correram bem e eu e a minha delegação preparamo-nos para seguir caminho para Pyongyang. Contudo, a viagem até lá revelar-se-ia uma aventura.

Uma das linhas aéreas menos modernas do mundo, a companhia aérea estatal da Coreia do Norte, Air Koryo, está atualmente proibida de operar na União Europeia devido ao seu histórico de falta de condições de segurança. O avião parecia uma cópia russa de um Boeing 727 e, no interior, no lugar das habituais filas de bancos, a seção da primeira classe apresentava dois sofás. Para se chegar ao banheiro, tínhamos de contornar caixas e pacotes empilhados na parte traseira do avião. Aterrissamos no Aeroporto Internacional de Sunan já tarde, à noite, e o percurso do avião pela pista de aterrissagem fora, no escuro, pareceu demorar cerca de meia hora. O aeroporto estava às escuras, talvez por as autoridades norte-coreanas temerem um resvalar das difíceis relações com os Estados Unidos.

Por fim, o avião parou e eu e minha delegação descemos as escadas até ao asfalto da pista. Fomos recebidos por um grupo de soldados, um dos quais se dirigiu a nós em coreano, creio que para nos dizer "bem-vindos". Fomos escoltados até à margem da pista e alinhados contra uma parede quando, de repente, se acendeu uma luz intensa. Ainda piscando os olhos devido ao súbito clarão, pensava comigo: "Oh não, vamos ser fuzilados!"

Afinal, nossos anfitriões estavam filmando a nossa chegada. Levaram-nos a uma casa de hóspedes oficial e conduziram-nos a uma enorme sala de jantar decorada ao estilo dos anos 70, onde cerca de vinte generais, marechais e oficiais de diversas patentes se aproximaram para me perguntar: "Que ofertas trazeis ao Grande Líder?"

"Trouxe-lhe um relógio, um punhal tradicional da Jordânia e uma caixa de oferta do meu casamento", respondi. O general acenou em sinal de aprovação. Depois de terminarmos a refeição, fomos para a casa de hóspedes.

Pouco depois da meia-noite, eu estava prestes a dormir quando bateram à porta. Levantei-me e encontrei o meu chefe do protocolo, Faisal Fayez, à porta. Faisal informou-me que os generais estavam lá fora à espera de uma explicação acerca do significado das minhas ofertas. Voltei à sala de jantar e encontrei os vinte oficiais à minha espera, todos fardados, de bloco de notas em riste. O general-chefe perguntou-me qual era o significado das minhas ofertas e eu respondi que se tratava de ofertas de amizade. Insatisfeito com a minha resposta, insistiu comigo para lhe dar pormenores específicos de cada presente em si.

"O que significa o relógio?", prosseguiu o general. Fiquei estupefato, mas, como já era quase uma da manhã e estava morto para ir para a cama, lembrei-me de uma das regras elementares da diplomacia internacional e comecei a inventar. "O relógio", disse eu", representa o precioso tempo que meu pai e o Grande Líder passaram juntos no funeral de Tito, bem como o tempo que já passou entretanto.

Os generais anuíram em uníssono e começaram a escrever furiosamente nos seus blocos de notas. Entrando no espírito da ocasião, continuei: "O punhal é a oferta de um guerreiro a outro." Então, o general inquiriu: "E a caixa do casamento?" "Dado considerar o Grande Líder um pai, ofereço-lhe um presente do meu recente casamento como um filho grato" – respondi.

Os generais anuíram e continuaram a escrever. Depois de terminarem, eu e Faisal retiramo-nos, ansiosos por descansar.

No dia seguinte, levaram-nos, primeiro, a visitar a aldeia onde o presidente norte-coreano tinha vivido na sua juventude e, depois, a almoçar com o Grande Líder em pessoa. Envergando um traje de safari de duas peças, Kim Il-sung cumprimentou-nos afavelmente. Estava bem-disposto e, na sua opinião, a crescente crise entre a Coreia do Norte e os Estados Unidos não era assim tão grave. Tal como qualquer outro dos ditadores isolados deste mundo, Kim Il-sung depositava uma confiança cega na força do seu próprio exército e demonstrava não compreender a potência e a destreza tecnológica das forças ocidentais. "Já derrotei os americanos uma vez e posso fazê-lo novamente!", afirmou ele, numa clara referência à Guerra da Coreia, numa altura em que era primeiro-ministro. Sua retórica evocava-me a linguagem dos filhos de Saddam, Uday e Qusay, antes da Guerra do Golfo, em 1991.

Depois do almoço, Kim Il-sung levou-nos a uma sala lateral onde tinha as nossas ofertas e as dele dispostas em cima de uma mesa. Nessa altura, um dos generais da noite anterior surgiu com o seu bloco de notas e pediu: "Por favor, explicai o significado das vossas ofertas ao Grande Líder." Comecei a suar em bica, esforçando-me por recordar o que tinha dito na noite anterior.

Por sorte, lembrei-me do espírito do meu discurso e Kim Il--sung pareceu satisfeito com minha explicação. Apontando para uma sopeira de prata, declarou: "Espero que tenhas ocasião de experimentar este prato tradicional antes de partir." Agradeci ao Grande Líder por sua hospitalidade e fui visitar uma base das Forças Especiais norte-coreanas, onde me fizeram uma das mais impressionantes demonstrações a que já alguma vez assisti. Apresentaram um exercício de fogo real em que os soldados corriam, saltavam pelos ares e faziam rodas, disparando e abatendo os alvos em pleno ar. Após conversarmos sobre a oferta de Kim Il-sung de enviar as Forças Especiais norte-coreanas à Jordânia para lá construírem uma nova base militar e treinarem nossos soldados, despedimo-nos. No carro, a caminho da casa de hóspedes, um dos generais abordou-me, dizendo: "Como vos pareceu o nosso Grande Líder?" "É um homem muito carismático", retorqui eu.

Foi então que o general sacou do bloco de notas e do lápis, perguntando: "O que pretende dizer com 'carismático'?"

Voltei-me para o meu chefe de protocolo, Faisal, e pedi-lhe discretamente: "Tente arranjar-nos um voo antecipado."

Faisal conseguiu marcar-nos um voo que partia bem cedo, na manhã seguinte, e, depois de escrever uma carta formal dirigida ao Grande Líder para lhe agradecer pela hospitalidade, fui deitar--me. Perto das 4h30 da manhã, bateram outra vez à minha porta. Com uma expressão perfeitamente atônita, Faisal informava-me: "Nem vai acreditar nisto..."

Tinha à minha espera na sala de visitas os mesmos vinte generais, com um pote fumegante da tradicional sopa agridoce da Coreia do Norte. Ao que tudo indicava, falavam mesmo a sério quanto à sua vontade em fazer-me experimentar aquela especialidade antes de partir. Provando um pouco, declarei: "É muito bom."

Um dos generais encarou-me e perguntou: "O que quer dizer com 'muito bom'?" Os restantes generais já tinham os seus blocos de notas preparados.

Naquela manhã, lá chegamos ao nosso avião sem mais demoras e rumamos à última parte de nossa viagem: a Rússia. Embarcamos num avião de fabricação russa semelhante a um TriStar. Cerca de duas horas depois de decolarmos, resolvi ir ver a cabine.

Quando lá cheguei, deparei-me com a tripulação sentada no chão jogando cartas e o co-piloto dormindo, com os pés em cima do painel de instrumentos. Foi assim que permaneceram grande parte das catorze horas de voo. Depois de ter beneficiado da melhor hospitalidade de Pyongyang, Moscou era quase como voltar para casa. Foi para mim uma grande satisfação ver amigos meus do exército russo à minha espera no aeroporto.

Em junho de 1994, pouco depois de eu e Rania nos termos mudado para a nossa casa nova, nasceu o nosso primeiro filho, um menino. Chamamos-lhe Hussein, em honra ao meu pai. Na cultura árabe, quando um homem tem um filho, os amigos mais próximos e os familiares tendem a deixar de tratá-lo pelo nome, referindo-se-lhe como o pai do seu filho. Assim, muitas pessoas começaram a chamar-me "Abu Hussein", que significa "Pai de Hussein". É difícil expressar o orgulho que sentia – e ainda sinto – ao ouvir essa expressão.

Não muito tempo depois, Rania deixou a Companhia Jordaniana de Desenvolvimento das Exportações, onde trabalhava desde 1993, para estabelecer a Jordan River Foundation – uma organização sem fins lucrativos dedicada a abordar os problemas sociais mais complicados. Rania decidiu centrar-se tanto na luta contra os maus tratos infantis, que é um assunto tabu numa boa parte do mundo árabe, como no fortalecimento do papel das mulheres jordanianas, encorajando o empreendedorismo. Alguns dos primeiros projetos da fundação patrocinavam formação, ofereciam financiamento para programas de criação de ofícios e ajudavam a ensinar as mulheres a lançar novos negócios. Assim que começa a gerar receitas, a mulher adquire poder no seu agregado familiar, pois passa a ser também ganha-pão. Se o marido quiser tentar mantê-la subjugada, ela pode exigir-lhe respeito, assinalando o fato de contribuir para a situação financeira da família. Assim, trabalhando ou tornando-se empresária, a mulher pode ter um considerável impacto social.

Meu pai dava um grande apoio ao trabalho de Rania, encorajando as mulheres jordanianas a aceder a profissões tipicamente reservadas aos homens e chegando mesmo a patrocinar equipes femininas de corridas motorizadas. Por sua recomendação, a

Royal Jordanian foi a primeira linha aérea do Oriente Médio a aceitar mulheres pilotos.

Uns meses antes de Rania ter começado a instituir sua fundação, tornei-me comandante das Forças Especiais. Fora promovido a coronel em finais de janeiro de 1993 e conseguira finalmente persuadir as patentes superiores do exército de que vinha para ficar. Era um treino duro, devido à consciência que tínhamos dos muitos inimigos que ameaçavam a Jordânia, incluindo combatentes terroristas que regressavam das guerras no Afeganistão, na Bósnia e na Chechênia, contrabandistas e espiões. Tratava-se da minha oportunidade de colocar em prática algumas das lições que aprendera em Sandhurst e no serviço do Exército Britânico. A primeira coisa que fiz foi insistir em que todos os nossos oficiais liderassem à frente de seus homens.

Certa manhã, estava numa base aérea observando os homens se preparando para um salto de pára-quedas. As operações aéreas são um componente crucial das táticas das Forças Especiais, pois permitem às tropas penetrar bem dentro do território inimigo. O ar adensava-se com o odor do combustível da aviação e com o ruído dos motores do avião de transporte C-130. Sorrindo ante a perspectiva de também saltar de pára-quedas – já coisa rara naquela época – comecei a equipar-me. Um dos jovens capitães veio ter comigo com um sorriso rasgado e declarou: "É a primeira vez que vemos um oficial de patente superior a major saltar conosco."

Foi então que me apercebi de que muitos oficiais que ostentavam os distintivos de salto nas fardas não realizavam necessariamente os saltos regulamentares necessários para manterem atualizadas suas qualificações de pára-quedistas. Decidi que, para fazer daquela unidade aquilo que pretendia, teria de assegurar-me de que os oficiais superiores correriam os mesmos perigos e passariam pelas mesmas dificuldades a que se sujeitavam os seus homens. Nessa noite, na sala dos oficiais, levantei-me para fazer um anúncio. "De agora em diante, quem quiser ostentar o distintivo de pára-quedista das Forças Especiais terá de proceder a saltos regulares", declarei. Alguns dos meus oficiais passaram o resto da noite bastante silenciosos. Passei a treinar como chefe de salto, que supervisiona os pára-quedistas a saltarem dos aviões, e organizava saltos regulares para os meus homens.

Os saltos de pára-quedas não só eram um útil treino para a guerra, mas também revelaram desempenhar um valioso papel na diplomacia internacional. No decorrer da Segunda Guerra Mundial, a 156.ª Companhia C de Pára-Quedistas – um regimento de pára-quedistas do Exército Britânico – ficou estacionada nos territórios que, na altura, formavam a Transjordânia. Estes organizaram um exercício para demonstrar suas capacidades ao governante da Transjordânia, que era o meu bisavô Abdullah. As tropas britânicas saltaram de pára-quedas para um forte desocupado em Shouneh, cerca de 1,6 km a leste do rio Jordão, conquistando-o aos seus defensores imaginários, com a captura da bandeira. Meu bisavô ficou tão impressionado com as suas manobras que os deixou manter a bandeira içada, no lugar do seu estandarte regimental. A Companhia C combateria subsequentemente no norte de África e na Europa, sofrendo pesadas baixas na batalha de Arnhem, nos Países Baixos, em 1944, quando os pára-quedistas britânicos tentaram capturar uma ponte sobre o Reno. A Companhia C levou a bandeira da Transjordânia para a batalha, mas foi esmagada pelas forças alemãs. O ajudante-de-campo da companhia guardou a bandeira debaixo da roupa e a manteve escondida durante os vários anos que passou num campo de prisioneiros de guerra alemão, levando-a em segurança para a Grã-Bretanha quando a guerra acabou. Fiquei extremamente comovido quando vi a dramatização dessa batalha, no filme *Uma Ponte Longe Demais*, pois recordava-me da história sobre como a Companhia C içara a bandeira no quartel-general da divisão, em Oosterbeek, para assinalar a sua posição.

Cinco décadas depois, para marcar a associação histórica entre os regimentos de pára-quedistas da Grã-Bretanha e da Jordânia, saltei de um avião Douglas Dakota, nos Países Baixos, como parte dos procedimentos da comemoração do quinquagésimo aniversário da batalha de Arnhem. Ao aterrissar, apresentei uma nova bandeira jordaniana ao príncipe Charles que, por sua vez, a entregou ao sucessor desse regimento, a 1.ª Companhia C de Pára-Quedistas. Estávamos celebrando o término de uma guerra histórica. Contudo, não tardou que tivéssemos a oportunidade de celebrar uma nova paz.

* * *

A 25 de julho de 1994, numa ensolarada manhã em Washington, D. C., cerca de seiscentos jornalistas, dignitários estrangeiros e funcionários oficiais do governo americano aguardavam pacientemente diante de um palanque erigido no relvado sul da Casa Branca. Atrás do palco estavam as bandeiras da Jordânia, de Israel e dos Estados Unidos. Os convidados bateram palmas quando meu pai e Rabin subiram ao palanque, acompanhados do presidente Bill Clinton. Era a primeira vez que os dois homens se encontravam publicamente, embora o tivessem feito muitas vezes em privado. Ambos tinham ido à Casa Branca pôr um fim ao estado de beligerância que se mantivera quarenta e seis anos, desde 1948, entre Israel e a Jordânia.

A assinatura dos Acordos de Oslo permitira à Jordânia centrar-se nas suas próprias negociações de paz com Israel. Meu pai estava agora decidido a obter a paz que tanto ambicionava. Muitas foram as ocasiões em que meu pai mencionou as grandes dificuldades que lhe apresentavam as negociações com os israelenses. No entanto, acreditava ser possível ultrapassá-las.

Embora estivessem inicialmente desconfiados um do outro, com o tempo, meu pai e Rabin foram-se aproximando. Eram ambos militares e fumantes inveterados. A certa altura meu pai descobriu que Rabin fumava quase tanto quanto ele e os dois estavam constantemente oferecendo cigarros um ao outro. Encontravam-se muitas vezes em segredo, tanto na Jordânia como em Israel. Tendo já criado laços, sentavam-se à mesa como dois amigos, tentando entender a perspectiva um do outro e encontrar fundamentos comuns para a paz. Meu pai não precisava que lhe assinassem um documento. Considerava que o que Rabin dissesse, assim seria.

Antes de assinar o documento que ficou conhecido como a Declaração de Washington e que acabava formalmente com o estado de beligerância entre os seus dois Estados, reconhecendo o papel especial da Jordânia na proteção dos santuários sagrados muçulmanos de Jerusalém, meu pai declarou: "Durante muitos, muitos anos, e em todas as minhas orações, pedi a Deus Todo-Poderoso que me ajudasse a contribuir para forjar a paz entre os filhos de Abraão [....] Dentre todos os dias da minha vida, julgo que não haverá outro como este." Prosseguindo, meu pai, diz ainda: "Os antecessores já tinham este sonho – meu falecido avô – e, agora eu [...] Este é um dia de compromisso e este dia é um dia de esperança e visão."

Rabin também se dirigiu às pessoas. "É entardecer nos nossos lares do Oriente Médio", disse ele. "Em breve, as trevas prevalecerão. Contudo, a luz será imensa para os cidadãos de Israel e da Jordânia."

Após a cerimônia, meu pai e Rabin eram convidados de Bill Clinton para jantar na Casa Branca e, no dia seguinte, discursaram numa sessão conjunta do Congresso americano. Meu pai disse ao Congresso que "o estado de guerra entre Israel e a Jordânia terminou".

Três meses depois, a 26 de outubro de 1994, meu pai e Rabin encontraram-se novamente, acompanhados do presidente Clinton, na travessia da fronteira de Wadi Araba, no sul da Jordânia, para a cerimônia de assinatura do tratado de paz formal entre a Jordânia e Israel. Foi um momento histórico. A Jordânia tornou-se o segundo país árabe, após o Egito que fora o primeiro, quinze anos antes, a fazer a paz com Israel. Dois anos depois da assinatura em 1979, o presidente egípcio, Anwar Sadat foi assassinado por um radical egípcio. Todos nós esperávamos ansiosamente que meu pai não tivesse de pagar o mesmo preço pela paz.

Inicialmente, os jordanianos e os israelenses alimentavam grandes esperanças pelos frutos da paz. A Jordânia recuperara todos os territórios da Transjordânia que haviam sido ocupados por Israel, bem como uma boa quota de direitos de águas. A urgente necessidade de acabar com a ocupação da Cisjordânia, incluindo Jerusalém Oriental e Gaza, era abordada em negociações diretas entre os israelenses e os palestinos. Graças a seu tratado de paz com Israel, a Jordânia já poderia ajudar a fazer avançar essas negociações.

Era a primeira vez que os aviões jordanianos tinham autorização para sobrevoar Israel e os territórios palestinos ocupados, e os voos de Amã com destino à Europa passariam, então, a atravessar Jerusalém. Embora tivesse visitado Jerusalém quando era pequeno, nunca mais voltei lá desde a ocupação israelense de 1967. No entanto, num dia de céu limpo, sentado no flanco esquerdo de um avião de passageiros, já podia olhar para baixo e avistar o sol a refulgir na Cúpula da Rocha. Um dos três locais mais sagrados do Islã, o antigo santuário de Al Aqsa, é também o local de onde o profeta Maomé fez a sua primeira ascensão aos céus – no milagre de Isrá e Miraj – quando o anjo Gabriel o levou de Meca para Jerusalém.

O tratado da Jordânia com Israel abriu caminho para uma acrescida cooperação político-econômica e a Jordânia foi invadida por uma vaga de turistas israelenses que vinham visitar Aqaba e locais históricos como Petra e Wadi Rum. Um grupo igualmente curioso de jordanianos começou a rumar a Israel, muitos visitando pela primeira vez aquele vizinho que desempenhara um papel tão importante na nossa história.

Todavia, como tantas outras coisas da região, aquele otimismo inicial depressa seria manchado pela tragédia.

A 4 de novembro de 1995, o primeiro-ministro israelense, Rabin, foi assassinado por um extremista judeu num comício pela paz, em Tel Aviv. O homicida opunha-se aos Acordos de Oslo de 1993 e aos subsequentes Oslo II, assinados na Casa Branca em setembro de 1995, conferindo aos palestinos o controle parcial de 40% da Cisjordânia. À semelhança de muitos da extrema-direita de Israel, opunha-se à retirada da Cisjordânia, por motivos religiosos, e decidira fazer justiça pelas próprias mãos.

Meu pai dedicaria o resto da sua vida a trabalhar pela resolução pacífica do conflito israelo-palestino, mas a única ocasião posterior a 1967 em que visitou Jerusalém foi para assistir ao funeral de Rabin. Em décadas posteriores, o implacável guerreiro da Guerra de 1967 fora transformado num soldado da paz. Meu pai acreditava que, se Rabin tivesse vivido mais tempo, juntos teriam dado passos ainda maiores no sentido de se chegar a um acordo israelo-árabe exaustivo.

No funeral de Rabin, meu pai fez um discurso em honra do amigo e ex-oponente, declarando:

> Jamais me teria passado pela cabeça que a minha primeira visita a Jerusalém e a resposta ao seu convite, o convite do presidente do Knesset, o convite do presidente de Israel, se

> realizaria em tal ocasião [...] Não temos vergonha, nem receio, nem estamos senão decididos a cumprir o legado pelo qual caiu o meu amigo, tal como o meu avô, nesta mesma cidade, quando estava a seu lado e não passava de uma criança.

A trágica morte de Rabin significava para nós a perda de um verdadeiro parceiro na demanda da paz. Além disso, nos anos que se seguiram à sua morte, nenhum outro líder israelense lhe tomaria o exemplo para vencer o maior desafio de todos – o de alcançar uma paz duradoura entre Israel e os palestinos.

Nesse ano, muita da nossa atenção centrou-se em Israel, o nosso vizinho a ocidente, mas jamais poderíamos esquecer o nosso vizinho a oriente. Em agosto de 1995, Hussein Kamel, um dos mais poderosos homens do governo iraquiano, desertou para a Jordânia, depois de se desentender com Uday. A mulher, a filha de Saddam Hussein, Raghad, viera com ele, juntamente com a irmã Rana e o marido dela, Saddam Kamel, oficial superior da Guarda Republicana e irmão de Hussein Kamel. As duas famílias fizeram o trajeto de cerca de 805 km, entre Bagdá e Amã, de carro, com o aparente intuito de aí tomarem um avião com destino a Sófia onde fariam uma visita oficial à Bulgária. Naquela época, sujeito às sanções das Nações Unidas, o Iraque não podia fazer voos internacionais a partir de Bagdá. Chegados a Amã, os dois casais reuniram-se com meu pai, que lhes deu asilo.

Hussein Kamel era responsável pela supervisão do programa de armamento químico e biológico do Iraque – e de seu programa nuclear. Era o membro de maior importância do regime de Saddam a desertar. Meu pai conseguiu que ele fosse interrogado pelos inspetores de armamento das Nações Unidas e decidiu alojar os irmãos Kamel e as suas famílias no Palácio Hashemiyah – um palácio moderno frequentemente utilizado para acolher chefes de Estado e outros dignitários em visita.

Na noite em que chegaram, meu pai chamou-me e pediu-me: "Faça o favor de lá ir cumprimentá-los e dizer-lhes que lhes garantimos a sua segurança? Faça-os sentirem-se em casa." Acedendo ao pedido, fui lá e cumprimentei os Kamel. Apresentei-me, informando-os de que era comandante das Forças Especiais e que tinha uma das minhas unidades a protegê-los. Eram nossos convidados. No entanto, de acordo com aquilo que vira nas minhas visitas a Bagdá, sabia que tipo de pessoas eram aqueles homens e mantive uma certa distância. Embora fôssemos vizinhos – naquela época, eu e Rania vivíamos perto, na nossa nova casa – só devo ter visto Hussein Kamel e as duas filhas de Saddam umas três vezes enquanto permaneceram em Amã. Creio que Hussein Kamel julgava que o Ocidente o receberia de braços abertos e que os Estados Unidos aproveitariam seu poder para o estabelecerem como líder do Iraque. Era evidente que estava sonhando.

Seis meses depois, em fevereiro de 1996, Saddam enviou uma mensagem a Hussein Kamel e ao irmão, dizendo que se regressassem ao Iraque seriam perdoados. Cansados da sua relativa falta de estatuto na Jordânia, e constatando de forma conclusiva que estavam fatalmente enganados, Hussein Kamel e o irmão decidiram acreditar no sogro e voltar com as famílias. Meu pai deu ordens para os escoltarem até a fronteira iraquiana. Uma coluna militar jordaniana conduziu-os para leste, pelo deserto, enquanto uma das minhas equipes de franco-atiradores observava a transição à distância, para o caso de surgirem problemas.

Quando os Kamel chegaram à fronteira, Qusay e Uday estavam do outro lado, para os receberem. A equipe de franco-atiradores relatou que Uday apertou a mão aos dois irmãos e que, depois, foram agarrados por soldados. Enquanto os soldados enfiavam os irmãos Kamel num carro parado à espera, Uday e Qusay voltaram-se e ajoelharam-se em oração. Ao ouvir isto, telefonei a meu pai e disse-lhe: "Os Kamel estão condenados." Três dias depois, Hussein e Saddam Kamel foram mortos pelos homens de Saddam. Ambas as filhas, Raghad e Rana, perderam os maridos e os netos, ficaram sem pai.

O desrespeito pelas regras que observara em Uday e Qusay na nossa pescaria juntos, na década de 80, já começara a transformar-se numa faceta bem mais negra. A mulher de um amigo meu, uma iraquiana que crescera em Bagdá, contou-nos, a mim e a Rania, que quando estava na universidade, Uday irrompia pelas salas de aula adentro rodeado de guardas armados, olhava para as estudantes e, se alguma lhe agradasse, mandava seus homens

Desenvolvendo um gosto precoce pelos carros, com os meus pais no Aeroporto de Marka, onde meu pai costumava testar a velocidade do seu Porsche 911. *(Arquivo Pessoal)*

Com meu pai, o rei Hussein, nos meus primeiros dias como Príncipe Real. Esta fotografia foi tirada para a edição de dezembro de 1964 da revista *National Geographic*
(Luis Marden/National Geographic)

Tal como todos os meninos, eu e meu irmão Feisal adorávamos brincar com aviões e armas. Nesta fotografia estou à direita, brincando com um avião, e meu irmão Feisal está ao meu lado com uma pistola na mão. No entanto, Feisal acabou por ir para a Força Aérea e eu para o Exército. *(Arquivo Pessoal)*

Com quatro anos, de farda militar. O pai da minha mãe era oficial militar britânico e meu pai frequentou Sandhurst mesmo antes de se tornar rei.
(Albert Flouti/Corte Real Hachemita)

Ao lado de um retrato de meu bisavô, o rei Abdullah I, fundador do Reino Hachemita da Jordânia. Meu bisavô foi assassinado em Jerusalém por um extremista palestino em 1951. *(Arquivo Pessoal)*

Na Escola de Eaglebrook, na região ocidental de Massachusetts, com meu irmão Feisal (à direita), no dia em que terminei o nono ano.
(Escola de Eaglebrook)

Num exercício da Academia Militar Britânica de Sandhurst.
(Royal Academy Sandhurst [RMAS])

Inspecionando o território no novo posto de comandante de pelotão do 2º Regimento de Cavalaria Blindada, em Qatraneh, no início da década de 80.
(Zohrab Markerian/Corte Real Hachemita)

Falando com meu pai e comandante-em--chefe, depois de um exercício militar, no início da década de 80. *(Zohrab Marketian/Corte Real Hachemita)*

Na instrução de piloto de helicóptero, na Jordânia, em 1985. *(Zohrab Marketian/Corte Real Hachemita)*

Com meus irmãos Ali (primeiro à direita) e Hamzah (segundo à esquerda) e meus primos Talal (primeiro à esquerda) e Rashid (terceiro à esquerda), antes de um salto. *(Forças Armadas da Jordânia)*

Com meu primo Talal, numa sessão de treino com as Forças Especiais, em 1986. Sete anos depois, tornei-me comandante das Forças Especiais. *(Zohrab Markerian/ Corte Real Hachemita)*

Com Rania, no dia do nosso casamento, em Amã, a 10 de junho de 1993. Queríamos uma cerimônia discreta, mas meu pai fez questão de organizar uma festa de arromba, chegando mesmo a convencer meu antigo chefe de salto a saltar para o local do evento com a faca que utilizaríamos para cortar o bolo de casamento.
(Yousef Allan/Corte Real Hachemita)

Oferecendo ao presidente Kim Il-Sung, da Coreia do Norte, um punhal, um relógio e fotografias do nosso casamento. O cavalheiro que está atrás de nós iria ao meu quarto à meia-noite pedir-me para lhe explicar o significado dessas ofertas. Tive que improvisar nesse mesmo instante. *(Corte Real Hachemita)*

Meu tio, o príncipe Hassan, entregando-me o estandarte do Príncipe Real, na noite em que meu pai alterou a linha sucessória, em janeiro de 1999. Pedi a meu tio para ficar com o estandarte.
(Melidos Yaquenian/Corte Real Hachemita)

Saudando o retrato de meu pai, em 1999, antes de fazer o juramento constitucional. *(Yousef Allan/Corte Real Hachemita)*

No funeral de meu pai, em fevereiro de 1999, quando amigos e inimigos pontuais se juntaram para lhe prestar a sua última homenagem, na cerimônia a que se chamou o "funeral do século". Estavam presentes o presidente Clinton e Jacques Chirac, o presidente palestino Yasser Arafat, Khaled Meshaal do Hamas, Benjamin Netanyahu de Israel e Hafez Assad da Síria. O presidente egípcio, Hosni Mubarak, e o príncipe real do Marrocos (atual rei) Mohammed VI, nesta fotografia, foram alguns dos chefes de Estado oficiais que compareceram ao funeral.
(Cortesia da Agência France-Presse [AFP])

Com o presidente palestino Yasser Arafat, inspecionando a guarda de honra, à chegada a Gaza, em maio de 1999. Meu pai mantinha uma relação difícil com Arafat. Embora, na década de 70, algumas facções da OLP tenham tentado assassiná-lo e derrubar-lhe o governo, nos anos 80 e 90, meu pai consolidou sua relação com Arafat. Por altura de sua morte, Arafat já era um poderoso símbolo das aspirações e das frustrações palestinas.
(Melidos Yaquenian/Corte Real Hachemita)

Como chefe de salto de minha irmã Iman, em 2000. Iman acabaria por se formar em Sandhurst.
(Forças Armadas da Jordânia)

levá-la para o seu palácio. Ouvi dizer que mantinha leões e chitas no subsolo de seu palácio e que tinha garagens cheias de carros de luxo, entre os quais um Rolls-Royce cor-de-rosa. O luxuoso estilo de vida da família de Saddam era chocante, dada a miséria que sofriam os iraquianos vulgares com o peso das sanções impostas pelo Ocidente no rescaldo da Guerra do Golfo de 1991.

Nós próprios tínhamos problemas com Uday. Este era responsável pela equipe de futebol da selecção nacional iraquiana e a Jordânia jogava ocasionalmente contra o Iraque. Se derrotássemos a equipe iraquiana, Uday mandaria espancar os jogadores iraquianos quando estes regressassem. Apesar de ser mais discreto e menos extravagante, o irmão Qusay era mais esperto e suspeitava que fosse o mais perigoso dos dois.

Após a invasão americana do Iraque, as filhas de Saddam pediram para vir viver para a Jordânia, de modo a escaparem ao caos e ao perigo da vida em Bagdá. Aceitamos o pedido e elas vieram viver, pela segunda vez, em Amã. Subsequentemente, uma delas acabaria por ir viver no Qatar.

Com o tempo, quando alguns oficiais superiores começaram a reformar-se, ao constatar que as patentes superiores do exército já davam mais apoio à minha vontade de modernizar, decidi fazer a minha vida no Exército. Ao fim de quase um ano como segundo comandante das Forças Especiais, fui promovido a comandante e depressa avancei a ideia de restruturar as nossas Forças Especiais segundo o exemplo de outras nações líderes. Em novembro de 1996, criei o Comando de Operações Especiais, com base no modelo adotado pelos franceses e pelos americanos. Reportando diretamente ao chefe do Estado-Maior das Forças Armadas, o marechal-de-campo Abdul Hafez Kaabneh, o Comando de Operações Especiais juntou sob o mesmo teto as Forças Especiais e várias brigadas de elite especializadas de várias seções do Exército. Tínhamos uma unidade semelhante ao Serviço Aéreo Especial britânico (SAS) ou à Força Delta americana – uma dedicada unidade de contraterrorismo e dois batalhões aéreos idênticos aos pára-quedistas britânicos.

Nesse ano, colocamos as nossas técnicas de pára-quedismo ao serviço da diplomacia internacional. Fora abordado por um grupo de veteranos das Forças Especiais internacionais que queria realizar um salto de pára-quedas na Jordânia. Os soldados das Forças Especiais mantêm uma eterna relação de fraternidade e eu concordei imediatamente. Assim, em meados de junho de 1996, um avião de transporte C-130J decolou de Zarqa cheio de veteranos de todas as guerras imagináveis, incluindo dois soldados alemães octogenários que tinham saltado de pára-quedas em Creta, durante a Segunda Guerra Mundial. Fui o chefe de salto. Os homens alinharam-se em filas de oito e, quando chegavam à porta traseira, dava-lhes uma palmada nas costas antes de os assistir na saída do avião.

O coronel Shaul Dori, um oficial reformado das Forças Especiais israelenses, avançou. "Vá!", gritei eu sobrepondo a minha voz ao ronco dos motores e dando-lhe uma palmada nas costas. Sorrindo, ele saltou do avião e tornou-se o primeiro soldado israelense a saltar com o Exército Jordaniano.

"Se alguém me dissesse, em 1973, quando combatia pelo canal do Suez, que, um dia, os pára-quedistas israelenses ainda saltariam com os jordanianos", comentou outro veterano israelense que saltou conosco naquele dia, "dizia-lhe para se ir se tratar." O salto foi um grande êxito e fez todos os homens, ferozes combatentes e veteranos de inúmeras guerras, recordar o quanto tinham todos em comum. Embora, hoje em dia, a Jordânia mantenha uma relação tensa com Israel, naqueles dias, a sensação que tínhamos era a de um novo começo. Esperávamos que o tratado de paz entre os dois países conduzisse a uma abrangente paz regional e que estivéssemos entrando numa nova fase na política do Oriente Médio. Era tanto o otimismo que não consigo deixar de olhar para trás, para esses anos, com muita alegria e, também com muita amargura pelas oportunidades que foram desperdiçadas.

Pedi às Forças Especiais francesas e ao Regimento de Pára-Quedistas britânico para vir treinar os meus homens. Fizemos bastante mudanças. Uma delas foi introduzir exercícios de fogo real e proibir a utilização de cartuchos de festim. Lembrava-me como em Sandhurst a utilização de balas verdadeiras nos aumentava a concentração. Felizmente, ao longo dos anos, desde que começamos a fazer exercícios com munições verdadeiras, apenas um soldado foi ferido.

Tivemos a oportunidade de demonstrar as nossas capacidades ao nosso vizinho em 1997, quando o ministro da Defesa israelense, Yitzhak Mordechai, visitou a Jordânia. Meu pai pediu-me para organizar um exercício de demonstração em Zarqa e nós acedemos com muito gosto. Começamos com trabalhos básicos de trincheira, em que assaltamos uma posição fortificada. Os soldados corriam para as trincheiras, disparando com munições verdadeiras. Depois, lançavam granadas e faziam explodir as barreiras ao longo do seu percurso. O segundo exercício implicava o combate em zonas com construções. As minhas tropas tomaram de assalto uma série de edifícios, com recurso a lança-chamas e torpedos Bangalore – compridos tubos contendo explosivos no interior que cortam o arame farpado. Abrindo caminho até os edifícios, os homens lançavam granadas pelas janelas e, em seguida, tomavam-nos de assalto.

Depois de acabarem, Mordechai voltou-se para mim e declarou: "Estou muito satisfeito por o seu pai ter decidido fazer a paz conosco!"

Os exercícios de fogo real não eram nada, comparados com as missões a sério. Dada a natureza das Operações Especiais, muitas das nossas atividades permanecem confidenciais, mas há uma missão em particular que se destaca na minha cabeça.

CAPÍTULO 11

Operações Muito Especiais

Em 1997, o Comando de Operações Especiais foi mobilizado para a Jordânia oriental com o intuito de ajudar a Polícia a combater os traficantes de droga da fronteira iraquiana. Os traficantes tentavam passar pela Jordânia para chegar aos mercados lucrativos da Arábia Saudita e do Egito. Um dos filhos de Saddam, Qusay, geria uma operação de tráfico de droga com origem em Bagdá, mas o problema não se limitava ao estrangeiro – sabia-se que havia pessoas do lado jordaniano igualmente envolvidas.

Rweished, a última localidade jordaniana antes da fronteira iraquiana, era uma cidade com pouca indústria. A maioria das pessoas ganhava dinheiro com o comércio transfronteiriço, tanto legal como ilícito. Separando-a da fronteira estendiam-se 80 km de terreno plano. Os traficantes tinham modificado caminhões da General Motors apontando os tubos de escape para baixo de modo a produzirem uma nuvem de poeira enquanto avançavam para evitar a identificação. Além disso, dispunham de linhas de comunicação seguras, equipamento de visão noturna e pesadas metralhadoras montadas na parte traseira dos caminhões.

A Polícia do deserto patrulhava a zona durante a noite em velhos jipes e não tinha nada que se assemelhasse a equipamento de visão noturna. Os traficantes passavam a toda a velocidade e desapareciam no emaranhado de tendas e edifícios dos arredores da cidade. Era um pouco como enfrentar um exército estrangeiro bem equipado, até porque a Polícia dispunha de menos armamento. Quando um agente da Polícia foi morto enquanto tentava apanhar os traficantes, meu pai pediu ao quartel-general do exército que me enviasse para lá. Embora fossem controlados da sede de Qusay, em Bagdá, os traficantes tinham um longo alcance. Para meu desagrado, descobrira o âmbito desse alcance algumas semanas antes.

Eu e Rania vivíamos no bairro de Hashemiyah, em Amã, e eu saía para o trabalho de manhã bem cedo. Um dia, reparei numa caminhonete parada no acostamento, com um homem ali dentro. Quando voltei para casa, nessa noite, ele ainda lá estava. No dia seguinte, o homem continuava no mesmo local, observando. Preocupado que ele estivesse vigiando-nos em preparação para um atentado terrorista, alertei meus guardas. Na manhã seguinte. Quando estava saindo de carro, o vigilante ligou o motor e precipitou a caminhonete na minha direção. Julgando tratar-se de uma emboscada, sacamos das nossas armas e saímos do carro, preparando-nos para disparar.

O homem saltou da caminhonete, acenando-nos com uma pasta na mão, aos gritos: "Não, não, não!" Ao aproximar-se de mim, disse: "Sei que irá receber ordens para ir para a fronteira. Aqui tem cem mil dólares para fechar os olhos."

Tinha o coração aos saltos. Perguntei ao tipo se ele sabia com quem estava falando e ele respondeu-me que eu era o comandante das Operações Especiais. "Mas não sabe que sou o filho do rei?" O homem, que era jordaniano, respondeu: "Sei. Tome cem mil dólares."

Fiquei chocado com a sua audácia. Meu pai era conhecido pela sua transparência e pela sua governança aberta e aquele sujeito julgava que poderia simplesmente subornar o filho do rei e mandar-me fechar os olhos. Mandei detê-lo ali mesmo. O Exército pode manter-se um pouco afastado da sociedade mais lata e aquela era a minha iniciação no domínio do narcoterrorismo e da influência corruptora de avultadas quantias de dinheiro. A tarefa de proteger a fronteira e de defender a Jordânia dos nossos inimigos não era complicada, mas aquela já era uma situação bem mais complexa. A operação fronteiriça tornava-se subitamente uma questão pessoal.

Já tínhamos estado ali no ano anterior com o nosso equipamento regular – pistolas, espingardas e metralhadoras – sem poder fazer muito. Dirigi-me a meu pai e pedi-lhe: "Por favor, desate-me as mãos."

Pedi-lhe autorização para mobilizar armas mais pesadas do arsenal das Operações Especiais. Ele acedeu e, agora, voltávamos para a fronteira dotados do poder de fogo necessário para enfrentar diretamente os traficantes. Mobilizei meus soldados três dias antes do previsto, pois temia que os contrabandistas descobrissem a agenda da operação. As minhas tropas iam armadas com artilharia e algumas armas de proteção antiaérea.

Nessa noite, assumindo as suas posições nas trincheiras escavadas nas proximidades da fronteira, meus soldados aguardaram. Nada aconteceu até perto das onze da noite, altura em que avistaram um carro iraquiano na fronteira, fazendo sinais de luzes. A cerca de 3 km, no interior da Jordânia, vários carros respondiam com sinais de luzes. Os traficantes usavam os faróis para se comunicar. Quando ouviram o ruído do motor de um caminhão e viram uma coluna dirigir-se para a fronteira, os meus soldados abriram fogo. Nessa altura, instalou-se o caos, pois os traficantes começaram a responder com armas automáticas, gerando vários tiroteios de um lado para o outro da fronteira. Nas primeiras noites, meu batalhão deve ter disparado perto de dez mil tiros. Como os traficantes não queriam deixar para trás homens ou máquinas que nós pudéssemos capturar, quando lhes abatemos um dos caminhões, apareceram logo outros com cabos para o rebocarem em chamas, para o lado iraquiano.

Alguns dias depois, os traficantes deixaram de tentar passar bens furtivamente por nós e passaram a tentar matar os soldados. Embora não tivessem possibilidades de fazê-lo, foi nessa altura que perdi a paciência e decidi juntar-me às tropas, juntamente com o armamento pesado. Trouxe o canhão M61 Vulcan de 20 mm, com capacidade para seis mil disparos por minuto. Uma companhia que estava mais próxima da fronteira envolveu-se num cerrado tiroteio com os traficantes. Meu irmão Feisal que, naquela época, estava na Força Aérea, comandou um esquadrão de caças de apoio à nossa operação. Quando os caças F-5 passaram e largaram sinalizadores, dei ordem para disparar. Os meus homens começaram com artilharia e com nossas armas de defesa antiaérea. Originalmente concebidas para atacar os jatos soviéticos, essas armas também podiam ser muito devastadoras em terra. Ouvíamos um "brrrrrrrrrrrp, brrrrrrrrrrrp" enquanto descia uma cortina de balas e víamos explosões para cá e para lá da fronteira.

Depois disso passamos a ter poucos problemas com os traficantes. Contudo, não tardaríamos a descobrir que eles não eram a única ameaça para a Jordânia.

Era uma agradável manhã de primavera, no dia 25 de maio de 1998. Como era feriado nacional – o Dia da Independência da Jordânia – fiquei em casa. Estava correndo na esteira, quando o telefone tocou. Era meu tio, o príncipe Hassan, ligando-me do Centro de Gestão de Crises da Polícia.

"Você é bom para capturar terroristas vivos?", perguntou ele. "Sim, claro", respondi eu. "Minha unidade foi treinada para matá-los". "Bem, é que temos um grande problema em Sahab", explicou ele, referindo-se a uma pequena cidade nos arredores de Amã. "Ou vai você ou vai a Polícia."

Vesti a farda e saí porta fora.

Anteriormente, nesse ano, a Jordânia fora aterrorizada por uma série de homicídios brutais em bairros abastados de Amã. Em janeiro, tinham sido mortos oito iraquianos numa *villa* em Rabia e em abril, três jordanianos, em Shmeisani. Um conhecido médico fora abatido apenas por ter aparecido na casa errada, justamente no momento em que ocorria um desses homicídios. Corriam diferentes rumores acerca dos homicídios: seriam obra de terroristas, de gangues da droga ou de criminosos insignificantes? A Polícia tinha identificado dois dos membros da gangue que julgava serem responsáveis, um assassino a soldo e seu cúmplice, encurralando-os numa casa, em Sahab. Os oficiais superiores consideravam importante capturar esses homens vivos. Queriam saber ao certo se esses homicídios eram inspirados por fontes estrangeiras e garantir a um público assustado e cético que haviam apanhado os assassinos. Na noite anterior, a Polícia fora à tal casa à uma da manhã. Quando bateram à porta, os criminosos desataram a disparar, ferindo um agente. A Polícia respondeu e, na troca de balas que se seguiu, o cúmplice do assassino a soldo foi morto. Desde então que a Polícia mantinha o assassino encurralado nessa casa.

Ativei o 71.º Batalhão, altamente treinado em operações de contraterrorismo e, em poucos minutos, já os tinha todos equipados e prontos para partir. Ia acompanhado do meu ajudante de campo, Nathem Rawashdeh, um oficial da cidade de Kerak, cerca de 145 km a sul de Amã. Como o batalhão não tinha coletes à prova de balas suficientes, eu e Nathem passamos pelo escritório para ir buscar umas quantas amostras de coletes de fabricação russa que recebêramos recentemente e de lá seguimos a toda velocidade para nos juntarmos à nossa unidade. Depois de nos reunirmos todos numa rotatória dos arredores da cidade, dirigimo-nos para o centro. Os pneus do jipe chiaram quando derrapamos na última esquina e paramos na praça central que estava apinhada de gente.

Enquanto as minhas tropas agrupavam os veículos e montavam as armas e o equipamento, perguntei quem era o encarregado. Um agente da Polícia baixo mas bastante agressivo, disse-me que aquela operação pertencia a ele.

"Olhe", contestei eu, "fui enviado pelo príncipe Hassan com ordens para assumir o controle desta operação. O príncipe mandou-me capturar o terrorista vivo, por isso, recue."

Após uma acesa discussão, o agente acabou por ceder e passar-me o controle da operação.

Segundo os procedimentos de operação padrão, a Polícia deveria ter evacuado a zona e criado um cordão, apesar de estarmos mesmo no meio da cidade, rodeados de pessoas em pânico e de espectadores curiosos. No entanto, dadas as condições, não tinha outra alternativa se não fazer o melhor que podia no meio daquela confusão.

"Então", acabei por perguntar, "a que distância daqui se encontra esse homem?" O agente apontou para uma casa a uns meros dez metros de distância, do outro lado da rua. Jamais deveríamos estar assim, desprotegidos, tão perto de um assassino comprovado. Fomos todos correndo abrigar-nos numa loja de roupas situada no outro lado da rua. A enorme vitrine da loja, que dava para a praça, tornava-nos bastante vulneráveis. Um dos meus homens, Jamal Shawabkeh, que viria posteriormente a liderar o Comando das Operações Especiais, encabeçava a equipe de assalto. Como vivia em Sahab, Jamal fora um dos primeiros a chegar ao local. Depois de me pôr ao corrente da situação, Jamal declarou: "Agora que temos nós o controle, vamos tomar o edifício de assalto e matá-lo. Demora cinco minutos."

Disse-lhe que não, porque tínhamos de capturar o homem vivo. Expliquei-lhe que tinha recebido essas ordens, pois tencionavam julgar o homem pelos seus crimes. Teríamos de tentar capturá-lo vivo, mesmo que, para isso, corrêssemos o risco de sermos mortos. Era muito difícil dar uma ordem daquelas, mas Jamal aceitou-a sem pestanejar. "Nesse caso", afirmou, "serei o primeiro a atravessar a porta."

Depois de ouvir a nossa sessão de planejamento, um dos agentes da Polícia veio ter comigo e disse-me: "Creio que não deviam usar explosivos para destruir a parede lateral ou as janelas. Ele tem explosivos." Naquele momento, espreitando pela vitrine da loja, reparei que estavam vários agentes da Polícia espalhados pelo telhado da casa. Exasperado, ordenei: "Então, trate de tirar o raio daqueles homens de cima do telhado!"

Dito isso, retomamos o planejamento do assalto. Um homem de meia-idade estava ao meu lado, vestido com roupas civis. Julguei que fosse um agente secreto à paisana. Quando cruzamos o olhar, ele indagou: "Alguém quer um chá?" Acabamos por constatar que se tratava de um intrépido vendedor de *falafel* que deixara o carro na rua e entrara ali para ver o que é que se passava. Foi um momento surreal. Ali estávamos nós, numa situação de vida ou morte, com transeuntes a discuti-la como se se referissem a um jogo de futebol. Por mais caricata que fosse aquela ocorrência, sabíamos que, a qualquer momento, a comédia poderia transformar-se numa tragédia.

A Polícia não era capaz de criar uma zona segura em torno do edifício. "Temos de impor aqui alguma ordem! Tirem daqui este sujeito e isolem a rua com um cordão", disse eu a Nathem, mas o caos generalizado persistia.

Assim que bloqueamos o acesso àquela zona, mandei Jamal liderar o assalto. Este procedeu à preparação da sua equipe de operacionais especializados, incluindo o colossal oficial das

Forças Especiais chamado Abu Khasheb, que era um tipo muito caricato. As Forças Especiais costumavam testar novos equipamentos como Tasers e gás pimenta nele para se certificarem que funcionavam. Nem uma nem outra coisa o detinham, por isso, ele era o homem ideal para tomar de assalto um assassino duro de roer. Os espectadores sustiveram a respiração quando viram Jamal atravessar a praça e dirigir-se à casa. Abrindo a porta com um empurrão, espreitou lá para dentro.

"Fora!", gritou o assassino. "Se entrarem, levo comigo tantos quantos puder."

"Ouça", pediu Jamal num tom de voz baixo, "não somos da Polícia. Somos das Forças Especiais. Já sabe o que isso significa. Ou se entrega ou atiro uma granada para dentro da sala e acabo consigo." Em seguida, Jamal atravessou a praça correndo para me pôr ao corrente. "Se é para entrarmos, tem de ser agora", explicou.

Dei ordem para Jamal liderar o assalto. Ao mesmo tempo que ele chegava novamente à porta da casa, a equipe de assalto esgueirava-se pela parte lateral do edifício. Jamal entrou e confrontou o terrorista, cara a cara, sem levantar a arma, distraindo-o enquanto o resto da equipe irrompia pela casa adentro, por uma janela lateral.

Sete minutos depois, ocorreu um grande alarido dentro da casa. Jamal saiu porta afora seguido de Abu Khasheb que trazia consigo o assassino. Correndo até eles, perguntei: "O que é que aconteceu?" "Passei pela porta devagar", contou Jamal "para que ele me visse vestido como civil. Ele apontou-me a arma à testa. Aconselhei-o a não ser estúpido e expliquei-lhe que não tencionávamos matá-lo para que ele pudesse ser julgado". Ofegante, Jamal prosseguiu. "Foi então que a equipe entrou de repente pela casa adentro e o apanhou."

Com uma expressão condoída, Jamal pediu desculpa por o homem ter sangue a escorrer-lhe pelo rosto. Tendo em conta que Jamal confrontara aquele feroz assassino em pessoa, pareceu-me que uns quantos arranhões eram mais do que aceitáveis!

Ao dar-se conta do sucedido, a multidão correu em peso para a praça – agentes da Polícia, civis, vendedores de *falafel* – e as pessoas desataram todas a gritar: "Forças Especiais!" Deus é grande! Como muitos tentaram atacar o homem, tivemos de enfiá-lo numa viatura e levá-lo dali rapidamente. Como não queria receber eu os louros, pedi a todos os oficiais que ali tinham estado para contarem às pessoas que se tinha tratado de uma operação da Polícia e que esta é que deveria ser aplaudida.

Posteriormente, a Polícia reuniu mais quatro cúmplices, mas um escapou-lhes e fugiu para a Europa. Aquele gangue contava com um total de sete membros. Veio-se, então, a saber que se tratava de um grupo de criminosos que faziam extorsão a empresários abastados.

Na manhã seguinte, quando entrei no meu gabinete, deparei com dois homens sacudindo a cabeça e sorrindo. Na altura não me apercebera, mas todo o evento tinha sido filmado por câmaras televisivas. Era a notícia de abertura de todos os noticiários daquela manhã e eu e a minha equipe acabamos por ver os nossos nomes escritos nas primeiras páginas dos jornais. Lá tinham ido as minhas tentativas para manter a discrição.

Apesar de ter sido notificado da ocorrência da operação, ninguém lhe tinha dado pormenores e, por isso, meu pai ficou bastante surpreendido quando me viu nas notícias matinais. Fui chamado ao palácio. Quando cheguei, meu pai estava à mesa do café da manhã de sobrancelhas franzidas. Pegando um jornal e acenando-me com ele, perguntou: "O que raio você fez ontem? Correu perigo de morte." Expliquei-lhe que, embora comandasse a operação, os meios de comunicação social tinham empolado o meu papel. "Foi Jamal e os seus homens que entraram naquela casa. Eles é que correram riscos", respondi. "Bem", prosseguiu ele, "que não te apanhe noutra brincadeira dessas!"

Embora fingisse estar zangado, vim a saber mais tarde, da parte de familiares, que ele ficara muito orgulhoso pela minha participação na operação.

Meu treino militar preparara-me para enfrentar tiros – jamais para a vida política. É fácil reconhecer o inimigo no meio de um tiroteio, mas deixamos de ter tantas certezas perante pessoas que só nos sorriem e nos fazem elogios.

PARTE III

CAPÍTULO 12

No Encalço de Uma Lenda

Como filho mais velho do rei Hussein, comecei minha vida como príncipe real mas, em 1965, quando tinha apenas 3 anos, meu pai decidira retirar-me da linha sucessória. Ele já tinha sofrido dezoito atentados documentados, a maioria durante a turbulenta década de 50, quando o nacionalismo radical árabe estava em alta, e parecia improvável que sobrevivesse tempo suficiente para me ver atingir a idade adulta. Foi por isso que fez uma emenda na Constituição e nomeou o irmão, o príncipe Hassan, o seu novo herdeiro.

Na minha juventude, julgava que a minha missão era ser soldado, agindo como o escudo e a espada de meu pai. Contudo, de um agressor eu não o poderia defender. No verão de 1992, quando meu pai foi à Clínica Mayo, em Rochester, no Minnesota, diagnosticaram-lhe um câncer. Quando se soube que a intervenção cirúrgica a que se havia submetido correra bem, tanto a família como a nação suspiraram de alívio. No entanto, em julho de 1998, meu pai sentiu-se novamente mal e regressou aos Estados Unidos para uma avaliação médica.

Nessa época eu me encontrava frequentando um breve curso na Escola Naval de Estudos Pós-Graduados, em Monterey, na Califórnia. Abdul Razaq Ibrahim, um general jordaniano que fora meu comandante de batalhão na minha primeira nomeação no exército, era meu colega nesse curso. Fora um grande mentor para um segundo tenente que ainda estava conhecendo as artes do ofício. Tendo ouvido a notícia do regresso de meu pai à Clínica Mayo, num momento mais calmo entre as aulas, puxou-me de lado e disse: "Sem o seu pai, a Jordânia não sobreviverá."

A cerimônia de graduação teve lugar um dia após a chegada de meu pai à Clínica Mayo. Assim que terminou, fui direito ao Minnesota com Rania e nossos filhos para estarmos ao seu lado. Meu filho Hussein mantinha uma relação muito próxima com meu pai. Partilhando mais do que o nome, ambos tinham uma grande paixão por aviões. Depois do trabalho, meu pai passava muitas vezes por nossa casa, perguntava se Hussein estava e, se não estivesse, nem sequer entrava. "Está bem. Adeus", diria ele apressado, antes de seguir o seu caminho. Aos dois anos, Hussein já decorava os nomes de vários tipos de aviões e meu pai adorava mostrar-lhe pequenos modelos Corgi e ouvi-lo gritar, com a sua vozinha, "Stuka" ou "Jumbo". Certa ocasião, numa viagem a Londres, meu pai decidiu pilotar ele próprio o seu TriStar e chamou Hussein, que, na altura, tinha dois anos e meio, para ir à cabine vê-lo aterrissar o avião em Heathrow. Para espanto da tripulação e deleite do meu pai, ao desembarcarmos, Hussein identificou um Concorde e um Boeing 747 que estavam parados na pista.

Depois da alegria inicial da nossa pequena reunião de família no Minnesota, meu pai pediu para conversar comigo a sós. Pousando a mão no meu braço, declarou: "O câncer voltou." Nunca tinha pensado a sério na possibilidade de meu pai morrer. Julguei que, tal como antes, venceria o câncer. No entanto, o seu tom de voz indicava-me que, agora, a situação era outra.

Ficamos mais dois dias, até que ele me pediu para regressar à Jordânia e retomar o meu cargo no Exército. Em 1996, fora promovido da liderança das Forças Especiais para a liderança do Comando das Operações Especiais e desde então que me concentrava em modernizar tudo, desde as nossas táticas, às nossas instalações e ao nosso equipamento. Todavia, muito em breve passaria a ter muito mais em que pensar do que no treino militar.

* * *

Em finais de julho de 1998, da Clínica Mayo, meu pai emitiu uma declaração pública para a televisão dizendo que seu câncer voltara e que se submeteria a tratamentos de quimioterapia. Nesse verão, o ambiente em Amã era quente e tenso. O ar adensava-se com rumores e intrigas. Foi nessa altura que o príncipe real Hassan atirou, inadvertidamente, lenha para a fogueira.

Estava eu no quartel-general da minha brigada, sentado diante de uma comprida mesa de carvalho combinando o programa de treino semanal com alguns dos meus oficiais, quando me vieram informar que o príncipe real se juntaria a nós. Na ausência de meu pai, o príncipe Hassan assumia o cargo de regente. Todos nos levantamos quando ele entrou na sala. Fazendo-nos sinal para nos sentarmos, perguntou-nos o que é que estávamos fazendo e, depois de eu lhe ter explicado, ele disse-nos que tinha de falar sobre um assunto urgente. Foi então que começou a contar-nos que acabara de ouvir dizer que o rei Hussein estava em más condições e não iria viver muito mais tempo. "É irreversível e apenas uma questão de tempo", declarou. Atônitos, sentamo-nos em silêncio. É difícil para um filho ouvir alguém dizer-lhe que muito em breve poderá perder o pai. Tal como é grave para um soldado ouvir alguém dizer-lhe que muito em breve poderá perder o rei ou o comandante-chefe. Vi-me invadido por mil e um pensamentos acerca do que acabara de ouvir e das possíveis implicações que aquelas terríveis notícias teriam para o meu país e a minha família, caso fossem verdadeiras.

Depois de meu tio se ter ido embora, eu e os outros oficiais ficamos olhando uns para os outros, confusos. Não estávamos bem seguros da veracidade daquelas notícias. Sendo verdade, teríamos uma mudança de rei, seguida de um possível abalo no exército. Ainda transtornado com a visita de meu tio, fui a um almoço já combinado, em Amã. Nesse almoço estavam o general Samih Battikhi – à frente do Departamento Geral de Informações e responsável pela segurança interna e externa – e o marechal-de-campo Abdul Hafez Kaabneh, presidente da Junta de Chefes de Estado-Maior das Forças Armadas. Tendo ambos também acabado de ser informados pelo príncipe real de que meu pai estava às portas da morte, apresentavam-se pálidos, preocupados com meu pai e com dúvidas acerca do que estaria, realmente, acontecendo. Assegurei-lhes que telefonaria a meu pai para apurar a verdade.

Depois do almoço, falei com o ajudante-de-campo de meu pai, o coronel Hussein Majali, que estava com ele na Clínica Mayo. Perguntei-lhe se a notícia era verdadeira. Sem responder diretamente à minha pergunta, o Coronel disse-me que diria a meu pai para me telefonar. Duas intermináveis horas depois, meu pai telefonou e perguntou-me, num tom de voz furioso, quem é que andava a espalhar aquele rumor. Respondi-lhe que fora o príncipe real que me viera dizer, a mim e a outras pessoas, que o seu estado de saúde se tinha deteriorado.

"Ora", declarou ele, "não é nada verdade. Tenho mais que fazer aqui do que preocupar-me com esse disparate. Mas te agradeço por me informar."

Nossa conversa deixou-me descansado. Meu pai parecia o mesmo lutador entusiasmado de sempre. Contudo, os rumores e as especulações continuaram a correr, reforçados pela declaração de meu tio.

O príncipe Hassan passara mais de três décadas a cumprir com toda a lealdade o seu papel de príncipe real e tanto eu como todos os que o cercavam o considerávamos merecedor do título de rei. No entanto, algumas pessoas tinham começado a crer que, nos seus últimos dias de vida, meu pai nomearia outra pessoa como príncipe real. Havia também pessoas com um candidato em mente. Um grupo delas, que incluía o chefe de segurança de meu pai, o chefe de protocolo e o líder do Departamento Geral de Informações, faziam força para que o príncipe Hamzah, o filho mais velho do rei e da sua quarta mulher, a rainha Noor, passasse para a frente da linha de sucessão. Com apenas dezoito anos, na altura, e ainda cadete na Real Academia Militar de Sandhurst, Hamzah desconhecia todo esse enredo desenvolvendo-se às suas costas. Mantinha com ele a mesma relação de proximidade que mantinha com meus outros quatro irmãos. Sentindo ter uma oportunidade, os dois grupos competiam nos bastidores para promover cada qual o seu candidato e desacreditar o do outro. Proliferavam os rumores por toda Amã.

Aos rumores acrescia-se a decisão do príncipe real Hassan em não ir visitar meu pai na América. Seus apoiantes defendiam que ele se limitava a cumprir os seus deveres de regente, proporcionando a tão necessária estabilidade do país em tempos de grande incerteza. Contudo, o marechal-de-campo Kaabneh viria a dizer-me mais tarde que, enquanto meu pai estava no hospital, o príncipe Hassan deu ordens para que alguns oficiais recebessem a reforma antecipada e outros tantos fossem promovidos. Perante a recusa de Kaabneh em cumprir tais ordens, o príncipe Hassan dissera-lhe: "Agora o comandante supremo sou eu."

"Não", fora a resposta de Kaabneh. "Ninguém me deu essa informação. Só recebo ordens de Sua Majestade o rei Hussein. Embora o rei se encontre na América, podemos telefonar-lhe a qualquer altura." O príncipe real foi insistente, mas Kaabneh manteve-se firme. Os assuntos militares pertenciam estritamente ao rei, e seria não só inédito, mas também inconstitucional, ter o príncipe real a emitir ordens diretas ao exército. O príncipe Hassan pode muito bem ter agido com boas intenções, esperando proporcionar liderança e continuidade face a um crescente vácuo de poder e conter os muitos rumores que se difundiam por Amã. No entanto, sua tentativa de contornar as estruturas constitucionais só vinha intensificar a apreensão crescente.

Ainda esperava que tudo corresse pelo melhor e rezava para que meu pai vencesse a sua luta.

No início de outubro, tirei uns dias para fazer uma visita a meu pai na Clínica Mayo. Como ele adorava comida japonesa, fiz-lhe a surpresa de mandar vir carne Kobe fresca diretamente do Japão. Cheguei à clínica à noite e reuni-me com minhas irmãs Aisha e Zein, que também lá tinham ido visitá-lo. Encontramo-lo a ver *Patton*, um dos seus filmes preferidos (era um grande cinéfilo e, se pudesse, veria um filme todas as noites). A primeira cena do filme emocionava-o sempre. Patton dirige-se aos seus homens sob uma colossal bandeira americana, dizendo, antes de os mandar partir: "Quero que se lembrem de que nenhum palerma alguma vez ganhou uma guerra morrendo pelo seu país. Ganhou-a fazendo o desgraçado do outro palerma e idiota morrer pelo seu país."

Enquanto meu pai, minhas irmãs e os outros familiares viam o filme, preparei a carne Kobe ao estilo *teppanyaki*, por ser um dos seus pratos preferidos. O tema de conversa passou para a situação da Jordânia e alguns familiares começaram a repetir alguns dos rumores que circulavam por Amã. Foi nesse momento que perdi a paciência e pedi para falar com eles fora do quarto. "Ouçam", expliquei, "estamos aqui para o animar e não para passar intrigas maldosas." Em seguida, voltamos para junto de meu pai para desfrutar da refeição e ver o resto do filme, antes de nos irmos embora.

Na manhã seguinte voltei cedo à clínica para pedir desculpa a meu pai por ter perdido a paciência. Ele mandou-me sentar e tivemos uma conversa pessoal que durou quase três horas. Apesar de conversarmos com frequência, normalmente os nossos temas eram assuntos de Estado, questões militares, a família, carros e motos – era raro abordarmos os nossos sentimentos pessoais. Educado em colégios internos do Egito e da Inglaterra, meu pai podia mostrar-se reservado e encorajava os filhos a fazer o mesmo, mas aquela conversa foi diferente.

Meu pai disse-me que sentia um grande orgulho pelo trabalho que eu tinha feito no Exército e por ser meu pai. Disse-me que, muito embora, muitas vezes, eu pudesse ter pensado que ele me negligenciava, na verdade, era exatamente o oposto que sucedia. Nunca deixara de seguir a minha carreira de perto. O seu desejo era que eu seguisse o meu próprio caminho no Exército. Fora esse o motivo que tantas vezes o levara a retrair-se a me dar o seu apoio, na esperança de me ver ultrapassar sozinho os meus desafios. Contudo, admitia que talvez tivesse exagerado. "Sinto que te desiludi como pai", declarou ele, "porque, ao longo da sua carreira militar, soube muitas vezes que estava sendo penalizado e não me intrometi. Deve estar ressentido por não ter recebido apoio do seu pai."

Esboçando-lhe um sorriso, expliquei-lhe que, com toda a franqueza, nos últimos vinte anos, tinha muitas vezes precisado de alguma ajuda. Mas que, retrospectivamente, mal lhe poderia agradecer, pois fora durante os piores momentos que mais aprendera. Então, meu pai começou a dizer que esperava muito de mim e que pretendia fazer grandes mudanças quando voltasse para a Jordânia. Julguei que se referisse a mudanças no governo, ou a uma nova abordagem para fazer arrancar a economia que abrandava, em parte, devido à deterioração do estado de saúde do rei. Ainda tinha esperança e rezava para que ele vivesse muitos anos. Estaria meu pai dizendo que estava morrendo? Se assim fosse, não estava preparado para enfrentar essa possibilidade.

Dois anos antes, em maio de 1996, o líder do Likud, Benjamin Netanyahu, assumira o poder em Israel. Netanyahu não apoiava os Acordos de Oslo que os palestinos tinham assinado em 1993, com os seus antecessores trabalhistas, Shimon Peres e Yitzhak Rabin. Poucos meses depois de Netanyahu ter subido ao poder, a abertura de um túnel em Jerusalém, nas proximidades de Al Haram al Sharif, desencadeara a fúria dos árabes e violentos protestos na Cisjordânia. Além disso, contradizia o tratado de paz que Israel assinara com a Jordânia em 1994, que incluía uma cláusula reconhecendo o papel especial da Jordânia na supervisão dos santuários sagrados de Jerusalém. Depois disso, as relações entre Israel e os palestinos deterioraram-se rapidamente. Contra esse cenário de tensão, o presidente Bill Clinton convidara o primeiro-ministro Netanyahu e o presidente palestino Yasser Arafat para se juntarem a ele, a 15 de outubro de 1998, numa conferência de quatro dias, a se realizar na Plantação Wye River – um complexo na margem oriental de Maryland. Com o azedar das negociações, a 18 de outubro, Clinton pediu a meu pai para ir lá revitalizar as duas partes. Dois dias depois, a imagem de meu pai, magro e quase careca, tendo-se levantado a custo da sua cama de hospital para fazer um apelo pela paz, ajudou a inspirar as partes em conflito a resolver as suas diferenças. Após dias de prolongadas negociações, as duas delegações patrocinaram um acordo inédito de terra-pela-paz, ao abrigo do qual Israel se iria retirar de outros 13% do território da Cisjordânia. Embora radiantes por o seu rei ter ido lutar pela paz, muitos dos jordanianos que seguiam todo aquele processo pela televisão ficaram chocados com a mudança na sua aparência. Muito mais robusto dois meses antes, entretanto, perdera muito peso e já parecia extremamente frágil. A sua rápida deterioração alimentou as especulações em Amã de que meu pai talvez estivesse muito pior do que as pessoas pensavam e que o país talvez viesse a precisar de um novo rei muito em breve.

Assinado a 23 de outubro, na Casa Branca, o Memorando de Wye River retomou o processo de paz entre os israelenses e os palestinos, que se mantivera um ano e meio num impasse. Em troca do domínio de mais território na Cisjordânia, os palestinos aceitaram não só passar à prevenção de "atos de terrorismo, criminosos e hostis" contra Israel, mas também proceder à emenda da Carta Nacional Palestina, retirando as disposições que instavam à eliminação do Estado de Israel. Em contrapartida, os israelenses aceitaram libertar centenas de prisioneiros palestinos, abrir o aeroporto de Gaza e proporcionar passagem segura aos palestinos que se deslocavam de Gaza para a Cisjordânia. Ao que tudo indicava, ambas as partes agiam no sentido de resolver as questões mais difíceis relacionadas com o estatuto final, incluindo o domínio de Jerusalém, o regresso dos refugiados das guerras de 1948 e 1967 e as fronteiras definitivas de um Estado palestino.

Quando meu pai me pediu para estar com ele na América, apanhei um avião da Jordânia para Washington, D.C., a 22 de outubro, no dia anterior à cerimônia. Logo ao chegar, na véspera à noite, recebi informação de que meu pai queria ver-me. Tinha um carro à minha espera no aeroporto e pus-me a caminho. No trajeto para a casa de meu pai em Maryland, ao contemplar o sol refulgindo no rio Potomac, perguntei-me o que me reservaria o destino. Assim que cheguei, meu pai pediu-me para me juntar a ele no escritório. Mantive-me de pé até ele me fazer sinal para me sentar. Nunca perdi a noção de que, embora fosse meu pai, era também o meu rei. Fiquei um pouco chocado por vê-lo tão debilitado e magro, mas ainda lhe vislumbrava o mesmo olhar tranquilizador e revelador de força de sempre.

Depois de me dizer que sentira saudades minhas, contou-me que tinha ouvido falar muito bem de mim, desde a última vez que nos tínhamos visto. Era evidente que tinha tido conhecimento de muitas das intrigas que se teciam no nosso país e que sabia que eu não estava metido nisso. Então, num tom de voz baixo, confessou-me a raiva que sentira quando recebera a informação de que o príncipe Hassan tentara contornar a cadeia militar de comando, emitindo ordens ao presidente da Junta de Chefes de Estado-Maior. Assegurei-lhe que o chefe do Estado-Maior não só lhe mantinha a total e completa lealdade das forças armadas, mas também apresentaria a demissão se tivesse de seguir ordens de outra pessoa que não o rei.

Explicando-me que pensava muito nessa questão, meu pai acabou por declarar: "Decidi mudar a linha sucessória." Anui e ele prosseguiu. "Espero que compreenda que muitas pessoas em Amã terão bastante dificuldade em aceitá-lo, mas creio que você está apto a tratar dessa tarefa. Exigirei que tome medidas." Meu pai não me revelou quem pretendia escolher e preferi não insistir com ele para me esclarecer. Estava cansado por causa dos tratamentos a que se submetia e aquela era claramente uma conversa difícil para ele. Dando-a por concluída, disse-me: "Vai dar uma volta para se divertir um pouco."

Enquanto seguia para o restaurante Morton, em Georgetown, com um amigo da família para comermos um bife, sentia a cabeça girar. A previsão de meu tio talvez estivesse prestes a cumprir-se. Se o meu pai tencionava mudar a linha sucessória, tornava-se por demais evidente que meu tio não seria rei. Nesse caso, quem seria? Se tencionava tornar Hamzah príncipe real, porque não mo teria dito? Ainda não estava pronto para aceitar o fato de ter meu pai morrendo, quanto mais para encarar a hipótese de ele planejar escolher a mim como sucessor.

A cerimônia de assinatura com o primeiro-ministro israelense, Benjamin Netanyahu, e o presidente palestino Yasser Arafat, realizou-se na Casa Branca, no fim da tarde do dia seguinte. Meu pai proferiu algumas palavras na cerimônia.

> Ora discordamos, ora nos entendemos. Ora somos amigos, ora não somos. A verdade é que não temos o direito de ditar o futuro dos nossos filhos e dos filhos dos seus filhos através de atos irresponsáveis ou de tacanhez. Já assistimos a destruição, morte e desperdício que bastem. Chegou a altura de, indo para além de nós próprios e dos nossos povos, ocuparmos, juntos, um local ao sol, à altura deles [...] os descendentes dos filhos de Abraão.

Depois do evento, esperei por meu pai na nossa embaixada, em Washington, onde em breve receberíamos membros superiores do governo jordaniano que lá estavam de visita. Normalmente, recebia essas delegações em sua casa, mas ao fazer as reuniões na embaixada marcaria uma posição pública. Meu pai realizou uma série de reuniões privadas com os dignitários em visita, incluindo o presidente da Junta de Chefes de Estado-Maior das Forças Armadas, uma delegação do conselho do príncipe Hassam e dois ex-primeiros-ministros. Os visitantes estavam todos sentados na sala de espera à porta do gabinete do embaixador. Entrando na sala de espera, diante de todos, meu pai abraçou Abdul Karim Kabarati, um dos ex-primeiros-ministros que se sabia opor-se ao príncipe Hassan. Em seguida, meu pai reuniu-se com cada uma das delegações individualmente no gabinete do embaixador. Segundo vim a saber mais tarde, meu pai anunciou em todas as reuniões que tencionava proceder a "grandes mudanças" no seu regresso à Jordânia – mensagem que reiteraria pela primeira vez em público, nos finais de novembro.

Nesse outono, a especulação em torno da sucessão intensificou-se e as intrigas deixaram de limitar-se a Amã. "As rainhas em guerra da Jordânia lutam pela sucessão", proclamava um cabeçalho do jornal londrino *Sunday Times*. "O rei Hussein está doente – o irmão está à espera", dizia o *New York Times*. Os jornais de todo o mundo entraram no jogo. No Canadá, o *Calgary Herald* publicava um artigo com o cabeçalho: "Os príncipes acotovelam-se para apanhar a coroa de Hussein", alegando existir uma querela entre a rainha Noor e a mulher do príncipe real Hassan, a princesa Sarvath, e acusando ambas as mulheres de tentarem manipular a sucessão. Era muito doloroso ler tudo aquilo na imprensa, e ver os pormenores da doença de meu pai e a nossa dinâmica familiar serem debatidos na praça pública. Fiquei muito consternado por exporem o nosso sofrimento privado nas primeiras páginas dos jornais.

Um raro foco de boas notícias surgiu em novembro quando ouvimos dizer que nosso pai fora nomeado para o Prêmio Nobel da Paz. Numa curiosa anomalia, tanto o presidente egípcio, Anwar Sadat, como o primeiro-ministro israelense, Menachem Begin, haviam recebido o Galardão da Paz, em 1978, por terem posto fim ao estado de guerra entre o Egito e Israel; de igual modo, o presidente Yasser Arafat, o primeiro-ministro israelense, Yitzhak Rabin, e o ministro dos Negócios Estrangeiros israelense, Shimon Peres, tinham partilhado esse prêmio em 1994, pelo seu trabalho no processo da paz. Contudo, meu pai e Yitzhak Rabin não receberiam a mesma honra pelo fato de terem assinado um tratado de paz entre Israel e a Jordânia nesse mesmo ano.

No início de janeiro de 1999, meu pai deixou os Estados Unidos e foi para Londres. A 7 de janeiro, aterrissei em Heathrow e fui de carro, pela chuva gélida, até à sua casa nas imediações de Ascot, cerca de 24 km a sudoeste do aeroporto. A casa estava apinhada de familiares. Percebi que ele queria falar comigo em privado, mas era difícil arranjar alguns momentos de tranquilidade. Sempre que ia ter com ele, surgia outro familiar. Apesar de tudo, sentíamos aquela espécie de conforto que pais e filhos partilham sem dizer grande coisa, mas apreciando a proximidade da companhia mútua. No último dia que passei em Londres esperava, por fim, ter a oportunidade de falar com ele a sós, mas meu tio, o príncipe real Hassan, apareceu de surpresa. Era alvo de bastante críticas no nosso país por não visitar meu pai na Clínica Mayo. Embora ainda estivesse furioso com os excessos do príncipe Hassan no exército, meu pai conseguiu controlar a raiva durante a visita. Foi nessa noite que consegui, por fim, ter alguns momentos a sós com ele. "Fique aqui mais dois dias" pediu ele. "Meu senhor", respondi eu, que nunca deixara de o tratar assim, "tenho mesmo de voltar para a Jordânia." Expliquei-lhe que estava incumbido da grande operação de segurança para a chegada dele. Suspirando, meu pai disse-me que nos veríamos novamente em Amã.

De volta à Jordânia, comecei a tratar das medidas necessárias para o regresso de meu pai. Havia quase seis meses que estava fora da Jordânia e centenas de milhares de jordanianos queriam dar-lhe as boas-vindas, no seguimento do que acreditavam ter sido a conclusão de um bem-sucedido tratamento para vencer o câncer. Tencionávamos que ele fosse de carro do aeroporto para casa, no bairro de Hummar, a noroeste de Amã, atravessando as ruas da cidade até lá chegar. Sua residência chamava-se Bab al Salam, que significa "portas da paz" em árabe, em honra de uma das entradas para a Grande Mesquita de Meca que a minha família gerira durante muitas gerações, até Abdulaziz bin Abdulrahman al Saud, de Néjede, se apoderar de Hejaz, em 1924, para depois fundar a moderna Arábia Saudita.

Nos dez dias seguintes, as especulações continuaram a aumentar em torno da decisão de meu pai de mudar a linha sucessória. Várias pessoas vieram ter comigo para, num tom conspiratório, me dar a dica de que eu era um dos candidatos. No meu entender, este assunto não dizia respeito a nenhuma delas. Ao longo dos anos evitara imiscuir-me na política para me dedicar à minha carreira militar e não me dispunha agora a mudar de atitude.

A 19 de janeiro de 1999, meu pai aterrissou no aeroporto de Marka, nas proximidades de Amã. Vinha no seu próprio avião, um Gulfstream IV, desde Londres. Quando saiu do avião, envergava um terno preto e um *keffiyeh*, o lenço de cabeça com o padrão tradicional vermelho axadrezado da Jordânia. A cena foi comovedora logo ali na pista, onde centenas de pessoas se haviam reunido para dar as boas-vindas a meu pai – e milhares delas aguardavam-no pelas ruas da cidade afora. Naquela noite de julho em que ele me informara da reincidência do câncer, sonhara que ele regressaria ao seu país e que as pessoas surgiriam aos milhares, tal como em 1992, quando da primeira vez que adoecera. Esse sonho concretizou-se, mas, na vida real, não teria um final feliz.

As lágrimas corriam pelo rosto da minha mulher Rania e eu fazia o possível para controlar as minhas emoções. Contudo, nem todas as emoções manifestadas naquele dia pelos familiares, políticos e membros da Corte que se alinhavam no aeroporto para receber o seu rei eram verdadeiras. A forma como meu pai lidou com aquela comissão de boas-vindas foi uma discreta lição de estadismo. Cumprimentou algumas pessoas com beijos, outras com abraços, outras ainda com apertos de mão, mas houve algumas pelas quais passou sem um único aceno de reconhecimento. Sabia muito bem quem lhe tinha sido leal na sua ausência – e quem não lhe tinha sido leal. Um familiar tentou dar-lhe um beijo enquanto apertavam as mãos e meu pai afastou-o. Apercebendo-se de que meu pai sabia da sua hipocrisia, o homem desatou a chorar.

Quando chegou a minha vez, meu pai ignorou-me completamente. Nem sequer me olhou nos olhos. Limitou-se a apertar-me a mão e a seguir caminho. Estranhamente, foi nessa altura que me dei conta de que ele não queria centrar as atenções em mim porque pretendia tornar-me príncipe real. Caso ele me tivesse cumprimentado de forma mais efusiva, os cortesãos sempre de olhos postos nele, teriam tomado a sua atitude como sinal de que eu subira na sua consideração e passariam, por conseguinte, a lutar para ganhar mais influência. Além disso, os mal-intencionados começariam imediatamente a conspirar contra mim.

No dia seguinte, o príncipe real do Dubai, Mohammad bin Rashid al Maktoum, e o príncipe de Abu Dhabi, Mohammed bin Zayed al Nahyan, vieram prestar homenagem. Meu pai mandou-me ir encontrá-los no aeroporto. O protocolo exigia que o príncipe real fosse recebê-los, mas meu pai disse: "Quero que vá você ter com eles. São seus amigos e é você quem deve trazê-los." Recebi os dois convidados, levei-os à presença de meu pai e, depois, acompanhei-os de volta ao aeroporto.

Alguns dias mais tarde, a 22 de janeiro, meu pai telefonou: "Quero te ver." Parti imediatamente para Hummar, pelos caminhos sinuosos das colinas íngremes sobranceiras a Amã. Encontrando meu pai na sala de jantar, fechei a porta atrás de mim. Tinha muito pior aspecto do que quando estivera com ele em Londres. Depois de ouvir os guardas dizerem que ele levara várias transfusões de sangue, comecei a temer por ele. Pegando-me na mão, meu pai declarou: "Quero fazer-te príncipe real. É o seu direito. É o mais apto e o único, dentre todos os outros, que pode levar este país para a frente." Atônito, permaneci sentado em silêncio, por uns momentos. A certa altura, perguntei: "Então e o meu tio, o príncipe Hassan?"

Meu pai explicou-me que, entre as razões pelas quais me escolhera, uma era o fato de eu pensar sempre nos outros, e outra era ele saber que eu tinha capacidade para liderar o país e manter a família unida durante aquele período tão difícil. No fim das contas, Hassan não deixava de ser irmão dele e meu tio. Os meus olhos encheram-se de lágrimas quando me apercebi de que o meu pai me passava a mensagem de que estava a morrer. Segundo me disse, uns dias depois, regressaria aos Estados Unidos, para tentar o tratamento por transplante de medula. Era a sua última oportunidade. A força do seu olhar pareceu diminuir um pouco quando falou nisso, o que me fez sentir um frio no estômago. Penso que aquela foi a primeira ocasião em que me senti verdadeiramente só. Tinha vontade de me debulhar em lágrimas e de lhe dizer o quanto gostava dele, mas sabia que meu pai não era dessas coisas. A melhor forma para lhe demonstrar o amor e o afeto que sentia por ele seria centrar-me nas consequências da sua decisão e levar a sério a minha nova responsabilidade. Assim, embora estivéssemos comovidos, passamos a conversar sobre questões práticas.

A questão mais imediata era saber quem eu deveria nomear príncipe real. De acordo com a Constituição, a sucessão passaria para o meu filho Hussein, mas ele tinha apenas 5 anos. Pedi o conselho do meu pai. "Cabe a você escolher o seu herdeiro", explicou ele, fazendo uma pausa devido à comoção. Quando voltou a pronunciar-se, tinha um tom de voz diferente. "Para sua própria segurança, te aconselho a tornar Hamzah príncipe real", disse ele em voz baixa, "mas, no fim das contas, a escolha é sua. Tenha muito cuidado." Foi então que me apercebi de que o meu pai estava perfeitamente ciente das intrigas políticas que ocorriam em Amã na sua ausência.

Depois da nossa conversa, fui para casa, esforçando-me por conter a minha tristeza. Ao atravessar a porta de entrada encontrei Rania sentada no chão da sala rodeada por uma pilha de fotografias. Tínhamos um armário cheio de fotografias da família que ela já havia anos tinha intenção de organizar. Nesse dia decidira começar a fazê-lo. Vendo-a no chão, rodeada de fotografias captando imagens felizes da família, disse-lhe que meu pai me ia fazer príncipe real. "Está mesmo muito mal de saúde", acrescentei. "Não creio que viva muito mais tempo." Rania encarou-me com uma expressão não só de temor e tristeza, mas também de um certo pressentimento. Não tardaríamos a ser lançados para a ribalta como nenhum de nós jamais teria imaginado. O que não faltava eram lobos à solta e à espera de nos ver tropeçar.

* * *

No dia 25 de janeiro, de manhã, eu estava em casa quando o telefone tocou. Era o chefe de protocolo para me dizer que o rei Hussein queria que eu e meu tio fôssemos ao palácio naquela tarde, às quatro. Pensei comigo que se tratava da transição. Como ainda era cedo, fui fazer hora na casa da minha mãe, nos montes às portas de Amã. Passeei pelo muro relvado onde brincara na infância e de onde vira passar os jatos israelenses, na guerra de 1967. Dentro de casa, minha família aguardava, reunindo-se para darem apoio uns aos outros. Meu irmão Feisal estava lá, com minha irmã mais velha, Alia, minhas irmãs mais novas, Zein e Aisha, meus primos Talal e Ghazi e minha mãe. Conversamos sobre dias mais felizes, partilhando memórias de nosso pai. Esperei até às quatro, mas, quando estava prestes a sair, informaram-me de que havia ocorrido um atraso. Mais tarde, vim a saber que meu pai se esforçava por concluir a versão final de uma carta dirigida ao príncipe Hassan para lhe comunicar a sua decisão. À noite, já tarde, o telefone voltou a tocar. O chefe de protocolo pediu-me para ir lá imediatamente.

Quando cheguei à casa de meu pai, Bab al Salam, acompanharam-me ao escritório dele, onde me aguardavam meu pai e o príncipe Hassan. Meu pai disse ao príncipe Hassan que decidira mudar a linha sucessória e que eu passaria a assumir a responsabilidade de príncipe real. O príncipe Hassan reagiu com muita graciosidade e dignidade, entregando-me a sua bandeira pessoal, o estandarte do príncipe real. No entanto, devolvi-lha, dizendo: "Por favor, tio, fique com ela. É a sua bandeira." Em seguida, saímos e apresentamo-nos diante das câmaras que nos aguardavam, apertando as mãos, enquanto meu pai anunciava a notícia a toda a nação.

Nesse mesmo dia, meu pai tornou pública uma carta muito forte que dirigira ao príncipe Hassan, tecendo severas críticas ao irmão, sobretudo no que dizia respeito às lutas políticas internas da Jordânia:

> Vivi muitas experiências e reparei, desde muito cedo, que, para subirem, alguns arrivistas calcam a relação entre irmãos e entre pai e filho, e jurei para comigo que isso jamais sucederia aqui, enquanto eu fosse vivo. Contudo, não restam dúvidas de que esse se tornou o objetivo tanto dos meus inimigos declarados ou na sombra como dos que recorreram a todos os meios que tinham à disposição para enfraquecer a relação de confiança entre a liderança e o povo, mas ninguém conseguiu fazê-lo.

> Então, sem conseguirem desmantelar a base do poder e juntando-se às pessoas que desejam destruir a Jordânia, pretendiam instigar as lutas internas entre as fileiras da liderança. O fato de eu ainda estar vivo constitui-lhes um obstáculo perante os seus desígnios. Esquecem-se de que o único intuito que Al Hussein tinha na vida era receber as bênçãos de Deus, manter a consciência tranquila e conseguir o melhor para o seu povo que, independentemente das suas origens, coopera, erguendo bem alto a faixa que ostenta a mensagem da Jordânia, de cabeça erguida e só se curvando perante Deus.

Meu pai passa a referir-se especificamente às tentativas do príncipe Hassan de interferir com o exército, declarando: "Doente, levantei-me da cama para impedir interferências nos assuntos do Exército Árabe. Essas interferências visavam acertos de contas e incluíam a reforma antecipada de oficiais eficientes conhecidos pela sua lealdade cujos brilhantes registos historiais são absolutamente irrepreensíveis."

Muitos foram os jordanianos que ficaram espantados com o tom da carta de meu pai. Todavia, as pessoas confiavam implicitamente no seu rei, tomando-o por um governante sensato e de grande discernimento. Se o rei Hussein tomara a decisão de mudar a linha de sucessão, os jordanianos sabiam que teria boas razões para isso. O príncipe Hassan, por sua vez, escreveu uma carta a 28 de janeiro, em resposta a alguns trechos da carta do rei, afirmando a sua inabalável lealdade para com o seu irmão e rei e prometendo-me o seu total apoio e ajuda nas minhas novas responsabilidades de príncipe real.

No dia seguinte, eu e Rania levamos meu pai de carro ao aeroporto. Voltava à Clínica Mayo para se submeter a mais tratamentos. Meu pai sentou-se comigo à frente, e a rainha Noor e Rania sentaram-se no banco de trás. Devido à doença, meu pai sofria de fortes acessos de soluços e tal era o seu aspecto doentio que até os olhos estavam amarelados. Tentei fazer conversa, mas falhei redondamente. A caminho de Amã, vi-o contemplar a paisagem como se fosse a última vez. Pousando a minha mão sobre a dele, seguimos o resto da viagem em silêncio.

No aeroporto, deparamo-nos com uma fila de parentes à espera dele para se despedirem. Esforcei-me por manter a compostura, mas, quando perdi o controle das minhas emoções por breves instantes, senti uma mão tocar-me no braço. "Recomponha-se", sussurrou-me uma das minhas tias. "As pessoas vão olhar para você." Aquela era uma severa admoestação do quanto a minha vida estava prestes a mudar. Jamais me sentira tão infeliz ou só. Os jordanianos não gostam de ver homens chorar e, a partir daquele momento, mantive uma expressão impassível. Caminhei até ao avião com meu pai, fazendo o possível para assumir um ar de correção militar e, quando ele se voltou, os nossos olhares cruzaram-se em silêncio. Ele também se debatia por controlar as suas emoções. Antes que lhe pudesse dar um abraço de despedida, meu pai fez-me um aceno de cabeça, voltou-me as costas e seguiu caminho para entrar no avião. Foi a última vez que o vi consciente.

Na semana que se seguiu à partida de meu pai viveu-se um clima de grande tensão. Eu fora inesperadamente lançado no ponto central da política jordaniana e tivera de começar a assumir meu novo papel. Tendo mantido muito poucos contatos com as figuras superiores da política e do setor privado da Jordânia, entrava em território por desbravar. Alguns dos líderes existentes, entre os quais o primeiro-ministro e o chefe da Corte Real, haviam sido nomeados pelo príncipe Hassan. Outros, incluindo o chefe de protocolo e o chefe da segurança real, eram bastante próximos da rainha Noor. Dado haver tanta gente à espera que eu tropeçasse, amparei-me nas pessoas que me eram mais próximas: os meus colegas do exército e das Operações Especiais.

O príncipe Hassan tinha recorrido a muitos dos seus apoiadores e recebi relatos de que ele convidara muitos líderes políticos superiores a irem a sua casa, entre os quais alguns dos líderes tribais superiores. Visando perceber melhor o que se passava, pedi a Mohammad Majed, o meu segundo melhor homem das Operações Especiais, para reunir alguns dos principais oficiais na minha casa, naquela noite. Eram homens em quem confiava implicitamente. Quando o grupo se reuniu, por volta das 19 horas, comuniquei-lhes que tinha recebido informação de que o príncipe Hassan andava muito ocupado. Não queria ser apanhado de surpresa por estupidez, por mais improvável que isso fosse. No tempo que passara no exército aprendera a defender o flanco. Assim, disse-lhes que seria prudente colocar algumas unidades em alerta, como medida de prevenção. Enquanto falava, alguns dos meus comandantes começaram a rir. Irritado e cansado, expliquei que falava a sério e perguntei-lhes por que razão se divertiam tanto. Foi então que me disseram que já tinham colocado o Comando das Operações Especiais em alerta dias antes. Já tinham contactado a 3.ª Divisão e tanto a 40.ª como a 60.ª Brigadas tinham os comandantes e as respectivas unidades a postos. Ao encarar os meus comandantes de unidade, pela primeira vez na vida senti-me seguro de que as coisas correriam bem.

Apenas uma semana depois, soubemos que o tratamento de meu pai fracassara e que ele regressaria à Jordânia para morrer na terra que amava. Foi a 5 de fevereiro de 1999 que o seu avião aterrissou e o trouxeram de lá de dentro numa maca, inconsciente e ligado aos aparelhos. A família foi ter com ele ao aeroporto e acompanhou-o até ao Centro Médico Rei Hussein. À porta estavam milhares de pessoas de todas as partes do país, rezando, chorando e acendendo velas. As pessoas esperaram na rua a noite inteira, para se despedirem. Oficiais superiores jordanianos, antigos combatentes, debulhavam-se em lágrimas e muitos estavam atentos observando como eu lidava com a situação. "Sempre o consideramos maior do que a Jordânia", disse-me um deles. "Julgávamos que estaria aqui para sempre." No hospital, passamos a noite em turnos para ficar sempre alguém à cabeceira de meu pai. Só lá estava a sua família imediata: Noor, a minha mãe, a minha mulher, os meus irmãos e as minhas irmãs e alguns primos.

Na noite seguinte, com a família ainda reunida, um dos médicos pediu para falar comigo a sós. O câncer tinha-se espalhado mais depressa do que se esperava e não havia nada a fazer por ele. Por uns segundos, cedi, assoberbado pelo sofrimento. Depois, entrei novamente no quarto para informar a família. Juntos, todos nos despedimos daquele homem corajoso com uma força de vontade extraordinária que tanto amávamos. Os médicos comunicaram-nos que ele não passaria daquela noite, mas ele resistiu até ao fim da manhã do dia seguinte. Toda a gente comentava sobre o grande coração de meu pai e foi precisamente o coração dele que desistiu em último lugar, batendo sempre com força até o resto do corpo lhe falhar.

O funeral realizou-se no dia seguinte, a 8 de fevereiro de 1999. Estava um dia enevoado e caía uma chuva ligeira. As pessoas diziam que até o céu chorava pelo rei Hussein. Dado a maioria dos jordanianos não ter conhecido outro rei, o país inteiro sentia intensamente a sua morte, em nível pessoal, como se ele fosse mais um familiar do que um chefe de Estado. As ruas enchiam-se de centenas de milhares de pessoas transtornadas a acompanhar o carro blindado que transportava o caixão, rodeado de flores e coberto com a bandeira jordaniana, para o seu último descanso no Palácio Raghadan. À medida que o carro avançava, as pessoas atiravam-se para a frente, soluçando e gemendo, na tentativa vã de vislumbrar meu pai pela última vez ou de lhe tocar no caixão. O carro era seguido por uma guarda de honra e um homem que trazia o cavalo preferido de meu pai. Por respeito a meu pai, Amr, o cavalo, nunca mais voltaria a ser montado.

Nos terrenos do palácio, estava uma extraordinária mescla de líderes mundiais que vinham prestar-lhe a última homenagem. O "funeral do século", como lhe chamou um observador, terá atraído um dos grupos mais diversificados de líderes mundiais alguma vez reunidos. Havia partes em guerra e um ou dois casos de líderes que já tinham mesmo tentado matar-se mutuamente no passado. Todavia, estavam ali todos unidos pelo respeito e admiração que partilhavam por meu pai. O presidente Hosni Mubarak, do Egito, o príncipe real Abdullah, da Arábia Saudita, e o presidente Hafez al-Assad, da Síria, estavam presentes, acompanhados pelo príncipe real Mohammed, do Marrocos, pelo presidente Yasser Arafat e por Saif al-Islam, filho do líder líbio, Muammar Qadhafi. Estavam também o presidente Clinton e os três ex-presidentes americanos, George H. W. Bush, Jimmy Carter e Gerald Ford. O presidente russo Boris Yeltsin comparecera, tal como o príncipe Charles e o primeiro-ministro britânico, Tony Blair. Tinham vindo o primeiro-ministro israelense, Benjamin Netanyahu, e Khaled Meshaal, o líder do Hamas, que Netanyahu tentara matar no ano anterior. Ao todo, os representantes de cerca de setenta e cinco países tinham vindo a Amã prestar a última homenagem a meu pai. No interior do palácio, meu pai jazia em câmara ardente, sob a vigilância da Guarda Real. Os Circassianos, um povo muçulmano do Cáucaso que imigrara para Amã no século XIX, são quem proporciona a Guarda Real dos reis da Jordânia. Havia muitos anos que serviam lealmente a meu pai e, agora, mantinham-se a seu lado, quando da sua última viagem.

Eu e meus irmãos carregamos o caixão da Mesquita dos Guardas Reais até à sua sepultura, no cemitério do palácio, ao lado das sepulturas do pai, o rei Talal, e do avô, o rei Abdullah I. Eu e meus irmãos mantivemo-nos em sentido, enquanto um trompetista tocava a melodia fúnebre. A Guarda Real disparou uma salva de quinze tiros assim que fizeram meu pai descer para o local do seu último descanso.

Embora fosse um dia muito triste, os jordanianos sentiam-se orgulhosos por terem o mundo inteiro a prestar homenagem ao seu rei. Muitas pessoas sentiam também uma certa determinação, ao aperceberem-se de que tinham de ser fortes, para manterem o país coeso. Vários jordanianos referiam-se com carinho ao seu rei Abu Abdullah, "Pai de Abdullah", tal como é costume no mundo árabe. Nas semanas e meses seguintes, iria beneficiar inúmeras vezes do amor que os jordanianos nutriam por meu pai e da sua determinação em ajudar o filho a ter êxito.

No dia anterior ao funeral, dirigira-me ao Parlamento, para ser empossado rei. Pedira ao chefe de protocolo para ter um retrato de meu pai na cerimônia. Ao entrar, avistei uma enorme imagem de meu pai no pódio, dominando o salão. Pus-me em sentido. Sentia o seu olhar bondoso sobre mim e meus olhos começaram a encher-se de lágrimas. Esforçando-me por me controlar, permaneci vários segundos imóvel, em continência. Foi então que procedi a fazer o juramento constitucional: "Juro por Deus respeitar a Constituição e manter-me fiel à nação." O presidente do Senado respondeu: "Que Deus proteja Sua Majestade, o rei Abdullah, conferindo-lhe sucesso. Que a Jordânia tenha uma longa vida, tal como desejava Sua Majestade o rei Hussein."

Terminada a cerimônia, um ajudante veio ter comigo, indicando: "Por aqui, Sua Majestade." Por uma questão de hábito, olhei à minha volta, à procura de meu pai, e vi a imagem dele olhando para mim. Meu pai governou a Jordânia durante quase meio século, algumas vezes enfrentando guerras, outras negociando tratados de paz, e sempre encorajando os outros a depor as armas e a elevar a esperança acima do medo. Incumbia-me agora a mim gerir esses conflitos e essas partes beligerantes nas fronteiras da Jordânia, bem como honrar a memória de meu pai, dando seguimento à sua incansável demanda pela paz.

CAPÍTULO 13

Ser Rei

Os dias e as semanas que se seguiram à morte de meu pai foram extraordinariamente tristes. A nação chorou o seu rei, o único líder que a maioria dos jordanianos alguma vez conhecera, e eu debatia-me com a perda de meu pai que sempre marcara na minha vida uma presença sólida e orientadora. Contudo, não tinha muito tempo para meu desgosto pessoal. Na noite da véspera de seu funeral deitei-me com uma família de quatro pessoas e acordei na manhã seguinte com uma família de cinco milhões. Se havia coisa que meu pai me ensinara, era que um rei, mais do que comandar o seu povo, deve zelar por ele.

Após ter sido empossado, um dos meus primeiros atos como rei foi emitir um decreto para nomear meu irmão Hamzah príncipe real. Cinco anos mais tarde, dispensei-o dessa responsabilidade. Embora os meses anteriores à morte de meu pai tivessem sido vividos num clima de tensão, a nossa família reunia-se para nos apoiarmos uns aos outros e o nosso desgosto partilhado aproximou muitos de nós. Fiquei muito grato pelo amor e o apoio que recebi de todos, mas sabia que muitos, quer de fora, quer do país, me observavam à espera que desse um passo em falso. No meio dos rumores que continuavam a circular pelas salas de visita de Amã Ocidental, soube que algumas pessoas que considerava bons amigos teciam comentários do gênero: "Ele não resistirá mais de três meses."

Embora sentisse um certo temor pela tarefa que tinha pela frente, comecei a perceber que meu pai estivera sempre a preparar-me para cumprí-la. Ainda que só tivesse sido príncipe real por muito pouco tempo, meu pai fizera-me acompanhá-lo a inúmeras visitas de Estado, a importantes missões de política externa e em viagens aos quatro cantos da Jordânia. Sem o escrutínio público de quem é herdeiro aparente, tive a oportunidade de ouro de observá-lo navegar pelas águas tormentosas da diplomacia internacional. Arrancado das minhas funções militares para empreender curtas viagens com meu pai, por vezes sentia que estava presente nos momentos em que se fazia história.

Apenas três semanas após o funeral de meu pai, recebi uma das minhas primeiras visitas oficiais: o primeiro-ministro israelense, Netanyahu, acompanhado do seu ministro dos Negócios Estrangeiros, Ariel Sharon. A interação entre os nossos países era tensa, naquela época, e aquele primeiro-ministro, muito em particular, já esticara algumas vezes a relação até ao ponto de ruptura.

Em 1996, um ano depois do assassinato de Yitzhak Rabin, Benjamin Netanyahu foi eleito primeiro-ministro de Israel, no seguimento de uma vaga de atentados de bombistas suicidas atribuídos ao Hamas (o movimento de resistência islâmica palestino) que matara cerca de sessenta israelenses. Um ano depois, a 25 de setembro, Netanyahu retaliou, atacando um líder do Hamas que residia na Jordânia.

O Hamas concordara em não conduzir qualquer atividade política ou militar a partir da Jordânia, onde se limitaria a estabelecer um gabinete de relações públicas. Com o tempo, o Hamas faltou à sua palavra e, certa manhã, quando se dirigia a seu escritório em Amã, Khaled Meshaal, um membro superior do braço político do Hamas foi surpreendido por um grupo de agentes dos serviços secretos israelenses que saltaram de um carro e lhe injetaram uma misteriosa substância no ouvido. Meshaal ficou imediatamente moribundo. Dois dos agentes do Mossad foram perseguidos por um dos guarda-costas de Meshaal pelas ruas da cidade e acabaram por ser detidos pela Polícia. Outros quatro membros do esquadrão homicida apressaram-se a refugiar-se na embaixada israelense e mais dois esconderam-se no Hotel InterContinental.

Por essa altura, Netanyahu contatou meu pai, comunicando-lhe: "Temos um problema." O primeiro-ministro israelense enviou o diretor dos seus serviços secretos, Danni Yatom, para explicar a meu pai o que sucedera e pedir a libertação dos agentes do Mossad. Muito embora Yatom não o tenha mencionado, mais tarde soubemos que a tentativa de assassinato fora pessoalmente aprovada por Netanyahu. Num autêntico *déjà vu*, em janeiro de 2010, um líder do Hamas foi assassinado em Dubai, no que se crê ter sido uma operação do Mossad, envolvendo agentes viajando com passaportes falsos. Netanyahu é novamente primeiro-ministro de Israel.

Meu pai ficou lívido. Trabalhara noite e dia para tentar fazer avançar a causa da paz na região. No mês de janeiro anterior, desempenhara um importante papel no processo de facilitação do Protocolo de Hebron, em que Israel aceitava transferir seus soldados da cidade de Hebron, implementando o Processo de Oslo. Ainda uns dias antes da tentativa de assassinato, meu pai passara discretamente aos israelenses uma proposta do Hamas para um cessar-fogo de trinta anos e já Netanyahu tentava assassinar um dos líderes do Hamas nas ruas da nossa própria capital!

Vários médicos jordanianos se esforçaram por salvar a vida de Meshaal, mas lutavam uma batalha impossível, pois eram incapazes de identificar o veneno que fora usado. Meu pai exigiu aos israelenses que identificassem imediatamente o veneno e fornecessem o respectivo antídoto.

Yatom explicou que Meshaal fora injetado com uma complexa composição química e que morreria nas vinte e quatro horas seguintes. Meu pai disse-lhe que se Meshaal morresse, cancelaria o tratado de paz e romperia as relações diplomáticas com Israel. Quando meu pai deixou a reunião para ir contatar Netanyahu, Yatom acabou por lhe contar que outro dos membros do Mossad era uma médica que se encontrava no Hotel InterContinental e tinha na sua posse o antídoto.

Tanto os jordanianos como os palestinos se sentiram ultrajados com o descaramento de Israel. Mesmo conseguindo salvar a vida de Meshaal, ainda ficávamos com o dilema de decidir o que fazer com os dois agentes do Mossad detidos e com os que se haviam refugiado na embaixada israelense em Amã. Todos eles tinham entrado no nosso país com passaportes canadenses falsos e cometido uma tentativa de assassinato. Nenhum deles gozava de imunidade diplomática, mas os israelenses recusavam-se a entregar os quatro cúmplices refugiados na embaixada. Isso levou a que as forças de segurança jordanianas montassem um cerco à embaixada para se certificarem de que os agentes não escapariam. Na altura, era comandante das Operações Especiais e posso dizer que esse foi um período de grande tensão.

Nessa noite, Meshaal cujo estado de saúde se deteriorava a olhos vistos foi transportado para o Centro Médico Rei Hussein e tratado no Instituto Cardiovascular Rainha Alia que é uma das melhores instalações médicas do país. Tendo-se entretanto deslocado para outro hotel, a médica do Mossad foi encontrada e levada para o hospital com um frasco contendo o antídoto. No entanto, desconfiados, os membros superiores do Hamas recusaram-se a deixar que alguém injetasse fosse o que fosse no corpo adormecido de Meshaal sem antes se apurar a composição da substância e exigiram saber a fórmula química do antídoto.

Meu pai telefonou ao presidente Clinton com um pedido de ajuda urgente: que exigisse ao grande aliado da América a reparação dos danos que causara. Clinton acedeu ao pedido e Netanyahu acabou por ceder, informando-nos que o antídoto era Naloxone, um fármaco utilizado para combater os efeitos de uma *overdose* de opiáceos.

Posteriormente, soubemos que o veneno era uma versão quimicamente melhorada do analgésico Fentanyl que mataria em quarenta horas, sem deixar vestígios. Este fora escondido numa câmara modificada que tinha uma comprida agulha retrátil em vez de lente e que o assassino enfiara no ouvido de Meshaal. Quando se teve conhecimento do antídoto, uma equipe de médicos jordanianos conseguiu administrá-lo e salvar-lhe a vida.

A vida de Khaled Meshaal fora poupada, mas as relações entre a Jordânia e Israel tinham ficado em estado crítico. Meu pai insistia em que os israelenses pagassem um preço político pelos seus atos e que libertassem o xeque Ahmed Yassin – o líder espiritual, cego e de cadeira de rodas, do Hamas que fora um dos fundadores da organização. Yassin cumprira já oito anos de uma pena de prisão perpétua por ter alegadamente participado numa conspiração para raptar soldados israelenses. Foi então que se negociou uma solução: os agentes do Mossad poderiam sair do país em troca da libertação dos palestinos detidos nas prisões israelenses – incluindo o xeque Yassin. Tal como ditava o acordo, à 1h30 do dia 29 de setembro de 1997, o primeiro-ministro Netanyahu foi a Amã proceder a um pedido formal de desculpas.

Avançando dois anos, dou inesperadamente por mim como sucessor de meu pai, no papel de novo rei da Jordânia. Benjamin Netanyahu ainda é primeiro-ministro de Israel e, já totalmente recuperado, Khaled Meshaal, quebrou a sua promessa de restringir as atividades do Hamas na Jordânia ao alcance dos meios de comunicação social. No seu último ano de vida, meu pai disse-me que se sentia muito infeliz com a persistente atividade política de Meshaal na Jordânia – tentando contrabandear armas para a Cisjordânia e interferindo na política jordaniana. Considerava que Meshaal e os restantes líderes do Hamas em Amã se aproveitavam da hospitalidade da Jordânia.

Já se havia pedido em inúmeras reuniões e negociações com Meshaal e os outros líderes do Hamas residentes na Jordânia, que cessassem as atividades em violação das condições impostas à sua estadia no país e por eles aceitas, mas em vão. Eram obstinados e queriam operar com impunidade. Em agosto de 1999, o governo acabou por pedir a Meshaal para deixar a Jordânia. Quando o governo do Qatar interveio e se mostrou ansioso por acolhê-lo, Meshaal e outros líderes do Hamas partiram para Doha.

Uns dias antes da reunião que tínhamos agendada, Benjamin Netanyahu proferiu um discurso inflamado na Universidade Bar-Ilan, perto de Tel Aviv. Entre os seus vários comentários, acusava meu pai de se ter colocado ao lado do Iraque na Guerra do Golfo, em 1991, sugeria a possibilidade de a Jordânia vir a aliar-se a Saddam Hussein e conjurava a imagem de o Iraque alcançar a fronteira israelense, através da Jordânia.

O discurso foi altamente criticado na região e até no seio da própria Israel. Ehud Barak, o líder da oposição israelense, declarou: "Não há cova onde não tenha caído o Sr. primeiro-ministro. O problema é arrastar com ele, para dentro da cova, o país inteiro. Apesar de estarmos ainda de luto pelo rei Hussein, o Sr. Netanyahu considerou oportuno colocar em perigo os poucos progressos em prol da paz que nos restam."

Nossa reunião não foi memorável. Numa sessão de duas horas, durante o almoço, debatemos o processo de paz e os direitos das águas. Contudo, a errada caracterização que Netanyahu fez do papel de meu pai na Guerra do Golfo para ganhar alguns pontos políticos deixara-me um gosto amargo na boca. Meu pai não se alinhara com Saddam – tentara evitar uma guerra que, no seu entender, não servia os interesses de ninguém. Saí da reunião com a sensação de que retomar o processo de paz seria um longo e penoso caminho.

Num país como a Jordânia, as pressões externas obrigam-nos a concentrar-nos na política de negócios estrangeiros, mas tinha alguns dilemas internos críticos por resolver. Uma das primeiras decisões políticas que tive de tomar como rei foi a de nomear ou não um novo primeiro-ministro. A Jordânia tem um sistema de governo parlamentar com uma monarquia hereditária. Ao abrigo da Constituição, a Câmara Superior do Parlamento, o Senado, é nomeada pelo rei e consiste em cidadãos jordanianos que se distinguiram pelo serviço público, tais como ex-primeiros-ministros, embaixadores e oficiais militares de patente superior. A Câmara Inferior, a Câmara dos Deputados, é escolhida por eleições gerais, realizadas de quatro em quatro anos. Como chefe de Estado, o rei nomeia o primeiro-ministro que, por sua vez, seleciona o conselho de ministros para formar um governo. Os membros do Conselho de Ministros poderão ser selecionados no seio do Parlamento ou fora. Em seguida, o governo deve ganhar um voto de confiança na Câmara dos Deputados. Caso contrário, será dissolvido e recomeçará todo o processo.

Isolada do sistema parlamentar está a Corte Real, ou Diwan. Todos os cidadãos jordanianos têm o direito de apresentar diretamente uma petição ao rei, sobre qualquer assunto, e essas petições são apresentadas ao Diwan, a que as pessoas chamam "a casa de todos os jordanianos".

As petições podem ser acerca de qualquer tema, desde "Estou falido" ou "Não tenho capacidade para pagar o meu empréstimo", a "Não posso educar os meus filhos", "Tenho um problema de saúde", ou "Não encontro emprego". Parte do papel do presidente da Corte Real é receber todos os cidadãos, ouvir-lhes as petições e transmitir os pedidos ao rei. Com raízes na tradição, esse sistema foi criado quando a Jordânia era um país muito mais reduzido. Agora, com uma população de quase seis milhões de habitantes, o presidente da Corte Real não consegue receber pessoalmente toda a gente e foram criados vários departamentos para tratar de diferentes áreas. As pessoas importantes, porém, ainda conseguem falar pessoalmente com o presidente da Corte Real. E quando visito as zonas rurais do país, é frequente ser abordado diretamente pelas pessoas que me vêm entregar um papel com a sua petição escrita.

Embora a Constituição não o exija formalmente, faz parte da tradição da Jordânia que o governo em funções peça a demissão após a proclamação de um novo rei. Como é evidente, dado o longo reinado de meu pai, essa tradição já não era praticada havia quase meio século. Nos meus primeiros contatos com os oficiais do governo, estes falavam-me dos seus grandes planos para se fazerem melhorias. No entanto, quando fazia a simples pergunta, "Quando?" raramente recebia uma resposta satisfatória. Essa foi a minha primeira indicação de que um governo não funciona como um exército.

Quando se fazem mudanças a um nível superior, os jordanianos tendem a tomá-la como pessoal e a pensar que o oficial substituído terá, de alguma maneira, ido parar à minha lista negra. É claro que tal nunca acontece. O que procuro em todos os meus conselheiros é a capacidade para implementar o meu programa e para executar as suas tarefas de forma expedita. Caso não obtenham resultados, os conselheiros serão substituídos. Em última instância, estamos todos trabalhando para o povo da Jordânia e as pessoas merecem o melhor.

No início de março de 1999, solicitei e recebi a demissão do governo em funções e pedi a Abdul Raouf Rawabdeh, um experiente parlamentar e administrador, para ser o novo primeiro-ministro, e a Abdul Karim Kabariti, um leal confidente de meu pai que fora primeiro-ministro de 1996 a 1997, para ser o novo presidente da Corte Real. Essa primeira decisão de mudar o governo foi uma das mais enervantes que alguma vez tive de tomar. As coisas não se tornam mais fáceis com o tempo, mas a primeira vez foi particularmente difícil. Lembro-me de estar no Palácio

Basman, no complexo da Corte Real, preparando-me para reformar o velho governo e fazer entrar o novo, perguntando a mim mesmo se estaria tomando a decisão mais acertada. Abdul Raouf não era a escolha mais óbvia para a nomeação de primeiro-ministro e sabia que, independentemente da decisão que tomasse, seria sempre alvo de críticas.

Estava numa sala ao pé do salão principal do Diwan quando, absorto nos meus pensamentos, ergui o olhar e vi a imagem de meu pai de farda militar a olhar para mim, com um sorriso. Interpretei isso como sinal de que estava agindo corretamente. Meu pai confiava o suficiente em mim para me fazer rei: agora, tinha de confiar nos meus próprios instintos. Anunciei as mudanças e sustive a respiração.

Duas semanas depois, quando terminou o período de 40 dias de luto por meu pai, tive de tomar outra decisão delicada. Sabia que, posta ao serviço da Jordânia, a energia, a inteligência e a compaixão de minha mulher só iriam trazer benefícios e decidi conferir-lhe o título de rainha. Contudo, também estava ciente do impacto que isso poderia ter em Noor, a viúva de meu pai e rainha havia duas décadas. Foi por essa razão que decidi reunir-me com ela a sós. Compreensiva, Noor disse-me que já era altura de uma nova geração assumir o poder. Além disso, contou-me que, apesar de se mostrar muitas vezes um homem reservado, meu pai lhe referia constantemente o grande amor que tinha por mim, seu orgulho pelos meus êxitos no Exército e que me considerava a pessoa mais indicada para liderar o país quando ele morresse. Agradeci-lhe pela sua grande amabilidade e disse-lhe que apreciava o seu apoio.

A 21 de março de 1999, Rania foi proclamada rainha. Enviei-lhe uma carta pública anunciando esse fato e dizendo: "Nos últimos anos, partilhaste comigo as bênçãos que nos foram concedidas pelo grande pai, o meu pai e pai de todos os jordanianos [...] Agora que Deus me destinou a carregar nos ombros a principal responsabilidade da Jordânia, decido, sobretudo por ser a companheira da minha vida e a mãe de Hussein, que a partir de hoje se torne Sua Majestade a rainha Rania al Abdullah." Dado ainda estarmos todos de luto por meu pai, adiamos a cerimônia formal de subida ao trono que se realizou alguns meses depois.

No dia seguinte, a rainha Noor partia para os Estados Unidos com os filhos Hashim, Iman e Raiyah para que eles recomeçassem a escola na América. Eu e Rania oferecemo-nos para levá-la ao aeroporto. Nos dias que se seguiram à morte de meu pai, a nossa relação tornara-se mais forte do que nunca, mas, no caminho para o aeroporto, sentia uma mudança. Noor mostrava-se educada, mas muito formal e reservada, e senti-me constrangido durante todo o percurso. Desde então que a nossa relação passou a ser de frieza.

Uma das minhas principais prioridades era levar a cabo um programa alargado de reformas sociais e, em particular, visando prestar mais apoio aos membros mais fracos da sociedade. Juntamente com meu governo, começamos a procurar formas de proteger as mulheres e as crianças e a fazer discursos públicos acerca de temas anteriormente considerados tabu, tais como a violência doméstica e os maus tratos infantis.

Um dos maiores tabus era a questão dos chamados homicídios de honra com que me confrontara pela primeira vez quando ainda era um jovem oficial do exército. Por vezes, as mulheres são mortas por membros das suas próprias famílias, normalmente, pais ou irmãos, caso estes sintam que elas desonraram a família mantendo relações indecentes. Um dos meus homens matara a sua prima com uma faca e, depois, viera entregar-se a mim, por ser o seu oficial superior. A família dele reunira-se para debater a questão e ele fora selecionado para realizar o homicídio. Um dos meus melhores chefes de carro de combate, o soldado fora pressionado a seguir um conceito distorcido de "honra" que lhe exigira tirar a vida à jovem prima. Entreguei-o à Polícia Militar, lamentando a terrível perda de duas vidas jovens, e ele foi subsequentemente condenado por homicídio, sendo-lhe sentenciada uma pena de prisão.

Na época, parecera-me um desperdício sem sentido. Agora que tinha condições para influenciar as políticas públicas, estava decidido a agir. Não poderia mudar a mentalidade das pessoas de um dia para o outro, mas poderia agir sobre a forma de investigação e prossecução desses crimes e influenciar o seu tratamento pela sociedade.

Investi sobre várias frentes. Demos início a uma campanha de sensibilização, salientando que esses homicídios estavam moralmente errados e contradiziam os ensinamentos do Islã, e tratamos do código penal e da magistratura. Rania criticava abertamente os "homicídios de honra" e juntou-se a uma manifestação contra essa prática que consistia numa marcha até ao Parlamento. Começamos a prestar apoio institucional às mulheres vítimas de violência doméstica e criamos abrigos para acolhê-las.

Um dos nossos maiores problemas era o fato de as famílias das vítimas nem sempre ter coragem para apresentar queixa. Além disso, muitos juízes consideravam os "homicídios de honra" crimes passionais em vez de homicídios, tendendo a sentenciar penas de prisão de entre seis meses a dois anos. Agora, todos esses crimes são equiparados aos homicídios. Foram estabelecidos até tribunais especiais para tratar desses casos com uma abordagem mais severa. O código penal foi emendado para garantir que os perpetradores não tenham direito a clemência.

Com o tempo, nossos esforços começaram a dar frutos. Com sentenças mais severas, diminuiu o número de casos. O número de "crimes de honra" caiu de 13, em 2008, para dez, em 2009. Contrastando com as penas aplicadas antes de a lei ser emendada, que iam dos seis meses aos dois anos de prisão, os assassinos cujos julgamentos terminaram em 2009 já receberam penas de dez anos de prisão. Contudo, no meu entender, um só caso basta para manchar a honra de todos os jordanianos e não descansarei enquanto não erradicar do nosso país essa visão bárbara da justiça.

Uma das mais frustrantes ideias erradas que o Ocidente tem é a de que todas as mulheres árabes são reprimidas, analfabetas, obrigadas a ficar em casa cuidando dos filhos e forçadas a usar o véu fora de casa. À semelhança da minha mulher, tanto em toda a Jordânia como por todo o mundo árabe, muitas são as mulheres que frequentam a universidade e conduzem carreiras profissionais de grande êxito. Segundo as estatísticas para o sistema educativo da Jordânia, são sempre as moças que obtêm as notas mais altas nos exames do ensino secundário. As nossas mulheres modernas, instruídas e profissionalmente bem-sucedidas têm mais em comum com as mulheres profissionais de Londres, Nova Iorque ou Paris do que com as prisioneiras reprimidas do imaginário ocidental. Enquanto umas optam por cobrir o cabelo com um lenço, outras, como Rania, preferem não o fazer. No entanto, isso não tem nada a ver com a sua capacidade ou o seu êxito profissional. A mulher jordaniana que se veste segundo a tradição e usa lenço na cabeça pode muito bem ter-se doutorado no MIT ou em Harvard. Tal como Rania gosta de dizer: "Devemos julgar as mulheres de acordo com o que elas têm na cabeça e não com o que elas usam na cabeça."

Todavia, é triste constatar que o estereótipo tem o seu quê de verdadeiro. Muitos homens árabes são extremamente preconceituosos e crêem que as mulheres devem ficar em casa a cuidar dos filhos ou limitar-se a um determinado rol de profissões. Posso referir a minha própria família, pois alguns dos meus irmãos e primos opunham-se a que as minhas irmãs, Aisha e Iman, frequentassem Sandhurst – embora ninguém se atrevesse a impedi-las. Algures, pelo caminho, vamos precisar de mais mulheres como elas para erguerem as vozes e declararem: "Deixem-me viver a minha vida como eu quero!"

Rania esforçou-se muito para abordar os conceitos errôneos vigentes acerca das mulheres nas sociedades árabes. Dedicando-se à defesa dos direitos femininos, nestes últimos anos já recorreu às mais modernas ferramentas de comunicação – tais como o YouTube, o Facebook e o Twitter – para divulgar a sua causa. Rania não tardou a aperceber-se de que, num mundo globalmente ligado, permitindo-nos a nós, jordanianos, fazermo-nos ouvir para além das nossas fronteiras, a internet torna irrelevante o tamanho reduzido e a falta de recursos do nosso país. Falando *on line*, ela já poderia ser ouvida em todo o mundo.

A tecnologia é, em muitos aspectos, um equalizador, dando a oportunidade à primeira-dama de um país pequeno como a Jordânia de erguer a sua voz no palco internacional. A partir daí a questão passa a ser encontrar uma forma de garantir que apresentemos argumentos interessantes. Como podemos nos certificar de que fazemos o uso mais eficaz, criativo e divertido dessa ferramenta, de modo a captar a atenção das pessoas para a nossa mensagem? Foi nesse ponto que Rania fez um excelente trabalho, recorrendo às tecnologias para transmitir as suas mensagens acerca da importância da educação e para desafiar os equívocos em torno do Islã e do mundo árabe. Sua obra mais importante tem sido a melhoria dos padrões educativos para as crianças de toda a Jordânia.

Em abril de 2008, Rania lançou a iniciativa Madrasati ("A Minha Escola"), consistindo num programa pioneiro para melhorar a qualidade da educação em quinhentas escolas públicas carentes de todo o reino. A Madrasati assenta-se no simples conceito de que todos partilhamos a responsabilidade pela educação dos nossos filhos. A Madrasati junta empresas, organizações não-governamentais, comunidades e o Ministério da Educação com os pais, os professores e os alunos, na busca de um objetivo comum: a recuperação das escolas mais necessitadas. Desde o seu lançamento, em 2008, que mais de trezentas escolas públicas foram revitalizadas para benefício das vidas de mais de 110 mil alunos. A iniciativa otimizou significativamente as infra-estruturas dessas escolas e introduziu uma série de programas que enriqueceram a experiência educacional, tanto de sensibilização para a saúde, e acesso às tecnologias, entre outros, como de formação de professores.

Alarmada pelas más condições das escolas de Jerusalém Ocidental e pelas perigosas implicações da crescente taxa de abandono escolar numa população que não só valoriza a educação, mas também necessita dela para a sua sobrevivência, em 2010, Rania lançou a Madrasati Palestina. Essa iniciativa irá desenvolver-se com base na experiência da Jordânia e tentará preencher as necessidades específicas das 94 mil crianças palestinas em idade escolar de Jerusalém Oriental. Visa-se sobretudo reintegrar parte das 10 mil crianças atualmente fora do sistema educativo na cidade e melhorar as taxas de graduação, sobretudo entre os rapazes cuja taxa de abandono já é superior aos 50%.

* * *

No início de março de 1999, reativamos as relações diplomáticas com o Kuwait dado que a embaixada não funcionava desde a Guerra do Golfo, embora as relações nunca tivessem oficialmente esfriado. Os ânimos dos kuwaitianos têm estado quentes, uma vez que algumas pessoas têm a noção errada de que, nas suas tentativas para evitar a guerra, meu pai se aliava com Saddam. O fato de Rania ter nascido no Kuwait revelou-se útil para deixar para trás toda essa bagagem. Mais tarde nesse mês, reuni-me com Yasser Arafat, o presidente da OLP e, na altura, presidente da Autoridade Nacional Palestina, quando este me veio visitar em Amã pela primeira vez, desde que me tornara rei. A nossa conversa centrou-se sobre a falta de progressos no processo de paz e a visita a Washington que Arafat tinha agendada. Apesar do seu longo histórico de desavenças com meu pai, sentia que Arafat o respeitava, tendo-se demonstrado bastante comovido quando se curvou diante de seu caixão, no funeral. Estava disposto a ouvi-lo e a ajudá-lo no que pudesse.

Duas semanas depois, para marcar o término do período de quarenta dias de luto pelo meu pai, alguns dos meus conselheiros sugeriram que anistiássemos determinados prisioneiros, como era tradição quando da ascensão de um novo líder. Concordei, sob condição de não libertarmos ninguém acusado de um crime muito grave, tal como um homicídio ou uma violação. Os meus conselheiros apresentaram-me uma lista de setecentas pessoas cujos casos, segundo diziam, tinham sido rigorosamente analisados e eu aprovei a sua libertação. Ambas as câmaras do Parlamento votaram para aprovar a anistia e, alguns dias depois, os primeiros prisioneiros saíram em liberdade. Ahmed Fadil Khalayleh, um homem já bem conhecido como Abu Musab al-Zarqawi, era um deles e jamais deveria ter saído da prisão. Viria a lamentar amargamente o fato de seu nome ter constado dessa lista.

Alguns líderes, tais como Netanyahu e Arafat, tinham vindo visitar-me. Outros, porém, estavam à espera que eu os visitasse. Era uma época delicada. Tendo todos os meus congêneres líderes árabes interagido com meu pai e meu tio, alguns durante décadas, era preciso um grande esforço da minha parte para lhes conquistar o respeito como par. Alguns tinham-se confrontado com meu pai, chegando mesmo a tentar matá-lo. Nesses casos, poderia servir-me do fato de ser principiante no meu cargo para começar da estaca zero.

CAPÍTULO 14

Amigos e Vizinhos

Se há coisa de que o Ocidente já está bem ciente é da diversidade do Oriente Médio. Muito embora os países europeus partilhem a religião e a estrutura política, as diferenças socioculturais podem ser abissais entre um sueco e um grego, ou um alemão e um espanhol. Até os países da Europa que falam a mesma língua, como é o caso da Irlanda, da Inglaterra, da Escócia e do País de Gales, defenderam ferozmente as suas identidades histórico-culturais. Assim, não faz grande sentido falar sobre um "europeu", uma vez que a maioria dos cidadãos da Europa se definirá pela sua identidade nacional.

O Oriente Médio apresenta um grau semelhante de diversidade. Um marroquino será bem diferente de um jordaniano ou de um iemenita. Apesar de grande parte dos países árabes partilhar a religião, o Islã, e a língua, o árabe, surgem importantes dissemelhanças histórico-culturais entre eles e muitos albergam significativas minorias religiosas. A história dos egípcios remonta à antiga civilização dos faraós, enquanto os estados do Golfo se fundem na tradição dos beduínos do deserto. Os turcos e os iranianos falam diferentes idiomas e têm as suas próprias histórias e culturas. Assim, fazer referência aos "árabes todos" será uma generalização tão inadequada como fazer referência aos "europeus todos".

Muito embora, com meu pai, tivesse conhecido os meus congêneres de toda a região, ninguém iria facilitar-me a vida só por ser filho de quem era. Vivo numa região violenta e, como novo rei da Jordânia, estava prestes a descobrir a que grau chegava realmente essa violência. A ocidente tinha não só a Palestina, mas também Israel, que é a única potência nuclear da nossa região. A oriente, tinha o Iraque do Baath, governado por Saddam Hussein que travara guerras com dois dos seus outros vizinhos e tinha um milhão de homens de arma em riste. A norte tinha a Síria, com o astuto Hafez al-Assad que subira ao poder havia quase três décadas. A sul ficava a Arábia Saudita, com as cidades de Meca e Medina, onde o príncipe Abdullah bin Abdulaziz assumira mais responsabilidades desde que seu irmão, o Rei Fahd, adoecera. Para lá do horizonte, no Egito, estava o experiente líder Hosni Mubarak, com quem o meu pai desenvolvera uma sólida amizade. Mais longe ainda, situavam-se a Líbia, os estados do Golfo – o Bahrein, o Kuwait, o Qatar, os Emirados Árabes Unidos e Omã – e, do outro lado do Golfo Pérsico, o Irã. Muitos líderes desses países estavam no poder havia décadas e o mais certo era assim permanecerem ainda por muitos anos. Os presidentes tendiam a manter-se mais tempo no poder do que os reis.

Como um dos mais antigos chefes de Estado no poder, meu pai conhecera pessoalmente todos esses líderes e, até, muitos dos seus antecessores. Uma das coisas que me ensinou foi a entender que a Jordânia tinha necessidade de manter um delicado equilíbrio na política regional. Por vezes, as relações com os nossos vizinhos azedavam. Nas décadas de 50 e 60, quando predominava o nacionalismo árabe, alguns tinham mesmo tentado derrubar ou assassinar meu pai. No entanto, todos tinham vindo prestar homenagem no funeral dele e feito luto pela sua morte. Chegara a minha vez de formar as minhas próprias relações com eles. Com o que aprendera da experiência de meu pai, sabia que seria difícil prever em que situações prestariam ou não apoio.

Saddam Hussein era um líder do qual não me aproximaria muito. Depois de me tornar rei, passei a ter muito pouco contato com ele. Optei por não visitar Bagdá, mas não era assim tão fácil evitar o Iraque, pois este continuava a ser uma fonte de consternação. Na comunidade internacional, surgia a preocupação com a possibilidade de o Iraque atacar novamente um dos seus vizinhos e a suspeita de que Saddam retomara o seu programa de armas biológicas e nucleares.

No último ano de vida de meu pai, as tensões entre Bagdá e os Estados Unidos já cresciam a olhos vistos. Em setembro de 1998, a Lei de Libertação do Iraque apresentada ao Congresso Norte-Americano estipulava o seguinte: "Os Estados Unidos deverão adotar uma política de apoio aos esforços para retirar do poder o regime liderado por Saddam Hussein no Iraque e promover a emergência de um governo democrático para substituir esse regime." A 31 de outubro de 1998, o presidente Clinton aprovou a lei, tornando a "mudança de regime" uma política oficial dos EUA. No dia seguinte, Saddam expulsou do país os inspetores de armamento das Nações Unidas. Seis semanas mais tarde, Clinton lançou um ataque aéreo de quatro dias contra as instalações de armamento iraquiano a partir de porta-aviões estacionados no Golfo Pérsico e as forças britânicas também participaram.

Naquela época, Clinton era alvo de uma intensa pressão de nível nacional. Em 1998, decorria a investigação do seu caso com uma estagiária da Casa Branca e o presidente fora obrigado a depor diante de um Grande Júri. No último dia dos ataques aéreos, 19 de dezembro, a Câmara dos Representantes impugnou Clinton por perjúrio. A absolvição pelo Senado, em fevereiro, não marcaria o fim dos seus problemas.

Meu pai ficou furioso com o implacável ataque jurídico lançado sobre o presidente americano. Fossem quais fossem os defeitos de Clinton, meu pai tinha-o como bom amigo da Jordânia e convicto apoiador do processo de paz, sendo da sua natureza acorrer sempre em defesa dos amigos. Apesar da grande admiração que nutria pelas tradições democráticas da América, de vez em quando, meu pai considerava que as coisas poderiam ir longe demais. Para ele, a investigação em torno da vida pessoal de Clinton era uma autêntica telenovela e ficava muito consternado por ver as pessoas a atacarem o presidente com tal ferocidade. Lembro-me de estar vendo televisão com ele na Clínica Mayo, quando o líder da investigação, Ken Starr, apareceu no noticiário. Meu pai mal se conseguia conter e manifestou seu forte desacordo com a forma como Starr conduzia a investigação. "Se viesse a conhecer esse homem, dizia-lhe poucas e boas," desabafou ele – e não se ficou por ali. Nessa noite, saí da clínica satisfeito por ter constatado que ele estava animado e ainda tinha o seu espírito de luta.

Uma das diferenças entre a política no Oriente Médio e a política na Europa e na América é a sua natureza profundamente pessoal. No Ocidente, os assuntos internacionais tendem a ser conduzidos por meio de instituições e quadros permanentes de funcionários públicos que proporcionam a continuidade das políticas, enquanto os líderes políticos entram e saem da ribalta. As relações pessoais tendem a ser menos importantes do que o conjunto mais acertado de argumentos e contra-argumentos.

Contudo, na minha parte do mundo, as pessoas gostam de se entender cara a cara. Orgulhamo-nos da nossa cultura de hospitalidade que amiúde implica muitas refeições e socializações. No Ocidente, é perfeitamente aceitável ter uma reunião de vinte minutos com o chefe de Estado, tratar de alguns assuntos e seguir adiante. No mundo árabe considera-se má educação fazer visitas breves. A forma mais adequada de receber convidados de honra é oferecer-lhes um faustoso jantar. O verdadeiro trabalho faz-se em conversas informais, após a refeição, e não em reuniões oficiais.

Sabia que teria de construir relações pessoais com os meus congêneres líderes árabes. Os centros de poder do Oriente Médio são o Egito, a Arábia Saudita, a Síria e o Iraque, devido às suas dimensões e à sua importância histórica, e os países do Golfo, devido à sua riqueza e influência. Teria de me encontrar com os líderes de todas essas nações para estabelecer boas relações com eles. Foi por isso que, em março de 1999, embarquei numa viagem alucinante pela região, a começar pelo Egito, onde me reuni com o presidente Hosni Mubarak.

Há séculos que o Egito é um importante centro de poder regional, devido às suas dimensões, à sua história e às suas instituições religiosas. O Cairo acolhe a Universidade Al Azhar que, com mais de mil anos, é uma das mais antigas do mundo, e os egípcios gostam de se referir ao seu país, em árabe, como *um al dunya*, "a mãe do mundo".

Desde o início da década de 80 que os Mubarak são amigos da nossa família, por isso, já conhecia Hosni Mubarak e o filho

Gamal. Depois da calorosa recepção que Mubarak me fez, conversamos sobre alguns dos desafios que ambos enfrentávamos e, sobretudo, da dificuldade em proporcionar emprego e oportunidades a uma população jovem que se debatia com terríveis condições de pobreza e desemprego. Mubarak referiu o grande sofrimento que o assassinato de Rabin infligira à região, uns anos antes. Rabin estava disposto a fazer consideráveis sacrifícios pela paz e ambos refletimos sobre o quanto teria beneficiado todo o Oriente Médio com a sua forte determinação em entender-se com os palestinos. Olhando para lá das nossas fronteiras, para Israel, nenhum de nós via um líder com força suficiente para convencer os seus conterrâneos, como Rabin poderia ter feito. O impasse do processo de paz e a sua revitalização eram, e continuariam a ser em todas as nossas reuniões seguintes, pontos prioritários na nossa ordem de trabalhos. Falamos sobre a necessidade de promover um avanço que encarreirasse novamente a região no sentido de se chegar a um acordo com base na solução de dois Estados.

Não muito tempo depois, no início de abril, fui a Jeddah, fazer uma visita ao rei Fahd bin Abdulaziz al Saud e ao irmão, o príncipe real Abdullah. Nos últimos anos, o príncipe real assumira grandes responsabilidades pelo governo da Arábia Saudita, devido à deterioração do estado de saúde do rei Fahd. Conheci o príncipe Abdullah na década de 70 quando, em férias de Deerfield, fui com meu pai e Feisal a Taif, uma cidade na montanha onde a Corte Real saudita passa o verão. Fiquei sentado ao seu lado num jantar e lembro-me de refletir sobre o fato de aquele homem com quase quarenta anos a mais do que eu ter o mesmo nome que eu. Tinha excelente pontaria e contou-me episódios em que apagara cigarros com um tiro de pistola. Como também adorava montar, fartou-se de me falar sobre os seus cavalos.

Contudo, embora eu e o príncipe real Abdullah mantivéssemos uma boa relação pessoal, historicamente, a relação entre a Jordânia e a Arábia Saudita sempre fora delicada. A família Hachemita era oriunda do Hejaz e governara as cidades sagradas de Meca e Medina durante mais de setecentos anos. Em 1925, os Hachemitas perderam esses territórios para Ibn Saud que fundou o moderno Reino da Arábia Saudita. A sólida relação que meu pai mantinha com os sauditas fora prejudicada pela sua posição na Guerra do Golfo de 1991. No entanto, não sendo pessoa para deixar a política interferir com a relação pessoal, o príncipe real Abdullah foi visitar meu pai, na sua casa de Washington, nos últimos meses da sua vida, e levou-lhe água de Zamzam, retirada de um poço da cidade sagrada de Meca. Além de lhe servir a água para lhe dar sorte, também lhe levou um exemplar do Alcorão. Comovido com esse gesto, meu pai havia de mencioná-lo várias vezes com uma afetuosa gratidão, durante os dias que se seguiram.

Fora várias vezes à Arábia Saudita quando estava nas Forças Especiais e já conhecia parte da geração mais jovem, incluindo dois dos filhos do príncipe real Abdullah, Mutaib e Abdulaziz. Tendo conversado bastante sobre as desavenças históricas entre as nossas famílias, concluímos que devíamos pôr à parte a história para nos centrarmos no fortalecimento da nossa relação.

Abdullah, que sucedeu ao rei Fahd em 2005, é um líder que apresenta uma rara combinação de tradição e modernidade, com a capacidade de se aperceber instintivamente daquilo que estimula as pessoas na nossa região. Com valores firmemente arraigados no patrimônio e na cultura nacionais, tem uma visão de grande alcance para o futuro do seu povo. Conservadora, a sociedade saudita segue a tradição e impõe uma rígida segregação entre homens e mulheres. No entanto, a 5 de setembro de 2009, a Universidade de Ciência e Tecnologia rei Abdullah, a primeira instituição superior mista da Arábia Saudita, situada perto de Jidá, no Mar Vermelho, abriu as suas portas. Quando um clérigo superior saudita censurou a natureza mista da universidade, o rei Abdullah destituiu-o do seu cargo. Sob o seu reinado, a Arábia Saudita registou um extraordinário desenvolvimento ao nível da educação, das telecomunicações e das infra-estruturas. Sua política conduziu a uma significativa diversificação da economia e facilitou o crescimento do setor privado. O rei Abdullah introduziu importantes reformas no sistema judicial, reestruturando os tribunais e criando um supremo tribunal de justiça para obter uniformidade nos vereditos. Pela primeira vez, na história do país, uma mulher foi nomeada ministra-adjunta do conselho de ministros.

O rei Abdullah é daquele tipo de pessoa que se leva algum tempo a conhecer, mas com quem se forma relações geralmente muito sólidas. Gosta de ver o noticiário enquanto come e percebemos que somos convidados de honra sempre que ele se mostra suficientemente descontraído ao nosso lado para nos receber num cenário mais informal, com o televisor ligado. Anfitrião muito atencioso, em alguns jantares de Estado em que estive presente acompanhou-me, observando os vários pratos tradicionais de arroz, cordeiro e pastéis, parando diante dos mais apetitosos para os provar e, depois, servir-me. Era um bom amigo e um firme apoiador da Jordânia.

Posteriormente, nesse mês, fui a Omã encontrar-me com o sultão Qaboos Bin Said Al Said, no deserto, perto de Nizwa, uma povoação cerca de 193 km a sudoeste da capital, Mascate. Todos os anos, o sultão faz uma viagem de três meses pelas diferentes regiões de Omã, acompanhado dos seus ministros. Tendo, tal como eu próprio, estudado em Sandhurst, o sultão é um homem modesto e meticuloso, sempre impecavelmente vestido. Prestando muita atenção à forma como o seu país é gerido, fez Omã avançar do século XII para o século XXI, sem perder de vista o seu rico patrimônio como país ligado ao mar. (Reza a tradição que Sinbad o Marinheiro nasceu numa pequena aldeia pesqueira a noroeste de Mascate.)

Espantosamente, o sultão de Omã tem muito poucos inimigos. Sua capacidade para manter relações de amizade com iranianos e americanos simultâneamente atesta-lhe as qualidades de imparcialidade e o dom para a diplomacia. Com meu pai, mantinha uma relação muito sólida, em parte pelo fato de meu pai lhe ter enviado tropas jordanianas para ajudá-lo a derrotar os rebeldes que lideraram uma insurreição contra ele nas décadas de 60 e 70. A Rebelião de Dhofar começou como um protesto contra o governo do pai do sultão, Said Bin Taimur, mas, em 1970, quando o atual sultão chegou ao poder, os rebeldes já tinham adotado o marxismo, recebendo o apoio da China e da União Soviética. Quando a rebelião acabou por ser derrotada, em 1975, o Sultão Qaboos procedeu à modernização do país.

Centrando-se na educação, no papel das mulheres e na estabilidade política, esforçou-se por garantir que seu país desenvolveria instituições eficientes e se voltaria para o futuro. Seu governo tem sempre planos a cinco anos e Omã colocou de lado fundos para quando o petróleo acabar. Embora desempenhe um papel discreto no palco mundial, na nossa região o sultão goza de um estatuto extremamente elevado. Os líderes ocidentais que o conhecem prestam sempre muita atenção ao que ele diz. Uma das pessoas que mais me apoiou e ajudou, desde a morte de meu pai, foi o sultão. Dá-me sempre bons conselhos e, em regra, apresenta-me formas absolutamente originais de encarar as situações. Nos meus primeiros anos de reinado, me beneficiei muito dos seus conselhos.

Segui caminho para os Emirados Árabes Unidos, reunindo-me com o xeque Zayed bin Sultan al Nahyan, o emir de Abu Dhabi e presidente dos EAU. Foi ele que encabeçou a espantosa transformação de Abu Dhabi e do resto dos EAU num dos mais modernos países árabes, proporcionando fervilhantes centros de negócios, cultura e educação. Quando morreu, em 2004, a região perdeu um grande líder, conhecido pela sabedoria, visão e compaixão. O sucessor, o xeque Khalifa, deu continuidade à tradição de governo do pai, demonstrando tolerância e discernimento. O xeque Zayed deu muito apoio à Jordânia e esteve sempre presente quando precisei de ajuda. Sou muito amigo do filho dele, Mohammed bin Zayed al Nahyan.

Depois dos EAU, fui a Sirte, uma povoação costeira situada a cerca de 400 km a leste de Trípoli, na Líbia, ter com o coronel Muammar Qadhafi. Quando tomou o poder, no golpe militar de 1969, Qadhafi aliou-se a várias facções extremistas de toda a região. Em 1982, traçou um plano para fazer entrar mísseis superfície-ar na Jordânia e posicioná-los nos aeroportos de Amã e Aqaba para assim poder abater o avião de meu pai. Quando Qadhafi o incumbiu de realizar esse esquema, o embaixador da Líbia ficou horrorizado. Sabendo que seria preso ou pior, caso recusasse aquela ordem, o homem fingiu acatá-la, mas, perto da data do cumprimento da missão, desertou para a Jordânia e contou tudo a meu pai.

No ano seguinte, para espanto de muitos ocidentais, meu pai convidou o coronel Qadhafi para ir à Jordânia reconciliar-se publicamente com ele. A 10 de junho de 1983, um jato aterrissou no aeroporto militar de Amã e Qadhafi surgiu acompanhado de um grupo de mulheres guarda-costas, todas jovens, envergando coletes de safari e calções de combate ao estilo cubano, pequenos bonés em bico cobrindo penteados afro, e armadas. Após uma sessão de duas horas de conversações, meu pai convidou Qadhafi a passar a noite na Jordânia, antes de seguir viagem para a Síria. Para um forasteiro, essa poderá ser uma forma estranha de tratar um homem que no ano anterior nos tentara matar, mas meu pai gostava de manter os amigos perto e os inimigos ainda mais perto.

Meu pai sabia que o Oriente Médio era um lugar apinhado e, ao longo das suas três décadas de reinado, tinha aprendido que o inimigo de hoje pode ser o amigo de amanhã. Não fazia sentido guardar rancores. Tal como os membros de uma família alargada, os líderes dos vinte e dois países árabes ainda teriam de lidar uns com os outros durante uns bons anos. Com o tempo, meu pai e Qadhafi tornaram-se tão próximos que, quando me tornei comandante das Operações Especiais, até fui enviado para a Líbia com a tarefa de negociar uma cooperação militar. Foi nessas viagens que vim a conhecer os filhos de Qadhafi.

Meu pai adotou uma abordagem igualmente esclarecida no que dizia respeito a seus opositores nacionais. A Jordânia é um país pequeno e ele sabia que teria de viver não só com as pessoas que disciplinava, mas também com as respectivas famílias. O castigo tradicional que se aplica no Oriente Médio a quem conspira para derrubar um governo é a execução. No entanto, meu pai optaria muitas vezes por exilar durante alguns anos as pessoas que conspiravam contra ele, recebendo-os bem no seu regresso à Jordânia. Por vezes, chegava mesmo a oferecer ao conspirador um cargo no governo quando do seu regresso. Era a sua forma de demonstrar perdão e inspirar lealdade. Talvez assim essas pessoas pensassem duas vezes antes de tentarem novamente prejudicar o homem que demonstrara tanta bondade para com elas. Aprendera muito a observar meu pai na liderança do país, mas sabia que, com a sua morte, teria de encontrar a minha própria abordagem.

* * *

Em finais de abril, fui visitar a Síria. As relações entre a Síria e a Jordânia tinham ficado tensas desde que meu pai assinara um tratado de paz com Israel, em 1994. Hafez al-Assad ficou furioso por a Jordânia não ter esperado que ele concluísse as suas próprias negociações com os israelenses em torno dos montes Golã, invadidos pelo Exército Israelense, em 1967. Depois desse tratado, Assad só voltou a Amã para o funeral de meu pai. Assim, ao visitar Damasco teria a oportunidade de reajustar as relações.

Conhecia um pouco Assad e sabia que tipo de homem ele era. Nos finais da década de 80, quando o clima de tensão entre ele e Saddam Hussein estava quente – Saddam estava envolvido numa prolongada guerra violenta com o Irã e Assad se alinhava com os iranianos – meu pai seguiu o conselho de Winston Churchill, de que "o falar, falar é sempre melhor do que o guerrear, guerrear"*, e, discretamente, persuadiu os dois homens a encontrar-se. O local escolhido foi Al Jafr, uma aldeia remota do deserto cerca de 225 km a sul de Amã. Nessa altura, como era oficial militar e pilotava helicópteros Cobra, a minha unidade integrava-se na equipe de segurança aérea. A Guarda Real isolou o local da reunião, colocando soldados armados ao longo de todo o perímetro e da pista de aterrissagem. Além disso, separamos o complexo em duas metades, uma para os sírios e outra para os iraquianos, e preparamos as acomodações.

Terminados os preparativos, meu pai pediu-me para me juntar a ele. "Fique ao meu lado e observe os acontecimentos", disse ele. Retrospectivamente, apercebo-me de que ele queria que eu tivesse um vislumbre da diplomacia internacional, por ser um mundo tão alheio ao meu domínio de oficial do Exército.

Nessa época, tanto a Síria como o Iraque eram governados pelo partido Baath, que seguia uma espécie de socialismo secular árabe. Nos finais da década de 60, o partido Baath, que se formara na Síria, sofreu uma ruptura. Exilados, os fundadores mudaram-se para o Iraque e não tardaram a aí atraírem seguidores, apoderando-se do governo em 1968. Ao longo dos anos, as

* A citação original é: "to jaw jaw is always better than to war war." (*N. da T.*)

relações entre a Síria e o Iraque do Baath foram variando entre o clima de alta tensão e o espírito de colaboração e, em meados dos anos 80, quando meu pai as juntou, as duas importantes potências militares já competiam pela supremacia regional.

No fim da tarde do dia agendado, pelo deserto começaram a soar motores de avião e vários jatos com bandeiras sírias nas caudas aterrissaram e deslizaram pela pista improvisada. Foi acompanhado de cerca de cinquenta soldados com fuzis de assalto AK-47 que Hafez al-Assad saiu do avião. Meu pai cumprimentou-o e conduziu-o com a sua delegação até à metade síria do complexo.

Cerca de meia hora depois, aterrissaram mais aviões, dessa vez ostentando as cores do Iraque. Saddam Hussein saiu do avião principal acompanhado de cerca de cinquenta soldados iraquianos altamente armados. Meu pai recebeu Saddam e conduziu-o à zona da delegação iraquiana.

Assisti a todo o processo com o Dr. Samir Farraj, o médico pessoal de meu pai. Ao entardecer, os nossos soldados instalaram poderosos holofotes que iluminaram toda a área como a luz do dia. Queríamos evitar a ocorrência de qualquer confusão provocada pelas sombras da noite.

Depois de levar Saddam e Assad para a sala de reuniões que preparara, meu pai saiu e ficou fora à espera com os outros. A reunião demorou várias horas, com meu pai sempre mandando café e comida, terminando, por fim, ao amanhecer. Afastando-se com Saddam, meu pai perguntou-lhe como correra a reunião e este respondeu-lhe com impaciência que não falara mais do que quinze minutos. Limitar uma pessoa com o enorme ego de Saddam a quase só ouvir não era boa ideia. Apesar de todos os seus esforços, meu pai não foi capaz de convencer os dois homens a reconciliarem-se e eles partiram da reunião no deserto em termos de hostilidade. Contudo, ambos os líderes respeitaram a tentativa de meu pai de agir como pacificador. Quanto a mim, aprendera a valiosa lição de que a diplomacia exige muita paciência.

Como eu tinha sido convidado a ir a Washington visitar o presidente Clinton em maio, quando me encontrei, em Damasco, com o presidente Assad, este pediu-me para levar a Clinton a mensagem de que estava disposto a conversar com os americanos. Depois de lhe garantir que passaria a mensagem, discutimos o processo de paz e dos direitos das águas. Falamos também sobre o filho dele, Bashar, que conheci nessa ocasião. Nos dávamos bem. Quase septuagenário, creio que Hafez al-Assad se sentia entusiasmado com a perspectiva de eu e o filho nos tornarmos amigos.

O presidente Assad morreu inesperadamente apenas um ano depois da minha visita e foi sucedido pelo filho. Embora eu e Bashar não concordemos em todos os aspectos da política regional, os nossos países colaboram mais do que nunca. Consultamo-nos acerca do processo de paz e expandimos nossa cooperação a muitas áreas, incluindo a dos projetos de energia regional. Encorajamos os setores privados a forjar elos mais sólidos. Até os nossos filhos mais novos criaram laços. Na nossa primeira visita as crianças mostraram-se todas muito tímidas, mas não tardou que descobrissem um interesse comum nos Super Mario Brothers – e agora entendem-se muito bem.

A última parada da minha viagem pela zona era Gaza, onde tive a minha primeira reunião oficial com Arafat, no meu cargo de rei. Arafat fora a Amã para o funeral de meu pai, mas nessa ocasião não falamos.

Meu pai e Arafat tornaram-se mais íntimos perto do fim das suas vidas. Por vezes participava nas reuniões deles e meu pai desatava a rir por me ver imóvel, sem poder fazer nada, enquanto Arafat me enchia de beijos. Nessa altura, tendo recebido o Prêmio Nobel da Paz, com Yitzhak Rabin e Shimon Peres, em 1994, Arafat já assumira o papel de estadista mais velho.

Ao juntarmo-nos para almoçar, cada qual acompanhado pelas respectivas delegações, Arafat declarou: "O povo palestino da Cisjordânia e da Transjordânia lhes dá as boas vindas a Gaza!" A minha equipe sentiu-se indignada, pois Arafat sugeria que ainda detinha alguma influência política sobre a Jordânia, a "Transjordânia", evocando a memória da sua tentativa falhada de derrubar meu pai, em 1970.

Arafat também se referia ao avultado número de jordanianos de origem palestina. Jamais desistiu de se proclamar o representante de todos os palestinos expulsos dos seus lares em Israel ou obrigados a fugir das guerras. Durante e após a Guerra Israelo-Árabe de 1948, uma vaga de refugiados da Palestina foi para a

Jordânia, aumentando significativamente uma população de 433 mil habitantes. Esses refugiados receberam a cidadania jordaniana. A segunda vaga de palestinos a atravessar o rio Jordão ocorreu no rescaldo da guerra de 1967 – já tinham a nacionalidade jordaniana, uma vez que viviam sobretudo na Cisjordânia, que pertencia à Jordânia. Em 1999, cerca de 43% da população da Jordânia era de origem palestina.

Deixei aquele curioso comentário passar mas, mais tarde, disse o que tinha a dizer num *tête-à-tête*: "O povo palestino receberá sempre o meu apoio a 110% na busca de um Estado palestino. Assim que os palestinos conseguirem seu direito ao estatuto de Estado, os jordanianos de origem palestina terão, por fim, o direito de escolher onde preferem viver. Os que quiserem ser cidadãos palestinos e mudar-se para a Palestina poderão fazê-lo, tal como todos os nossos cidadãos que optem por ficar na Jordânia, independentemente de seu passado ou de sua origem, permanecerão cidadãos jordanianos. A sua lealdade será para com a bandeira jordaniana, e não para com a palestina, ao contrário de que acontece atualmente com alguns."

Vislumbrei um ligeiro sorriso perpassar os lábios do velho combatente pela liberdade. A referência à "Transjordânia" fora um teste à minha autoridade e creio que minha reação o surpreendeu.

Deixando de tratar da política interna do mundo árabe, abordamos a tentativa de revitalizar os Acordos de Wye e as implicações da eleição de Ehud Barak como primeiro-ministro de Israel. Tanto eu como Arafat éramos da opinião que seria importante para os árabes manter uma frente unida em quaisquer negociações com os israelenses. Discutimos a possibilidade de o novo primeiro-ministro israelense tentar dividir os árabes, abrindo negociações de paz com a Síria. Arafat estava curioso acerca da minha interação com Assad, pois receava que o líder sírio pudesse aceder a propostas dos israelenses, em detrimento dos palestinos. Quanto a isso, disse-lhe que não me parecia que Assad aceitasse um acordo dessa natureza. Ao regressar à Jordânia, perguntava-me se Barak iria ou não mostrar-se de acordo com as nossas esperança e expectativas.

CAPÍTULO 15

Transformar a Jordânia

Quando me tornei rei, em fevereiro de 1999, o primeiro desafio que enfrentei não foi uma guerra ou um atentado terrorista, mas sim o dilema de retirar a economia jordaniana de uma crise de curto prazo, para colocá-la num rumo de forte e duradouro crescimento.

Embora meu pai tivesse deixado ao país um rico legado de paz, estabilidade política e sólido estatuto internacional, a Jordânia passava por dificuldades na economia. No decorrer da década de 90, a economia tinha sofrido com as repercussões da invasão iraquiana do Kuwait. Interpretando o empenho de meu pai em cessar a guerra como pôr-se do lado de Saddam, os países do Golfo tinham reduzido dramaticamente as ajudas, os empréstimos e os investimentos na Jordânia. Se, por um lado, o regresso de um grande número de trabalhadores jordanianos expatriados dos países do Golfo, sobretudo do Kuwait e da Arábia Saudita, implicara a perda das suas remessas para o país, por outro, a imposição de sanções ao Iraque fora-nos particularmente nociva, pois o Iraque era não só o nosso principal parceiro comercial, mas também o nosso mais importante abastecedor de petróleo, que nos fornecia em condições de favor.

O crescimento econômico abrandou e o governo teve de recorrer a empréstimos estrangeiros para travar a despesa. Nos finais de 1998, a dívida externa já ultrapassara 100% do nosso PIB. Prestes a perder a capacidade de honrar a dívida, a Jordânia voltou-se para o Fundo Monetário Internacional, tal como acontecera na anterior crise da dívida, em 1989, e, um mês após a minha subida ao trono, obtivemos um novo apoio financeiro do FMI, seguido de um reescalonamento da nossa dívida ao Clube de Paris de credores internacionais.

A dificuldade imediata ficou resolvida, mas precisávamos de mais do que um remédio rápido. Nos meus tempos do Exército, tendo falado com muitos soldados, ido às suas aldeias e conhecido as suas famílias, sabia que uma boa parte da nossa população se debatia com problemas financeiros. A minha prioridade era – e ainda é – conseguir proporcionar uma vida decente aos cidadãos da Jordânia. Foi nesse sentido que estabeleci como objetivo de meu governo erigir as fundações para um sólido e estável crescimento econômico.

Essa não era uma tarefa fácil para uma economia tão reduzida e vulnerável como a nossa. Além de não ter petróleo, a Jordânia dispõe de limitados recursos naturais. Nossa água e terra agrícola são escassas, nunca tivemos uma base industrial muito robusta e, com uma população de apenas quatro milhões e meio de habitantes, em 1999, dificilmente nos tornaríamos um poderoso centro econômico. Teríamos de aprender a ser competidores mais eficientes nesta nova era de globalização, em que o desmantelamento das barreiras comerciais e ao investimento expôs muitos países a uma concorrência por demais feroz em termos de mercados e de investimento.

Reunindo uma equipe de talentosos conselheiros econômicos, entre os quais Bassem Awadallah, economista doutorado da London School of Economics que vinha da banca de investimento, e Samir Rifai, formado em Harvard e Cambridge e filho do fiel conselheiro de meu pai, Zaid Rifai, pedi-lhes que me apresentassem ideias ousadas e inovadoras para lançar a recuperação econômica da Jordânia. Desde logo os admoestei: "Não temos tempo a perder com debates e teorias complexas. Pretendo simplesmente saber o que fazer." A equipe elaborou uma série de propostas que se baseavam nas medidas introduzidas pelo programa de ajuste estrutural do FMI nos finais da década de 80: privatizar as empresas estatais, reduzir a burocracia estatal, pôr fim aos subsídios, melhorar a educação, promover indústrias inovadoras, eliminar as barreiras comerciais e levar público e setores privados a trabalhar em conjunto na promoção de indústrias como a das tecnologias de informação, a farmacêutica e a dos novos meios de comunicação social.

Tínhamos um problema de base. Muito daquilo que podíamos fazer iria custar muito, a curto prazo. Uma boa parte dos benefícios levaria anos para fazer-se sentir. Para além disso, sabíamos bastante bem que o anterior conjunto de medidas estruturais havia desencadeado tumultos. Habituadas aos velhos costumes, várias pessoas resistiriam à mudança – ou negariam a sua possibilidade.

Tal como concordavam os meus conselheiros, a grande prioridade era a Jordânia aderir à Organização Mundial do Comércio (OMC), uma organização internacional formada em 1995 para promover o livre comércio entre os países, com a redução das pautas aduaneiras sobre as importações e as exportações. Aderindo à OMC, a Jordânia poderia exportar seus produtos para mais de cem países e gozar de pautas aduaneiras muitíssimo reduzidas. Em troca, os outros membros da OMC poderiam exportar para a Jordânia nas mesmas condições. A Jordânia encetara a sua aplicação em 1995, mas o processo ficou parado e eu me comprometi a fazer tudo o que pudesse para lhe dar andamento.

Foi em meados de maio de 1999, apenas três meses depois de me ter tornado rei, que fiz a minha primeira visita aos Estados Unidos. Dado o meu pai ter mantido uma relação de grande proximidade com o presidente Clinton, antes de partir escrevi-lhe uma carta, contando-lhe o valor que essa amizade tinha para meu pai. Não sei se foi a carta, ou se foram os bons sentimentos que meu pai nutrira por ele, mas, quando nos encontramos na Casa Branca, Clinton mostrou-se bastante expansivo: "O que posso eu fazer para ajudar a Jordânia?", perguntou ele com um sorriso rasgado.

"Ajude-nos a tornar-nos membros da Organização Mundial do Comércio", apressei-me eu a responder. Creio que ele não esperava nada aquele pedido. Em geral, os países em más condições financeiras limitam-se a pedir ajudas mais diretas, mas eu não queria esmolas. O que pretendia era que nos dessem a oportunidade de nos ajudarmos a nós próprios. Clinton tomou nota do meu pedido, mas não lhe deu uma resposta imediata, passando o tema a ser debatido com a administração americana, que acabou por nos apoiar a candidatura. Onze meses depois, em abril de 2000, a Jordânia tornou-se membro da OMC.

Passando da economia para a política regional, falei ao presidente da minha recente ida a Damasco e do desejo do presidente Hafez al-Assad em reunir-se com ele. Clinton sorriu, agradeceu por lhe ter passado a mensagem e disse que iria ver o que poderia fazer. Fiel à sua palavra, no ano seguinte, o presidente americano encontrou-se pela primeira vez com Assad, em Genebra. A paz israelo-síria foi o principal tema debatido na reunião, mas não se fizeram progressos. Assad insistia na retirada total dos israelenses dos montes Golã para as fronteiras de 4 de junho de 1967. Em conversações anteriores com os sírios, Israel exigira que se alterasse essa fronteira. Clinton não conseguiu levar Assad a mudar de posição e o impasse manteve-se.

O governo norte-americano era um excelente anfitrião, mas notava um chocante contraste relativamente às visitas anteriores. Já não podia sair discretamente para ir ao cinema com os meus amigos. Em vez disso, e tal como constatei quando fui ver o filme *Matrix*, tinha um cortejo de seis automóveis dos Serviços Secretos atrás de mim, com as sirenes acesas. Para ir tranquilamente ao cinema, teria de me livrar do meu destacamento de seguranças e esgueirar-me em segredo.

Alguns líderes do Oriente Médio julgam que lidar com os Estados Unidos se resume à relação que mantemos com o presidente deles. Na nossa zona, é essencial conhecer os chefes de Estado pessoalmente, uma vez que o poder tende a estar altamente centralizado. Se o homem lá de cima diz que quer alguma coisa, tê-la-á. Contudo, nos Estados Unidos, o poder político está muito mais disperso. Nos tempos que passei em Deerfield e Georgetown, aprendera muito acerca das complexidades do sistema político americano.

Em 1985, eu estava nos Estados Unidos frequentando um curso militar quando meu pai se encontrou com o presidente Reagan. Fui ter com ele logo após a reunião e o vi todo embevecido, pois Reagan aceitara prestar um grande auxílio à Jordânia, fornecendo-lhe um pacote de armas defensivas. Apesar de ter avisado meu pai que o Congresso Americano dificilmente aprovaria uma tal proposta, ele continuava a pensar que o acordo pessoal de Reagan seria suficiente. "O presidente dos Estados Unidos deu-me a sua palavra!", contrapôs ele. A verdade era que, sem o consentimento do Congresso, nem o presidente, com a sua palavra, conseguiria obter o que queria.

Uma visita que se preze à América demora pelo menos uma semana. Em primeiro lugar, reunimo-nos com o presidente e o vice-presidente. Em segundo lugar, encontramo-nos com o secretário de Estado, o secretário da Defesa e, idealmente, com o conselheiro de Segurança Nacional. Em terceiro lugar, vemos os agentes dos serviços secretos e os oficiais militares. Por fim, no que toca à política, também temos de lidar com o Senado e com a Câmara dos Representantes. Em geral, passo dois longos dias no Congresso, reunindo-me com deputados de um máximo de dez comitês diferentes do Senado e da Câmara dos Representantes, republicanos e democratas. Na América temos de fazer trabalhar as engrenagens do sistema. Não tem apenas a ver com conseguir luz verde da Casa Branca. O desafio é conseguir o apoio tanto da Casa Branca como do Capitólio.

De regresso à Jordânia, esperavam-me vários problemas internos. Estava ansioso por melhorar as vidas dos jordanianos, mas desconfiava que privatizar as empresas estatais e fazer os oficiais e funcionários públicos responder por conjuntos mais vigorosos de medidas de desempenho não cairia muito bem. Antes disso, tentaria realizar melhorias mais tangíveis do que as que se poderiam ver e compreender.

Um bom exemplo da magnitude das mudanças que enfrentávamos era o Hospital Al Bashir de Amã. Como maior hospital de gestão pública da capital, o Al Bashir tinha uma grande procura. No entanto, quando fui visitá-lo, em abril, encontrei-o em péssimas condições. As enfermarias estavam apinhadas e imundas, e não havia um único elevador funcionando no edifício inteiro. Os médicos tinham compridas filas de pacientes à espera e muito pouco apoio. Estupefato com aquela situação, disse ao ministro da Saúde para resolvê-la – e depressa.

No Exército, quando mandamos fazer alguma coisa, ela é feita. Tal como começava a constatar, com ministros do governo civil temos de adotar outra abordagem. Para começar, os exércitos marcham com ritmo e tudo acontece segundo um calendário fixo: atacamos a determinada altura, acordamos a uma certa hora e contamos que nos cumpram as tarefas dentro de um dado prazo. O funcionamento do governo, por sua vez, não é necessariamente igual.

Duas semanas depois, fiz uma visita de acompanhamento ao hospital e verifiquei que não se tinha feito nada. Os elevadores continuavam avariados e todo o edifício se mantinha profundamente sujo. Depois de insistir com o ministro da Saúde que falava a sério quanto a querer ver melhorias, ao regressar dos Estados Unidos, fiz uma terceira visita ao hospital.

Elucidada acerca das minhas intenções com a minha terceira visita, a administração do hospital procedeu a melhoria as condições. Contudo, a ineficácia dos serviços públicos era um desafio de nível nacional que não se confinava a Amã. A Corte Real começou a receber muita informação relativa a outros problemas. Para minha frustração, das várias vezes que tentei abordar essas questões com os ministros relevantes, estes me respondiam que os relatórios eram exagerados e que estava tudo bem. Não tardei a perceber que tinha de ver com os meus próprios olhos o que se estava se passando.

Meu pai costumava dizer-me que, quando queria sentir o pulso do país, cobria o rosto com um lenço axadrezado tradicional e percorria Amã à noite num velho táxi desgastado, apanhando passageiros. A cada um deles perguntava: "Como está a economia? O que pensa da situação israelo-palestina? Como lhe parece a nova política do rei?" Certa ocasião, para dar início à conversa, meu pai declarara ao seu passageiro: "Este rei não presta." O homem sacara de uma faca e retorquira: "Ouça, se falar mal deste rei, corto-lhe já o pescoço!" Meu pai só conseguiu acalmar o homem retirando o lenço e revelando-lhe a sua verdadeira identidade.

Assim, decidi procurar uma forma discreta de visitar as instituições governamentais para ver o que lá se passava realmente. Mandei fazer vários disfarces que não descreverei aqui ao pormenor, uma vez que ainda me sirvo deles. Basta dizer que, quando os utilizo, ninguém poderá tomar-me por um rei.

Incógnito, fui às sedes e às instalações governamentais de todo o país, de norte a sul. Acompanhado apenas por um reduzido destacamento de segurança, visitei hospitais, departamentos de finanças, esquadras e muitas outras divisões da burocracia. Por vezes, o público desmascarava-me, mas era raro. Se considerasse que tratavam mal as pessoas, falaria nisso ao ministro competente em Amã, com a vantagem de já perceber se me omitiam informação.

Certa vez, visitei um departamento de finanças que era uma autêntica confusão. Os registos das pessoas estavam metidos em caixas espalhadas pelo chão. Para testá-los, retirei uma série de pastas de uma das caixas e dirigi-me à porta. É evidente que ninguém me veio impedir. Creio até que nenhum dos funcionários reparou em mim.

No dia seguinte, confrontei o ministério e exigi saber por que razão tratavam com tanto desmazelo informações confidenciais a respeito das pessoas. Um dos burocratas disse-me que eu fora mal informado. Quando lhe apresentei os registos fiscais que roubara, ele ficou lívido e calou-se. Essa visita chegou ao conhecimento do público. Desde logo, tinha de devolver os registros fiscais, mas queria que todos soubessem o quanto me empenhava na reforma. Por vezes, os funcionários governamentais tornam-se complacentes se sentirem que ninguém os observa. Com a minha formação militar, sabia que é quando somos muito exigentes com as pessoas que conseguimos obter os melhores resultados.

Com o tempo, a minha mania das visitas secretas resultou numa série de avistamentos do gênero dos do Elvis. Para cada visita que realmente fazia em segredo, surgiam relatos de me terem identificado em outros trinta ou quarenta locais. Ouvimos dizer que me tinham visto numa fábrica de embalamento de tomate do norte da Jordânia. Havia uma longa fila de agricultores dentro dos seus caminhões à espera que a fábrica recebesse os carregamentos, que poderiam se estragar se ficassem ao sol. Ao chegar aos portões da fábrica, um dos agricultores declarou que pensava ter avistado o rei disfarçado, à espera, dentro de um dos caminhões. Se ele realmente julgava ter-me visto ou se era simplesmente esperto, ninguém poderá saber, mas o efeito foi o mesmo. A fila depressa passou a avançar a toda a velocidade.

Os funcionários públicos de todo o país começaram a entrar em pânico. No seu entender, se a próxima pessoa da fila poderia ser o rei, então o melhor seria passar a tratar toda a gente como membros da realeza. A mensagem para os burocratas era a seguinte: estão aí para servir as pessoas e não ao contrário. Um jornal publicou uma ilustração que me apresentava vestido de varredor de ruas, recluso, pedinte e daí por diante. As visitas secretas eram populares junto de muitos jordanianos, mas sabia que, sozinho, jamais conseguiria acabar com todas as situações de ineficácia e levar a cabo o tipo de mudanças que a Jordânia precisava. O setor público e o setor privado teriam de começar a trabalhar em conjunto.

A 26 de novembro de 1999, realizamos o nosso primeiro Fórum Econômico Nacional, numa conferência de dois dias no Hotel Mövenpick, nas margens do Mar Morto. Inaugurado nesse ano, o Mövenpick tinha um *spa* com impressionantes instalações dedicadas à saúde e ao bem-estar, mas os delegados tinham pouco tempo para descontrair, pois estavam demasiado ocupados nas discussões. Tínhamos convidado cerca de 160 representantes do governo e do setor privado de toda a Jordânia: indústria agrícola, empresas de TI, companhias farmacêuticas e muitos outros. Os pedidos da comunidade de negócios ao governo pareciam bastante razoáveis, mas, quando as reuniões se alargaram aos funcionários públicos, os dois grupos desataram a gritar um com o outro.

A meio do primeiro dia, já se tornara claro que essa abordagem não funcionava. Assim, enveredei por outro caminho e informei todos os delegados que ninguém sairia dali enquanto não surgissem algumas soluções. Disse-lhes que trancaria as portas e jogaria fora as chaves até eles se entenderem. Quando se aperceberam de que falava sério e que ficariam ali fechados dois dias se não chegassem a acordo, os delegados puseram de lado as suas diferenças e começaram a criar um plano que beneficiaria toda a Jordânia. Como a imprensa não estava presente, todos poderiam falar abertamente.

As ideias apresentadas iam desde as mais simples às mais ambiciosas. Uma das mais simples era a introdução de um fim-de-semana de dois dias. Naquela época, toda a gente trabalhava seis dias e sexta-feira era feriado. Todavia, a questão em debate era que, se passássemos a ter um fim-de-semana de dois dias, como a maior parte do mundo, qual deveria ser o outro dia de folga? Dado o dia sagrado islâmico ser a sexta-feira, muitas pessoas queriam o fim-de-semana às quintas e sextas. No entanto, muitos empresários trabalhavam com empresas ocidentais e, para eles, o melhor seria sextas e sábados. Após um saudável debate, os delegados optaram pelo fim-de-semana de sexta e sábado.

Não éramos os únicos a tentar alinhar mais a economia com os mercados internacionais. Quatro anos depois, em julho de 2003, o Qatar seguiu-nos o exemplo, passando a ter o fim-de-semana de sexta e sábado. Depois, foi a vez dos EAU, incluindo o Dubai e Abu Dhabi, do Bahrein em 2006 e do Kuwait em 2007.

Os delegados debatiam temas mais ambiciosos, tais como desenvolver o êxito da Qualificação das Zonas Industriais (QZI). Formadas pelo governo americano em 1996, dois anos depois da assinatura do tratado de paz israelo-jordaniano, essas eram zonas de fábricas cujos produtos poderiam entrar nos Estados Unidos isentos de impostos, desde que um mínimo de 20% do seu conteúdo fosse produzido em Israel ou na Jordânia. Essas zonas forneciam empresas americanas como a Gap, a JCPenney e a Levi Strauss. As exportações da Jordânia para os Estados Unidos tinham disparado de praticamente nada para os 18 milhões de dólares, em 1998, e os delegados queriam saber se não seria possível aumentá-las ainda mais.

No fim da conferência, os delegados já estavam todos de acordo com um ambicioso plano de desenvolvimento econômico que incluía alterações da legislação no sentido de facilitar a vida às empresas privadas, de estimular o investimento, a privatização e a reforma educativa. Além disso, também haviam chegado a um acordo quanto ao estabelecimento de um Conselho Econômico Consultivo que teria representantes do governo e do setor privado para darem continuidade ao debate e implementarem reformas. Ao contrário de muitos países do Oriente Médio, a Jordânia não tem petróleo e detém comparativamente poucos recursos naturais. Assim, os delegados sabiam que, para prosperarmos numa economia global competitiva, teríamos de desenvolver a verdadeira riqueza da Jordânia – o nosso povo.

Dois dias após o fim da conferência, a Organização Mundial de Comércio realizou a sua reunião anual em Seattle. Enquanto os protestantes gritavam lá fora, lançando insultos e pedaços de tijolo contra os agentes de cassetete em riste da polícia de intervenção, no interior do centro de convenções, a delegação jordaniana fazia grande pressão pela adesão. Se, por um lado, muitos americanos rejeitavam violentamente a globalização, por outro, nós precipitávamo-nos para adotá-la. No mês seguinte, a nossa candidatura foi aprovada e a Jordânia aderiu à OMC, a 11 de abril de 2000. Os nossos esforços para modernizar a nossa economia ganhavam impulso.

Em janeiro de 2000 fui a Davos, na Suíça, participar de uma reunião do Fórum Econômico Mundial, o encontro anual dos mais importantes empresários, políticos, acadêmicos, instituições de caridade e burocratas internacionais. Era a primeira vez que ia ao fórum e tinha convidado alguns jovens empresários jordanianos para acompanharem a minha delegação, na esperança de que eles pudessem beneficiar dos contatos que certamente fariam entre os três mil delegados.

A lista de convidados era tão refinada como o ar da montanha. O presidente Clinton e o primeiro-ministro Tony Blair estavam presentes, bem como o presidente sul-africano, Thabo Mbeki, e os líderes de cerca de trinta países. Também lá estavam os líderes do mundo empresarial, tais como o presidente da Microsoft, Bill Gates, o presidente e CEO da Cisco Systems, John Chambers, e o presidente executivo da AOL, Steve Case.

No domingo, 30 de janeiro, ofereci um café da manhã aos principais executivos da área de tecnologia e também me reuni em privado com Bill Gates, que convidei a visitar a Jordânia. Numa sessão realizada mais tarde, falei dos desafios que o Oriente Médio enfrentava, da terrível pressão do desemprego e da ajuda que poderia ser a tecnologia. Nem nos Alpes suíços escapava à política de bairro. Yasser Arafat estava lá, a reunir-se à parte com o presidente Clinton. Além disso, dois exilados iranianos foram detidos por lançarem bombas de tinta contra o ministro dos negócios estrangeiros iraniano. Em 2003, a Jordânia recebeu o Fórum Econômico Mundial no Oriente Médio, uma reunião regional que passamos a realizar todos os anos, no verão. Nesse ano, Rania foi convidada a se juntar ao conselho de administração da Fundação do Fórum Econômico Mundial, como o único membro do mundo árabe.

Davos era um bonito cenário onde cumprir a importante tarefa de persuadir os executivos globais a ponderar investir na Jordânia. Contudo, nem todo o trabalho que fiz nesse ano foi conduzido em locais tão elegantes. Poucos meses depois da minha coroação, fui ao Sudão e deparei-me com um considerável contraste.

Quando estávamos prestes a tocar na pista do aeroporto de Cartum, olhei lá para baixo e não avistei qualquer comitê de boas-vindas. No entanto, pelo canto do olho apanhei um vislumbre de um velho carro de combate T-55, deslocando-se na nossa direção, com soldados pendurados. Fiquei momentaneamente alarmado, até que aterrissamos e, vendo o comitê de boas-vindas, me apercebi de que se tratava da guarda presidencial patrulhando a zona para garantir a nossa segurança. O presidente Omar al Bashir convidou-nos a seguir com ele numa velha limusine Mercedes. Sentei-me atrás com o presidente, num banco de couro desgastado coberto por contas de madeira polidas, e meu irmão Ali que, na altura, encabeçava meu destacamento de segurança pessoal, sentou-se à frente, ao lado do motorista. Enquanto seguíamos a grande velocidade para o centro de Cartum, Ali apontou para dois buracos de bala na janela do passageiro e perguntou ao motorista o que acontecera: "Ah, isso é da última tentativa de assassinato", respondeu ele, sem mais explicações.

Os sudaneses eram ótimos anfitriões e, quando regressei à Jordânia, enviei-lhes uma oferta oficial: um novo carro blindado. Uns dias depois, recebi a mensagem da equipe de protocolo real, informando-me de que os sudaneses me tinham enviado também um presente: um avião de transporte C-130 aterrissara no aeroporto de Amã com dois filhotes de leão. Com eles vinha também um responsável que nos ensinou a tratar dos animais e regressou em seguida para Cartum.

Prezando o simbolismo da oferta, mas sem saber muito bem o que fazer aos animais, mandei instalá-los numa quadra de tênis da minha propriedade. Reparando que eles começavam a interessar-se pelos nossos filhos, Hussein e Iman (que nasceu em setembro de 1996), na altura com cinco e dois anos, Rania bateu o pé e insistiu em mandar embora os leões. Assim, "re-ofereci-os" a um grande amigo que gostava de colecionar animais exóticos.

De volta a Amã, soube que, declarando-se impressionado com o potencial de oportunidades da Jordânia, um dos meus congêneres delegados de Davos, John Chambers, anunciara o investimento de um milhão de dólares da Cisco no nosso país, num fundo de capital de risco para as empresas de alta tecnologia. Produtor da infra-estrutura que alimenta a Internet, a Cisco tornou-se subsequentemente um parceiro fundamental que nos ajudou a aumentar o acesso à Internet por todo o país. Chambers tem-se demonstrado um extraordinário amigo da Jordânia, não só por nos doar equipamento informático e abrir uma sede em Amã, mas também por promover abertamente o nosso país, falando aos outros líderes empresariais sobre as oportunidades que a Jordânia proporciona.

Contudo, não podíamos deixar que fossem apenas os forasteiros a desenvolver a nossa indústria de tecnologias de informação e não tardou que surgissem empreendedores locais. Em 1994, Randa Ayoubi fundou a Rubicon, uma empresa de *software* educativo. Recorrendo a investimentos de capital de risco, depressa se expandiu para a animação, criando uma empresa multimilionária com sedes em Amã, Los Angeles, Dubai e Manila. A Rubicon produziu a série de desenhos animados infantis, *Ben & Izzy*, sobre de dois rapazes, um americano e outro jordaniano, que embarcam juntos em aventuras pela história. Além disso, assinou um contrato com a MGM para a promoção dos desenhos animados da Pantera Cor-de-Rosa no Oriente Médio e recebeu outro investimento de milhões de dólares de uma empresa de aquisições do Golfo.

Em 1997, dois jovens jordanianos, Samih Toukan e Hussam Khoury, iniciaram um serviço de correio eletrônico baseado na Web em língua árabe. A empresa Maktoob ("está escrito" em árabe) tornou-se um dos maiores portais Web *on line* da região, com mais de dezesseis milhões de usuários, e atraiu milhões de dólares em investimento de capital de risco. Em agosto de 2009, a Maktoob foi comprada pela empresa de Internet americana Yahoo!. O fato de uma empresa novata de alta tecnologia ser comprada por um gigante da tecnologia poderá não ser uma novidade em Silicon Valley, mas tratou-se de uma estreia para a Jordânia e o mundo árabe. Senti um enorme orgulho pelos seus fundadores por terem demonstrado a nossa capacidade para competir num palco global.

Um dos benefícios das tecnologias de informação é o impacto que elas podem ter em vários níveis da sociedade. Recordava-me dos meus tempos de oficial do exército e da velocidade com que os meus soldados aprendiam a operar um carro de combate Challenger I com um sistema de controle de fogo computorizado. Sentia-me tremendamente orgulhoso da inteligência e adaptabilidade deles e sabia que teriam êxito em qualquer situação, com as devidas oportunidades. Muitas dessas pessoas haviam entrado no exército como alistados pois essa era a única forma de avançar na vida a que tinham acesso. Muitos tinham capacidades para frequentar a universidade, mas não tinham meios para isso.

Uma boa parte desses homens de talento havia deixado o exército ainda jovem, com trinta e muitos ou quarenta e poucos anos, e ainda tinham muito para dar. Assim, através da Corte Real, proporcionávamos bolsas de estudo a todos os militares reformados que quisessem adquirir conhecimentos informáticos. Vários iam trabalhar como técnicos especializados em escolas, dando formação nas mais recentes tecnologias informáticas aos docentes.

Além disso, introduzimos profundas reformas educativas, tornando obrigatório o ensino de Informática e Inglês em todas as escolas do país, desde o primeiro ano, e aumentando os padrões em Matemática e nas Ciências. Nossos esforços deram seus frutos. De quatro em quatro anos, a Associação Internacional para a Avaliação dos Resultados Educativos, uma organização sem fins lucrativos dedicada à melhoria da educação, conduz uma avaliação internacional do ensino da Matemática e das Ciências. Em 2007, os alunos jordanianos do oitavo ano foram os que obtiveram os melhores resultados no mundo árabe – nas ciências ficaram à frente da Malásia, da Tailândia e de Israel.

A nossa primeira universidade pública, a Universidade da Jordânia, foi fundada em 1962, e a nossa primeira universidade privada, a Universidade Al Ahliyya de Amã, em 1990. Já temos vinte universidades privadas e mais dez públicas, frequentadas por 243 mil estudantes por todo o país. Um grande número de estudantes, tanto das instituições privadas como das públicas, tira licenciaturas técnicas e em engenharia, proporcionando uma reserva de funcionários qualificados para as empresas estrangeiras que investem na Jordânia, as empresas locais em arranque e os negócios ligados à alta tecnologia de toda a região. Em acréscimo, começamos a estabelecer cursos prático-profissionais de TI nas áreas mais remotas de todo o país, onde as populações locais podem adquirir conhecimentos de informática de graça.

As tecnologias de informação e a educação são ambas fulcrais para a melhoria da economia nacional, mas, para as desenvolvermos mais, temos de continuar a abrir-nos ao mundo. A adesão à OMC foi apenas o primeiro passo.

Em junho de 2000, regressei aos Estados Unidos e reuni-me com o presidente Clinton que me deu os parabéns pela nossa adesão à OMC. Mais uma vez, o presidente americano perguntou se poderia fazer alguma coisa para ajudar a Jordânia e, mais uma vez, julgo que esperava que lhe pedisse um aumento das ajudas. Nesta ocasião, disse-lhe: "Quero um acordo de comércio livre com os Estados Unidos." Ultrapassando bastante os termos gerais da OMC, um Acordo de Comércio Livre (ACL) reduz as pautas aduaneiras sobre o comércio entre dois países ao mínimo nível prático. Os ACL são extremamente prezados pelo acesso que conferem ao mercado americano. Naquela época, os Estados Unidos só mantinham ACL com três países: o Canadá, o México e Israel.

Embora um tanto apanhado de surpresa, o presidente Clinton respondeu que nos daria seu total apoio. Encetadas as negociações a 6 de junho de 2000, o ACL entre os Estados Unidos e a Jordânia foi aprovado pelo Senado americano a 24 setembro de 2001. A Jordânia tornou-se o primeiro país árabe a assinar um ACL com os Estados Unidos. Com o impulso da redução das pautas aduaneiras, a totalidade das exportações jordanianas para os Estados Unidos subiu dos 18 milhões de dólares, em 1998, para cerca de um bilhão de dólares, em 2009 – superando o nível do total das nossas exportações para todo o mundo quando subi ao poder.

Recordando nossa conversa do ano anterior, o presidente Clinton contou-me que tinha se encontrado com o presidente Assad da Síria em Genebra alguns meses antes, mas que ficara desiludido. Não se tinha feito qualquer progresso e não lhe parecia provável que se retomassem as negociações israelo-sírias.

No nível nacional, continuamos a envidar esforços para tornar a Jordânia atrativa aos investidores estrangeiros, criando uma zona econômica especial no sul, no porto de Aqaba, em maio de 2001. Sem cobrar quaisquer direitos alfandegários e aplicando taxas reduzidas de impostos, a referida zona econômica fixara o ambicioso alvo de atrair seis bilhões de dólares em investimentos até 2020. Os incentivos foram mais populares do que alguma vez poderíamos imaginar e, nos finais de 2008, já tínhamos atraído mais de vinte bilhões de dólares em investimento estrangeiro, incluindo fundos dos EAU, do Qatar, do Kuwait e do Líbano.

Os kuwaitianos e, muito particularmente, o emir Sabah Al-Ahmad Al-Jaber Al-Sabah, têm sido dos mais firmes apoiadores da Jordânia e dos maiores investidores na nossa economia. Como Rania nasceu no Kuwait, o emir refere-se a ela sempre como sua filha. Quando nos encontramos, trata-me como se fizesse parte da sua família. "Como está a nossa filha?", pergunta ele.

Impulsionados pelo sucesso de Aqaba, estabelecemos mais zonas econômicas especiais, oferecendo impostos e direitos alfandegários reduzidos em Mafraq, Maan, Irbid, no Mar Morto e em Ajloun. Essas zonas também começaram a atrair um grande volume de investimento estrangeiro, de países como a Arábia Saudita, o Japão e o Líbano.

As nossas empresas passavam a participar no palco global. Alguns dos nossos negócios de maior envergadura, tais como a empresa postal Aramex e a farmacêutica Hikma, competiam com sucesso em nível internacional. Nossa adesão à OMC deu-lhes acesso a novos mercados. No entanto, muitas das empresas menores passavam por dificuldades. Era necessário aproveitar nossas vantagens locais para começar a delinear mecanismos de ajuda. O Fundo de Desenvolvimento Rei Abdullah II proporciona capital e infra-estruturas aos empresários jordanianos mais promissores. Ademais, muito em breve descobriríamos o tipo de projeto que procurávamos.

Nas montanhas de Ajloun, no norte da Jordânia, encontram-se algumas das mais antigas oliveiras do mundo. No entanto, muitos agricultores usavam equipamentos cinquentenários para produzir azeite e alguns recorriam a métodos milenares, utilizando pequenas prensas e vendendo os seus produtos localmente, em jarros de vidro. A restante colheita seria vendida por preços baixos a empresas estrangeiras, por exemplo, da Itália e da Espanha, que, dispondo do mais moderno equipamento, nos processavam as azeitonas e produziam azeites dispendiosos que vendiam com uma grande margem de lucro. O fundo investiu em equipamentos modernos de prensagem, engarrafamento e embalamento, estabelecendo uma empresa especialista para ajudar na gestão da marca e nas técnicas de *marketing*. O produto daí resultante é agora vendido em alguns dos armazéns mais exclusivos de Londres.

Uma das minhas prioridades tem sido consolidar a base industrial e de produção, sobretudo no domínio das tecnologias militares. Fundado em 1999, o Gabinete de Design e Desenvolvimento Rei Abdullah II (GDDRA) tem sido uma peça essencial nesta estratégia. Foi através do GDDRA que atualizamos os carros de combate e os veículos blindados jordanianos e encetamos novos projetos (muitos dos quais secretos). Além disso, expandimos nossa colaboração com as forças armadas de outros países, incluindo com as dos Estados Unidos, do Brunei e do Azerbaijão, e assinamos novos acordos com empresas de defesa europeias para a manutenção dos aviões F-16, o desenvolvimento de veículos militares e a produção de veículos aéreos não tripulados. Em colaboração com um parceiro russo, o GDDRA desenvolveu um novo e potente lançador modular de mísseis anti-carro, o RPG-32. Nossos produtos têm sido vendidos ao Iêmen, à Líbia e a Omã, entre outros países.

Um novo projeto com enormes ramificações é o desenvolvimento das significativas, mas inexploradas jazidas de urânio da Jordânia. Apesar de já há muito sabermos que o nosso país dispõe de consideráveis jazidas de urânio, ainda não tínhamos agido no sentido de lhes explorar o potencial comercial. Em 2008, estabelecemos a Companhia Jordano-Francesa de Exploração de Urânio, num empreendimento conjunto com a empresa francesa de transmissão e distribuição de energia, AREVA. Após as investigações iniciais terem revelado uma quantidade vultuosa de urânio no deserto central, avaliada em cerca de 4% a 6% das reservas totais de urânio no mundo, começamos a empenhar-nos no estabelecimento da primeira mina de urânio da Jordânia. Assinamos também outros acordos de exploração com a firma chinesa Sino Uranium, e a companhia anglo-australiana Rio Tinto. Sob a orientação da Comissão Jordaniana para a Energia Atômica, estamos desenvolvendo um programa de energia nuclear que nos reduzirá a dependência em dispendiosas importações de petróleo e gás. Um reator nuclear nacional, com construção provisoriamente prevista no sul, poderia fornecer até um terço da energia do nosso país. Contudo, esse é apenas o primeiro passo. O grande volume de eletricidade que se espera gerar permitir-nos-ia alimentar fábricas de dessalinização para obtermos água com custos mais acessíveis e, assim, matar dois coelhos com uma só cajadada.

A Jordânia assinou o Tratado de Não-Proliferação Nuclear (TNP) e é membro da Agência Internacional da Energia Atômica (AIEA). Na verdade, somos mais do que meros assinantes, pois comprometemo-nos a cooperar totalmente e em total transparência com ambas as organizações. Queremos ser o modelo do correto desenvolvimento de um programa de energia nuclear.

Em 2009, numa entrevista que dei ao jornal israelense *Haaretz*, anunciei a intenção da Jordânia em desenvolver energia nuclear com fins pacíficos e acrescentei: "Na minha opinião, todos os países com programas nucleares devem cumprir os regulamentos internacionais e ser acompanhados pelas entidades reguladoras internacionais que garantem o correto desenvolvimento dos programas nucleares."

A questão da energia nuclear torna-se particularmente delicada no Oriente Médio. Como a única potência nuclear da região, Israel continua a recusar a adesão ao TNP ou a permitir que lhe inspecionem as instalações nucleares. A comunidade internacional não tomou muitas – ou nenhumas – providências para pressionar Israel a aderir ao TNP ou a abrir as portas das suas instalações nucleares à inspeção. A mais recente controvérsia em torno do programa nuclear iraniano passou a ser uma preocupação global. A comunidade internacional insiste em impedir o Irã de desenvolver as suas capacidades de enriquecimento de urânio, por temer que a verdadeira intenção dos iranianos seja o desenvolvimento de um programa nuclear militar. A posição nuclear "privilegiada" de Israel levou a opinião pública da região a assinalar novamente a política de um peso e duas medidas na aplicação da legislação internacional.

O programa nuclear da Jordânia não é incluído nesse contexto de controvérsia. Por um lado, a nossa credibilidade como força da paz na região e, por outro, a nossa abordagem transparente no desenvolvimento da energia nuclear em cooperação com as organizações internacionais e em cumprimento dos padrões internacionais, garantiram-nos o patrocínio e o apoio da comunidade internacional ao nosso programa nuclear.

Tão importante como a negociação de pactos comerciais, a reforma do nosso sistema educativo, a promoção da nossa indústria nacional e a redução da nossa dependência energética é a tarefa de gerar o crescimento econômico sustentável da Jordânia. É um fato que nossa economia tem recebido os mais inusitados estímulos.

Em 1998, Steven Spielberg e George Lucas vieram à Jordânia rodar cenas do filme *Indiana Jones e a Última Cruzada*. Vinham acompanhados das estrelas do filme, Harrison Ford e Sean Connery. Meu pai pediu-me para recebê-los à chegada a Aqaba e levá-los a Petra, 129 km a norte, onde se iniciariam as filmagens. Construídas pelos nabateus há mais de dois mil anos, as ruínas de Petra são dos mais espetaculares monumentos antigos do mundo. Spielberg considerava os maciços templos, talhados na própria rocha, o local perfeito para o *canyon* do Quarto Crescente, onde se desenrola a cena final do filme.

Na altura era oficial do exército e meu pai ofereceu a Spielberg, Lucas, Connery e Ford a possibilidade de irem para Petra de helicóptero de modo a poderem contemplar o dramático panorama das alturas. Fui eu o piloto. Quando estávamos apertando os cintos, meu co-piloto inclinou-se na minha direção e, apontando para Sean Connery, perguntou-me em árabe: "Quem é aquele tipo? Parece-me familiar."

"É Sean Connery", respondi-lhe eu. "Fez James Bond." "É isso", disse o meu co-piloto, rindo-se, enquanto levantávamos voo. "Então, vamos mostrar-lhe quem é o *verdadeiro* James Bond!"

Saímos do aeroporto a baixa altitude, quase tocando numa vedação que ficava no fim da pista, e seguimos para norte, pelo vale acima, em direção a Petra, mesmo junto ao chão. Vinte minutos depois, com os nós dos dedos brancos de tanto se agarrar ao banco, Spielberg inclinou-se para a frente e perguntou se tínhamos mesmo de voar tão baixo.

Decidindo colaborar com o meu co-piloto, respondi-lhe: "Caro senhor, até poderíamos voar mais alto, mas estamos seguindo a fronteira israelense e nunca se sabe o que eles poderão fazer... É evidente que, se quiser correr esse risco, tudo bem."

Spielberg anuiu e nós aumentamos um pouco a altitude.

Depois de aterrissarmos perto das ruínas, o elenco e a equipe de produção depressa começaram a transformar a estreita e sinuosa garganta que desemboca no templo de Al Khazneh, que é talhado na superfície de arenito do vale, no Templo do Sol – o mítico esconderijo do Santo Graal no filme.

No ano seguinte não pude ir à estreia do filme, mas meu irmão Feisal esteve presente. Ao conhecer Harrison Ford, apresentou-se, dizendo: "O meu irmão era o piloto do helicóptero que os levou a Petra." "Esse sujeito deu-nos um susto de morte!", exclamou Ford.

Passados alguns anos, após a morte de meu pai, voltei a encontrar Steven Spielberg e ele ainda se lembrava dessa viagem. "Porque nos fez isso?", perguntou-me ele. "Ora", respondi eu, "calculei que mais cedo ou mais tarde fizesse um filme sobre pilotos de helicópteros. Nesse caso, certamente se recordaria dos dois pilotos malucos da Jordânia!"

Depois de *Indiana Jones e a Última Cruzada*, de Spielberg, muitos outros filmes, entre os quais *Transformers: Retaliação*, *Estado de Guerra* e *O Regresso da Múmia*, já foram parcialmente rodados na Jordânia.

Mantive-me em contato com Spielberg e, quando me tornei rei, pedi-lhe ajuda para desenvolver a indústria cinematográfica da Jordânia. Felizmente, ele já me perdoara pela minha extravagância de juventude e apresentou-me o reitor da Faculdade de Artes Cinematográficas da Universidade do Sul da Califórnia que é a mais antiga faculdade cinematográfica da América. Com a Ajuda da UCS, fundamos o Instituto de Artes Cinematográficas do Mar Vermelho em Aqaba – um instituto superior dedicado ao ensino da cinematografia. O instituto abriu as portas em setembro de 2008 com sua primeira turma de vinte e oito estudantes.

As indústrias criativas como as de cinematografia, meios de comunicação social e tecnologias de informação são essenciais para o futuro desenvolvimento econômico da Jordânia – mesmo que o caminho para o crescimento possa, por vezes, ser um tanto ou quanto inusitado.

Já contamos com onze anos de progresso. Abrir a nossa economia ao comércio global gerou a subida das nossas exportações para seis vezes mais, entre 1998 e 2008, a queda da taxa de desemprego, de 15,3% para 12%, e a duplicação do nosso PIB *per capita*. Uma sondagem da ONU de 2007 classificou a Jordânia em sexto lugar na lista de países que atraem investimento estrangeiro, relativamente ao tamanho da sua economia – em 1995 estávamos em 132.º lugar. A sondagem anual de 2008 do Fórum Econômico Mundial colocou a Jordânia no 48.º lugar da lista das economias mais competitivas do mundo, à frente da Itália, da Rússia, do Brasil e da Índia.

A Jordânia não tem sido imune ao impacto da crise econômica global. Nosso crescimento abrandou dramaticamente e nosso déficit orçamental de 2009 atingiu um valor quase sem precedentes em toda a história de nosso reino, situando-se nos 8,5% do PIB. À semelhança de muitos países do mundo inteiro, a Jordânia teve de adotar medidas drásticas em 2009 para reduzir as despesas. Contudo, ao contrário de várias nações, carecíamos de meios para oferecer pacotes de estímulo financeiro que pudessem dar novo andamento à nossa economia. Tivemos de rever as nossas políticas, melhorar o nosso ambiente de investimento e garantir uma gestão mais eficiente da economia.

Apesar de ser desafiante, a economia global também oferecia oportunidades. Com muitas empresas multinacionais, e sobretudo as sediadas na rica região vizinha do Golfo, a estudarem meios para reduzir os custos e melhorar sua competitividade, decidi colocar a Jordânia ao alcance dos seus radares. Os nossos profissionais altamente qualificados, a nossa sólida infra-estrutura, a nossa posição estratégica e o nosso acesso a alguns dos maiores mercados globais, bem como o nosso ambiente de abertura aos negócios, proporcionam-nos uma valiosa vantagem competitiva. Assim, comecei a identificar as oportunidades mais direcionadas para atrair investidores e modernizar a nossa legislação econômica. Se, antes, dizia aos investidores que a Jordânia era um ótimo país onde investir, agora, aponto-lhes projetos específicos e assinalo as grandes vantagens de encorajar as empresas a fazer negócio no nosso país.

Embarcamos em vários "megaprojetos" para preencher as nossas necessidades de alimentação e abastecimento de água, bem como para desenvolver nossa infra-estrutura e nossa posição como centro regional de energia e meios de transporte. O governo recebeu instruções para melhorar sua gestão desses recursos vitais, mas os acontecimentos políticos desviam-nos muitas vezes do crescimento econômico. Substituindo as bombas e as balas por turistas e empresários, a única coisa que pode trazer uma prosperidade duradoura à região é uma solução sustentável para o conflito entre Israel e os palestinos, na raiz de grande parte da violência e instabilidade sentida na nossa região.

O meu sonho é podermos associar as economias de Israel, da Palestina e da Jordânia num mercado comum – como o Benelux da Europa ocidental. Poderíamos combinar o *know-how* técnico e o impulso empreendedor da Jordânia, de Israel e da Palestina para criar um foco central econômico e comercial no Levante. Temos um enorme potencial tanto de turismo conjunto como de investimento estrangeiro. As possibilidades da cooperação são imensas. Os israelenses são líderes mundiais na agricultura, mas carecem de terra e trabalhadores: juntos poderíamos fazer o deserto florescer.

No entanto, essas visões de cooperação econômica são uma miragem na ausência de líderes políticos com coragem para fazer a paz. Para bem de todos nós, nesta região, devemos rezar para ultrapassarmos os ódios e as suspeitas que há tanto nos mantêm divididos.

Fizemos muita coisa, nos últimos onze anos, mas sou o primeiro a admitir que ainda temos um longo caminho pela frente. A reforma política poderia ter progredido mais rapidamente e poderíamos ter explicado muito melhor algumas das razões que nos levaram a fazer aquilo que fazemos. A reforma econômica tem sido, para mim, uma prioridade, devido ao impacto direto que as políticas econômicas sãs exercem na qualidade de vida dos jordanianos, mas sempre fui da opinião de que ela jamais atingirá o seu pleno potencial se não se integrar numa agenda mais lata de reformas políticas, sociais e administrativas. Infelizmente, o desenvolvimento político vai dando dois passos à frente e um atrás. A resistência à mudança surge de diferentes domínios por diversos motivos. Uns resistem à mudança com medo de perder os privilégios de que há tanto gozam, enquanto outros carecem simplesmente de imaginação, preferindo o *status quo* que já bem conhecem e aceitam. Muitas foram as ocasiões em que constatei que alguns funcionários oficiais não tinham coragem para proceder a mudanças difíceis ou estavam mais preocupados com a promoção dos seus próprios interesses do que com o bem-estar da população que haviam sido nomeados para servir. Um outro fator que provoca o abrandamento do processo de modernização tem sido a terrível situação em que se encontra a nossa região e cujos desafios tantas vezes nos fazem dar prioridade à segurança e à estabilidade. Todavia, estamos decididos a abordar essas falhas. Sei que o futuro da Jordânia nos exige que avancemos com a democratização, para que todos os jordanianos se sintam com mais peso junto do seu governo e no futuro do país.

Em novembro de 2009, convoquei novas eleições parlamentares e, uns dias depois, nomeei um novo primeiro-ministro para formar um novo governo. Muitos jordanianos manifestavam uma crescente insatisfação com o desempenho da câmara inferior do Parlamento, uma vez que muitos dos seus membros se opunham a reformas legislativas socioeconômicas essenciais. As disputas políticas e a pressão para ganhar vantagens pessoais criaram uma relação disfuncional entre os dois ramos do governo, prejudicando os esforços para abordar os problemas socioeconômicos mais abrangentes. As taxas de aprovação dessa câmara eram tão reduzidas que, segundo as sondagens, mais de 80% da população apoiava a sua dissolução. Chegara a altura de mudar, não só as pessoas, mas também as abordagens. Na minha carta de nomeação do novo primeiro-ministro, Samir Rifai, o licenciado em Harvard que trabalhara comigo nas reformas econômicas quando assumi o meu cargo, estabeleci um conjunto de objetivos de reformas econômicas, sociais, administrativas e políticas que esse novo governo teria de conseguir, cumprindo prazos claros. Marquei bem o fato de ser necessário eleger um novo Parlamento com a maior brevidade e de o governo ter como prioridade máxima proceder a um sufrágio livre, justo e transparente. Além disso, dei claras instruções ao novo governo não só para emendar o direito eleitoral, mas também para reformar todos os procedimentos eleitorais de forma a facilitar o exercício do direito de voto às pessoas e o controle do processo eleitoral por parte das organizações da sociedade civil.

Uma outra coisa que pedi ao governo foi para implementar o programa de descentralização que permitiria às pessoas elegerem os seus próprios conselhos locais e desempenhar um papel mais importante na gestão dos assuntos de seus governados, sobretudo no estabelecimento das prioridades de desenvolvimento.

Sessenta dias depois de meu empossamento, o novo governo apresentou-me um pormenorizado plano de trabalho com cada ministério delineando claros objetivos e projetos a serem implementados dentro de prazos específicos. O desempenho do governo será medido pelo seu progresso no sentido de cumprir esses objetivos que devem ser colocados em todas as páginas web dos ministérios. O governo também se comprometeu com um novo código de conduta inspirado nas melhores práticas internacionais e identificou as maiores reformas a empreender, incluindo medidas anticorrupção, o aumento da transparência, a proteção dos direitos das mulheres e das crianças e a remoção de todos os obstáculos ao desenvolvimento de uma indústria de comunicação social livre e profissional.

Os planos do governo orientam-se para o progresso em sete áreas fulcrais, sob a forma de iniciativas bem identificadas: reforçar o desempenho e a responsabilidade do governo; encorajar a participação política e cívica; otimizar o ambiente de comércio e investimento; prover os cidadãos jordanianos das ferramentas necessárias para ter êxito e aceder ao mercado laboral; fomentar e proporcionar o crescimento e a segurança por meio de projetos de mega infra-estrutura; expandir a classe média e capacitar os menos privilegiados; e melhorar os serviços prestados ao cidadão. Há muito que penso que a existência de uma robusta e estável classe média é um impulso fundamental para o desenvolvimento social. Se nos centrarmos nos programas econômicos visando expandir a classe média, consolidaremos as bases para a emergência de organizações da sociedade civil capazes de desafiar o governo, exigir-lhe maior responsabilidade e pressioná-lo a ser mais transparente.

No momento da edição deste livro, os jordanianos preparam-se para ir às urnas eleger seus novos representantes do Parlamento, ao abrigo de um novo direito eleitoral. Foram introduzidas no código penal grandes mudanças que conferem uma melhor proteção dos direitos das mulheres e das crianças e algumas pessoas já estão em tribunal para responder a acusações de corrupção. Reduziu-se o déficit orçamentário e os jornais relatam boas notícias acerca da economia. Creio que estamos no bom caminho para aquilo que será um prolongado processo de reforma cujo término exigirá muito mais esforços e que terá os seus dias bons e os seus dias maus. Desde logo me apercebi de que teríamos de investir mais nas capacidades do maior bem nacional da Jordânia: o nosso povo. Isso implica proporcionar a melhor educação possível aos nossos jovens. Tendo refletido muito sobre esse tema e recebido formação na Jordânia, na Inglaterra e na América, apresentei algumas ideias menos convencionais.

CAPÍTULO 16

Deerfield do Deserto

Em maio de 2000, vinte anos após ter concluído os estudos em Deerfield, voltei lá para proferir o discurso de abertura do ano escolar. Foi o diretor, Eric Widmer, que me recebeu – um antigo aluno de Deerfield de porte distinto que lecionara História da China na Universidade de Brown, antes de assumir o cargo de diretor da sua velha escola. As recordações eram muitas, ao passarmos pela Ephraim Williams House, com as suas paredes brancas de madeira e telhado de ardósia, que fora a minha residência. Aquilo fazia-me refletir sobre a qualidade da educação que recebera. Deerfield ensinara-me a ser curioso, a pôr em causa tudo o que me diziam e a criar as minhas próprias soluções para os problemas. Além disso, ensinara-me a saber como pensar e não o que pensar, estimulara-me o espírito crítico, a minha capacidade para resolver problemas e a minha criatividade. Começava a considerar que uma escola modelada em Deerfield seria um grande benefício para a Jordânia e a região. Constatara que os meus colegas se tinham tornado líderes no mundo dos negócios, das ciências e da política. Por que razão não tinha a Jordânia nada parecido? Nenhum jovem da Jordânia, da Palestina, do Egito ou dos Estados do Golfo deveria ver-se obrigado a viajar para a América para obter uma educação de primeira categoria.

No dia seguinte, a comunidade de Deerfield reuniu-se para a cerimônia de abertura. Amigos, familiares e pessoal aplaudiram o cortejo da turma de 2000, liderado por dois tocadores de gaita-de-foles, que descia a Albany Road e percorria o centro da aldeia em direção a um enorme pavilhão de riscas brancas e verdes.

No meu discurso de abertura do ano escolar, refleti sobre os valores ensinados numa educação feita em Deerfield – honestidade, independência de espírito, integridade e amizade – e disse que, agora, esses valores eram mais essenciais do que nunca nos jovens que enfrentavam o caótico ritmo da mudança do mundo moderno. Recordei tudo aquilo que Deerfield me ensinara: A sabedoria e a paciência dos professores; o espírito igualitário, os turnos para levantar as mesas dos nossos colegas; a oportunidade de conhecer e travar amizade com pessoas de diferentes camadas sociais, muitas bolsistas; e a curiosidade e excitação vitalícias pela aprendizagem. Ao olhar para todos aqueles rostos jovens de olhos brilhantes, senti-me mais decidido a levar a experiência de Deerfield para o Oriente Médio.

Depois da cerimônia, disse ao Dr. Widmer que queria estabelecer uma escola na Jordânia que seguisse o modelo de Deerfield e que tencionava fazer dela o primeiro colégio interno ao estilo da Nova Inglaterra no Oriente Médio. O diretor respondeu-me que lhe parecia uma excelente ideia e ofereceu-se para ajudar e prestar aconselhamento no que pudesse. Plantava-se a semente daquilo que viria a ser a Academia do Rei.

Por todo o Oriente Médio, há muitas escolas privadas para os filhos da elite que aparecem de celular colado ao ouvido, nos seus Mercedes conduzidos por motoristas. No entanto, não existem escolas com a tradição de Deerfield, abertas a todos os jovens talentosos e oferecendo bolsas de estudo a quem não tem meios para pagar as mensalidades. Queria criar uma nova tribo, numa região muitas vezes destroçada pelos conflitos étnicos e sectários: a tribo da meritocracia talentosa.

De regresso à Jordânia, comecei imediatamente a esforçar-me por concretizar minha visão. Safwan Masri, um expatriado jordaniano que lecionava na Universidade de Columbia, em Nova Iorque, foi convidado para liderar o projeto, e convenci o meu bom amigo Gig que, na altura, era um bancário superior do Citigroup, a ajudar-me com o angariamento de fundos. Nos anos que se seguiram, Safwan, Gig e uma pequena equipe trabalharam arduamente para angariar fundos, encontrar um bom local e escolher um arquiteto para dar vida ao projeto.

Encontramos um local perfeito, nos arredores de Madaba, 24 km a sul de Amã. Trata-se da localização, segundo a Igreja Ortodoxa Grega São Jorge, do Mapa Mosaico de Madaba do século VI, um dos primeiros mapas da Terra Santa. O local que selecionamos para a escola ficava na histórica Estrada do Rei – uma antiga rota comercial que partia de Heliópolis, no Egito, e atravessava o Sinai até Aqaba, onde rumava ao norte, percorrendo a Jordânia e continuando para Damasco, até terminar em Resafa, nas margens do Eufrates.

A construção da escola começou a 22 de julho de 2004. No entanto, estava bem ciente de que, se quisesse realmente recriar o espírito de Deerfield, teria de contar com mais do que edifícios. Eric Widmer iria reformar-se em 2006, como o quarto diretor de Deerfield, desde 1902. Sem deixar escapar essa oportunidade, consegui persuadi-lo a ser o diretor fundador da Academia do Rei.

Quando voltei a Deerfield para minha reunião dos vinte e cinco anos após a graduação, em 2005, os meus colegas mostraram-se entusiasmados com as notícias acerca da Academia do Rei e convidei-os todos a virem visitar a Jordânia. Nesse mês de agosto, quase cem colegas e suas famílias foram a Madaba ver a nova escola com os seus próprios olhos e visitar o país. Muitos iam pela primeira vez ao Oriente Médio e todos comentaram acerca da afável e generosa recepção do povo jordaniano. Como prova do espírito de coesão da turma de 1980, os meus colegas angariaram mais de um milhão de dólares para a Academia do Rei e ainda hoje dão apoio à escola, dedicando tempo e dinheiro ao seu crescimento e sucesso.

No ano seguinte, convidaram-me novamente para proferir o discurso de abertura do ano escolar em Deerfield e eu aceitei de muito bom grado. A 28 de maio de 2006, encontrei-me mais uma vez na tenda de riscas brancas e verdes, diante de um grupo de rejubilantes jovens. Presidindo à sua última convocação como diretor, Eric Widmer dirigiu-se-me no seu discurso de apresentação e declarou: "Sinto-me tentado a apresentá-lo como o meu novo patrão, como também me sinto tentado a dizer que, mesmo assim, deve ser amável para comigo, pois o mais certo é eu ir supervisionar a educação dos seus filhos." Com efeito, tinha o sonho de que os meus filhos, juntamente com outros meninos e meninas da Jordânia e da região, pudessem em breve sentir o mesmo tipo de inspiração que Deerfield me proporcionara na Academia do Rei. No meu discurso, frisei a importância de construir laços inquebrantáveis entre a América e o Oriente Médio, referindo-me ao que sonhava para a Academia do Rei. "Queremos levar o modelo de Deerfield para o Oriente Médio, com um colégio interno misto, criando proximidade entre o corpo docente e os alunos, proporcionando um grande estímulo aos estudos acadêmicos e enriquecendo a vida dos alunos com esportes competitivos, artes e um verdadeiro trabalho de serviço comunitário." Para dar aos alunos as melhores oportunidades de competir na moderna economia global, decidimos seguir o programa de ensino americano Advanced Placement* e que as aulas seriam em inglês. Ademais, iríamos oferecer aulas de Árabe Clássico, Gramática e Literatura Árabe, bem como cursos em Política, Religião e Sociedade do Oriente Médio. Também queria que a Academia fosse mista. Embora fosse só para rapazes quando lá estivera, uns anos mais tarde, em 1989, Deerfield começara a admitir moças. Sabia que muitos na região se oporiam à ideia de educar rapazes e moças em conjunto, mas estava decidido a dar às nossas filhas as mesmas oportunidades de que desfrutavam os nossos filhos.

Em julho de 2006, apresentei o Dr. Widmer como diretor numa pequena cerimônia, após a qual jantamos juntos no refeitório da Academia do Rei, sentados em mesas redondas para facilitar o debate e a interação, segundo a tradição de Deerfield. A equipe de construção fizera um excelente trabalho e o terreno com cerca de 610 mil metros quadrados continha mais de vinte edifícios e extensos campos desportivos. Havia um auditório, um refeitório, um ginásio, uma biblioteca, residências femininas e masculinas e um centro espiritual. Com paredes de adobe e telhados de telha vermelha, os edifícios eram robustos e elegantes. Agora, só precisávamos de pessoas para enchê-los.

---

* O *Advanced Placement* é um programa escolar mais exigente do ensino secundário que equivale a uma licenciatura. (*N. da T.*)

No ano seguinte, Eric Widmer e a sua equipe trabalharam incansavelmente para contratar docentes, muitos deles dos Estados Unidos e com experiência no ensino em regime de internato, e para supervisionar as obras, estabelecer o processo de admissão e receber as candidaturas para a primeira turma. Para tal, viajaram por todo o Oriente Médio, descrevendo e explicando a ideia de um colégio interno de ensino misto, com as aulas ministradas em língua inglesa, a mães preocupadas e a pais céticos. Dado o conceito de um colégio interno – e, ainda por cima, de ensino misto – ser novo na região, alguns pais mostravam-se hostis. No entanto, muitos eram os que viam o seu potencial no futuro dos filhos.

Criar uma nova instituição a partir do nada nunca é fácil, mas Eric e a sua equipe fizeram autênticos milagres. Percorrendo o mundo inteiro, juntaram um corpo docente que integrava alguns dos melhores professores que se possa imaginar. E mais, conseguiram desenvolver o programa e instilar algo menos tangível: o *ethos* da instituição. Deerfield teve mais de dois séculos para instituir o "Estilo de Deerfield", enquanto que, na Academia do Rei, Eric criava novas tradições à medida que avançava.

A Academia do Rei abriu a 29 de agosto de 2007. Ao som das gaitas-de-foles, docentes e provedores juntaram-se num pátio do *campus* e proferiram algumas palavras para marcar o início do primeiro período. Tínhamos 106 alunos matriculados, vindos da Jordânia, do Egito, da Palestina e de vários países do Golfo Pérsico. Também tínhamos estudantes dos Estados Unidos e de lugares tão longínquos como Taiwan. Os sessenta e seis rapazes e as quarenta moças distribuíam-se pelo nono e décimo ano, tanto em regime de internato como na qualidade de alunos externos, a maioria dos quais vinha de Amã. No ano seguinte, mais de 150 novos alunos chegaram em agosto para o início de um novo ano acadêmico, fazendo subir o total para mais de 250 alunos, ainda divididos em 60% masculinos e 40% femininos. Entre o grupo estavam representantes de vinte e uma nacionalidades, incluindo recém-chegados do Iraque e do Afeganistão. Em agosto de 2009, a Academia do Rei abriu com 400 alunos provenientes de vinte e quatro nações.

Entre os alunos que entravam nesse ano estava o meu filho mais velho, Hussein. À semelhança de todos os outros pais, queremos a melhor educação para os nossos filhos e ponderei a hipótese de mandá-lo estudar no estrangeiro, tal como eu fizera. Contudo, como pai, era-me demasiado difícil afastar-me do meu filho e, felizmente, já dispúnhamos de uma escola local onde ele poderia ter uma educação à altura da que eu recebera na América.

Embora os membros da família real jordaniana nunca tenham a possibilidade de levar uma vida completamente normal, Hussein teve de aprender a fazer a sua própria cama e a partilhar um banheiro, bem como a servir os outros alunos à mesa. No primeiro fim-de-semana em que voltou para casa, eu, Rania e os irmãos o esperávamos ansiosamente: sentíramos a sua falta em nossa casa. Assim que passou da porta de entrada, Hussein declarou: "Olá. Tenho trabalhos de casa, por isso, falamos mais tarde." Hussein fazendo os trabalhos de casa? Que grande choque.

Um dos meus objetivos para a escola era ter um corpo de estudantes diversificado que não se limitasse a representar os diferentes países, mas que também incluísse alunos de diferentes níveis econômicos. Alguns dos meus melhores amigos de Deerfield tinham sido bolsistas e eu entendia o valor que tinha para a escola e para a sociedade ajudar jovens aptos a subir na vida, na medida dos seus talentos. Podíamos oferecer ajuda financeira a quase metade dos alunos, de acordo com o nível de necessidade. Isso permitia à escola aceitar os alunos mais inteligentes, independentemente dos seus meios. Foi também decidido atribuir uma bolsa ao melhor aluno de cada um dos doze governorados da Jordânia e ao melhor aluno dos campos de refugiados. Eu próprio proporcionava bolsas a cerca de trinta alunos da Academia, já conhecidos como os Bolsistas do Rei, que recebiam um estipêndio para gastos e a cujo desenvolvimento prestava particular atenção. Como prova de que a pobreza não é um indicador de inteligência, em 2008, 70% dos alunos no quadro de honra chegavam a ser bolsistas. Esses jovens alcançam o potencial que o seu extraordinário talento merece.

Na escola, os alunos são tratados de forma igualitária: seguindo a honrosa tradição de Deerfield, fazem turnos a servir às mesas do refeitório e têm de envergar a mesma farda consistindo num *blazer*, numa gravata e num par de calças unissex. Contudo, fora da escola, muitos gozavam de oportunidades a que os bolsistas não tinham acesso. Tendo isso em conta, organizei um acampamento aos trinta bolsistas que patrocinava pessoalmente. Levei-os a Wadi Rum, composto por uma série de maciços vales de rios secos que se estendem ao longo de cerca de 129 km, pelo deserto, nas proximidades de Aqaba.

Um dos mais famosos dotes naturais da Jordânia, Wadi Rum foi descrito por T.E. Lawrence como "vasto e ressoante e divinal". As superfícies rochosas mais elevadas atingem alturas de cerca de 305 m acima do deserto, e as dominando está Jabal Rum, com cerca de 1525 metros de altura e o segundo monte mais elevado da Jordânia. Voamos a baixa altitude sobre as formações rochosas e dirigimo-nos ao acampamento bem no coração de um maciço vale.

Montáramos um acampamento com tendas, onde tínhamos veículos *off road*, vários jogos e um campo de tiro. Ao pôr do sol, os alunos reuniram-se em torno de fogueiras para cozinharmos cordeiro ao modo tradicional, enterrando-o na areia do deserto e acendendo o fogo de lenha por cima para deixar a carne assar lentamente. Depois do jantar, sentei-me de pernas cruzadas com os trinta alunos, na areia, em torno da fogueira. Estavam presentes não só alunos jordanianos de todo o país, mas também uma curda do Iraque, uma órfã afegã e uma paquistanesa. Sentamo-nos à fogueira e conversamos durante três horas, em árabe e em inglês. Os alunos fizeram-me perguntas acerca de todos os temas imagináveis, desde o que é ser rei, à política do Oriente Médio. Disse a todos que os ajudaria a frequentar a universidade e, aos alunos de fora da Jordânia, que esperava vê-los aplicar os seus novos conhecimentos para ajudar os seus países. Todos me prometeram, entusiasmados, que o fariam. Mal tive oportunidade de comer algumas garfadas do jantar. A conversa, a sofisticação e a concentração daqueles meninos eram eletrizantes. Voltei-me para Gig, que me acompanhara naquela viagem, e comentei: "Não me interessa o que seja preciso fazer, mas arranje-me mais destes meninos. A Jordânia e a região receberão cem vezes o investimento que fazemos neles."

Por fim, fomo-nos todos deitar. Na manhã seguinte, acordamos de madrugada e, mais uma vez, passei horas a falar e a debater temas com os alunos. O entusiasmo, a dedicação e a paixão pela aprendizagem que aqueles jovens demonstravam eram notáveis. No cumprimento dos meus deveres de rei, conheci muitas pessoas inspiradoras, mas aquele acampamento com os alunos da Academia do Rei foi o ponto mais alto do meu ano.

Em junho de 2010, estava cheio de orgulho quando entreguei os certificados de habilitações aos oitenta e quatro alunos da primeira classe finalista da Academia do Rei. Todos ingressavam na universidade. Catorze continuariam os estudos em algumas das melhores instituições de ensino do Oriente Médio, dez frequentariam universidades britânicas e nove estudariam no Canadá. Quarenta e quatro alunos tinham-se inscrito em universidades americanas, entre as quais as de Harvard, Stanford, Yale, Brown, Columbia, Cornell, Princeton, Johns Hopkins e Georgetown.

Sei que todos, sem exceção, estão aptos a sair pelo mundo afora e a fazer coisas espantosas. Só me resta esperar que desenvolvam os mesmos sólidos laços de amizade que eu desenvolvi em Deerfield e que as sementes plantadas no deserto façam brotar uma nova geração de líderes capazes de espalhar a mensagem do valor do trabalho árduo, da curiosidade intelectual e da tolerância por toda a região.

Lastimavelmente, um dos meus bolsistas não se encontrava entre os graduados. Ahmad Tarawneh era um jovem de Kerak que, até entrar na Academia, nunca estudara em inglês. Era dos melhores alunos da sua turma e preparava-se para se candidatar a uma universidade do Ocidente e estudar Engenharia, mas morreu num trágico acidente de avião, apenas dois meses antes da sua graduação. Para mim, foi como se perdesse um dos meus filhos.

Recordamos Ahmad na cerimônia de graduação. Os meus colegas de Deerfield tinham oferecido um troféu da Academia do Rei, a ser entregue como o Prêmio Rei Abdullah II ao estudante que melhor representasse os princípios orientadores da Academia: respeito, amor pelo aprendizado, responsabilidade, vida integrada e cidadania global. O prêmio foi atribuído a Ahmad, a título póstumo.

A Academia permanece um dos feitos de que mais me orgulho. Os direitos de autor da edição inglesa desta obra foram transferidos para a Academia do Rei e as receitas derivantes da sua venda reverterão para um fundo de bolsas de estudo destinadas a estudantes carentes.

PARTE IV

CAPÍTULO 17

Jerusalém no Cerne do Conflito

A 17 de maio de 1999, estava eu prestes a fazer minha primeira visita aos Estados Unidos como rei, quando os israelenses foram às urnas. Com o primeiro-ministro Benjamin Netanyahu o processo de paz tinha ficado num terrível impasse e todos nós esperávamos que um novo líder israelense trouxesse ao país outra energia. No ano anterior, em Washington, Netanyahu e Arafat tinham assinado aquilo que seria o enquadramento para fazer avançar o processo de paz, o Memorando de Wye River. Apoiados por meu pai doente, nos seus últimos meses de vida, os Acordos de Wye River proporcionavam mais retiradas israelenses da Cisjordânia, por fases, e pareciam representar um progresso. Contudo, passados setes meses, tendo completado apenas uma das três fases de retirada, Netanyahu dava voltas e reviravoltas para empatar o processo, e todos os outros avanços baseados no Wye ficaram essencialmente estagnados. Tanto a Jordânia como todo o mundo árabe aguardavam a chegada de um novo primeiro-ministro que pudesse reavivar os esforços pela paz.

Ex-chefe do Estado-Maior do Exército Israelense e o mais condecorado oficial israelense, Ehud Barak estava em alta nas sondagens. Estivera nas Forças Especiais e, ao deixar o Exército, entrara para a política, aceitando o desafio de fazer a paz. Barak obteve uma vitória eleitoral com uma esmagadora maioria. Quando os resultados foram anunciados eu estava com o presidente Clinton na Casa Branca. Ambos nos sentíamos otimistas que Barak iria ter sucesso naquilo que Netanyahu falhara, tomando medidas arrojadas para fazer a paz entre Israel e os palestinos.

Em abril de 2000, fiz minha primeira visita oficial a Israel. Tinha previsto ir dois meses antes, mas adiara a viagem quando Israel atacou arbitrariamente alvos no sul do Líbano. Minha delegação foi de barco de Aqaba para Eilat, onde Barak nos recebeu para nos levar a uma pescaria e, depois, a um almoço de trabalho num hotel local. Nessa ocasião, discutimos as conversações sobre o estatuto final que, ao abrigo do Acordo de Sharm El Sheikh, de setembro de 1999, deveriam conduzir a um acordo abrangente. Disse a Barak que, se ele quisesse melhorar as relações entre Israel e a Jordânia, teria de fazer progressos substanciais com os palestinos.

Estando a administração Clinton a chegar ao termo do seu mandato, o primeiro-ministro israelense demonstrava-se seriamente empenhado nos esforços para criar uma atmosfera que permitisse a israelenses e palestinos desenvolver uma paz duradoura. O verão de 2000 foi um período de intensa atividade diplomática em torno do processo de paz. Em maio, Ehud Barak retirou as forças israelenses do sul do Líbano, que já ocupavam havia quase duas décadas. No entanto, a retirada não foi total – Israel mantinha seu domínio sobre o setor das Fazendas de Shebaa e de um reduzido território libanês. Se as tropas israelenses tivessem se retirado completamente do Líbano, talvez não tivéssemos visto mais conflitos posteriormente. A decisão de parar mesmo a um passo da retirada total foi um infeliz e oneroso acautelamento. Numa reafirmação das famosas negociações entre Anwar Sadat e Menachem Begin, em Camp David, em 1978, o presidente Clinton convidou Barak e Arafat a participarem numa cimeira que se realizaria em Camp David, no mês de julho. O objetivo era acelerar o progresso das hesitantes conversações de paz e tentar chegar a um acordo final. Pouco antes de partirem para a América, encontrei-me com cada um deles, individualmente.

Recordei a ambos o quanto o meu pai se tinha esforçado com o Presidente Clinton e o quanto tinha sacrificado para fazer avançar o processo de paz. Clinton decidira lançar-se ao primeiro prêmio. Queria acabar com as restantes fases intermediárias da retirada de Israel da Cisjordânia e trabalhar termos que tanto israelenses como palestinos pudessem aceitar para a criação de um Estado palestino. Disse-lhes que não deveríamos perder aquela oportunidade histórica.

A caminho de Camp David, a 11 de julho, Arafat e Barak levavam com eles a esperança de todos os povos da região de ter uma solução pacífica para um conflito que definiu o nosso lado do mundo por mais de sessenta anos. Infelizmente, essa esperança não se concretizou. Nos catorze dias de negociações em Camp David, as duas partes aproximaram-se mais de uma paz duradoura do que alguma vez o tinham feito, ou voltariam a fazer desde então. Todavia, não podiam dar o último passo. Dos quatro problemas que abordaram, Jerusalém e o estatuto dos refugiados palestinos foram os mais difíceis e contenciosos.

Barak apresentou um pacote que representava uma vantagem sobre qualquer proposta israelense anterior, mas que não era suficiente para os negociadores palestinos. De acordo com o que propunha, Israel deteria permanentemente mais de 10% da Cisjordânia e controlaria outros 10% por um período de vinte anos. O regresso dos refugiados foi tratado no contexto de um programa de reunificação familiar, excluindo a questão do direito de regresso dos palestinos (o direito dos palestinos que foram desalojados ou fugiram em 1948 e 1967 de regressarem às suas casas). Quanto ao problema crítico de Jerusalém, oferecia-se aos palestinos apenas uma autoridade administrativa sobre os locais sagrados da Cidade Antiga – muito menos do que a plena soberania que eles procuravam obter sobre Jerusalém Oriental.

Os palestinos queriam ver progressos reais, mas Arafat considerava não poder assinar qualquer acordo que pudesse sacrificar os direitos de mais de cinco milhões de refugiados palestinos e dar a Israel o controle sobre Jerusalém Oriental.

Embora Barak e Arafat manifestassem muita coragem, as acusações começaram quase imediatamente depois. As negociações não tiveram sucesso e a cimeira acabou em fracasso a 25 de julho. As frustrações dos palestinos aumentariam bastante nos meses subsequentes, enquanto o interesse dos israelenses em chegar a acordo com eles se desvanecia. Ehud Barak não tardaria a enfrentar eleições e sua vontade de devolver os territórios na Cisjordânia não era bem vista pelo público israelense. Foi então que

Ariel Sharon acendeu o fósforo que colocaria toda a região em chamas. De certo modo, já se esperava que Jerusalém fosse o interruptor do incidente que desencadeou uma segunda insurreição palestina e pôs um fim às esperanças de paz.

Jerusalém sempre ocupou um lugar muito especial no coração árabe. É uma cidade sagrada para as três grandes religiões monoteístas: o judaísmo, o cristianismo e o islamismo. Esta é, em parte, a razão pela qual sempre constituiu a causa do conflito. Ao longo da sua história, Jerusalém sofreu várias conquistas. Alguns dos seus ocupantes provocaram muito derramamento de sangue, mas o Islã chegou à cidade com grande dignidade.

No século VII, as forças do califa muçulmano, na altura sediado em Meca, montaram cerco a Jerusalém que estava sob o domínio do Império Bizantino. Quando a cidade finalmente se rendeu, o califa Omar bin al-Khattab entrou lá a pé, acompanhado pelo seu criado e um só camelo, em reconhecimento do estatuto de Jerusalém como uma cidade de paz. Sofrônio, o patriarca ortodoxo de Jerusalém, convidou-o a rezar na Igreja do Santo Sepulcro, mas ele recusou, temendo que, se o fizesse, os muçulmanos transformassem a igreja numa mesquita. Em vez disso, foi visitar Al Aqsa, na época em ruínas, de onde o Profeta tinha subido aos céus, na noite da sua ascensão. Omar mandou construir uma mesquita nesse local e assinou um tratado garantindo aos cristãos proteção e direito ao seu culto. O Pacto de Omar, tal como cita Abdul Latif Tibawi no seu livro, *Jerusalem: Its Place in Islam and Arab History*, diz o seguinte:

> Em nome de Deus, o Compassivo, o Misericordioso, isto é o que o escravo de Deus, Umar, bin al-Khattab, o Emir dos crentes, ofereceu ao povo de Aelia (Jerusalém) de segurança, concedendo-lhes proteção às suas pessoas, ao seu dinheiro, às suas igrejas, aos seus filhos, aos seus mais reles e inocentes congêneres, bem como à restante população. As suas igrejas não serão tomadas, nem destruídas, nem degradadas ou rebaixadas, nem as suas cruzes e o seu dinheiro, tal como eles não serão obrigados a mudar de religião, nem nenhum deles deve sofrer qualquer mal.

Nem todos os líderes de Jerusalém demonstraram assim tanta compaixão. Nos finais do século XI, o papa Urbano II instou à reconquista de Jerusalém. Cavaleiros e respectivos seguidores de toda a Europa juntaram-se e rumaram à Terra Santa, naquilo que veio a ser conhecido por Primeira Cruzada. Quando, em 1099, Jerusalém acabou por cair, os cruzados entraram na cidade e massacraram milhares de defensores judeus, muçulmanos e cristãos ortodoxos, incluindo muitos muçulmanos que se tinham refugiado na Mesquita de Al Aqsa.

Os cruzados não duraram muito e foram expulsos de Jerusalém em menos de cem anos. Depois disso, a cidade permaneceu mais de setecentos anos nas mãos dos muçulmanos. Quando os turcos otomanos foram mandados embora, após a Primeira Guerra Mundial, minha família dos Hachemitas ficou responsável pela cidade e o povo de Jerusalém jurou sua fidelidade ao meu trisavô, Al Hussein bin Ali. Em 1948, as forças jordanianas sob a liderança de meu bisavô, o rei Abdullah I, conseguiram proteger a Cisjordânia, incluindo Jerusalém Oriental, do novo Estado de Israel. Posteriormente, em 1950, a Cisjordânia tornou-se parte do Reino Hachemita da Jordânia, ao abrigo do Ato de União, com a declaração da Conferência de Jericó. No ano seguinte, meu bisavô foi assassinado numa visita a Jerusalém, com meu pai ao lado. Ao tornar-se rei, meu pai herdou a responsabilidade da família hachemita de ser guardiã da cidade santa de Jerusalém e o legado de seu bisavô de unificar a margem oriental e a Cisjordânia. Meu pai sentia-se emocionalmente apegado a Jerusalém por motivos religiosos e familiares. Assim, fez tudo o que pôde para cumprir com sua responsabilidade de guardião e protetor da cidade e dos seus santuários sagrados. Mesmo depois de os israelenses terem conquistado Jerusalém Oriental, em 1967, Moshe Dayan, o Ministro da Defesa israelense, concordou que os locais sagrados continuassem a ser administrados pelo governo jordaniano, por meio de um consórcio religioso chamado Waqf.

É difícil exagerar o significado que Jerusalém assume para os muçulmanos. O capítulo XVII do Alcorão descreve o milagre de Isra e Miraj, quando o anjo Gabriel levou o Profeta Maomé de Meca para Jerusalém. A Pedra Fundadora (a Kaaba), debaixo da Cúpula da Rocha, marca o local de onde o Profeta ascendeu aos céus naquela noite para lhe serem revelados os sinais de Deus. Aí, ele encontrou-se com os profetas que tinham vindo antes dele, liderou-os em orações e foi mandado de regresso a Meca. O Profeta Maomé declarou que as peregrinações religiosas deveriam restringir-se às mesquitas de Meca, Medina e Jerusalém, e que uma oração feita em Jerusalém valia cem vezes mais do que feita noutro lugar qualquer. A área circundante à Mesquita de Al Aqsa que inclui a Cúpula da Rocha tornou-se conhecida como Al Haram al Sharif, ou Nobre Santuário.

Em árabe, chamamos a Jerusalém Al Quds, "A Sagrada". A perda da cidade para Israel, em 1967, deixou os árabes e os muçulmanos de todo o mundo chocados. A ira e a tristeza provocadas pela ocupação israelense de Jerusalém traduziram-se tanto por agressivas manifestações como pela expressão poética e artística. A famosa cantora libanesa, Fairouz, conquistou os corações de milhões de árabes ao lamentar a perda da "flor das cidades", numa canção que ainda hoje faz vibrar o público. Para os árabes, Jerusalém é também o símbolo da insurreição nacionalista árabe liderada por meu trisavô, Sharif Hussein.

Meu pai manteve sempre Jerusalém num recanto muito especial do seu coração. Foi para mandar recuperar a Cúpula da Rocha que vendeu a sua casa em Londres, no início dos anos 90. Também sinto orgulho pelo trabalho dos engenheiros e artesãos jordanianos que, em 2007, construíram e instalaram, na mesquita de Al Aqsa, a réplica do *minbar* de Salaheddin – um púlpito ornamentado de onde os imãs proferem os seus sermões há séculos. O *minbar* foi queimado em 1969, quando um sionista radical colocou uma bomba incendiária na mesquita.

Levo muito a sério a responsabilidade de preservar a identidade árabe de Jerusalém e proteger seus locais sagrados. Contudo, a identidade de Jerusalém está sob a ameaça das medidas unilaterais israelenses que visam expulsar da cidade muçulmanos e cristãos. Jerusalém é a fagulha capaz de inflamar toda a região e acender paixões por todo o globo. Já alertamos repetidamente os israelenses para as terríveis consequências dos seus atos em Jerusalém, como as escavações que ameaçam os locais sagrados muçulmanos e cristãos, a construção de colônias e a demolição de casas de palestinos, além das suas tentativas para expulsar da cidade hierosolimitas muçulmanos e cristãos. Em todas as reuniões que temos com oficiais israelenses, aviso que Jerusalém é uma questão fundamentalmente delicada. Atos unilaterais e ilícitos só podem intensificar o conflito e infligir mais sofrimento quer a palestinos, quer a israelenses. No entanto, nada parece impedir os governos israelenses de cometerem esses atos que ameaçam fazer descarrilar as relações de Israel com a Jordânia e destruir todos os nossos esforços na busca de uma paz regional duradoura.

Foi isso mesmo que Sharon, o líder do Likud, fez, em setembro de 2000, ao anunciar seus planos de visitar Al Haram al Sharif. Os judeus chamam a essa zona o Monte do Templo, pois acreditam que o Primeiro e o Segundo Templos foram aí construídos. Alguns insistem em dizer que o Monte do Templo será o local do Terceiro Templo cuja construção anunciará a vinda do Messias. No entanto, alguns fanáticos israelenses não estão dispostos a esperar mais pela vinda do Messias. Um grupo radical que se autodenomina os Fiéis do Monte do Templo, liderado pelo oficial israelense Gershon Salomon, instou à demolição da Mesquita de Al Aqsa e da Cúpula da Rocha, a serem transferidos para Meca, para que o Terceiro Templo possa ser erigido no seu lugar.

Muitos muçulmanos encararam a visita que Sharon planejava, como prova de que as ideias dos Fiéis do Monte do Templo já tinham invadido a política israelense. Arafat defendia que não lhe deveriam permitir entrar no complexo sagrado. Sharon ignorou as ameaças e, a 28 de setembro de 2000, entrou no complexo de Al Haram al Sharif com um grupo de membros do Likud. Protegido por cerca de mil agentes da política antimotim israelense e insensível aos sentimentos dos muçulmanos do mundo inteiro, atravessou todo o local, ao som dos protestos de um grupo de palestinos em fúria contra sua incursão num dos locais mais sagrados do Islã.

No dia seguinte, a reação dos palestinos à provocação de Sharon cresceu. Nos confrontos violentos que ocorreram, as forças israelenses mataram pelo menos quatro palestinos e feriram mais de duzentos. Não tardou que, em consequência, a situação se descontrolasse. Por toda a Jerusalém Oriental, a Cisjordânia e Gaza, surgiram agressivas manifestações. A 30 de setembro, no

Cruzamento de Netzarim, em Gaza, houve um incidente que deixou o mundo horripilado. O carpinteiro Jamal al Dura, e o filho de doze anos, Mohammed, foram apanhados no meio de um violento confronto entre os manifestantes palestinos e o exército israelense. Tentando inutilmente abrigar-se por detrás de um muro, receberam uma enxurrada de tiros. Essa cena abominável foi filmada e milhões de pessoas observaram, em choque, Jamal a tentar em vão proteger o filho que lhe morreu nos braços. Por todo o mundo muçulmano, essa imagem passou a simbolizar a brutalidade da ocupação israelense da Palestina. Nos cinco dias de violência que se seguiram, cerca de cinquenta palestinos foram mortos e centenas mais foram feridos. Três israelenses morreram nos confrontos.

A violência provocada pela visita de Sharon desencadeou aquilo que passou a ser conhecido como a Intifada de Al Aqsa. Condenei a provocação de Sharon e defendi que a única forma de acabar com a violência seria voltar à mesa das negociações para se chegar a um acordo que cumprisse o direito legítimo do povo palestino do estatuto de Estado no seu solo nacional, com capital em Jerusalém Oriental. Sharon, por sua vez, tinha sua própria abordagem.

Durante o outono conduziram-se conversações de nível inferior entre os israelenses e os palestinos, mas ninguém lhes deu muita atenção. Num último impulso, antes de deixar o cargo, em dezembro de 2000, Clinton ofereceu algumas propostas que se tornaram conhecidas como os Parâmetros Clinton, para tratar das questões pendentes das colônias, de Jerusalém e dos refugiados.

Clinton propunha um fim do conflito baseado numa solução que daria 94% a 96% da Cisjordânia aos palestinos, com uma troca de territórios de 1% a 3%. Quatro quintos dos colonos israelenses ficariam nas terras detidas por Israel. Além disso, propunha a inclusão de acordos territoriais, tais como a passagem segura permanente entre a Cisjordânia e Gaza. Os parâmetros estabeleciam ainda uma retirada israelense da Cisjordânia num período de três anos, durante o qual seriam gradualmente introduzidas forças internacionais.

Clinton propunha que o Estado Palestino fosse o ponto focal dos palestinos que optassem por regressar à Palestina, sem excluir a hipótese de Israel aceitar parte desses refugiados. Segundo o princípio orientador da resolução da questão de Jerusalém, as zonas árabes são palestinas e as zonas judaicas são israelenses, tendo os palestinos soberania sobre Al Haram al Sharif, e os israelenses sobre o Muro das Lamentações. Um acordo seguindo esses parâmetros marcaria o fim do conflito.

De 21 a 27 de janeiro, em Taba, no Egito, Barak e Arafat fizeram uma última tentativa para chegar a acordo. No entanto, de dia para dia, Barak caía mais nas sondagens e, após eleições repletas de tensão e contestação, um novo presidente tomara posse nos Estados Unidos e ninguém sabia qual seria a sua abordagem. Com o rápido cessar das conversações, a violência começou a crescer. Vários comentaristas israelenses começaram a declarar a morte plena e absoluta do processo de paz de Oslo.

Nos meses que se seguiram, instalou-se uma grande controvérsia em torno da questão de saber quem era responsável pelo colapso das negociações de paz. Nesse debate, os pontos incontornáveis das negociações e a discordância entre as partes fundiam-se com as consequências da visita provocatória de Sharon a Al Haram al Sharif. Alguns culpavam Yasser Arafat pela violência que se seguiu e pelo colapso das negociações, afirmando que fora ele quem orquestrara a violência para ganhar mais concessões israelenses. Outros sugeriam que os americanos se tinham alinhado com Barak, sem instá-lo a fazer concessões suficientes. Outros ainda assinalavam que Camp David não tinha sido bem preparado e que o que se ofereceu aos palestinos era muito pouco, comparado com o que eles mereciam ou queriam. A verdade, porém, é que nos sete longos anos desde a assinatura dos Acordos de Oslo, haviam-se quebrado demasiadas promessas e a confiança desgastara-se. Os palestinos sabiam que Ehud Barak não tardaria a perder o cargo nas eleições e duvidavam da sua capacidade para concretizar fosse o que fosse, dada a debilitação do seu governo. Tratava-se de um trágico e dispendioso fracasso.

CAPÍTULO 18

Procurar a Paz, Obter a Guerra

Com a administração Clinton, o Iraque e a América trocaram muitas palavras hostis e alguns mísseis, mas não entraram em guerra. Contudo, em janeiro de 2001, quando a administração de George W. Bush tomou posse, essa dinâmica começou a mudar. Neoconservadores como Paul Wolfowitz, Doug Feith, Elliott Abrams e Richard Perle, havia muito que tinham ambições de fazer cair Saddam Hussein para concluir a tarefa que, aos seus olhos, Bush pai tinha encetado. Muitos desses neoconservadores começaram a assumir posições estratégicas no Pentágono, no Conselho Nacional de Segurança e no Departamento de Estado. Aí tinham acesso a tudo, faltando-lhes apenas a oportunidade que não tardaria a surgir.

A administração Bush demonstrava pouco ou nenhum interesse em desenvolver o trabalho da administração Clinton. Um dia depois de Bush ter tomado posse, a 21 de janeiro de 2001, os israelenses e os palestinos reuniram-se em Taba, no Egito, para tentar dar seguimento às negociações realizadas no ano anterior, em Camp David, apoiando-se nas propostas de última hora de Clinton (os Parâmetros Clinton), para ultrapassarem as últimas divergências. No entanto, as negociações depressa se romperam. Após Taba, a porta giratória de Israel recomeçou a girar.

Ehud Barak foi derrotado nas eleições de março pelo Partido Likud, encabeçado por Ariel Sharon. Ao eleger Sharon, a população israelense enviava uma clara mensagem. Tal como não tardaria a demonstrar pelos seus atos, Sharon não estava muito interessado em fazer a paz.

Ao anoitecer do dia 18 de maio de 2001, vários caças F-16 israelenses decolaram das suas bases, rumo à Cisjordânia e a Gaza. Uma parte das bombas atingiu a base de segurança palestina, em Nablus, arrasando o complexo e matando oito pessoas. Outra parte atingiu alvos em Ramallah e na Faixa de Gaza, matando onze pessoas e ferindo muitas mais. Era a primeira vez, desde a guerra de 1967, que Israel atacava os palestinos com caças e a comunidade internacional condenou esses atos. Sem demonstrar quaisquer remorsos, numa entrevista a um jornal israelense, Ariel Sharon declarava: "Tomaremos as medidas que forem necessárias e utilizaremos o que for preciso para proteger os cidadãos israelenses."

O ataque israelense marcou o culminar de uma semana de violência crescente. A 15 de maio, cinco agentes da polícia palestina foram mortos por soldados israelenses. Quatro dias depois, na manhã de 18 de maio, o Hamas enviou um bombista suicida para atacar um centro comercial na cidade balneária de Netanya, matando cinco pessoas e ferindo cerca de outras cem. Ainda nesse dia, mas à noite, os israelenses mobilizaram seus aviões de guerra e as suas bombas. Ambas as partes pareciam estar tentando superar-se mutuamente em termos de atrocidades. Todas as vidas humanas são sagradas e creio que é simplesmente incorreto atacar civis inocentes, seja com bombistas suicidas, seja com jatos F-16.

Numa entrevista televisiva que deu uns dias depois, o vice-presidente americano, Dick Cheney, apelou à calma, dizendo: "Julgo que deveriam parar. Ambas as partes deveriam parar para pensar no rumo que estão tomando, reconhecendo que a única meta possível é a catástrofe." Contudo, nenhuma delas lhe deu ouvidos.

Posteriormente, nesse ano, a 8 de setembro de 2001, enviei uma carta dirigida ao presidente Bush, instando-o a falar sobre a questão palestina. Muito pouco tempo depois, fui convidado a ir aos Estados Unidos debater os meus planos com ele. A 11 de setembro de 2001, estava eu a bordo de um avião privado, sobrevoando o oceano Atlântico, a caminho do Baker Institute, no

Texas, onde proferiria um discurso antes de me reunir com o presidente Bush, em Washington. Como tomara um sonífero, estava dormindo quando meu irmão Ali me acordou com uma sacudidela, informando-me: "Temos um grande problema. Aconteceu alguma coisa nos Estados Unidos." Tínhamos recebido relatos da BBC de que um avião tinha atingido as torres gêmeas de Nova Iorque mas, sem acesso a um televisor, não nos era possível ter uma noção exata do terror e da destruição que provocara o atentado.

Na Jordânia, Rania estava colada à tela do televisor, a ver pela CNN o desenrolar daqueles devastadores acontecimentos, minuto a minuto. Conseguindo contatar-me no avião, Rania pediu-me para voltar para trás e aterrissar na Grã-Bretanha. Todavia, educado para dar apoio aos meus mais próximos aliados em tempos de crise, respondi-lhe que não alteraria os meus planos. "Seguimos para os Estados Unidos", disse-lhe. "Quero manifestar a minha solidariedade para com os meus amigos."

"Mas Abdullah, você não percebe o que é que se passou", insistiu ela. "Eles não vão estar interessados em lhe dar a mínima atenção."

Enquanto falávamos, o piloto contatara os controladores aéreos americanos e obtivera permissão para aterrissar na América. Contudo, quando nos aproximávamos de Labrador, no Canadá, tomei a decisão de voltar atrás. Foi depois de conseguir sintonizar no *cockpit* uma emissão da BBC, relatando os atentados, que me apercebi da magnitude dos acontecimentos. Várias horas depois, aterrissávamos no Reino Unido, na Base Aérea de Brize Norton, em Oxfordshire, cerca de 105 km a oeste de Londres. Enquanto a tripulação reabastecia o avião, atravessei a pista no escuro e dirigi-me à sala de espera dos passageiros. Ao passar da porta principal, avistei as horríveis imagens dos dois aviões atingindo as torres gêmeas. Chocado com uma agressão tão despudorada a civis, pensei: "Meu Deus. Vai ser um autêntico caos, se isto for obra de algum grupo islâmico."

Logo a seguir, perguntei-me: "O que pode a Jordânia fazer para ajudar?" Encontrando um telefone seguro, comecei a fazer chamadas para os Estados Unidos. Naquele momento, o presidente Bush estava muito ocupado, mas consegui falar com

George Tenet, o diretor da CIA. "George", declarei, "a Jordânia apoia totalmente os Estados Unidos naquilo que puder." Tenet confirmou os meus temores de que a Al Qaeda estava por trás do atentado e referiu que talvez se procedesse a operações no Afeganistão.

Em seguida, telefonei ao general Tommy Franks, o comandante do Comando Central dos EUA (CENTCOM) que ficaria encarregado de quaisquer operações militares a se realizar no Oriente Médio. Conhecendo-o havia muitos anos, desde os meus tempos nas Operações Especiais, declarei-lhe: "Comprometemo-nos a ajudá-los."

Ao regressar à Jordânia, reuni-me com meus oficiais militares superiores e disse-lhes que estava decidido a ajudar na luta contra aqueles loucos. Pela Jordânia, meus oficiais dispunham-se a juntar-se à luta. Havia anos que combatiam os extremistas militantes na Jordânia e sabia perfeitamente os danos que eles eram capazes de causar.

Quando os Estados Unidos e seus aliados entraram em guerra no Afeganistão, em outubro de 2001, enviamos um hospital de campo e um destacamento das Forças Especiais para Mazar-e-Sharif, no norte. Após o 11 de Setembro, a primeira prioridade dos Estados Unidos passou a ser perseguir os seus inimigos.

A partir de então, os israelenses fariam o que pudessem para associar a sua luta contra Arafat e os palestinos àquilo que os americanos já designavam de "guerra global ao terrorismo". Reparando nesse perturbador desenvolvimento bastante precocemente, temia o que poderia acontecer se fossem bem-sucedidos.

No dia 3 de janeiro de 2002, de manhã bem cedo, um desgastado navio azul navegou pelas águas tranquilas do Mar Vermelho afora e contornou o Chifre da África rumo ao norte, pela costa da Arábia Saudita. O navio de carga de 4 mil toneladas, *Karine A*, parara em Dubai para receber um carregamento de colchões, óculos de sol e sandálias. Antes disso, o capitão do navio, um ex-oficial superior da polícia naval palestina, fizera uma parada numa ilha ao largo da costa iraniana. Ao amanhecer, a calma oceânica foi quebrada pelo som dos helicópteros israelenses que se dirigiam ao navio, acompanhados de embarcações israelenses.

Tomando controle do navio, os comandos israelenses subjugaram a tripulação e desviaram o *Karine A* para o porto de Eilat, no sul de Israel. Debaixo das havaianas e das camas, os israelenses encontraram caixas cheias de fuzis Kalashnikov, lançadores de foguetes Katyusha e explosivos plásticos.

A captura do *Karine A* acentuou os danos causados ao já hesitante processo de paz. Com quase um mês de cerco ao seu quartel-general de Ramallah, Yasser Arafat via a sua autoridade altamente minada pelos atos arbitrários de Israel. O governo de Sharon mandara matar vários líderes do Hamas em assassinatos planejados e, dia a dia, a intifada tornava-se mais violenta, à medida que aumentava o desespero dos palestinos. Oito anos após a assinatura do Acordo de Oslo, cujas prescrições e promessas eram renegadas pelos subsequentes primeiros-ministros israelenses, pouco mudara para os palestinos. Sharon cortava periodicamente o acesso a Israel e isolava Gaza e parte da Cisjordânia, impedindo os palestinos com empregos em Israel de irem trabalhar.

A 7 de janeiro, Sharon deu uma conferência de imprensa em Eliat, perto do navio capturado. Apresentando as armas confiscadas, tratava Arafat por "inimigo figadal", afirmando que ele tinha comprado armas mortíferas ao Irã com o intuito de fazê-las entrar furtivamente na Cisjordânia e na Faixa de Gaza para lançar mais ataques a Israel. O presidente Bush poderia ter-se servido da sua influência para acalmar os ânimos, mas tinha outras coisas em que pensar e não demonstrava qualquer desejo de refrear Sharon. A sua administração parecia decidida a manter-se à margem e a ver o processo de paz nos estertores da morte.

A 31 de janeiro, após o discurso do Estado da União em que Bush descrevia o Irã, o Iraque e a Coreia do Norte como um "eixo do mal", dirigi-me ao Departamento de Estado para me reunir com o secretário de Estado, Colin Powell. Queria assinalar a importância que tinha, para a região inteira, encaminhar novamente o processo de paz, e entender um pouco melhor o novo enfoque da administração no Iraque. Em fevereiro do ano anterior, quando Powell visitara a Jordânia no contexto de uma visita mais alargada ao Oriente Médio, fora recebê-lo ao aeroporto. Essa prática destina-se, tradicionalmente, aos chefes de Estado, mas já o conhecia há tantos anos que o considerava um bom amigo.

Numa longa reunião realizada no Palácio Raghadan, falamos sobre o Iraque e o impasse do processo de paz. Na altura de o levar ao aeroporto, Powell gostara tanto do meu novo Mercedes S500 que me pediu para ir ele a conduzi-lo. Surpreendentemente, respeitou o limite de velocidade durante todo o percurso. Powell ia à Cisjordânia reunir-se com o presidente da Autoridade Palestina, Arafat e, ao sairmos do carro, apontou para o seu destacamento de seguranças e disse: "Queria ir de carro para Ramallah, mas eles disseram-me que não."

Quando voltei a vê-lo, em janeiro, referindo-se ao incidente do *Karine A*, Powell comentou que havia sido uma infelicidade, pois até então, as coisas estavam correndo melhor. O próprio Sharon dissera o mesmo. Contudo, a captura da embarcação com seu carregamento de armas prejudicara os esforços envidados pelos americanos – o enviado de Powell, o general Anthony Zinni, tinha andado numa roda-viva, entre os israelenses e os palestinos para negociar um cessar-fogo – e dificultara qualquer avanço. Powell insistia no estabelecimento de uma relativa tranquilidade e em que Arafat se pronunciasse acerca do navio perante o público dos EUA.

Disse a Powell que os Estados Unidos tinham de enviar uma mensagem de esperança aos palestinos. Esta teria de lhes consolidar a convicção de que as negociações de paz conduziriam à obtenção do estatuto de Estado, apelando e prestando auxílio a quem tinha sofrido com a intifada e perdido o emprego devido aos cortes de acessos. Além disso, expliquei que os Estados Unidos deviam ser mais claros no que dizia respeito ao que Arafat teria de fazer para aliviar os ânimos. Sugeri-lhe que um plano explicitando as obrigações de palestinos e israelenses seria uma boa contribuição. Depois, passamos a discutir o único assunto que todos em Washington queriam abordar: o Iraque. Eterno diplomata, Powell procurou abrandar o impacto do discurso do Estado da União do presidente, dizendo que se o Iraque deixasse de apoiar o terrorismo e abandonasse o seu programa de fabricação de armas de destruição maciça, os Estados Unidos mudariam de atitude.

No dia seguinte, reuni-me com o presidente Bush na Sala Oval e abordei o tema que tanto na altura como agora é, para mim, o mais importante para a América na região – o processo de paz.

Disse-lhe que apesar de ser, amiúde, deixado em segundo plano, esse era o problema central. Tal como lhe passei a explicar, a resolução do conflito israelo-palestino desproveria as organizações como a Al Qaeda do seu poder de atração e levaria outros líderes árabes a dar mais apoio aos objetivos da América na região.

Contudo, Bush não tinha vontade de falar sobre o processo de paz, apressando-se a manifestar-me sua frustração com os desenvolvimentos mais recentes. Bush declarou que Arafat os tinha "conduzido por um determinado caminho para depois voltar atrás na sua palavra". O presidente insistia em afirmar que Arafat tinha de se esforçar mais para controlar os extremistas, ou os Estados Unidos deixariam de despender capital político para tentar resolver o conflito. "Não podemos ser hipócritas em relação ao terrorismo", disse ele, passando a frisar que considerava que Arafat se alinhava com as organizações terroristas. Tal como temia, Bush começava a associar a sua própria luta para apanhar a Al Qaeda com o conflito israelo-palestino.

Defendi Arafat, explicando que ele era um símbolo nacional para os palestinos e alertei Bush para a possibilidade de ele lhe fugir do alcance se começasse a sentir-se encurralado. Descrevi a situação em que se encontrava a região, com dois velhos guerreiros travando um duelo, enquanto os seus povos sofriam, e disse que os Estados Unidos deveriam formular suas exigências a Arafat de uma forma que o povo palestino pudesse compreender. Contei-lhe ainda que os problemas relativos aos líderes de ambas as partes nos impediam continuamente de avançar, embora fosse o desejo da maioria dos israelenses e dos palestinos melhorar a situação.

O presidente disse que iria estudar essa ideia e discuti-la com Sharon. Bush assegurou-me que, na sua próxima visita a Washington, os Estados Unidos diriam a Sharon que seus excessos prejudicariam a capacidade da América para combater o terrorismo. Ademais, referiu-me que tinha dito a Sharon que ele ficaria em maus lençóis se os israelenses matassem Arafat.

Pedi ajuda a Bush para convencer os israelenses a deixar Arafat sair do seu complexo em Ramallah, onde o exército israelense o mantinha em "prisão domiciliar" desde dezembro de 2001. Referi-lhe que Arafat deveria ter a possibilidade de participar na

Cimeira da Liga Árabe, a se realizar em Beirute, no mês de março, pois impedi-lo de o fazer só serviria para dar mais força aos radicais. Depois de prometer abordar essa questão com Sharon, Bush passou a discutir o papel de Arafat no processo de paz mais abrangente. Repetindo sua frase de ordem, "Não podemos ser hipócritas em relação ao terrorismo", Bush insistiu na sua tese de que Arafat se alinhava com as organizações terroristas e perguntou: "Não haverá alguém melhor?" Bush esclareceu que não sugeria que o derrubassem, mas indicou que era necessário ponderar sobre quem, com o tempo, poderia substituir Arafat e dar aos palestinos a oportunidade de um futuro melhor.

Fiquei alarmado com aquela reviravolta na conversa e expliquei que não havia uma alternativa para Arafat. Ele tornara-se um símbolo do povo palestino e quanto mais pressão Israel exercesse sobre ele, mais apoio o seu povo lhe prestaria. Israel também "acantonara" os palestinos, gerando a fragmentação da autoridade política na Cisjordânia e em Gaza. Acrescentei que Sharon tinha uma visão a muito curto prazo e que, embora isso não nos impedisse de sermos parceiros na paz, não concordávamos de modo algum com os seus métodos.

Por essa altura, Bush desviou o tema de conversa para o Iraque. Assumindo uma linha mais dura do que Powell, o presidente criticou o regime do Iraque, dizendo: "Saddam tem de ser repreendido."

"Vai criar um grande problema do Oriente Médio", contrapus eu, lenta e deliberadamente. "O problema não reside no fato de os Estados Unidos retirarem Saddam, mas no que vai se passar a seguir." Bush manteve-se firme na sua posição.

No dia seguinte, regressei à Jordânia. Em conversas subsequentes com outros líderes árabes, entre os quais o presidente Hosni Mubarak do Egito e o príncipe real Abdullah da Arábia Saudita, vim a saber que todos eles tinham tido discussões muito parecidas com membros da administração Bush. "O que é que vai acontecer depois de retirarem Saddam?", tinham também eles perguntado. A incapacidade da administração em dar uma resposta concreta deixava-nos muito perturbados.

Já se tornara evidente que a América já não se encarregaria de pressionar para que se resolvesse a crise israelo-palestina.

Contudo, ao separar-se do processo de paz, a América extinguiria praticamente qualquer esperança de progresso. Assim, continuamos a fazer pressão para se retomarem as negociações mas, agora, com uma iniciativa coletiva de paz árabe que julgávamos poder estimular os EUA a assumir um papel mais ativo no processo de paz.

Nos últimos anos do seu reinado, meu pai desenvolveu uma nova abordagem ao problema israelo-palestino – que implicaria todos os Estados árabes e os faria comprometerem-se numa paz coletiva com Israel em troca da retirada total israelense de todos os territórios árabes ocupados. Seguindo essa abordagem – mais abrangente do que o processo de Madri e concebida para conquistar o apoio internacional – os vinte e dois membros da Liga Árabe, sem exceção, ofereceriam uma paz coletiva apoiada por garantias de segurança a Israel se esta aceitasse cumprir determinados requisitos, como a instauração de um Estado palestino, o acordo sobre Jerusalém e os direitos dos refugiados palestinos, a restituição das colinas de Golã à Síria e o fim da ocupação dos territórios libaneses. Meu pai queria estabelecer o que o conceito genérico de terra-pela-paz significaria em termos práticos e eliminar parte das manobras políticas desenvolvidas entre os diferentes países árabes. Infelizmente, a sua proposta não ganhou balanço e estancou com sua morte. Quando me tornei rei, aproveitei para ressuscitar o plano de meu pai e pedi ao nosso governo que, numa ação combinada com os egípcios, o debatesse com a Arábia Saudita. Os sauditas acabaram por desenvolver a ideia e traçar aquilo que começou por se chamar a Iniciativa do Príncipe Real Abdullah e acabou por se tornar a Iniciativa de Paz Árabe, depois de a Arábia Saudita o ter apresentado à Liga Árabe que o adotou na sua cimeira de Beirute, em 2002.

Quando me preparava para deixar a Jordânia para ir à Conferência de Cúpula da Liga Árabe, no Líbano, em março de 2002, nossos serviços secretos descobriram uma conspiração para me assassinar e ao presidente egípcio, Hosni Mubarak, à nossa chegada a Beirute. Telefonei a Mubarak e passei-lhe a informação. Concordando com as preocupações de segurança, ambos decidimos que seria melhor não ir a Beirute. Para não ofendermos os nossos anfitriões, fiz saber que tinha apanhado uma grave constipação e que me seria impossível viajar.

Yasser Arafat também não esteve presente. Fiel à sua palavra, o presidente Bush enviara o vice-presidente Cheney a Israel para tentar persuadir o primeiro-ministro Ariel Sharon a deixar Arafat participar na cimeira. Como a cimeira que lançaria a Iniciativa de Paz Árabe, a participação de Arafat seria extremamente importante. Contudo, Sharon demonstrou-se inabalável, dizendo que, se Arafat fosse ao Líbano, não lhe permitiria regressar ao seu quartel-general de Ramallah. Arafat permaneceu no seu complexo e tentou participar na cimeira por videoconferência. Numa demonstração de mesquinhez, o governo de Sharon interferiu com o sinal e Arafat só pôde limitar-se a enviar uma mensagem gravada.

A 28 de março de 2002, os vinte e dois membros da Liga Árabe apoiaram formalmente a Iniciativa de Paz Árabe. Esta propunha que, em troca da total retirada israelense de todos os territórios árabes para as fronteiras de junho de 1967, uma solução justa e "acordada" para o problema dos refugiados e a instituição de um estado palestino soberano e independente na Cisjordânia e em Gaza com capital em Jerusalém Oriental, os Estados árabes dariam por concluído o conflito israelo-árabe, entrariam num acordo de paz com Israel, proporcionariam segurança a todos os Estados da região e estabeleceriam relações normais com Israel.

Pela primeira vez, desde o início do conflito israelo-árabe, os Estados árabes tinham feito uma oferta formal e unânime a Israel de estabelecer relações normais como base para terminar o conflito. A resposta dos israelenses foi célere e nada ambígua.

A 29 de março de 2002, Sharon enviou tropas israelenses para as cidades de Cisjordânia, numa operação chamada "Escudo Defensivo" – a maior operação militar israelense desde a invasão do Líbano, em 1982. As forças israelenses reocuparam quase todas as zonas autônomas dos palestinos de onde se haviam desmobilizado ao abrigo do processo de Oslo. Ramallah, Belém, Jenin e Nablus ficavam novamente sob ocupação israelense. Um campo de refugiados em Jenin sofreu o pior ataque durante um cerco de duas semanas apoiado por extensos bombardeios aos seus bairros.

No dia seguinte, carros de combate e soldados israelenses tomaram de assalto o complexo de Arafat em Ramallah, arrasando as paredes, cortando a eletricidade e deixando o líder palestino isolado no segundo andar, trabalhando à luz das velas no seu gabinete. A forma rude como Israel tratava Arafat acirrou os ânimos até dos seus mais fervorosos detratores. Por ter ficado tanto tempo aprisionado, até poucas semanas antes da sua morte, em novembro de 2004, e ter sido tão maltratado, muitas pessoas se compadeceram da sua situação. Arafat tornou-se essencialmente um herói.

A violência continuou a escalar quando uma mulher-bomba suicida palestina se fez explodir num supermercado de Jerusalém, matando duas pessoas. Em abril de 2002, escapando dos soldados israelenses que os caçavam, alguns combatentes palestinos refugiaram-se na Igreja da Natividade, em Belém. O exército israelense não tardou a cercar a igreja e a bloquear os palestinos lá dentro, juntamente com cerca de 250 padres, freiras e outros civis. O mundo inteiro assistiu, perplexo, ao cerco de um local de culto por veículos blindados e franco-atiradores israelenses agachados nos telhados circundantes, com as armas apontadas à igreja.

A 21 de abril, Israel cessou as suas operações militares e retirou as tropas das zonas palestinas, mas manteve o cerco à Igreja da Natividade e ao complexo de Arafat em Ramallah. A Assembleia Geral da ONU reuniu-se numa sessão de emergência a 7 de maio e emitiu uma resolução, manifestando uma grave preocupação pelo deterioramento da situação nos territórios palestinos. A resolução exigia que, como potência ocupante, Israel cumprisse as suas responsabilidades ao abrigo da quarta Convenção de Genebra. Além disso, condenava os ataques israelenses aos locais religiosos e sua recusa em cooperar com uma equipe de inquérito da ONU que o Conselho de Segurança enviara, no seguimento de uma resolução adotada a 9 de abril, para investigar o ataque ao campo de refugiados de Jenin.

O cerco à Igreja da Natividade durou mais de um mês. O mais chocante foi o fato de o governo israelense não mostrar qualquer compunção em permitir que os seus soldados abrissem fogo naquele local tão sagrado. A certa altura, dois turistas japoneses foram parar ao centro da linha de fogo e foram salvos por jornalistas que se encontravam perto e lhes fizeram sinal para saírem dali. Apesar de se ter acabado por negociar uma solução pacífica para o cerco, poucos progressos se fizeram no conflito mais lato. Era evidente que Sharon não tencionava fazer a paz. A luta de décadas teria de esperar que surgissem novos líderes.

Em junho de 2002, reunindo-se no Sudão, o Conselho de Ministros dos Negócios Estrangeiros da Organização da Conferência Islâmica (OCI) deu o seu patrocínio à Iniciativa de Paz Árabe, decidindo envidar todos os esforços para conquistar o apoio internacional à sua implementação. Instituída em 1969, numa conferência histórica em Rabat, com cinquenta e sete membros, a OCI é a segunda maior organização intergovernamental, a seguir às Nações Unidas. Ao patrocinar a Iniciativa de Paz Árabe, a OCI concedera à proposta o apoio explícito de todo o mundo muçulmano. Mantendo a promessa de estabelecer relações normais entre Israel e todos os seus membros, a OCI colocou na mesa uma solução de cinquenta e sete Estados.

No ano seguinte, a OCI reafirmou seu apoio à Iniciativa de Paz Árabe, tanto na reunião dos ministros dos Negócios Estrangeiros, que teve lugar em Teerã, em junho de 2003, como na reunião de todos os chefes de Estado da OCI na cimeira que se realizou na Malásia, em outubro. No entanto, os israelenses não demonstraram qualquer interesse por aquela oportunidade sem precedentes.

Em abril de 2007, numa das mais controversas decisões, Israel anunciou que Sharon tinha autorizado a construção de um muro com oito metros de altura, entre Israel e a Cisjordânia. Embora o propósito declarado fosse impedir os "terroristas" de aceder a Israel para atacá-la, algumas partes do muro foram erigidas em territórios da Cisjordânia ocupados por Israel em 1967 e não ao longo da linha do armistício de 1949. Entrando pela Cisjordânia adentro, em alguns casos, até 20 km, o muro foi construído para que cerca de 80% dos colonos da Cisjordânia ficassem no lado israelense. Em alguns casos, seu percurso atravessava aldeias palestinas e, em outros, encurralava povoações palestinas no lado israelense.

Nós, juntamente com todo o mundo árabe, suspeitávamos que a verdadeira intenção de Israel fosse criar uma fronteira *de fato* e, contrariamente à legislação internacional, anexar terras ocupadas durante a guerra e, assim, impedir a realização de negociações sobre um estatuto final. Em dezembro de 2003, a Assembleia Geral da ONU solicitou uma decisão ao Tribunal Internacional de Justiça (TIJ) acerca da legalidade do muro.

Os palestinos começaram a preparar seus argumentos e, à luz da nossa responsabilidade histórica e legal sobre Jerusalém, a Jordânia ofereceu-lhes assistência. As nações civilizadas resolvem as suas disputas através do Direito e nós estávamos decididos a apresentar o melhor caso possível. Assim, recomendamos aos palestinos que contratassem o professor James Crawford da Universidade de Cambridge, um especialista em Direito Internacional de renome, e a equipe jordaniana contratou os serviços de *Sir* Arthur Watts, um distinto advogado britânico que fora conselheiro jurídico do Ministério dos Negócios Estrangeiros.

Em fevereiro de 2004, assistidas pelo nosso representante permanente nas Nações Unidas, o príncipe Zeid bin Ra'ad, as equipes palestina e jordaniana apresentaram o seu caso ao TIJ, argumentando que Israel não tinha o direito de construir um muro, ou o que quer que fosse, em territórios ilicitamente ocupados na guerra de 1967. A 9 de julho de 2004, o tribunal decidiu com uma maioria de quatorze contra um, sendo o voto de dissensão do juiz americano Thomas Buergenthal; a seu ver, o muro infringia a legislação internacional, e estatuiu: "A construção do muro que Israel, a potência ocupante, está construindo, nos territórios palestinos ocupados, incluindo dentro e em redor de Jerusalém Oriental, e o seu regime, são contrários à legislação internacional." A decisão determinava ainda que Israel deveria cessar todas as violações ao Direito Internacional e deitar abaixo o muro já existente, compensando os palestinos pelos danos causados pela sua construção. O governo israelense ignorou a decisão e o primeiro-ministro Sharon deu ordens para se dar seguimento à construção do muro.

Ao longo da história, desde o gueto de Varsóvia até à Berlim da Guerra Fria, os muros erigidos para separar ou aprisionar povos jamais se revelaram suficientemente robustos para resistir à vaga da esperança humana. Israel acaba por não conseguir obter a segurança que procura encarcerando os palestinos num gueto que eles próprios construíram, ou recriando o Muro de Berlim em

Jerusalém Oriental. A segurança por que mais anseiam todos os israelenses e palestinos – a de uma vida normal – só pode ser conseguida se deitarem abaixo as barreiras que os separam e aprenderem a viver em paz.

Os tambores de guerra continuaram a soar durante a primavera e o verão de 2002. Na primavera, regressei aos Estados Unidos e, a 8 de maio, reuni-me novamente com o presidente Bush na Casa Branca, onde continuei a sublinhar a importância de se recomeçar o processo de paz. Numa carta que lhe enviara no mês anterior, assinalara o nosso papel "fundamental para forjar o consenso pela iniciativa saudita que se tinha traduzido num compromisso coletivo árabe para cessar o conflito com Israel, garantir-lhe a segurança e estabelecer relações normais entre todos os estados árabes e Israel". Esse esforço para alinhar o mundo árabe por trás de um plano pela paz era ameaçado pelos atos israelenses. Instei Bush a empenhar-se na retirada das tropas israelenses das cidades palestinas que, por aquela altura, já estavam quase totalmente sob o seu controle, e a fazer pressão para se reiniciarem as negociações.

Contudo, parecendo considerar Arafat um líder fracassado, o presidente insistia em apontar a sua incapacidade para cumprir as suas promessas. Além disso, lamentou o fato de, ao atacar o quartel-general de Arafat, em Ramallah, mantendo-o praticamente prisioneiro, Sharon ter feito aumentar o apoio interno a Arafat. "Não sei quem mais poderá surgir", comentou ele. Bush disse que Sharon transformara Arafat num herói que permaneceria na ribalta, mas apontou para a necessidade de se criarem formas de encorajar os jovens a revelarem-se e de lhes dar acesso à liderança.

Alertei o presidente para o fato de a região passar uma imagem enganosa de tranquilidade e de existir muita raiva fervilhando sob a superfície. Expliquei-lhe que aquele período temporário de relativa tranquilidade se devia à esperança gerada pela visita de Powell no mês anterior e aos esforços subsequentes dos americanos para reiniciar o processo de paz, mas que poderia surgir mais violência caso não se fizesse nada nos meses seguintes. Mais uma vez, reafirmei a posição de que a mudança política dependeria de um acordo político com um prazo a cumprir e resultando num Estado palestino.

O presidente ouviu-me, mas frisou o seu desejo de evitar aquilo que ele considerava terem sido os erros da administração Clinton, que se concentrara demasiado nos pormenores de encontrar uma solução para Jerusalém, esquecendo as preocupações de Israel com a segurança. "Imagino o que sentirá Sharon ao começar a sua reunião comigo com a notícia de um atentado a bomba", declarou ele. Compreensivelmente, os acontecimentos trágicos do 11 de setembro tinham instilado no presidente uma maior empatia pelos outros líderes cujo povo era alvo de atentados suicidas. No entanto, também tinham turvado a percepção que a administração tinha do sofrimento palestino. Foi então que o presidente me disse que ainda tinha os olhos postos no Iraque.

O presidente Bush continuou a criticar Arafat, nomeadamente, num discurso que proferiu a 24 de junho de 2002, quando definiu a sua política no que dizia respeito a Israel e aos palestinos. Bush começou por declarar o seu compromisso para com uma solução de dois Estados. "Vejo dois Estados", explicou ele, "a viver lado a lado, em paz e segurança. Pura e simplesmente não existe forma de alcançar essa paz, sem que todas as partes combatam o terrorismo. Contudo, neste momento decisivo, se todas as partes romperem com o passado e enveredarem por um novo caminho, poderemos vencer as trevas com a luz da esperança." "No entanto", continuou ele, "a paz exige uma liderança palestina nova e diferente, de modo que o Estado palestino possa nascer. Insto o povo palestino a eleger novos líderes, mas líderes não comprometidos pelo terrorismo." Bush afirmou que, em troca, os Estados Unidos apoiariam um Estado palestino provisório, no decorrer das negociações entre os israelenses e os palestinos acerca das fronteiras e de outras questões, prevendo-se chegar a um acordo no prazo de três anos.

Infelizmente, a noção de "líderes não comprometidos pelo terror" seria difícil de implementar – em ambos os lados. Se, por um lado, aos olhos dos americanos, o líder palestino Yasser Arafat estava comprometido pelo terrorismo, por outro, aos olhos dos palestinos, o primeiro-ministro israelense, Ariel Sharon, estava igualmente comprometido pelo seu papel nos massacres dos campos de refugiados de Sabra e Shatila, no Líbano, em 1982. No Oriente Médio, todos ficaram estupefatos com os comentários de Bush. Bem ou mal, Arafat representara o povo palestino desde a década de 70. Em 1994, ganhara o prêmio Nobel da Paz pela sua ousada parceria com Rabin e Peres. Como poderia o presidente americano imaginar-se capaz de varrê-lo para baixo do tapete? Sharon nutria um velho ressentimento contra Arafat e decidira encerrá-lo no seu complexo de Ramallah. Mas o que eu não queria era que a administração dos EUA adotasse a mesma linha.

Em abril, para tentar ressuscitar o processo de paz, apresentamos a ideia de um "roteiro para a paz"* – um conjunto de ações específicas acompanhadas de um prazo que poderia ser utilizado para medir o progresso feito por ambas as partes. Numa visita à Jordânia, no início de junho, William Burns, o secretário de Estado adjunto para as questões do Oriente Próximo, declarou gostar da ideia de um plano de ação pormenorizado com pontos de referência e prometeu promovê-la no seio do governo americano.

A verdade é que muitos membros da administração Bush continuavam obcecados com o Iraque. A situação de desespero do processo de paz seria relegada para segundo plano, com desastrosas consequências.

Israel apoiava a guerra vindoura. Instilando constantemente na imaginação das pessoas a ideia de uma ameaça iminente, os políticos israelenses conseguiram manter seus cidadãos num estado de perpétuo alarme. Essa abordagem implica os seus riscos, porque pode ser facilmente explorada por quem procura vantagens políticas de curto prazo. Isso não significa que Israel não enfrente perigos reais, mas a forma mais eficaz de neutralizar esses perigos seria fazer a coisa mais correta: negociar uma paz duradoura com os palestinos. Se o fizesse, Israel receberia o reconhecimento de toda a comunidade internacional e a aceitação do mundo muçulmano. Lamentavelmente, muitos decisores de Israel opõem-se ideologicamente a essa solução. Outros são incapazes de quantificar e, portanto, de compreender, os ganhos a longo prazo que a paz poderia trazer.

---

* O chamado "road map". (*N. da T.*)

Desde a década de 60 que Israel tenta voltar os Estados Unidos contra os países do Oriente Médio que considera mais ameaçadores. Em 1967, os israelenses apresentaram aos Estados Unidos o argumento de que teriam de atacar primeiro o Egito porque este se preparava para atacá-los. Na corrida para a guerra de 2003, encorajaram os Estados Unidos a declarar guerra ao Iraque. Os políticos israelenses tentaram retratar Saddam Hussein como uma trágica ameaça à existência de Israel. Ao mesmo tempo, nos Estados Unidos, um grupo de neoconservadores associados à administração jogaram com a ameaça à América, instigando a guerra. Com seus interesses pessoais em mente, os expatriados iraquianos juntaram-se à festa, fornecendo ao governo dos Estados Unidos informações falsas e exageradas.

A 29 de julho de 2002, preocupado que a marcha para a guerra no Iraque ganhasse força, dei uma entrevista ao *Times* de Londres. "Perguntem aos nossos amigos na China, em Moscou, na Inglaterra e em Paris", disse. "Todos lhes dirão que nos preocupamos com as ações militares contra o Iraque. A comunidade internacional está unida neste ponto [...] Uma ação militar contra o Iraque abriria mesmo uma caixa de Pandora." Critiquei os membros neoconservadores da administração Bush, dizendo que eles estavam "fixados no Iraque [...] Podemos falar até ficarmos azuis que eles não vão entender." Os Estados Unidos já se precipitavam irrevogavelmente pela via bélica.

Muitos líderes do Oriente Médio mantiveram-se afastados de Washington para assim expressarem seu desagrado com as políticas da administração Bush. Contudo, pareceu-me importante ir regularmente a Washington tentar influenciar o debate e recordar à administração Bush a importância de avançar para o estabelecimento de um Estado palestino. Regressei aos Estados Unidos no fim de julho, passando pela Europa, onde discutimos as crescentes tensões entre os Estados Unidos e o Iraque com o presidente Chirac da França, em Paris, e o primeiro-ministro Tony Blair, em Londres. Sabia que a minha franqueza não seria bem recebida por algumas pessoas em Washington, mas a Jordânia é uma velha amiga da América e não faríamos nenhum favor aos Estados Unidos se lhes escondêssemos as nossas preocupações num momento tão importante.

Nos preparativos para minha visita, pedi ao ministro dos Negócios Estrangeiros, Marwan Muasher, para elaborar um projeto de roteiro para a paz que pudéssemos discutir com o presidente. Marwan reportou que ele e Bill Burns tinham feito grandes progressos, mas que Condoleezza Rice que, na época, era a Conselheira da Segurança Nacional dos EUA, se opunha veementemente à ideia, considerando-a "sem quaisquer hipóteses". Rice nunca deu justificação para as suas objeções.

Disse a Marwan que apesar disso, apresentaríamos a nossa proposta ao presidente. Quando aterrissei nos Estados Unidos descobri que a minha candura com a imprensa europeia provocara uma reação de ira no seio da administração. Ao chegar, recebi uma chamada de Condoleezza Rice, informando-me: "O Sr. presidente ficou muito transtornado com as suas declarações."

"Limito-me a dizer publicamente o que ouvi de Chirac e Blair", respondi eu. "Por isso, não matem o mensageiro."

Na manhã de 1 de agosto de 2002, encontrei-me com o presidente Bush na Casa Branca. O primeiro ponto da nossa ordem de trabalhos era o processo de paz e, muito particularmente, o conceito do roteiro para a paz para fazer avançar o processo até à solução de dois Estados. Regra geral, o presidente americano cumprimentava-me de forma afável mas, naquela manhã, mostrou-se bastante rígido e formal. Quando entramos na Sala Oval, estava ele tomando uma Coca-Cola com muito gelo. Esmagando os cubos de gelo entre os dentes, enquanto falava, explicou que tinha ficado transtornado com a minha recente entrevista jornalística, explicitando os riscos da guerra. Contudo, eu e o presidente Bush tínhamos desenvolvido uma boa relação pessoal e ele acabou por se descontrair ao longo da reunião.

Dando a sua opinião sobre o Iraque, Bush disse que Saddam punha muitas pessoas nervosas. Por considerar que fazíamos face a um momento histórico, não queria que, passados trinta anos, as pessoas dissessem que o presidente Bush e o rei Abdullah tinham deixado fugir a oportunidade de forjar uma paz duradoura. "Não nos devemos deixar intimidar por rufias", admoestou ele.

Reiterei a minha oposição à guerra e, depois, disse: "Se o Sr. presidente decidiu partir para a guerra com o Iraque, seja sincero e conte aos seus amigos."

Sua resposta foi firme: "Ainda não tomei essa decisão", respondeu. "Saberá, quando eu a tomar." Depois, acrescentou que tinha de lidar com os europeus que não compreendiam que o que estava se passando no Iraque era um crime contra a humanidade. O presidente afirmou que não permitiria que essa situação continuasse.

Passando a discutir o processo de paz, pedi a Marwan para apresentar o conceito que tínhamos criado em Amã. "Temos de convencer as pessoas da nossa seriedade", declarou Marwan. "Precisamos de um roteiro para a paz que comece com a segurança e as instituições, abordando a situação humanitária nos territórios palestinos, mas que também defina as medidas restantes a tomar para se avançar até 2005, de modo que os palestinos saibam exatamente o que vão obter e que a comunidade internacional possa conquistar mais apoio pelo seu trabalho com a segurança."

"Julguei que tinha tornado isso bem claro no meu discurso", retorquiu o presidente, referindo-se aos seus controversos comentários de 24 de junho. "Se não ficou claro, estamos dispostos a trabalhar com vocês para definir essas medidas." Disse que não tinha objeções a fazer ao que sugeríamos e que, depois de se reforçar a segurança e de se construírem instituições, passava-se a tratar de questões como as da ocupação, das colônias e de Jerusalém.

"Podemos pegar o discurso e traduzi-lo por partes", interveio Bill Burns, que também estava presente na reunião. O presidente concordou e deu por terminada a reunião. Posteriormente, Condoleezza Rice dirigiu-se a Marwan e reverteu a sua anterior oposição ao roteiro para a paz, declarando que os Estados Unidos poderiam fazer alguma coisa com a Jordânia. Em dezembro, o projeto do roteiro para a paz estava concluído. A nova iniciativa acabaria por ser lançada em meados de 2003.

De uma reunião mais alargada passamos a um pequeno *tête-à-tête* numa divisão ao lado da Sala Oval. No entanto, antes disso, retomou-se o tema do Iraque. A certa altura, o presidente Bush disse: "Temos os dois grandes países, ambos acreditamos em Deus e temos a oportunidade de agir corretamente." O presidente falava como se entrar em guerra com o Iraque fosse um dever religioso.

Tinha meu irmão Ali comigo e ambos ficamos surpreendidos por ouvir o presidente invocar a religião como um fator de peso na sua decisão. A declaração de Bush deixa-nos a clara impressão de que, apesar de todas as suas anteriores garantias, ele já tinha resolvido partir para a guerra. De regresso à Jordânia, quando me reuni com meus oficiais superiores para colocá-los a par da visita, disse-lhes: "Temos de nos preparar. Esta guerra vai acontecer."

CAPÍTULO 19

Guerra no Deserto

A 12 de janeiro de 2003 estava um dia ensolarado de inverno em Portsmouth. Uma multidão de dez mil pessoas enchia as docas e as ruas dessa histórica cidade naval britânica, acenando em despedida ao *Ark Royal,* o navio-insígnia porta-aviões de 20 mil toneladas da Royal Navy. Enquanto o navio zarpava lentamente do ancoradouro, no convés, os marinheiros mantinham-se em sentido, ao som dos gritos e dos clamores da turba. O *Ark Royal* liderava uma força operacional naval com dezesseis embarcações, transportando três mil fuzileiros. Embora a armada partisse oficialmente para "exercícios" na Ásia, o seu trajeto levá-la-ia pelo Golfo Pérsico e – tal como a generalidade das pessoas pensava – para o Iraque. Assim que soube que a Royal Navy tinha partido, percebi que a guerra no Iraque era iminente. Dos tempos que passara no Staff College do Reino Unido e no Exército Britânico, tinha a noção de que o Tesouro de Sua Majestade jamais despenderia tanto dinheiro se a guerra não fosse inevitável.

Apesar de sentir uma profunda compaixão pelo sofrimento contínuo do povo iraquiano, opunha-me à guerra. Na altura considerava – e ainda hoje considero – que os Estados Unidos estavam cometendo um grande erro, declarando guerra ao Iraque. Ficava alarmado face à perspectiva de ter outro conflito à nossa porta, mas pouco poderia fazer para impedir a guerra. Como chefe de Estado, também tinha a responsabilidade de prever o desfecho mais provável dos acontecimentos e estava plenamente convencido de que só poderia haver um: a vitória dos Estados Unidos. Não queria que, após a guerra, a Jordânia fosse prejudicada por seu aparente alinhamento com Saddam. Através da experiência que meu pai tivera com a primeira Guerra do Golfo, pudera constatar como a percepção generalizada de que nos posicionáramos ao lado do Iraque contra o Ocidente exercera um impacto adverso sobre a Jordânia. Tanto os americanos como os britânicos e vários países do Golfo nos tinham posto de parte. Assim, estava decidido a manter a Jordânia fora daquela luta e a garantir que não seríamos punidos pela nossa posição.

Talvez tenha sido o período mais difícil que atravessei nos últimos onze anos. Algumas pessoas queriam que eu alinhasse com Saddam Hussein, mas considerava que essa não seria a atitude mais correta. Pretendia fazer o melhor pela Jordânia, por mais impopular que pudesse parecer a nossa atitude. No meu entender, era o que meu pai esperava de mim, ao passar-me essa responsabilidade.

Estava decidido a dar o meu melhor no cumprimento de minha responsabilidade para com a Jordânia. Por mais irônico que possa parecer, para melhor executar a minha função devo aceitar o fato de, amiúde, a decisão mais correta não ser necessariamente a mais popular. Cabe muitas vezes a um líder resistir à tentação de ceder aos sentimentos populares mais vincados e generalizados. As decisões de um líder devem fundamentar-se não só na razão e no bom senso, mas também nos interesses de longo prazo do seu país.

O comboio precipitava-se pelos trilhos afora e eu não podia travá-lo. O melhor a fazer era retirar a Jordânia do caminho.

Tentei equilibrar-me na corda bamba, entre a oposição à guerra e o afastamento da mesma. No entanto, de uma coisa estava seguro: quanto mais tempo durasse a guerra, mais terríveis seriam as suas consequências e mais intensas seriam as pressões exercidas sobre a Jordânia. Além dessa complexidade, passei a sofrer constantes pressões da América para permitir que estacionassem as suas tropas na Jordânia. Nos meses que antecederam a guerra no Iraque, a Jordânia foi sendo arrastada para o debate em torno da zona de concentração das forças terrestres. Nossa comprida fronteira terrestre com o Iraque era muito atrativa para os táticos americanos que a consideravam um ponto estratégico ideal de onde lançar um ataque à parte ocidental do Iraque.

O conflito que se aproximava era um tema com uma grande carga emotiva quer para a Jordânia, quer para o Oriente Médio em geral. No mês de janeiro, dezenas de milhares de pessoas de Ancara a Beirute participaram em manifestações para expressar a sua hostilidade face àquilo que consideravam ser uma guerra desnecessária. A 1 de fevereiro, cerca de cinco mil manifestantes, organizados por partes opostas, marcharam em Amã contra a guerra no Iraque, ostentando imagens de Saddam e entoando: "Bush terrorista, sai das nossas terras."

Estávamos decididos a manter as nossas fronteiras soberanas e a não permitir o acesso de combatentes ao território jordaniano. Foi então que, certa noite, um avião não identificado sobrevoou a Jordânia sem autorização. Passou a alta velocidade e a baixa altitude para evitar a detecção, mas, quando nosso radar o captou, enviamos caças Mirage para interceptá-lo. Rumo ao Iraque, no escuro, sem luzes, a aeronave foi interceptada quando se aproximava da fronteira entre a Jordânia e a Arábia Saudita e identificada pelos nossos caças. A tripulação do avião de transporte militar C-130 recusou-se a responder aos nossos repetidos pedidos de identificação.

Integrando o reforço militar da coligação, eram muitos os C-130 e outras aeronaves de transporte a sobrevoar territórios mesmo junto às nossas fronteiras. Pretendendo identificar aquele avião e apurar por que motivo entrara clandestinamente no espaço aéreo jordaniano, contatamos a sede da coligação e o exército israelense, mas ninguém reivindicou a sua detenção. Nessa altura, os pilotos jordanianos contataram pelo rádio meu irmão Feisal, que comandava a Força Aérea, para lhe perguntar se o deveriam abater. Caso cometêssemos o erro de abater uma aeronave de transporte da coligação, criaríamos um grave incidente internacional. Como o avião se dirigia à fronteira com a Arábia Saudita, Feisal deu-lhes ordens para não abrirem fogo.

No dia seguinte, quando Feisal inquiriu o Exército Americano sobre o sucedido, os Estados Unidos asseguraram-lhe que não se tratava de um avião da coligação, mas que tentariam descobrir que rumo ele tomara, depois de sair da Jordânia. Foi assim que soubemos que a aeronave aterrissara em Israel.

Dan Halutz, o então chefe do Estado-Maior da Força Aérea israelense, contatou Feisal para lhe garantir que a aeronave não era israelense, dizendo que se trataria, com certeza, de uma nuvem de *chaff.** Dois dias depois, quando um oficial superior israelense estava de visita à Jordânia, pedi a Feisal para conversar com ele e explicar-lhe clara e diretamente a política jordaniana. Feisal não teve papas na língua: "Sabemos que era um C-130 e que era seu", declarou ele. "Quero tornar bem claro que, da próxima vez que isso acontecer, reagiremos com muita agressividade. Não permitiremos que ninguém passe pelo nosso espaço aéreo. Tudo o que atravessar a fronteira será abatido."

Durante esta temporada, era o general Tommy Franks quem estava encarregado das táticas de guerra. Já tivera ocasião de conhecê-lo quando ele assumira o cargo de chefia do CENTCOM, em 2000. Um dos melhores soldados que alguma vez conheci, o general Franks era um homem duro, pragmático e irreverente. Demo-nos logo bem. Quando era comandante das Operações Especiais, procedemos juntos a exercícios militares em campo e foi nessa altura que soube que, tal como eu, ele era um grande entusiasta de motos. Na minha última visita a Tampa, onde se localiza a sede do CENTCOM, serviu-me um espantoso prato de peito de bovino. Apesar de ter estudado na Nova Inglaterra, conhecia o suficiente do Texas para saber que era quase impossível convencer um texano a partilhar uma receita de churrasco. Depois de muito me debater com ele, ele acabou por ceder, e já sirvo a sua receita de peito de bovino aos meus convidados oficiais na Jordânia.

O general Franks era famoso pela sua capacidade para repreender as pessoas com recurso a expressões coloridas e imaginativas. Na verdade, devia-se escrever um livro acerca do seu uso de redundâncias. Quando o palavreado não nos é dirigido, a cena é bastante hilariante.

---

* Refletores de interferência a radar. Trata-se de uma contramedida radar a que recorrem as aeronaves, espalhando uma nuvem de diminutas peças de materiais, como alumínio ou fibra de vidro metalizada que surgem nas telas dos radares para dificultar a detecção. (*N. da T.*)

O general Franks veio a Amã pôr-me ao corrente dos preparativos para a guerra, esperando que eu lhe desse permissão para albergar as tropas americanas. Apresentando-me um enorme painel, declarou: "Quero trazer vinte e cinco mil soldados para a Jordânia." Em seguida, passou a descrever-me pormenorizadamente o plano de operação e apresentou-me a lista das unidades militares que queria mobilizar no nosso país: o Comando Conjunto das Operações Especiais, unidades de logística, baterias de Patriot e muitas outras.

Apesar da grande consideração que tenho pelo general Franks, naquele caso, não lhe pude fazer a vontade. Ao percorrermos cada item da lista, apontei para a unidade de logística e perguntei: "Que grupo é este?" Ele respondeu: "Precisamos dele para levar caminhões e equipamento de Aqaba para o Iraque, assim que a guerra acabar. Pretendemos enviar provisões para lá, quando nos dirigirmos a Bagdá. Vem aí o corpo de transportes com um grande número de motoristas e de caminhões."

"Ora", interrompi eu, "parece-me que o Exército Jordaniano poderia fazer isso. Quero dizer, se vamos trabalhar juntos, terá de confiar em nós e não precisa mandar trazer esses homens. Nós próprios enviaremos a carga para a fronteira."

O general Franks prosseguiu, dizendo que queria instalar um quartel-general das Operações Especiais e heliportos no interior da Jordânia.

"Ouça", respondi eu, "os quartéis-generais podem situar-se em qualquer local. Não os ponha na Jordânia. E não quero, de modo algum, helicópteros a atravessar a nossa fronteira. Não quero que se lance um ataque ao Iraque a partir da Jordânia."

Perante isto, o general aceitou transferir o quartel-general e mudar os helicópteros Chinook e outros transportes aéreos para outras terras, como por exemplo o Qatar. Após um exaustivo debate, de soldado para soldado, combinamos que apenas se posicionariam algumas baterias de sistemas de mísseis Patriot na Jordânia para nos proteger de quaisquer mísseis Scud iraquianos que fossem disparados para o nosso território.

Depois de chegarmos a esse acordo, o general Franks foi-se embora e eu continuei a preparar-me para o conflito vindouro. Contudo, não há plano militar que permaneça muito tempo intacto com as instáveis políticas do Oriente Médio. Os Estados Unidos pretendiam fazer uma divisão de infantaria atravessar a Turquia, nos preparativos para um ataque ao norte do Iraque. No entanto, a 1 de março, o parlamento turco votou contra. Como a decisão turca perturbou os planos de guerra dos EUA, não tardei a receber uma chamada do vice-presidente Dick Cheney, pedindo-me para dar uma resposta positiva aos pedidos que Tommy Franks me iria fazer numa reunião que os dois tínhamos agendado para o dia seguinte.

"Sr. vice-presidente", contrapus eu, "mantenho uma relação muito boa com Tommy Franks, baseada numa grande confiança. Permita-nos a nós tratar disso, entre militares." Cheney concordou e acabamos a conversa. Fazia questão de tentar tomar um café-da-manhã com o vice-presidente sempre que ia a Washington. Algumas vezes, encontrávamo-nos sozinhos, outras, ele vinha acompanhado de um membro do seu pessoal ou da filha, Liz, que na altura era funcionária do Departamento de Estado. Apesar de implacável e convicto das suas opiniões, Cheney nunca deixava de apoiar a Jordânia e de se demonstrar solidário para com os nossos problemas financeiros. Dada a sua grande influência no seio da administração, apresentava-lhe sempre argumentos convincentes sobre os temas mais prementes que queria tratar, como o processo de paz e o Iraque, um dia ou dois antes de me reunir com o presidente. A sua reação era como um alerta prévio dos argumentos que certamente ouviria na Sala Oval.

No dia seguinte, o general Franks voltou a Amã. "Não pretendemos transferir tropas para a Jordânia nesta fase", declarou ele. "Mas gostaríamos de basear alguns dos nossos bens fora do Mediterrâneo. Isso implicaria disparar mísseis Tomahawk e lançar ataques aéreos de cargueiros, pelo espaço aéreo jordaniano, para o Iraque."

"Tommy", respondi eu, "porque se há de se meter com um amigo? Se deseja lançar o que quer que seja sobre alguém, faça-o de outro país. Porque há de nos colocar na linha de fogo?"

O general Franks acabou por compreender as minhas preocupações e aceitou transferir tudo para outro lado. Até hoje, fiquei com uma enorme dívida de gratidão para com ele – em parte, devido à amizade pessoal que fomos forjando ao longo dos anos. Durante a sua visita, ele dispôs-se a dar ouvidos às minhas objeções e às minhas preocupações, concordando em mudar de planos. Se os Estados Unidos tivessem insistido conosco para sobrevoar a Jordânia, teria continuado a dizer que não e isso colocaria a Jordânia numa posição muitíssimo complicada.

Pouco depois de terem acabado as conversas sobre o estacionamento das tropas, começou a guerra. A 20 de março de 2003, a guerra abriu com ataques de mísseis de cruzeiro. Ao amanhecer, em Bagdá, vários mísseis Tomahawk atingiram um *bunker* onde se julgava estar Saddam Hussein. Ainda nesse dia, mas mais tarde, por volta das 20h, deu-se início à invasão terrestre. Do Kuwait chegou uma enxurrada de carros de combate americanos e britânicos, rumo a Bagdá e Bassorá.

A invasão teve cobertura ao vivo na televisão por satélite. À semelhança de muitos árabes, assisti a essas imagens com um misto de tristeza e alarme. Não era amigo de Saddam, líder de um regime brutal, mas entristecia-me ver tantos iraquianos inocentes pagarem o preço da sua ambição. Os iraquianos são um grande povo e Bagdá é um dos berços históricos da cultura árabe, famosa pela sua Casa da Sabedoria que preservou e traduziu as obras de muitos filósofos gregos. Foi do Iraque que vieram muitos cientistas, músicos, escritores e poetas árabes, incluindo Al Mutanabbi, conhecido como o "Shakespeare árabe". Partia o coração observar aquela cidade antiga ser pulverizada pelos mísseis americanos. Muitos árabes ficaram alarmados por ver as forças americanas invadir um país árabe irmão. Apesar do enorme choque, o Oriente Médio não sentiu grande admiração.

Ciente das preocupações mais prementes para muitos jordanianos, numa entrevista que dei à imprensa jordaniana, pronunciei-me sobre os esforços que envidara para travar a guerra:

> Recorremos a todos os nossos contatos com países influentes para evitar o dia em que tivéssemos de ver o Iraque sujeito a esta invasão, com tudo o que ela implica, em termos de sofrimento de inocentes e de sofrimento de toda a região [...]

> O povo jordaniano, do qual faço parte, condena veementemente o homicídio de mulheres e crianças [...] Como pai, sinto a dor de todas as famílias iraquianas, bem como de todos os filhos e progenitores iraquianos.

Apesar de ter dito o que pensava, a verdade era que a guerra já começara e que eu tinha as mãos e os pés atados. Nada poderia fazer para inverter aquele processo. O máximo que poderia fazer era confiar nos meus instintos de que estava fazendo o melhor pela Jordânia.

Embora o conflito se travasse a centenas de quilometros de distância, os seus abalos depressa se fizeram sentir no interior da Jordânia. Estava eu em casa, a ver o noticiário na televisão, quando tocou o telefone. Era Saad Khair, o diretor dos meus serviços secretos (que, infelizmente, faleceu em finais de 2009). "Descobrimos uma conspiração iraquiana para envenenar os reservatórios de água de Zarqa e de outras localidades", informou-me ele. "O líder é o adido militar na embaixada iraquiana e ele tenciona atacar em breve. O que devemos fazer?"

O envenenamento do nosso principal reservatório de água teria matado centenas, se não milhares, de jordanianos inocentes. Não seria nada fácil lidar com aquela congeminação como "diplomatas", os homens de Saddam gozavam de imunidade e a sua detenção poderia provocar um incidente internacional. Depois de as rever, decidi que as provas eram demasiado conclusivas para não agirmos.

Assim, disse: "Se isto põe em risco a vida de jordanianos, esqueçamos a imunidade diplomática. Prendam-nos já." Irrompendo pelas residências da embaixada iraquiana adentro, os serviços secretos detiveram o adido militar e dois dos seus cúmplices. Esse evento gerou um tumulto. O público não tinha conhecimento das provas que detínhamos acerca dos planos do regime iraquiano e muitos foram os que nos criticaram, perguntando: "Como puderam vocês invadir a propriedade da embaixada e deter diplomatas iraquianos?" Pedi-lhes para confiarem em mim, que agia com base em informações válidas e que havia vidas de jordanianos em perigo.

No dia seguinte, quando veio falar comigo, o embaixador iraquiano estava furioso. "Recebi uma mensagem de Saddam", declarou ele. "Está muito transtornado por terem feito isto."

"Disponho-me a explicar publicamente que detive esses três homens pelo fato de eles estarem se preparando para matar centenas, ou milhares, de jordanianos", respondi eu. "Olho para além da guerra, Excelência. Não me obriguem a dizer agora coisas que destruiriam a relação de longa duração que a Jordânia mantém com o Iraque. Assim, peço-lhe que envie a seguinte mensagem a Saddam: 'Se é assim que querem, revelarei publicamente que o seu regime está tentando matar civis jordanianos.'" O embaixador – para seu próprio mérito – voltou para me garantir que enviara a mensagem a Bagdá. "O problema está resolvido", informou-me ele. O embaixador dissera ao seu ministro dos Negócios Estrangeiros que eles tinham feito um disparate e que nós iríamos a público e provocaríamos um incidente internacional se eles persistissem nele. Assim, encerrou-se essa questão. Depois de expulsarmos os três homens para Bagdá, o governo iraquiano deixou de fazer acusações. Naquele momento já tinham preocupações bem mais importantes.

A 28 de março, após as orações de sexta-feira, milhares de manifestantes acorreram às ruas de toda a Jordânia para protestar contra a Guerra no Iraque. Em Amã, uma multidão de oitocentas pessoas juntou-se nas imediações da embaixada israelense, entoando: "Querido Saddam, utilize as suas armas químicas nos invasores!" Em seguida, os manifestantes tentaram dirigir-se à embaixada, para a invadirem, mas a polícia antimotim jordaniana dispersou a multidão, fazendo disparos reais acima das suas cabeças.

Muitos manifestantes encaravam a guerra como um ataque do Ocidente ao mundo árabe e muçulmano, no seguimento de uma longa história de interação ocidental violenta na nossa região. Percepção essa que havia sido reforçada quando, logo após os atentados do 11 de Setembro, o presidente Bush se referira a uma "cruzada" contra o terrorismo. Essa infeliz escolha de palavras despertara em muitos árabes memórias das violentas invasões da Idade Média e da sangrenta conquista de Jerusalém. Agora, centenas de anos depois, outro exército ocidental entrava em território árabe. Enquanto uns acreditavam que os Estados

Unidos agiam sob a influência de Israel para destruir um forte país árabe, os mais cínicos suspeitavam que a América pretendia substituir o líder iraquiano por uma figura mais amigável para com as petrolíferas.

Três dias depois, um grupo de noventa e nove jordanianos proeminentes, que incluía quatro ex-primeiros-ministros, tentou aproveitar aquela onda de opinião pública para exigir que a Jordânia apoiasse Saddam na guerra e fizesse coisas que tanto eu como eles sabíamos não irem ao encontro dos interesses nacionais. Por mais popular que essa retórica pudesse ser no nível interno, não me poderia dar ao luxo de tomar decisões de ordem emotiva. Tinha de zelar pelo futuro e pelo interesse nacional da Jordânia no pós-guerra. De acordo com o que sabia das forças iraquianas e ocidentais, considerava que seria uma luta bastante unilateral com um término rápido. No entanto, outros jordanianos não tinham tantas certezas disso.

As forças americanas e britânicas somaram alguns êxitos militares instantâneos, conquistando a cidade de Bassorá, no sul, alguns dias depois do início do conflito. No entanto, os meios de comunicação social e, em especial, os canais televisivos por satélite árabes, começaram a relatar que se deparavam com muitas dificuldades. As suas análises eram tão convincentes, utilizando generais reformados para comentar o progresso da guerra, que muitas pessoas, incluindo vários políticos, já julgavam que a guerra duraria muito tempo e, até, que o Iraque estava em vantagem. Uma semana depois de ter começado a guerra, os EUA só não entraram em Bagdá devido à ocorrência de terríveis tempestades de areia. A minha mulher acompanhava o desenrolar dos acontecimentos pela televisão e ouvia dizer que a guerra corria mal aos americanos. Contudo, eu sabia que jamais poderíamos ter uma boa noção de como corria uma guerra por meio da televisão por satélite. Fora com meu pai a Bagdá antes da Primeira Guerra do Golfo e estava ciente de que o regime iraquiano tendia a superestimar as suas próprias capacidades militares. Sabia que o exército iraquiano não estava à altura dos Estados Unidos e dos seus aliados pois estes detinham recursos e capacidades militares superiores.

A 9 de abril, as forças americanas conquistaram Bagdá e o mundo assistiu ao vivo a cenas de iraquianos rejubilantes a deitarem abaixo a estátua de Saddam Hussein na Praça Firdos. Senti um misto de tristeza pelas mortes e o sofrimento desnecessários causados pela guerra e de esperança perante os muitos iraquianos que celebravam a promessa de um futuro melhor. Fazer cair a estátua foi como puxar uma alavanca que afetava o mundo árabe inteiro. Essas imagens foram emitidas por todas as televisões, do Golfo Pérsico ao Marrocos, e pelo mundo fora. A estátua ainda nem tinha embatido no solo e já o meu telefone começara a tocar. Do outro lado, estavam os noventa e nove jordanianos proeminentes que tinham posto em causa o nosso posicionamento. Contatavam-me para me dar os parabéns pela minha "sabedoria e sensatez", mantendo a Jordânia fora do conflito. "Sabíamos que Saddam não duraria muito", declararam eles. "Estivemos sempre do seu lado." Fiquei espantado com a facilidade com que parte da elite mudava de opinião só para me cair nas boas graças.

Tinha a certeza de que os Estados Unidos e os seus aliados venceriam a guerra, mas não fazia ideia de que iriam gerir tão mal o rescaldo.

CAPÍTULO 20

"Seremos Recebidos como Libertadores"

Ditava a convenção, em Washington, que depor Saddam Hussein e impor um novo governo iraquiano seria tão simples como substituir uma lâmpada queimada. Numa entrevista que deu pouco antes da guerra, o vice-presidente Dick Cheney declarava:

> Do ponto de vista deles, a situação azedou de tal modo no Iraque que creio que o povo iraquiano nos receberá realmente como libertadores [...] Aquilo que os iraquianos nos dão a entender é que não restam dúvidas de que se querem ver livres de Saddam Hussein e que, se chegarmos a fazê-lo, receberão os Estados Unidos como libertadores.

Terminada a guerra, esta visão otimista começou a parecer cada vez mais ilusória. "Vai ser uma sangria", dissera eu aos meus amigos na América. Partilhava com os meus amigos da região uma espécie de má premonição universal acerca do rescaldo da guerra no Iraque. Recordo várias conversas com o presidente egípcio, Mubarak, em que ambos receávamos que a invasão provocasse consequências negativas imprevisíveis que levaríamos décadas a resolver.

Em junho de 2003, dois meses após a queda de Bagdá, a Jordânia foi palco de uma reunião do Fórum Econômico Mundial no Mar Morto e, no decorrer da conferência, conheci L. Paul Bremer, o recém-nomeado líder da Autoridade Provisória da

Coligação (APC), o governo interino iraquiano instituído pelos Estados Unidos. No mês anterior, ao chegar a Bagdá, Bremer havia emitido duas ordens já consideradas infames: a prossecução de uma agressiva política de "desbaathificação" e a dissolução do Exército Iraquiano.

Insisti com Bremer para que não dissolvesse o Exército e expliquei-lhe que esse ato nos faria a todos sair o tiro pela culatra. Assegurei-lhe que compreendia a razão subjacente ao processo de "desbaathificação", mas que considerava que este só deveria ser aplicado aos membros superiores que tinham as mãos sujas de sangue. Para se ser taxista ou professor no Iraque de Saddam era preciso aderir ao Partido Baath. Disse-lhe ainda que esperava que ele compreendesse que a "desbaathificação" total lhe geraria uma enorme resistência e um vácuo de poder a ser preenchido por alguém.

O Exército era uma das únicas instituições em funcionamento no Iraque. Apesar de, juntamente com outras redes de segurança, ter garantido a sobrevivência de Saddam, o Exército também proporcionava, em grande medida, estabilidade social. Era uma loucura desmantelá-lo – seria como decidir despedir todos os agentes da Polícia, bombeiros e motoristas de ambulância da cidade de Nova Iorque ao mesmo tempo, simplesmente por não gostarmos do prefeito. Teríamos centenas de milhares de pessoas com treino militar e acesso a pequenas armas e explosivos em casa, sem emprego, num país desesperadamente pobre e brutalizado que acabara de passar por uma guerra. Sentindo-se vulneráveis, os membros do Baath organizar-se-iam e contra-atacariam. Como poderiam essas pessoas alimentar as suas famílias? Aquela era uma receita de anarquia e caos. "Sei o que estou fazendo", respondeu Bremer bruscamente. "Haverá algum tipo de compensação. Tenho tudo sob controle, muito obrigado."

No entanto, apesar da suprema confiança de Bremer, não tardou que tudo começasse a desabar. Sentindo-se isolados e ameaçados, por crerem que lhes cortavam o acesso ao novo governo iraquiano, os sunitas começaram a organizar operações militares contra as forças da coligação. Ao mesmo tempo, os islâmicos iraquianos ideologicamente motivados abriram as portas a membros estrangeiros da *jihad* árabe. Rejubilante com o caos que se instalou no Iraque, após a invasão americana, a Al Qaeda depressa se deu conta de que poderia transferir as suas operações do Afeganistão para o coração do mundo árabe.

Embora seja difícil determinar a origem dessas duas políticas – nas suas memórias, Bremer nega a responsabilidade, afirmando que as recebera da Casa Branca – julgo que elas provieram do emigrado político iraquiano, Ahmad Chalabi e dos seus apoiadores. Enquanto viveu na Jordânia, nas décadas de 70 e 80, Chalabi era um ativo empresário e amigo íntimo do príncipe real Hassan. Um dos seus mais notórios empreendimentos foi o Banco Petra, fundado na Jordânia em 1977. Nos finais dos anos 80 do século XX, o Banco Petra entrou em dificuldades financeiras e, suspeitando de fraude financeira, o governo instaurou um processo de investigação. Os inspetores consideravam que Chalabi tinha feito desvios ilícitos de fundos do banco. Quando começaram a apertar-lhe o cerco, em 1989, Chalabi escapou sorrateiramente para a Síria. Julgado *in absentia*, em 1992, acabaria por ser considerado culpado do desvio de 70 milhões de dólares e condenado a uma pena de vinte e dois anos de prisão. A Jordânia ainda mantém o seu mandado de detenção ativo. Após sua partida, o seu nome associou-se à controvérsia em torno do colapso de um banco libanês e de uma instituição financeira da Suíça.

Fracassando como empresário, Chalabi tentou a sua sorte na política. No decorrer da década de 90, era um dos líderes do Congresso Nacional Iraquiano – o principal grupo de oposição dedicado a depor Saddam Hussein. Além de receber o apoio da administração Clinton, Chalabi também se aproximou dos neoconservadores, Richard Perle e Paul Wolfowitz. Quando Bush tomou posse, em 2001, Chalabi envidou mais esforços para promover as suas ideias, com vista a ganhar influência e dinheiro. Diz-se que terá recebido quantias substanciais quer do Departamento de Estado, quer do Departamento de Defesa dos EUA.

Quando me reuni com ele, em 2002, avisei o presidente Bush acerca de Chalabi, dizendo-lhe que ele era a pior pessoa para aconselhar os Estados Unidos. Bush respondeu-me que iria "tratar de Chalabi", mas a estrela deste continuou a subir.

Os grandiosos estratagemas de Chalabi poderão ter sido populares em Washington mas, no terreno, em Bagdá, começou a instalar-se uma sombria realidade. Como um dos primeiros países árabes a reabrir a embaixada no Iraque, a Jordânia não tardou a ser arrastada para o caos. A 7 de agosto de 2003, parou um caminhão à porta da nossa embaixada. Depois de o motorista sair, o caminhão explodiu, matando pelo menos dezessete civis iraquianos. Entre o pessoal da nossa embaixada não houve nenhuma baixa. A investigação subsequente revelou tratar-se de um atentado da autoria do terrorista Abu Musab al-Zarqawi que viria a tornar-se líder de um novo grupo chamado Al Qaeda no Iraque. Perseguindo um alvo mais elevado, Zarqawi e os seus seguidores pretendiam provocar uma onda de violência e brutalidade, atacando a Jordânia para desencorajar outros de ajudar o nascente governo iraquiano.

O caos que imperava no Iraque pós-invasão exigia uma abordagem coordenada da parte dos seus vizinhos. E um deles, muito em particular, posicionava-se de modo a desempenhar um papel dominante no futuro do Iraque. No início de setembro de 2003, fui a Teerã encontrar-me com a liderança iraniana. Era a primeira visita de um chefe de Estado jordaniano ao Irã, desde a Revolução Iraniana de 1979. O meu pai fora um grande amigo do xá Mohammad Reza Pahlavi e recordo-me de uma visita que fiz a Teerã no início da minha adolescência. Fomos a uma colônia de férias do Cáspio e exploramos a ilha balnear de Kish, no golfo Pérsico.

Tinha memórias de infância de Teerã como uma imponente cidade imperial, rodeada de montes, tal como a cidade de Amã, mas ao entrar de carro na cidade, em 2003, encontrei-a degradada. Pouco parecia ter mudado desde a revolução. Reuni-me com o presidente iraniano, Mohammad Khatami, no Palácio Sadabad, a nordeste da capital e, depois de procedermos à inspeção da guarda de honra e às devidas formalidades, começamos a tratar dos nossos assuntos. Khatami apresentava-se bastante descontraído e jovial. Apontando para o seu ministro da defesa, um iraniano árabe, disse em tom de gozo: "Este tipo é árabe, por isso temos de mantê-lo sob vigilância." Depois de conversarmos sobre as possíveis áreas de cooperação econômica e cultural entre o Irã e a Jordânia, Khatami levou-me a visitar a indústria de defesa iraniana.

Com meu primeiro filho, Hussein, em Azraq, na região oriental de Badia, assistindo a uma apresentação da Polícia do Deserto (Badia), em 2001.
(Yousef Allan/Corte Real Hachemita)

Com minha filha, Salma, numa festa exterior de temática militar, realizada na nossa casa de Amã, para celebrar o sétimo aniversário de Hussein, a 28 de junho de 2001.
(Nasser Ayoub/Corte Real Hachemita)

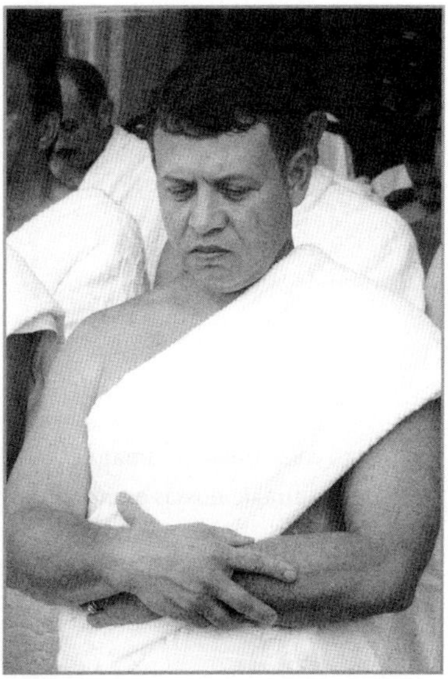

Numa peregrinação à Cidade Santa de Meca, em 2001.
(Yousef Allan/Corte Real Hachemita)

Levando Rania, Hussein, Iman e Salma a um passeio de moto por Aqaba, em abril de 2001. Refugiamo-nos muitas vezes nesta cidade balneária do Mar Vermelho, para descontrair e fugir do stress de Amã.
(Maher Attar/Travel Channel, LLC)

Na praia, com Hussein, Iman e Salma, em outra de nossas estadas em Aqaba.
(Troy World/Corte Real Hachemita)

Ensinando Hussein a andar de moto, em 2003. Partilhando do gosto que meu pai tinha pelas motos e pelos carros velozes, pedi Rania em casamento no monte de Tal Al Rumman, onde costumava participar de provas de subida. *(Yousef Allan/Corte Real Hachemita)*

Com Rania, admirando a vista da praia de Aqaba, em 2004. Quando nos casamos, nenhum de nós suspeitava das voltas que a nossa vida iria dar. Fizemos o possível para proporcionar aos nossos filhos uma infância normal. Rania tornou-se uma forte defensora das mulheres, na nossa região e mundialmente. *(Yousef Allan/Corte Real Hachemita)*

Reunião na Casa Branca com o presidente George W. Bush, a 1º de agosto de 2001. Meu irmão Ali está sentado à esquerda, entre o marechal-de-campo, Sa'ad Khair, e o então chefe da Corte Real, Fayez Tarawneh. À direita estão a conselheira de Segurança Nacional Condoleezza Rice e o chefe de gabinete da Casa Branca Andy Card. Depois desta reunião, percebi que a guerra seria inevitável. *(Yousef Allan/Corte Real Hachemita)*

A Cimeira de Paz do Oriente Médio, em Aqaba, com o presidente palestino, Mahmoud Abbas, o presidente dos EUA, George W. Bush e o primeiro-ministro israelense, Ariel Sharon, a 4 de junho de 2003. *(Yousef Allan/Corte Real Hachemita)*

Em Teerã com o presidente iraniano Mohammad Khatami, no início de setembro de 2003. Após a guerra no Iraque, toda a região reconhecia que o Irã seria muito importante para se avançar. Esta foi a primeira visita de um chefe de Estado da Jordânia ao Irã desde a Revolução Iraniana de 1979. *(Yousef Allan/Corte Real Hachemita)*

Em Camp David, com Rania, a sra. Bush e o presidente Bush, a 18 de setembro de 2003. Levava uma mensagem do presidente Khatami para ao presidente dos EUA, mas as negociações que a administração Bush tinham estabelecido com os iranianos em 2000 não tardariam a fracassar. *(Yousef Allan/Corte Real Hachemita)*

Averiguando a destruição provocada por um atentado terrorista ao Hotel Radisson SAS em Amã, e 10 de novembro de 2005. Eu estava fazendo uma visita ao Cazaquistão quando um grupo de bombistas suicidas se fez explodir simultaneamente, em três hotéis. Assim que soube da notícia, regressei ao país. Os atentados tinham sido preparados no Iraque. Jurei apanhar o cabeça do atentado, Abu Musab al Zarqhawi, que acabaria por ser morto em uma operação conjunta com os EUA, a 7 de junho de 2006. *(Yousef Allan/Corte Real Hachemita)*

Cumprimentando uma mulher jordaniana, em uma visita que fiz a uma tribo beduína, no sul, em 2005. *(Yousef Allan/Corte Real Hachemita)*

No aeroporto de Riad, onde fui recebido pelo rei Abdullah da Arábia Saudita, em 2007. Na minha infância, fora com meu pai visitar o príncipe Abdullah em sua casa, em Jeddah. Anos depois, juntávamo-nos numa colaboração próxima, para tratar dos interesses dos nossos países. *(Yousef Allan/Corte Real Hachemita)*

Estudantes da Academia do Rei, em Madaba, na Jordânia. Seguindo o modelo da Academia de Deerfield, que frequentei na juventude, a Academia do Rei abriu em 2007. É o primeiro colégio interno de educação mista do Oriente Médio. Todas as receitas derivadas desta obra reverterão para um fundo de bolsas de estudo a atribuir a alunos desfavorecidos da Jordânia e de todo o Oriente Médio. *(Academia do Rei)*

Levando o senador Barack Obama ao aeroporto, após sua visita a Amã, a 22 de julho de 2008. *(Nasser Ayoub/Corte Real Hachemita)*

Bagdá, agosto de 2008. Segurança apertada. Adiara a visita anterior ao descobrir, perto da data de partida, que a Al Qaeda tinha enviado uma equipe de assassinos a Bagdá para me receber. A Jordânia foi o primeiro país árabe a reestabelecer sua embaixada em Bagdá, após a guerra. A embaixada foi atacada por várias partes. *(Yousef Allan/Corte Real Hachemita)*

Com minha filha Iman, depois de ela ter ganho uma medalha do Prêmio de Aptidão Física Rei Abdullah II, em 2008. Dezenas de milhares de estudantes competem por esse prêmio que patrocino para estimular a prática desportiva entre os estudantes. *(Yousef Allan/Corte Real Hachemita)*

Com Hashem e Rania, num momento de diversão, em 2009. *(Sven Arnstein/Corte Real Hachemita)*

Preparando-nos para receber o Papa Bento XVI, durante sua visita à Jordânia, em 2009. *(Yousef Allan/Corte Real Hachemita)*

Os iranianos tinham, efetivamente, assuntos sérios a tratar. Pretendendo estender a mão aos americanos e sabendo que eu tinha uma visita agendada a Washington muito em breve, alguns oficiais pediram-me para servir de intermediário. Explicaram-me que queriam debater a hipótese de cooperar na construção do futuro do Iraque. Detendo em prisão domiciliar ou sob outro meio de coação cerca de setenta membros da Al Qaeda que haviam fugido do Afeganistão para o Irã, pediram-me para dizer aos americanos que estavam dispostos a negociar a entrega desses indivíduos às forças americanas no Afeganistão. Além disso, dispunham-se a falar com eles sobre o seu programa nuclear, o Afeganistão e o Iraque. Aceitei transmitir a mensagem ao presidente Bush.

Um dia depois da reunião com Khatami, encontrei-me de manhã com o Líder Supremo, aiatolá Khamenei, o homem mais poderoso do Irã. Depois de pararmos diante de um complexo amurado, a nossa escolta entregou-nos à guarda pessoal do Líder Supremo. Graves e carrancudos, descalçando-se no interior do edifício, os guardas conduziram-nos à sala onde nos reuniríamos com Khamenei. Comparada com a grandiosidade do Palácio Sadabad, a residência do Líder Supremo era austera, com uma singela mesa, algumas cadeiras e uns quantos tapetes.

Enquanto o presidente Khatami se mostrara aberto e amigável, Khamenei apresentava-se reservado. "Bem-vindo ao Irã", disse ele quando apertamos as mãos. "Como hachemita, é muito importante para o nosso ramo do Islã."

Discutimos os desafios comuns com que se confrontavam os muçulmanos e a necessidade de coordenar os nossos esforços. Ambos assumíamos um papel de liderança no nosso ramo do Islã e falamos do problema dos extremistas takfiristas que denunciam como infiéis os muçulmanos que não seguem a sua rígida interpretação do Islã. Embora os nossos países não fossem próximos, partilhávamos o interesse em combater os takfiristas que têm fomentado tensões sectárias por todo o mundo muçulmano.

Depois da reunião com Khamenei, regressei a Amã, com a esperança de que essa visita marcasse o início de melhores relações entre a Jordânia e o Irã, sobretudo em torno de uma abordagem comum aos crescentes problemas que surgiam no Iraque. No entanto, as nossas relações não melhorariam, pois assumiríamos diferentes posições no que dizia respeito tanto à política e ao processo de paz como à interferência do Irã nos assuntos dos países árabes.

Desde a eleição de Mahmoud Ahmadinejad, em agosto de 2005, que o Irã tem figurado no topo da ordem de trabalhos de muitas capitais ocidentais. Contudo, é demasiado fácil culpar um povo pelos atos do seu governo quando, em bom rigor, ambas as partes são bastante distintas. O Irã é uma grande nação com um tremendo patrimônio cultural e uma população espantosamente educada e sofisticada. Poucos são os iranianos que sentem ódio pela América e pelo Ocidente – aliás, a maioria gostaria que se chegasse a uma resolução pacífica do conflito entre Israel e os palestinos.

No Ocidente, tende-se a retratar o governo iraniano como uma só estrutura cuja lógica e motivação para a ação todos os seus elementos, sem exceção, seguem. A verdade é que, até para todos nós, na região, a estrutura política do Irã é complexa e opaca. A única grande certeza acerca do governo iraniano é que ninguém poderá explicá-la em termos simplistas.

Mais do que um monólito, o Irã é um mosaico formado por inúmeros elementos políticos interligados. Há elementos profundamente religiosos e elementos que sentem uma sincera e arraigada motivação pelas causas islâmicas icônicas, tais como a da libertação de Jerusalém da ocupação israelense. Contudo, há também elementos que, refugiando-se em motivações políticas, adotam a defesa de Israel apenas como clamor para lhes servir os interesses pessoais, explorando as frustrações legítimas dos jovens árabes suscitadas pela constante ocupação. Muitas pessoas do Irã e do resto da região já estão fartas dessa manipulação.

Uns dias depois da minha visita a Teerã, reuni-me com o presidente Bush em Camp David. A 18 de setembro de 2003, seguimos de carro para o famoso retiro de fim-de-semana do presidente nas montanhas do norte de Maryland. Do outro lado das janelas do pavilhão de madeira, os céus obscureceram-se e encheram-se de trovões, com a chegada do furacão Isabel a terra, vindo do oceano Atlântico. Perguntei ao presidente por que razão, apesar das repetidas promessas de deixar de lhe pagar, Chalabi ainda recebia 350 mil dólares por mês da parte do Departamento de Defesa.

Apresentando-se com uma indumentária informal composta por um casaco cinzento, uma camisa azul-clara e sem gravata, Bush parecia furioso. Inclinando-se sobre a mesa de madeira, exclamou: "Pode lixar-se para o Chalabi!" Os membros da minha delegação não sabiam bem o que o presidente queria dizer, mas anotaram cuidadosamente aquele comentário. Entre os conselheiros do presidente, instalou-se um silêncio desconfortável, pois a sua disposição estava tão agreste como os céus lá fora.

Foi então que passamos a tratar da questão de Israel e da Palestina. Embora estivéssemos no mesmo local onde Barak e Arafat tinham chegado tão perto de um acordo, apenas três anos antes, a paz parecia estar mais longe do que nunca. O roteiro para a paz – um conceito que a Jordânia lançara no ano anterior para proporcionar um conjunto de etapas específicas no sentido da paz – já aparentava estar em desordem.

No entanto, Bush persistia em culpar Arafat pelo impasse no processo de paz. "O roteiro para a paz é específico pra caramba!", vociferou ele, levantando o tom de voz. "Os palestinos foram reprovados no primeiro teste. Arafat não quer a paz."

Demonstrando que a campanha de Sharon para associar o conflito de Israel com os palestinos à "guerra ao terrorismo" mais lata dos americanos tinha, em boa parte, sido bem-sucedida, o presidente declarou ainda estar num espírito de guerra e que parte dessa guerra ao terrorismo decorria nos territórios palestinos. Enfatizando sua noção de que Arafat era incapaz de fazer paz, ou não se dispunha a isso, o presidente afirmou acreditar que Arafat era um líder fracassado e disse que não queria continuar a lidar com ele. Tal como explicou, só despenderia capital político nos vencedores e não nos fracassados. Depois, enfurecido com a incapacidade de Arafat para controlar a violência palestina, acrescentou: "O que lhe pedimos é viável e ele não o fez!"

Os EUA demonstravam ter uma visão unilateral da situação. Bush era sincero, mas parecia não estar recebendo o melhor tipo de aconselhamento, nem o mais imparcial. Tentei apresentar-lhe uma imagem mais abrangente da situação, defendendo Arafat e explicando-lhe que ele era o líder do povo palestino. Tal como me referi, independentemente de gostarmos ou não dele, os palestinos consideravam-no o seu legítimo representante.

Mudando de direção, Bush inquiriu-me acerca da minha visita recente ao Irã. Respondi-lhe que tinha sido positiva e transmiti-lhe a oferta que os iranianos lhe faziam de entregar os prisioneiros da Al Qaeda, de entrar num debate mais alargado e exaustivo sobre o seu programa nuclear e de cooperar no Afeganistão e no Iraque. Bush disse-me que o seu pessoal se encarregaria desse assunto. Nunca mais ouvi falar nessa questão, mas sei que nunca se realizou a transferência da custódia dos membros da Al Qaeda, entre os quais se encontrava um dos líderes superiores.

Embora tenhamos feito bons progressos em vários temas, saí de Camp David convencido de que, desta vez, o processo de paz não avançaria.

Alguns meses depois, os iranianos receberiam boas notícias de Bagdá, no que dizia respeito ao seu velho inimigo, Saddam Hussein. A 13 de dezembro de 2003, Saddam foi capturado pelas forças americanas, numa quinta das proximidades de Tikrit, cerca de 160 km a norte de Bagdá. No dia seguinte, as estações de televisão por satélite emitiram imagens de um Saddam barbudo e desgrenhado e do seu esconderijo subterrâneo. Foi um momento surreal. Muitos árabes sentiram-se desiludidos e quase humilhados pela capitulação tão dócil de Saddam. Até os que o odiavam realmente esperavam vê-lo enfrentar os inimigos com coragem e determinação, atacando-os, tal como tinham feito os filhos, Uday e Qusay, mortos em julho de 2003, num tiroteio com as tropas americanas em Mosul, no norte do Iraque. Deixando-se capturar sem resistir, Saddam arruinou sua temerosa imagem.

Lembro-me de falar com o rei da Arábia Saudita nesse dia e de ambos estarmos chocados por ver aquele homem, que fora um dos mais poderosos líderes do Oriente Médio, escondido debaixo da terra, num buraco. Era degradante. Saddam Hussein fora um poderoso líder árabe sunita cuja atitude de enfrentar os Estados Unidos e Israel lhe valera muita popularidade por toda a região. Conhecera-o em Bagdá com o meu pai, quando ele estava no auge do seu poder. Vê-lo assim, diminuído, com o cabelo grisalho e despenteado, pestanejando para as câmaras televisivas, dava que pensar. As pessoas da região que o tinham considerado um Saladino moderno sentiram-se muito decepcionadas.

Contudo, a captura de Saddam não veio por fim aos problemas do Iraque. A situação continuou, em grande parte, a deteriorar-se. Algumas contendas eram provocadas por tensões e ódios históricos que o regime de Saddam suprimira brutalmente. No entanto, alguns dos problemas que motivavam a insurgência eram da inteira responsabilidade da América.

Nos finais de abril de 2004, o programa de notícias da televisão americana *60 Minutes* revelou que os soldados americanos tinham maltratado prisioneiros iraquianos na prisão militar de Abu Ghraib. As imagens de prisioneiros encapuzados e acorrentados geraram tumulto tanto no Iraque como em toda a região. A 5 de maio, o presidente Bush deu uma entrevista à estação de TV do Oriente Médio, Al Arabiya, numa tentativa de controlar os danos. "Quero informar a população do Oriente Médio que as práticas realizadas naquela prisão são abomináveis e não representativas da América", declarou ele.

Quando, no dia seguinte, 6 de maio, cheguei aos Estados Unidos para fazer uma visita previamente agendada à Casa Branca, a controvérsia estava no vermelho. Embora o presidente tivesse censurado os atos praticados em Abu Ghraib, o mundo árabe apercebera-se de que ele não pedira desculpa por eles. Bush compareceu à reunião acompanhado por Condoleezza Rice e pelo secretário da Defesa Donald Rumsfeld. Após uma troca de amabilidades, dirigiu-se-me: "Estou muito transtornado com Abu Ghraib. O que lhe parece?"

Embora tivéssemos as nossas diferenças no que respeitava à política, naquela altura já mantínhamos uma sólida relação pessoal que me permitia falar-lhe com franqueza quando era necessário. No Oriente Médio há quem possa ficar surpreendido com o que vou dizer, mas a verdade é que, em pessoa, Bush é bastante diferente da caricatura que lhe pintam os meios de comunicação social. É um homem muito sincero que estava plenamente convencido de estar agindo corretamente. No entanto, creio que foi muito mal orientado por alguns dos seus conselheiros. Sabia que ele queria ouvir a verdade, mesmo que esta pudesse incomodar uma parte do seu pessoal.

"Sr. presidente", respondi eu, "o senhor é o líder da mais potente e poderosa nação do mundo. Julgo que será muito fácil pedir desculpa, a partir de uma posição de força, e que, por ser o presidente dos Estados Unidos, um pedido de desculpas da sua parte poderia fazer muito."

Depois de me encarar com uma expressão carrancuda por alguns momentos, Bush retorquiu: "Tem razão." Voltando-se para Condi e Rumsfeld, declarou: "Vou dar ouvidos aqui ao meu amigo." Presumo que alguns membros superiores do seu pessoal o aconselhavam a não fazer um pedido público de desculpas, receando que isso o debilitasse. Todavia, a humildade também confere força.

Após a reunião, saímos da Casa Branca e fomos para uma conferência de imprensa no Rose Garden. Estávamos ao lado um do outro no pódio quando, ao início da tarde, o presidente se pronunciou:

> Também falamos sobre o que tem passado ultimamente na televisão, não só no nosso país, mas também além-mar – nas imagens de crueldade e de humilhação. Assegurei a Sua Majestade, com a máxima franqueza que pude, que os malfeitores serão apresentados à justiça e que os atos dessa gente no Iraque não são representativos dos valores dos Estados Unidos da América.
>
> Pedi-lhe desculpa pela humilhação que os prisioneiros iraquianos sofreram e pela humilhação que as famílias deles sofreram. Disse-lhe que lamentava igualmente que as pessoas que vêem essas imagens não compreendam a verdadeira natureza e o verdadeiro coração da América. Garanti-lhe que, tal como eu, os americanos não gostaram daquilo que viram e que aquelas imagens nos enojaram.

Depois da conferência de imprensa, fui ao Departamento de Estado reunir-me com o secretário de Estado Colin Powell. Discutindo novamente a questão de Abu Ghraib, Powell referiu que as fotografias haviam prejudicado a imagem dos Estados Unidos por todo o mundo e, até, em nível interno. Para ele, essas imagens geravam um enorme problema. O presidente sabia que tinha de resolvê-lo e de fazer mais do que limitar-se a aparecer nos canais árabes. Aquela crítica implícita era o único sinal visível das lutas internas que já grassavam no seio da administração Bush.

De um lado, estavam os neoconservadores – Paul Wolfowitz, Douglas Feith e Elliott Abrams – e, do outro, estavam os moderados, encabeçados por Powell e o seu adjunto, Richard Armitage. Geralmente, não me encontrava com Wolfowitz ou os outros em pessoa, mas o meu pessoal superior em Washington, que o fazia, informou-me de que eles eram dogmáticos e inflexíveis. À semelhança de muitos políticos movidos pela sua ideologia, não tinham muito tempo a perder com cedências. Na relação com um decisor pragmático, temos espaço para as trocas, mas, com um ideólogo, pode ser muito complicado chegar a acordo.

A minha equipe disse-me que era impossível lidar com Feith e Abrams. Assim que entraram na sala, gerou-se a sensação de que esta seria mais uma reunião horrível. Agiam ambos como se fossem superiores a toda a gente. Se tinham um plano, este teria de ser implementado – a todo o custo.

No mês seguinte, com um ano de existência, a tão odiada Autoridade Provisória da Coligação (APC) acabou por ser dissolvida e Bremer passou o poder a um governo iraquiano liderado pelo proeminente político iraquiano xiita, Ayad Allawi, já antecipando as eleições nacionais agendadas para janeiro de 2005. Allawi era um forte líder com boas chances de êxito no Iraque. Instruído, mundano e já bastante maduro, acreditava na unificação do Iraque, mas não recebia o apoio incondicional do governo americano, uma vez que algumas pessoas em Washington ainda apoiavam Ahmad Chalabi.

* * *

A presunção de algumas pessoas em Washington foi-me ilustrada à perfeição numa visita que fiz aos Estados Unidos, em setembro do ano seguinte. Enquanto estava em Nova Iorque a participar na reunião anual da Assembleia Geral das Nações Unidas, fui convidado para um jantar oferecido por uma redatora de alto prestígio da revista *Newsweek*, Lally Weymouth, filha da falecida Katharine Graham, editora do *Washington Post*. Segundo me recordo, uma outra convidada, pivô de notícias americana, perguntou-me se eu considerava que os direitos das mulheres tinham melhorado ou piorado no Iraque, desde a guerra. Respondi-lhe: "Estão dez vezes piores. No regime secular de Saddam, os homens e as mulheres tinham essencialmente o mesmo estatuto." Liz Cheney, a filha do vice-presidente, que também estava presente, inclinou-se para Bassem Awadallah, o meu chefe da Corte Real e disse-lhe que eu não deveria fazer esse tipo de afirmações em público. Como ela lhe esboçava um sorriso, ele não sabia ao certo se ela estava mesmo falando a sério.

No dia seguinte, Liz Cheney telefonou inesperadamente a Bassem para o informar de que debatera o meu comentário com Paul Wolfowitz, recém-eleito presidente do Banco Mundial, e que ambos concordavam que eu não deveria manifestar esse gênero de opiniões. Quando Bassem me contou da conversa, sugeri-lhe que dissesse a Wolfowitz para ir à fava. O que comentara ao jantar era verdade. Fiquei chocado pelo fato de alguns membros da administração e os seus apoiadores darem a entender não admitir qualquer divergência acerca do Iraque – e de, num país como a América, que prima pela liberdade de expressão, tentar conter as notícias inconvenientes.

Várias pessoas em Washington, entre as quais um proeminente jornalista que passara anos a cobrir o Oriente Médio, já me tinham aconselhado a agir com cautela. "Prepare-se para lidar com muito cuidado com algumas pessoas desta administração, que são vingativas", recomendara ele.

Felizmente, ainda havia pessoas em Washington D.C. mais interessadas nos resultados do que na ideologia e na política tacanha. Uma delas era William Burns, o secretário de Estado adjunto responsável pelo Oriente Médio. Fluente falante de árabe, Bill já fora embaixador dos EUA na Jordânia. Nessa época, eu ainda estava no Exército, mas eu e Rania o convidamos e à mulher para virem jantar a nossa casa. Homem gentil e delicado, que fala num tom suave, Bill reúne em si todos os requisitos desejados para um diplomata: é mundano, versátil, conhecedor e extremamente inteligente. Desde então que ficamos bons amigos. Outra pessoa que tive a oportunidade de conhecer bem foi George Tenet, diretor da CIA. George empenhou-se afincadamente no processo de paz, desenvolvendo subsequentemente um plano para estabelecer um cessar-fogo e condições de segurança entre os israelenses e os palestinos. Tenet serviria posteriormente de bode expiatório devido a incumprimentos relativos às políticas americanas, mas sempre o tomei por um homem atencioso para com os nossos pontos de vista e tão dedicado à procura de uma resolução equilibrada para a questão israelo-palestina como qualquer outro em Washington.

George e Bill ajudaram-me a navegar pelas águas tormentosas da política de Washington, fornecendo-me boas dicas sobre os momentos mais oportunos para insistir na melhor reorientação de uma política ou para me conter.

PARTE V

CAPÍTULO 21

O Meu Islã

Lembro-me do dia em que vi Meca pela primeira vez como se fosse ontem. Tinha quase quinze anos quando acompanhei o meu pai na Umra (a peregrinação menor que, ao contrário da Hajj, pode ser feita em qualquer altura do ano). Anos depois, realizava a Hajj, um dos cinco Pilares do Islã. Estavam lá bem mais de um milhão de peregrinos, nesse ano, todos envergando um singelo lençol branco preso por uma corda atada à volta da cintura. Fui invadido por um espantoso sentido de comunidade e irmandade, rodeado por aqueles peregrinos vindos de todo o mundo, todos vestidos de igual para representar a nossa igualdade aos olhos de Deus.

Procedemos ao tawaf, caminhando contra o sentido dos ponteiros do relógio, em torno da antiga Kaaba, o monumento mais sagrado do Islã e o local para onde se voltam todos os muçulmanos quando oram. Meu pai me falara da nossa ancestralidade e do papel dos Hachemitas como guardiães de Meca, mas estar mesmo lá e tocar na Kaaba deixou-me sem palavras. Sentei-me, sentindo-me humilde e assoberbado, à espera do início das orações matinais. Ouvia um ligeiro zumbido e sentia-me na presença de Deus.

O Islã é uma religião que requer aos seus crentes a realização diária de rituais que agem como um enquadramento para o exercício da fé. Contudo, o seu significado mais profundo reside nos valores espirituais que desperta no seio dos seus fiéis e na forma como os crentes manifestam esses valores na sua vida quotidiana. Os cinco Pilares do Islã são: Chahada, ou o conhecimento de Deus e de Maomé, como mensageiro de Deus; orações, que os muçulmanos devem realizar cinco vezes por dia, como símbolo do seu apego a Deus; Al Zakat, dar esmolas aos indigentes e aos pobres, como sinal de desapego ao mundo; fazer jejum no mês sagrado do Ramadã, para revelar desapego ao ego; e realizar a Hajj, uma peregrinação a Meca.

Perturba-me a forma como, hoje em dia, muitas pessoas encaram o Islã, como um rígido sistema de regras, em vez de refletir sobre os significados mais profundos da nossa fé. Devemos pensar em formas de ajudar um vizinho que tem problemas, um colega do trabalho que precisa dos nossos conselhos, ou um familiar que precisa do nosso amor e apoio. Sinto-me em paz quando faço as minhas orações, mas também consolado quando ajudo os outros e demonstro compaixão e bondade. O Islã defende a justiça, a igualdade, a imparcialidade e a oportunidade de viver uma vida boa e cheia de significado. Infelizmente, essas virtudes foram corrompidas pela frívola adesão a interpretações reacionárias das nossas sagradas escrituras.

Ao orar, peço amiúde proteção para os meus entes queridos e a minha família, o meu governo, os meus soldados e o meu país. Como líder de um país, rezo pelo meu povo, pela melhoria dos seus padrões de vida e de saúde. Por vezes, rezo por coisas específicas, tal como o surgimento de mais postos de trabalho para os jovens. Chego mesmo a rezar por chuva.

Uma das coisas que mais me tem entristecido, nas últimas duas décadas, é a má interpretação de uma grande fé, em resultado dos atos mal orientados de um punhado de pessoas. Um exemplo é o significado do termo *jihad*. Muitas pessoas associam esse termo à violência e à guerra, mas *jihad* significa literalmente "luta" e refere-se, antes de mais nada, à nossa luta interna para nos aperfeiçoarmos. Trata-se de uma luta pela nossa própria melhoria e também de uma luta mais alargada para melhorar as vidas dos outros à nossa volta. A vitória não resulta de uma só batalha, mas sim de vários pequenos triunfos que vão ocorrendo ao longo do dia e alguns dos quais poderão ser tão reduzidos que quase passam despercebidos às outras pessoas.

É-me doloroso ver um pequeno bando de fanáticos mal orientados perverter a minha religião. Essas pessoas adotam uma forma deturpada do Islã. Embora afirmem agir em seu nome, essas pessoas não passam, em bom rigor, de homicidas e rufias. Elas constituem uma minoria não representativa dos 1,57 mil milhões de muçulmanos no mundo, mas produzem um impacto desproporcionado na forma como a fé é vista. Chamam-se takfiristas que, em árabe, significa: "aqueles que acusam os outros de serem heréticos". Os takfiristas apoiam-se na ignorância, no ressentimento e numa promessa distorcida do martírio para disseminar a sua ideologia, voltando as costas a mais de mil anos de erudição e exposição corânica em nome daquilo que presumem ser os modos autênticos da Arábia do século VII.

Os takfiristas são uma pequena parte de um movimento fundamentalista mais lato – o movimento salafista. A ideologia do salafismo (em árabe, salafi significa "regressar ao passado") propõe retomar os "fundamentos" da fé inicial, mas a maioria dos salafistas não perdoa o terrorismo ou o homicídio de civis inocentes. Os salafistas declaram guerra total aos seus inimigos e crêem que as pessoas que se matam em atentados suicidas vão diretamente para o céu. Não vendo limites à forma como podem fazer guerra aos seus inimigos, são indiferentes aos códigos morais tradicionais do Islã, consagrados no Alcorão e no Hadith. Quase todos os muçulmanos estão cientes da tradição instituída nos primeiros dias do Islã, no século VII, pelo primeiro califa muçulmano, Abu Baker al Sediq, que instruía os seus exércitos para não matar mulheres, crianças ou idosos e para não cortar qualquer árvore que desse fruto. Aquilo que se pode considerar as "Convenções de Genebra" muçulmanas, e o primeiro ato de Abu Baker como califa, institui:

> Não traias, não guardes rancores, não enganes, não mutiles, não mates crianças, não mates idosos, não mates mulheres. Não destruas colmeias nem lhes deites fogo, não cortes árvores de fruto, não mates ovelhas, gado, ou camelos, a não ser para te alimentares. Encontrarás pessoas que passarão as suas vidas em mosteiros – deixa-as fazer aquilo a que dedicaram as suas vidas.

Os takfiristas voltaram as costas a essa tradição de clemência e compaixão, visando depor governos por todo o mundo árabe, através da violência, para proclamarem uma república "islâmica" em nível mundial. Em nome daquilo que imaginam ser o Islã, matam muçulmanos e corrompem a ética islâmica, procurando também destruir o mundo que 99,99% dos muçulmanos adotaram.

Remontando ao reavivamento de uma tendência doutrinária *jihadi* no Egito, na década de 70, e associado à insurreição de 1979 em Meca, o movimento dos takfiristas disseminaria muitos grupos terroristas violentos, entre os quais, a Al Qaeda. Foi por se sentirem atraídos pelas guerras em que os muçulmanos são atacados que os takfiristas acorreram ao Afeganistão. Vários, incluindo Osama bin Laden, fizeram o seu aprendizado de guerra, estratégia, morte e terrorismo combatendo as forças de ocupação soviéticas, nos anos 80. Quando esse conflito terminou, na década de 90 do século XX, grupos numerosos desses combatentes regressaram à sua terra natal, levando com eles novas "aptidões".

Há muitos anos que a Jordânia acompanha as atividades desses takfiristas. Um grande número deles afluiu ao Afeganistão nos anos 80 do século XX e à Bósnia e à Chechênia na década seguinte. A seguir à França e ao Reino Unido, a Jordânia foi o país que mais contribuiu com soldados para as forças da ONU na ex-Iugoslávia, enviando três batalhões, ou mais de três mil soldados, entre 1993 e 1996. Um general jordaniano chegou até a comandar as forças da ONU na Croácia. Quando vimos chegar combatentes takfiristas para participarem no conflito, percebemos que enfrentávamos uma nova e letal combinação de nacionalismo, extremismo religioso e violência.

Juntamente com veteranos do Afeganistão que regressaram à Jordânia e se associaram ao chamado Exército do Profeta Maomé, também tivemos de lidar com um grupo de combatentes que voltavam da Chechênia. A Jordânia acolhe uma considerável comunidade de chechenos e alguns, mais uns quantos jordanianos, foram dar apoio aos seus naquilo que entendiam ser uma *jihad* contra os russos. Assim, na década de 90, defrontávamos o novo problema dos combatentes *mujahedin* altamente treinados que tinham regressado a casa, vindos do Afeganistão e da

Chechênia. Infelizmente, alguns grupos sabiam bem demais servir-se das suas aptidões e começaram a realizar atentados terroristas por toda a região.

Quando esses takfiristas começaram a lançar uma campanha de terrorismo mais abrangente, no início do século XXI, sabíamos exatamente com quem lidávamos. A brutalidade deles chocou muitas pessoas do Ocidente e levou algumas a colocá-los no mesmo saco com todos os muçulmanos, utilizando termos tais como "fascismo islâmico" ou "extremistas islâmicos". Contudo, esses rótulos insultam a fé e a inteligência de 23% da população mundial. Digo repetidas vezes aos meus amigos do Ocidente: "Não se deixem levar pela sua falsa religião. Essas pessoas são pura e simplesmente homicidas. Tenham o cuidado de não pintar os seus atos com um pincel tão alargado que pareçam estar incluindo o mundo muçulmano inteiro."

A primeira vez que fui pessoalmente ameaçado pela Al Qaeda foi no verão de 2000. Decidira passar umas breves férias com a minha família e tínhamos escolhido as ilhas gregas. A 22 de junho de 2000, apanhei o avião de Amã para Rodes com o meu filho Hussein e com a minha filha Iman, na altura com cinco e três anos, respectivamente. Grávida de Salma, Rania iria ter conosco à Grécia no dia seguinte. Comigo ia também meu irmão Ali, incumbido da minha segurança pessoal, e duas das minhas irmãs.

Ao entrarmos em Diagoras, em Rodes, olhei para baixo, para as montanhas rochosas e os edifícios antigos. Famosa por albergar uma das sete maravilhas do mundo, o Colosso de Rodes – uma estátua gigantesca que outrora se localizava perto do porto –, aquela ilha histórica não escapou aos conflitos do Oriente Médio. Parte do Império Bizantino, foi conquistada pelo guerreiro muçulmano Muawiyah I no século VII e reconquistada pelos bizantinos na Primeira Cruzada, quatro séculos depois. A partir de então, a ilha passou a ser governada por um feroz bando de cavaleiros guerreiros que foram de lá expulsos no século XVI pelo imperador otomano Solimão o Magnífico. No século XX, Rodes foi palco das negociações de paz entre meu bisavô, Abdullah I, e os líderes de Israel, do Egito e da Síria. As conversações resultaram nos acordos de armistício de 1949 que levaram ao cessar-fogo entre o recém-formado estado de Israel e os seus vizinhos árabes.

Do aeroporto, fomos de carro para o porto, onde estava um iate que um amigo saudita me emprestara – uma bela embarcação de 60 metros, com o casco azul-escuro e a superestrutura branca. Zarpamos naquela tarde, cortando a água azul cristalina do Mediterrâneo, seguidos a uma distância discreta por uma embarcação da guarda costeira grega. Dado termos de ir apanhar Rania ao mesmo local no dia seguinte, decidimos não nos afastar muito e navegar pela costa, até à cidade costeira de Lindos.

Ao aproximarmo-nos do ancoradouro, vi um agrupamento de casas brancas aninhadas na base de uma rocha maciça, com uma antiga acrópole empoleirada no topo. Algumas pessoas juntaram-se ao verem o nosso iate chegar às docas. Tendo passado uma noite pacífica naquela pequena cidade da ilha, na manhã seguinte regressamos para ir buscar Rania.

Como tínhamos de esperar algumas horas, eu e Ali deixamos as crianças com as tias, alugamos motos Harley-Davidson e partimos à descoberta da ilha. Percorremos as estradas poeirentas e as pequenas aldeias, regressando mesmo na altura em que chegou Rania. Pouco depois já nos dirigíamos a Halki, uma pequena ilha com apenas trezentos habitantes. Contávamos passar dois dias a navegar pelas ilhas gregas, parando em Symi, Tilos e Nisyros, antes de chegar a Santorini, famosa pelas suas praias vulcânicas negras e espantosas casas brancas.

Por volta das cinco da tarde, estava eu descontraído com a minha mulher e os meus filhos no convés, a admirar a bela paisagem, quando recebi uma chamada de Amã. Desci ao centro de comunicações, debaixo do convés. E atendi o telefone. Era o diretor dos serviços secretos. "Recebemos relatos de que um grupo de assassinos da Al Qaeda se prepara para atacar o seu barco à chegada a Santorini", informou ele. "Tem de dar imediatamente meia volta."

O diretor dos serviços secretos contou-me que os terroristas tencionavam atacar o nosso iate com lança-granadas-foguetes e que talvez preparassem um atentado suicida, consistindo em encostar uma embarcação ao nosso iate, comigo e a minha família lá dentro, e fazendo-se explodir. (Essa técnica seria utilizada cerca de quatro meses depois, a 12 de outubro, quando bombistas suicidas atacaram o contratorpedeiro *USS Cole*, no porto de Aden, no Iêmen, matando dezessete marinheiros.)

Como marido e pai, fiquei furioso por esses terroristas me ameaçarem a família. Embora o meu primeiro instinto fosse contra-atacar, concordava com meu irmão Ali que seria mais sensato dar meia volta e sair dali o mais depressa possível.

Não desejando espalhar o pânico a bordo, tivemos de arranjar uma boa razão para aquela súbita mudança de planos. Como Rania estava grávida, dissemos à tripulação que ela tinha complicações e que teríamos de cancelar o cruzeiro e regressar a Rodes. Alertamos o aeroporto e já tínhamos o nosso avião à espera quando chegamos ao ancoradouro. Assim que descolamos, telefonei ao diretor dos serviços secretos e disse-lhe para informar os serviços de segurança gregos daquilo que sabíamos. Nunca soubemos como é que a Al Qaeda descobriu que eu estava na Grécia, mas podemos deduzir que algum informante local lhes tenha passado essa informação. Devido à moderação da Jordânia e ao seu papel ativo na busca da paz regional e na promoção de uma cultura de tolerância entre os membros de diferentes civilizações e fés, a Al Qaeda considerava-me uma ameaça.

Naquela época, havia já vários anos que combatíamos a Al Qaeda, colaborando com os nossos aliados para lhes travar as conspirações por toda a região, e talvez tivesse sido esse o motivo para conspirarem a minha morte. Não era uma questão pessoal – tentavam atingir um alvo maior. A linhagem hachemita sempre inspirou respeito por todo o mundo árabe e muçulmano, mas a nossa tradicional moderação, acrescida da nossa abertura ao Ocidente, colocou-nos muitas vezes na mira dos extremistas. Com a minha morte esperavam extinguir noventa anos de governo hachemita na Jordânia e mais de mil anos de liderança na Arábia. Uma parte dos objetivos da Al Qaeda é derrubar todos os regimes árabes para os substituir pela sua fanática e pouco ortodoxa ideia de governo.

As sementes do violento radicalismo da Al Qaeda tinham sido plantadas na região, no turbulento ano de 1979, quando da ocorrência de três acontecimentos que fariam eco pelas décadas afora. Em janeiro, o xá do Irã fugiu à revolução que se desenvolvia e foi substituído pelo aiatolá Khomeini que fez nascer a República Islâmica do Irã. A Revolução Islâmica do Irã inspirou e energizou os radicais de toda a região. Foi então que, a 20 de novembro, várias centenas de radicais tomaram o controle da Grande Mesquita de Meca. A captura do local mais sagrado do Islã por um grupo de extremistas armados deixou o mundo muçulmano inteiro atônito. O líder, um saudita chamado Juhayman al-Otaibi, afirmava que o governo saudita era corrupto e não-islâmico e que Mahdi, um líder cujo surgimento se prevê e espera, descendente do profeta Maomé, tinha regressado para assumir o governo do país. Os rebeldes acabaram por ser expulsos da mesquita e tanto Juhayman como vários dos seus co-conspiradores foram decapitados em praça pública. A rebelião acabara, mas as suas implicações iriam perdurar.

Inspirado pelos atos de Juhayman, o islâmico radical palestino Isam Muhammad Taher Barqawi, mais conhecido por Abu Muhammad al-Maqdisi, viria a reiterar muitas das críticas de Juhayman acerca dos sauditas e de outros governos árabes. Nascido na Cisjordânia, Maqdisi passou algum tempo no Afeganistão, nos finais dos anos 80, e, como grande teórico, tornar-se-ia uma figura fulcral no movimento salafista da *jihad* na Jordânia. Mentor de Abu Musab al-Zarqawi, orientá-lo-ia no sentido da utilização de violência brutal em nome da religião.

Com o término do cerco a Meca, em dezembro de 1979, ocorreu o terceiro importante acontecimento do ano: os carros de combate soviéticos entraram no Afeganistão. Esse ataque a um país muçulmano incentivou combatentes do mundo muçulmano inteiro. Alguns queriam que a Jordânia se envolvesse. Um amigo meu, americano que se reformara recentemente das Forças Armadas veio visitar-me, dizendo que acabara de regressar do Afeganistão e queria que a Jordânia treinasse um grupo de combatentes *mujahedin*. Respondi-lhe que essa decisão não era minha, pois não passava de um oficial inferior, mas que transmitiria esse pedido a meu pai.

Meu pai disse: "Nem pensar". Considerava muito perigoso misturar zelo religioso com políticas de guerra fria. Para além disso, julgava que, ao envolver-se nesse conflito, colocaria o país contra a Rússia e não lhe parecia que isso servisse os interesses da Jordânia.

Um grupo muçulmano na linha da frente da guerra no Afeganistão era o movimento salafista. Os vulgares crentes sunitas e xiitas baseiam as suas interpretações do Islã tanto numa arreigada tradição histórica de erudição e aprendizagem como num corpo de análise gramatical, linguística e etimológica. Nessa tradição, os líderes religiosos muçulmanos, conhecidos por imãs, passam anos e, até décadas, a estudar mais de mil anos de erudição muçulmana. Quando emitem éditos religiosos ou pareceres jurídicos, conhecidos por *fatwas*, tendem geralmente a oferecer uma interpretação matizada do pensamento islâmico, fundamentada na sabedoria dos seus antecessores. Já os líderes salafistas ignoram essa tradição de aprendizado e não aceitam uma pluralidade erudita no pensamento islâmico. Em vez disso, insistem em afirmar que têm uma compreensão privilegiada do Islã que se baseia na sua própria interpretação do Alcorão. Um dos problemas suscitados por essa abordagem é o fato de não conter as verificações e os balanços judiciais internos da fé principal e de não aceitar outras opiniões conhecedoras. Nas mãos erradas, isso pode tornar-se muito perigoso.

Os takfiristas levam essa exclusividade mais longe e usam-na para justificar a sua distorcida versão do Islã. Estes acreditam ter o direito de matar heréticos e de denunciar como heréticos quem quer que discorde das suas doutrinas. Matariam onde e quem quer que seja.

Bem cedo, na manhã de 28 de outubro de 2002, Laurence Foley, o oficial superior da Agência Americana para o Desenvolvimento Internacional (USAID), saiu da sua casa de pedra calcária branca, nos subúrbios de Amã, com o intuito de ir trabalhar. Ao dirigir-se ao carro, surgiu um atirador que o alvejou oito vezes com uma pistola de 7 mm. O assassino fugiu num carro que o esperava, deixando que a mulher de Foley se deparasse com o corpo do marido numa poça de sangue.

O diretor dos serviços secretos ligou-me e declarou: "Acabou de ocorrer o assassinato de um diplomata americano". Fiquei furioso que uma coisa tão terrível pudesse acontecer a um convidado nosso e dei ordens para agir imediatamente no sentido de encontrar os responsáveis.

No dia seguinte, dirigi-me à embaixada americana para dar as minhas condolências à viúva de Foley, Virginia, e assegurar-lhe que encontraríamos o assassino do marido. Dois meses depois, em dezembro de 2002, as forças de segurança jordanianas detiveram o atirador, que era líbio, e o motorista do carro de fuga, que era jordaniano.

Ao aprofundarem as investigações, as nossas forças de segurança descobriram que a conspiração viera de fora da Jordânia e que o cérebro era Abu Musab al-Zarqawi. No seguimento de um exaustivo processo de investigação e julgamento, na primavera de 2004, um tribunal jordaniano condenou oito homens à morte pelo homicídio de Laurence Foley – seis *in absentia*, entre os quais Zarqawi. Os dois homens que estavam sob nossa custódia – o atirador e o motorista – seriam subsequentemente executados.

Por mais horrível que fosse, aquele ato não passaria do prelúdio de uma onda de violência muito maior que não tardaria a abater-se sobre o Oriente Médio. No início de abril de 2004, em Irbid, uma povoação perto da fronteira com a Síria, as forças de segurança jordanianas interceptaram três caminhões cheios de explosivos. Os serviços secretos reviraram tudo para descobrir quem estava por trás do envio daquele carregamento e quais eram as suas intenções. Tivemos a sorte de apurar que um dos conspiradores, um jordaniano chamado Azmi Jayousi, ainda estava no país, escondido num apartamento do bairro de Marka, na baixa de Amã, com um número desconhecido de co-conspiradores. Mandei uma equipe das Forças Especiais capturar Jayousi, se possível, vivo. Tínhamos de saber se a sua célula agia por conta própria ou se havia mais gente prestes a atacar.

Jayousi estava escondido numa zona residencial, nas proximidades de uma escola. A equipe decidiu operar à noite para reduzir o risco de apanhar algum civil na linha de fogo. Às duas da manhã de 20 de abril de 2004, uma equipe do 71.º Batalhão reuniu-se na rua mesmo abaixo do apartamento. Os soldados com treino superior em táticas de contraterrorismo vinham acompanhados de agentes da polícia regular.

Um dos policiais bateu à porta e foi recebido por uma rajada de tiros de metralhadora. Seis comandos tomaram o apartamento de assalto, respondendo ao fogo e matando o terrorista que disparava contra eles. Em seguida, uma segunda equipe irrompeu pelo apartamento adentro e capturou Jayousi, que estava armado até aos dentes, a sua mulher e os três filhos. Encontraram-se explosivos, milhares de dólares e de dinares jordanianos, bem como vários passaportes falsos.

Interrogado, Jayousi revelou que o cabeça era Abu Musab al-Zarqawi, que conhecera quando combatiam no Afeganistão. Além disso, contou-nos que havia mais duas células em Amã preparando mais ataques. Não sabia onde estava a segunda célula, mas um perspicaz comandante das Operações Especiais pediu-lhe para telefonar ao líder deles e combinar um encontro. Apanhado em plena luz do dia, o líder da segunda célula conduziu a equipe das Forças Especiais ao seu pouso seguro, onde capturaram o líder da última célula.

Alguns dias depois, os jordanianos ouviam incrédulos e horrorizados os terroristas revelarem os pormenores da sua conspiração, numa confissão filmada. Planejavam misturar explosivos convencionais com químicos mortíferos e atacar a embaixada dos EUA, o gabinete do primeiro-ministro e a sede do Departamento Geral de Informações, os serviços secretos internos. Treinado no uso de explosivos num dos campos de Bin Laden, no Afeganistão, Jayousi desenvolvera a técnica de misturar oxigênio concentrado com sementes de cominhos pretos moídas, para criar uma substância com mais potência explosiva do que o TNT. Com isso esperava matar muitos milhares de pessoas.

A 29 de abril, cerca de cem mil jordanianos, entre os quais a minha mulher, Rania, marcharam pelas ruas de Amã em protesto. Entoando "Não aos terroristas na Jordânia" ao som dos tambores, os manifestantes marcharam até às portas do Parlamento, onde queimaram fotografias de Bin Laden, Zarqawi, Jayousi e dos seus cúmplices.

O julgamento que se seguiu foi caótico, com os terroristas a perturbarem o processo e a recusarem-se a reconhecer a autoridade do tribunal. A certa altura, Jayousi tirou os chinelos e atirou-os ao juiz, gritando-lhe que Abu Musad al-Zarqawi lhe cortaria a cabeça e chamando aos congregados "inimigos de Deus".

Quando o julgamento terminou, Jayousi e os seus congêneres conspiradores foram condenados à morte. Zarqawi foi novamente condenado à morte *in absentia*. Quando da leitura do veredito, um dos terroristas gritou: "A organização de Bin Laden está crescendo. Nós voltaremos!"

CAPÍTULO 22

O 11 de Setembro da Jordânia

O dia 9 de novembro de 2005 deveria ser o mais feliz da vida de Nadia Alami. Naquela noite ela iria casar-se com o seu namorado de muitos anos, Ashraf Da'as, no Hotel Radisson SAS em Amã. Tendo-se conhecido três anos antes, quando trabalhavam num hospital daquela localidade, os dois jovens tinham-se apaixonado quase de imediato. As famílias e os amigos tinham vindo de várias partes do mundo para assistir às bodas, reunindo-se no hotel. Perto das nove da noite, a noiva e o noivo atravessaram o átrio, passando pelos convidados que os aclamavam e lhes batiam palmas. Nadia envergava um belo vestido branco, com um véu vaporoso, e Ashraf um terno preto e uma gravata vermelha.

Ainda não passara uma hora desde o enlace e o casal estava prestes a celebrar o início da sua vida conjunta, quando Abu Musab al-Zarqawi decidiu interferir-lhes nos planos.

Dois bombistas suicidas iraquianos, uma equipe de marido e mulher, equipados com coletes explosivos repletos de rolamentos debaixo da roupa, tinham-se infiltrado na festa e se imiscuído no meio dos convidados, posicionando-se cada um em diferentes cantos da sala. Quando Nadia e Ashraf se aproximaram da porta, a banda começou a tocar.

Foi nessa altura que o homem-bomba detonou o seu colete. Os rolamentos foram projetados por todo o salão com uma força mortífera, matando instantaneamente o pai da noiva e ferindo de morte o pai do noivo. Sem conseguir detonar o seu colete que não funcionou, a mulher-bomba fugiu.

Vinte e sete convidados morreram, incluindo dezesseis familiares de Ashraf. Tanto a noiva como o noivo perderam o pai.

Exatamente em simultâneo, outros bombistas suicidas atacaram dois hotéis das proximidades, o Grand Hyatt e o Days Inn, matando outras trinta e sete pessoas. Ao todo, sessenta pessoas perderam a vida – trinta e seis delas eram jordanianas. Entre os mortos estava Moustapha Akkad, um proeminente cineasta sírio-americano que produziu o filme *Maomé, o Mensageiro de Deus*, descrevendo os primeiros dias do Islã, que será certamente mais conhecido junto do público americano pela produção de alguns filmes de terror da saga *Halloween*.

No dia em que os ataques ocorreram, eu estava fazendo uma visita oficial ao Cazaquistão. Tínhamos acabado de jantar, quando recebi uma chamada de Amã. Assim que soube da notícia, senti um arrepio gelado no estômago. Embora, travando uma batalha contra os takfiristas, já receasse que acabássemos por ser também atacados, nada me preparara para aquilo.

Pedi licença e mandei preparar imediatamente o meu avião. Esperava-me uma agonizante viagem de regresso. Chegando à Jordânia perto das cinco da manhã, dirigi-me logo aos locais dos atentados. Ao ver o caos e a devastação, a minha tristeza transformou-se em raiva. "Como puderam eles fazer-nos isto?" perguntava-me. Estava furioso. Aqueles assassinos haviam matado pessoas inocentes numa festa de casamento e, como chefe de Estado, eu tinha o dever de protegê-las. Estava decidido a encontrar os responsáveis. Apresentei as minhas condolências aos desgostosos familiares das vítimas e fui a vários hospitais visitar os feridos. Uma das vítimas era o filho de um grande amigo meu.

Para um país tão grande como os Estados Unidos, sessenta pessoas talvez não pareça muito, mas para a Jordânia aquele fora um golpe devastador, equivalente à perda das três mil pessoas, vítimas de um só atentado contra a América. O impacto psicológico sobre o jordaniano médio foi dramático. Aquele acontecimento voltou decisivamente a população contra a Al Qaeda e as organizações afins. Na Jordânia, tal como em grande parte do mundo, quando escrevemos uma data, colocamos o dia antes do mês. Assim, a data do ataque, 9 de novembro, foi o nosso 11 de Setembro – 9/11*. Em muitos aspectos, esta data assumiu o mesmo caráter de ponto decisivo para a Jordânia que o 11 de Setembro para os Estados Unidos.

Líder da Al Qaeda no Iraque, Abu Musab al-Zarqawi emitiu uma declaração em que reivindicava a autoria dos atentados bombistas. "Após ter estudado e observados os alvos", explicou ele, "escolhemos como locais de execução os hotéis que o tirano da Jordânia transformou num pátio para os inimigos do Islã, como os judeus e os cruzados." No entanto, longe de atingir os inimigos do Islã, como afirmavam, os terroristas tinham assassinado indiscriminadamente dezenas de jordanianos e pessoas inocentes de outras nacionalidades.

A população da Jordânia não aceitou o odioso atentado de Zarqawi. Nessa mesma tarde, um grupo de protestantes em fúria juntou-se à porta do Hotel Radisson, abanando bandeiras da Jordânia e entoando: "Morte a Zarqawi!" Vários jovens jordanianos organizaram vigílias e orações conjuntas durante dias a fio.

Extremamente enfurecido, a 10 de novembro, proferi um discurso à nação em que dizia: "Que fique bem claro para todos que perseguiremos os terroristas e quem os ajuda. Chegaremos onde quer que eles estejam, para os retirar dos covis e apresentá-los à justiça." Era política da Jordânia não interferir com os assuntos internos dos outros países, mas isso estava prestes a mudar. Resolvera que, daquele ponto em diante, se soubéssemos que um grupo terrorista com intenções de nos atacar se escondia em outro país, passaríamos a atacá-lo, antes que este nos pudesse atacar a nós. Reunindo os serviços secretos, o Exército e a liderança política, disse-lhes: "Procedamos à ofensiva. O ato de Zarqawi é repreensível. Passemos à carga e quero que o apanhem." Apelamos às tribos iraquianas na tentativa de obter mais informações. Se o governo iraquiano estivesse disposto a ajudar-nos, muito bem. Se não, estávamos preparados para agir sozinhos.

O Iraque de Saddam Hussein fora um país fechado e isso dificultara muito as operações dos nossos serviços secretos. Estando

* Em inglês, o 11 de Setembro é referido como 9/11, pois os americanos colocam o mês antes do dia nas datas. (*N. da T.*)

o país em colapso, no rescaldo da invasão liderada pelos EUA, demoramos algum tempo a conseguir introduzir lá a nossa gente. Apesar de sabermos que Zarqawi estava no Iraque, inicialmente, não tínhamos capacidade para agir contra ele. Agora, entrávamos agressivamente no Iraque à procura dele. Começamos por colocar equipes de oficiais jordanianos adidas às unidades das Forças Especiais americanas. Entendendo melhor os maneirismos dos takfiristas, os jordanianos tinham mais facilidade em identificar suspeitos. Muitos takfiristas seguem um distintivo código de indumentária e de comportamento e nós ajudamos os americanos a perceber o que tinham de procurar.

Zarqawi dissera que aquele era um ataque ao regime jordaniano, mas não era e, aos olhos do povo jordaniano, tornava-se evidente que matar os convidados de um casamento não era um gesto político, mas sim um ato de brutal selvageria. Zarqawi pura e simplesmente declarara guerra à Jordânia e, agora, íamos atrás dele.

Nascido com o nome de Ahmed Fadil Nazzal Khalaylah, Zarqawi crescera na povoação de Zarqwa, 27 km a nordeste de Amã. Rufia e reles criminoso, levava uma vida errante até ir para o Afeganistão, aos vinte e poucos anos, juntar-se à guerra contra as tropas soviéticas ocupantes. Chegando quando da partida dos russos, em 1989, adotou o nome de guerra "Al-Zarqawi" que significa, literalmente, "o de Zarqa", e conheceu Osama bin Laden e outros radicais. De regresso à Jordânia, no início da década de 90 do século XX, Zarqawi criou um grupo terrorista local intitulado Bay'at al-Emam, mas, antes que pudesse levar a cabo quaisquer ataques, foi preso e condenado a uma pena de prisão perpétua.

Na prisão, Zarqawi conheceu o principal pensador do movimento radical takfirista, Abu Muhammad al-Maqdisi, que lhe encorajou os desejos de violência. Posteriormente, Maqdisi criticou-o, e os dois incompatibilizar-se-iam. Logo após a minha subida ao trono, em 1999, foi declarada uma anistia geral e cometeu-se o terrível erro de libertar Zarqawi. Este não tardou a regressar ao Afeganistão, onde recebeu mais financiamento e estímulo de Bin Laden. No seguimento da invasão americana do

Afeganistão, em 2001, Zarqawi voltou para o Oriente Médio para prosseguir com as suas conspirações.

Foi nas zonas curdas do norte do Iraque que Zarqawi se estabeleceu e se associou ao grupo terrorista local Ansar al-Islam, com fortes ligações à Al Qaeda. Colaborando com esse grupo local e um bando de combatentes da Al Qaeda que tinham vindo com ele do Afeganistão, Zarqawi e seus homens começaram a fazer experiências com venenos, nomeadamente, cianeto e ricina, que testavam em animais para se certificarem da sua eficácia. Em seguida, começaram a enviar terroristas do seu campo com a missão de atacar alvos por toda a Europa, incluindo países como a Itália, a Alemanha e o Reino Unido. Muitos deles seriam subsequentemente detidos e confessariam o envolvimento de Zarqawi. Tendo intenção de expandir o seu alcance e a sua influência, Zarqawi mal sabia que se estaria prestes a apresentar uma grande oportunidade.

Quando os americanos invadiram o Iraque, em 2003, a Al Qaeda ficou radiante. Osama bin Laden estava encantado por saber que a inevitável instabilidade que se seguiria à invasão permitiria aos seus apoiadores introduzir-se e instalar uma base bem no coração do mundo árabe. Todavia, Bin Laden não era o único que discernia as oportunidades para semear o caos. Procurando aproveitar o vácuo criado pela invasão, Zarqawi expandiu as suas próprias atividades. Cada vez mais feroz nos métodos utilizados, começou a ultrapassar todas as fronteiras, procurando ganhar influência política através da extrema violência.

A 11 de maio de 2003, um vídeo intitulado "Sheikh Abu Musab Zarqawi mata um infiel americano com as suas próprias mãos e promete mais a Bush" foi colocado numa página militante da *web*. O vídeo apresentava o jovem empreiteiro civil americano Nicholas Berg de macacão cor-de-laranja, ajoelhado diante de cinco homens vestidos de preto, com gorros de esqui e lenços na cabeça. Os homens leram uma declaração e, em seguida, um deles decapitou Berg com uma faca, gritando: "Deus é grande!"

Foi nesse momento que Zarqawi e os seus homens passaram de bárbaros a animais. Perante a ultrajante repugnância daquele ato, não compreendia como podiam eles proclamar-se defensores do que quer que fosse, quanto mais do Islã. Zarqawi prosseguiu com as suas atrocidades, detonando bombas nos locais sagrados

dos xiitas, numa tentativa de alimentar as chamas da guerra civil, e decapitando muitos mais civis desgraçados.

Numa declaração colocada numa página extremista da *web* em outubro de 2004, Zarqawi anunciava a fusão do seu grupo terrorista com a Al Qaeda, dizendo: "Anunciamos que o Deus Uno e o grupo Jihad, o seu príncipe e os seus soldados, prestaram votos de fidelidade ao xeque dos guerreiros sagrados, Osama bin Laden." Depois disso, passou a visar cada vez mais a Jordânia. Em 2004 e 2005, nossos serviços secretos despistaram mais de 150 atentados do grupo da Al Qaeda de Zarqawi e outros extremistas takfiristas. No entanto, não poderíamos travá-los a todos. Em agosto de 2005, os membros da Al Qaeda no Iraque infiltraram-se na Jordânia e, do porto de Aqba, no sul, lançaram um foguete contra um navio de guerra americano. Além disso, em novembro, vários bombistas suicidas de Zarqawi atacaram três hotéis de Amã. Esse atentado não só foi uma atrocidade, mas também um enorme erro tático.

Em muitas outras capitais do Oriente Médio, os hotéis de luxo são principalmente frequentados por estrangeiros, empresários ocidentais e oficiais governamentais em visita. Assim, ao detonar bombas num hotel, Zarqawi certamente pretendia matar americanos ou israelenses. Ora, na Jordânia, os hotéis de cinco estrelas recebem mais hóspedes nacionais do que estrangeiros. O mais provável é que até os empregados de mesa sejam jordanianos e não trabalhadores estrangeiros. Foi por essa razão que os atentados serviram como uma espécie de alerta. Incomodado com a efusão de ira, Zarqawi decidiu mudar de tática. Numa gravação que revelou na semana seguinte, ameaçava-me pessoalmente, dizendo: "A tua estrela desvanece-se. Não escaparás ao teu destino, seu descendente de traidores. Conseguiremos apanhar-te a cabeça e cortá-la."

Nesse inverno e na primavera de 2006, vários operacionais e agentes dos serviços secretos jordanianos afluíram ao Iraque, em busca de informações que nos pudessem conduzir ao esconderijo de Zarqawi. Não tardou que desenvolvessem uma rede de fontes e de informantes. Enquanto procurávamos pistas, trocávamos informações com uma tribo sunita associada aos insurgentes. Em abril de 2006, Zarqawi revelou um vídeo de propaganda online e os nossos analistas conseguiram identificar mais ou menos a sua localização no Iraque, por meio da observação da paisagem em pano de fundo. Além disso, recrutamos um informante do círculo interno de Zarqawi que acabaria por nos revelar um pormenor crucial. Este mantinha-se em contato com três dos mensageiros em que Zarqawi mais confiava e que se encontravam com ele em pessoa, para receber e entregar mensagens secretas.

Na nossa colaboração próxima com os americanos, estivemos várias vezes tentadoramente perto de apanhá-lo. Certa ocasião, alertado pelo som dos carros blindados Bradley aproximando-se, Zarqawi fugiu num ciclomotor, à chegada das tropas americanas. Em outra vez, saltou de uma janela e escapou. A verdade é que nos aproximávamos.

Em maio de 2006, os americanos informaram-nos que Zarqawi tencionava encontrar-se com o seu conselheiro espiritual, o xeque Abdel-Rahman. Assim, passamos a vigiar o xeque, na esperança de que este nos conduzisse ao terrorista.

A 7 de junho, as forças americanas seguiram o xeque a uma casa nos arredores de Baqubah, 48 km a nordeste de Bagdá, e posicionaram uma equipe de comandos da Força Delta na mata das proximidades, de vigia. Tínhamos pedido ao nosso informante para apertar a vigilância e ele enviara-nos uma mensagem, dizendo-nos que Zarqawi e um dos seus mensageiros se encontravam no interior da casa.

Estava quase anoitecendo e, temendo que ele voltasse a escapar, um dos comandos deu ordens para se proceder a um ataque aéreo à casa. Pouco depois, dois caças F-16 americanos largaram duas bombas de 227 kg sobre a casa. Quando os soldados americanos e iraquianos o retiraram de entre os escombros, Zarqawi ainda estava vivo, mas não tardaria a morrer.

As famílias das suas vítimas tinham finalmente justiça. Zarqawi não voltaria a fazer mal a ninguém. Em junho de 2009, sua mulher e sua família foram apanhadas a entrar na Jordânia, vindas da Síria. Para demonstrar a diferença entre os extremistas violentos e o mundo civilizado, deixamo-los em liberdade.

Havia muito que a Jordânia cooperava com outras nações no esforço global para proteger os inocentes das organizações terroristas. Contudo, nos últimos anos, em resposta à crescente ameaça terrorista, a cooperação internacional contra a Al Qaeda ganhou força e tornou-se mais sistemática. Sendo os primeiros a infiltrar-se na Al Qaeda, quando esta chegou ao radar da comunidade internacional, os nossos serviços secretos já haviam desenvolvido um profundo conhecimento das suas técnicas. Esse conhecimento foi posto ao serviço de todos os nossos aliados na luta contra o terrorismo. É com orgulho que posso afirmar que desempenhamos um papel fundamental para salvar vidas inocentes tanto na região como para além dela. Continuamos a cooperar e a partilhar informações com os outros serviços secretos, numa pareceria que se torna cada vez mais eficaz para proteger o nosso povo e os nossos interesses das organizações terroristas.

Embora tivéssemos somado uma importante vitória, para avançar nessa luta não nos podemos limitar a ganhar batalhas táticas, servindo-nos do nosso exército e dos nossos serviços secretos para abater células e travar conspirações. Para uma derrota mais exaustiva dos terroristas, temos de lhes neutralizar a atração da ideologia extremista e combater a ignorância e o desespero de que eles se aproveitam. Não se trata apenas de uma batalha militar, mas também de uma batalha intelectual. Além disso, é uma batalha que já vem do passado.

CAPÍTULO 23

A Mensagem de Amã

Nos finais de 2004, reuni um grupo de importantes acadêmicos islâmicos na Jordânia e perguntei-lhes como é que poderíamos combater os takfiristas e as suas terríveis ideias. Pedi ao meu primo e conselheiro, o príncipe Ghazi bin Muhammad, um acadêmico islâmico de grande respeito, doutorado da Universidade de Cambridge, para liderar e coordenar os trabalhos. Os acadêmicos apresentaram-me um documento, intitulado "A Mensagem de Amã", expondo em que consiste e não consiste o Islã e que tipos de atos são ou não considerados islâmicos. Publicado a 9 de novembro, na véspera do mês sagrado do Ramadã, entre outras coisas, o documento diz:

> A magnânima mensagem do Islã enfrenta hoje um ataque feroz daqueles que, pela distorção e invenção, tentam retratar o Islã como o seu inimigo. O ataque também vem de quem se proclama afiliado ao Islã, cometendo atos irresponsáveis em seu nome.
>
> Denunciamos e condenamos agora o extremismo, o radicalismo e o fanatismo, tal como os nossos antepassados os denunciaram incansavelmente e se lhes opuseram ao longo de toda a história islâmica [...] Com base na religião e na moralidade, denunciamos o conceito contemporâneo de terrorismo que está associado a práticas incorretas, seja qual for a sua fonte e a sua forma. Tais atos são representados

> pela agressão contra a vida humana de um modo opressivo que transgride os mandamentos de Deus.

Sabia que declaração alguma, vinda unicamente da Jordânia, bastaria para combater os takfiristas que tinham espalhado o seu veneno por todo o mundo muçulmano. Assim, Ghazi reduziu a Mensagem de Amã aos seus pontos mais básicos, em três perguntas que iriam à base das distorções dos takfiristas, acusando-os de serem fraudulentos, do ponto de vista do Islã normativo. Seguem-se os três pontos em questão:

1 – Quem é muçulmano?
2 – É permissível declarar alguém apóstata (takfirista)?
3 – Quem tem o direito de emitir *fatwas* (decisões legais)?

Enviamos estas perguntas aos vinte e quatro mais importantes acadêmicos muçulmanos de todo o mundo. Ao contrário do Cristianismo, o Islã não dispõe de um clero oficial. Contudo, dispõe de escolas com famosos acadêmicos religiosos, conhecidos por imãs, que inspiram grande respeito. Incluímos representantes das quatro principais escolas da jurisprudência islâmica sunita (hanafitas, malequitas, chafeitas e hanbalistas), das principais escolas xiitas (jafarista e zaidista), da escola ibadista e dos acadêmicos zairistas.

Em julho de 2005, convidamos duzentos dos principais acadêmicos muçulmanos de cinquenta países, incluindo da Arábia Saudita, do Irã, da Turquia e do Egito, para participarem numa conferência em Amã. Esses acadêmicos emitiram uma decisão acerca das três questões fundamentais que levantamos e as suas conclusões tornaram-se conhecidas como os três pontos da Mensagem de Amã:

1. Os acadêmicos reconheceram especificamente a validade das oito Mathhabs (escolas legais) do Islã, sunita, xiita e ibadista, da tradicional teologia islâmica (Ash'arismo) do misticismo islâmico (sufismo) e do verdadeiro pensamento salafista, chegando a uma definição precisa de quem é muçulmano.

2. Com base nessa definição, proibiram o takfirismo (as declarações de apostasia) entre os muçulmanos.
3. Estabeleceram os pré-requisitos objetivos para a emissão das *fatwas*, desse modo denunciando os éditos ignorantes e ilegítimos em nome do Islã.

Em 2005 e 2006, levamos essas três ideias às conferências e aos institutos islâmicos de maior relevância que se possa imaginar e fizemo-lo ser ratificado por mais de quinhentos dos principais acadêmicos islâmicos do mundo. Isso gerou um consenso dos acadêmicos islâmicos que, de acordo com a legislação islâmica, é legalmente vinculativo. Por outras palavras, todo o mundo muçulmano se juntou para declarar, pela primeira vez na história, que os próprios fundamentos do movimento takfirista eram inaceitáveis, ilegais e não islâmicos.

Para qualquer forasteiro, este poderá parecer um debate bastante estranho. Contudo, ao colocarem de lado as suas diferenças, procurando definir o verdadeiro significado do Islã, esses sapientes acadêmicos alcançaram as raízes das falsas noções dos extremistas. No fim de contas, trata-se de uma batalha em que as ideias são as armas mais potentes. Sou militar de formação mas, por experiência própria, sei que nenhuma guerra ao terrorismo poderá neutralizar este inimigo. Temos de convencer as pessoas da falência da ideologia takfirista e de derrotá-la no campo de batalha das mentes dos jovens muçulmanos.

As nossas duas melhores armas contra os takfiristas são a educação e a oportunidade – que não só proporcionam melhores escolas e universidades, mas também melhoram a qualidade na nossa educação religiosa. Para nos certificarmos de que os nossos jovens ouvem a verdadeira mensagem do Islã, temos de encorajar os membros mais inteligentes e bem-educados da nossa sociedade a seguir carreiras na área religiosa.

Como é evidente, este debate acerca do extremismo e da moderação não se esgota no Islã. Há extremistas em todas as religiões. A capacidade de uns quantos extremistas para influenciar as percepções, através de atos de barbaridade, atribui maior responsabilidade aos moderados, de todas as religiões, no sentido de se pronunciarem. Se a maioria permanecer em silêncio, os extremistas dominarão o debate.

Depois da Mensagem de Amã, que visava desacreditar os takfiristas no seio do mundo muçulmano e levar os muçulmanos a unirem-se para protegerem a sua fé das distorções, começamos a fazer o que podíamos para juntar muçulmanos, cristãos e judeus e instalar a paz entre as religiões. Denominamos essa iniciativa de Mensagem Inter-Religiosa de Amã. Nas minhas viagens ao estrangeiro, encontramo-nos com padres, pastores, rabinos e imãs, dizendo-lhes, essencialmente, que as nossas religiões não têm de ser inimigas e que, se nos confrontarmos por motivos políticos, não devemos justificar as nossas lutas com a religião. Foi então que, a 12 de setembro de 2006, numa palestra acadêmica realizada na Universidade de Regensburg, na Alemanha, o papa Bento XVI citou os comentários negativos de um imperador bizantino do século XIV a propósito do Islã, desencadeando uma controvérsia global de grandes proporções. Pouco depois, o Vaticano manifestou o seu pesar e o próprio papa Bento se reuniu com embaixadores de vários países muçulmanos para tentar remediar a situação. Contudo, como o clima de tensão continuava, pedi ao meu primo, o príncipe Ghazi, para fazer o que pudesse para aliviar as tensões em nível mundial.

Um mês depois, a 13 de outubro de 2006, o príncipe Ghazi e trinta e sete importantes figuras muçulmanas de todo o mundo redigiram uma "carta aberta ao papa", indicando educadamente algumas das incorreções da sua palestra de Regensburg e instando a mais compreensão e diálogo inter-religioso. Dado essa carta aberta não ter chegado muito longe, exatamente um ano depois, a 13 de outubro de 2007, escreveu-se outra, intitulada "Uma palavra em comum entre nós e vós", emitida em nome dos 138 mais importantes acadêmicos islâmicos, para demonstrar que os muçulmanos ainda pretendiam dialogar. Sugerindo que, independentemente das suas diferenças irresolúveis, o Islã e o Cristianismo partilham dois mandamentos de ouro – o amor a Deus e o amor ao próximo –, "Uma Palavra Comum" tornou-se a iniciativa inter-religiosa muçulmano-cristã de maior êxito dos nossos tempos. Dela partiu, em novembro de 2008, a primeira reunião do

Fórum Católico-Muçulmano, realizada no Vaticano sob os auspícios do papa Bento XVI. O segundo terá lugar na Jordânia e, se Deus quiser, em 2011, no Local do Batismo.

Entretanto, convidamos o papa a vir à Jordânia. Ele aceitou o convite e veio em maio de 2009. A 8 de maio, à tarde, eu e Rania fomos de helicóptero ao aeroporto Internacional Rainha Alia receber o papa. Ao sobrevoarmos Amã, vimos as ruas cheias de bandeiras amarelas e brancas do Vaticano e de bandeiras da Jordânia. Aterrissamos mesmo antes de o avião do papa ter parado junto à passadeira vermelha. Envergando fardas castanho-claras e lenços tradicionais na cabeça, a Guarda de Honra manteve-se em sentido quando o papa começou a descer do avião. Dei as boas-vindas a Sua Santidade, aprovei-lhe o empenho em dissipar os conceitos errados e as divisões que têm minado as relações entre cristãos e muçulmanos e manifestei a esperança de que, juntos, pudéssemos expandir o diálogo que ele iniciara. O papa teve uma calorosa recepção na Jordânia, com dezenas de milhares de cidadãos jordanianos, cristãos e muçulmanos, pelas ruas afora, a tentar ter um vislumbre dele.

Eu e Rania regressamos à nossa casa de helicóptero pois tínhamos de nos preparar para receber Sua Santidade e a sua delegação naquela noite. Rania reuniu as crianças e começou a vesti-las. As meninas, Salma e Iman, eram bem-comportadas, mas Hussein e o nosso filho mais novo, Hashim, eram um pouco desafiantes. Educávamo-los como crianças "normais", mas aquela ocasião exigia um pouco mais de formalidade. Embora tenhamos convencido Hussein a usar um terno, Hashim, com quatro anos, recusou-se a fazê-lo. Como pais, temos de saber escolher que batalhas travar, por isso, vestimos Hashim com uma camisa azul e branca e calças castanho-claras e fomos para a recepção.

Nas conversas que tivemos naquela noite, expliquei ao papa que, embora a Jordânia tivesse cortado os seus laços legislativos e administrativos com a Cisjordânia em 1988, nunca tínhamos renunciado à nossa responsabilidade moral e jurídica como custódios dos locais sagrados muçulmanos e cristãos de Jerusalém Oriental, incluindo a Igreja do Santo Sepulcro e a Mesquita de Al Aqsa. Na verdade, ainda é o governo jordaniano que paga os salários dos funcionários públicos que administram esses monumentos.

"Vossa Santidade", disse eu, "todos nós esperamos paz e rezamos por ela. E não há lugar onde se espere mais a paz do que em Jerusalém – a cidade santa de três grandes religiões."

Dois dias depois, no domingo, 10 de maio, eu e Rania fomos de carro ao Local do Batismo, na Betânia, para lá do Jordão, onde nos encontramos com o papa, após este ter feito uma missa para cinquenta mil cristãos reunidos no estádio de Amã e em redor deste, vindas de toda a Jordânia e de todo o Oriente Médio – da Síria, do Líbano, do Iraque e da Cisjordânia. Na Jordânia, o domingo é o primeiro dia útil da semana, mas, em honra da visita do pontífice, todos os cristãos tiveram direito a feriado. Embora não seja muito do conhecimento do Ocidente, na Jordânia temos uma pequena mas próspera comunidade cristã que talvez seja a mais antiga do mundo. O seu líder – ou melhor, o líder da sua maior denominação – é o Patriarca Ortodoxo de Jerusalém. A sua igreja é apostólica, o que significa que remonta à primeira comunidade cristã fundada nos tempos dos apóstolos, e ele é descendente espiritual direto de Santiago Menor, o primeiro bispo de Jerusalém, contemporâneo do próprio Jesus Cristo. Os cristãos constituem cerca de 3% da nossa população e participam em todos os aspectos da vida. Na verdade, por lei, perto de 8% dos membros do nosso parlamento são cristãos.

O Local do Batismo é o monumento cristão mais importante da Jordânia. Foi aqui, na Margem Oriental do rio Jordão ("além-Jordão", segundo João 3:26), que João Batista batizou Jesus e onde se iniciou a missão de Jesus e começou o Cristianismo. A "Betânia, na margem além do Jordão, onde João estava a batizar" (João 1:28) é considerada um dos três locais cristãos mais importantes e sagrados do mundo, juntamente com a Igreja do Santo Sepulcro, em Jerusalém, e a Igreja da Natividade, em Belém. Temos feito o possível para preservar o local no seu estado natural e, ao mesmo tempo, atribuído terras para que os cristãos lá possam erigir igrejas. O monumento atrai todos os anos centenas de milhares de peregrinos e foi visitado pelo papa João Paulo II, em 2000, e pelo papa Bento XVI, em 2009. É um dos mais significativos monumentos da Jordânia com relevância tanto para eventos citados no Antigo e no Novo Testamento como para eventos ocorridos na subsequente história cristã. Em Rihab, no norte da

Jordânia, os arqueólogos descobriram os restos de uma igreja que crêem ser uma das mais antigas do mundo, remontando ao primeiro século após a morte de Cristo. Temos a Igreja de Madaba, com o seu importante mapa-mosaico bizantino da Terra Santa do século VI. Além disso, o monte Nebo, que fica a norte de Madaba, tem mais de três mil anos e é o local onde Moisés viu a Terra Prometida e onde o seu corpo foi enterrado.

Cerca das 17h30, eu, Rania, o papa Bento e alguns dos nossos conselheiros entramos num enorme *buggy* a motor e descemos ao Local do Batismo, onde o pontífice abençoou as pedras fundadoras das duas igrejas, uma latina e a outra greco-melquita.

Muitos são os ocidentais que ficam surpreendidos com a tolerância e a diversidade religiosa da Jordânia. Recordo que, em junho de 2005, Tom DeLay, membro do movimento Sionistas Cristãos, que apoia fervorosamente o Estado de Israel e se opõe à criação de um Estado palestino, passou pela Jordânia no contexto de uma viagem ao Oriente Médio. Quando nos encontramos na casa de meu pai, em Amã, DeLay, que na altura era líder da maioria republicana no Congresso, apressou-se a dizer-me o que pensava. "Estou muito preocupado com o tratamento que recebem os cristãos na Jordânia", declarou ele. Por acaso, estava acompanhado de alguns jordanianos cristãos que esboçaram um sorriso. Sem dar conta disso, DeLay agarrou-me na mão e perguntou, fitando-me nos olhos com um semblante sério: "Acredita em Jesus?"

"Acredito em Jesus Cristo como sendo o Messias", respondi eu, libertando a mão. Em bom rigor, todos os muçulmanos acreditam em Jesus como sendo o Messias, reverenciando-o quer como um Espírito de Deus e como a Palavra de Deus, quer como um grande profeta e mensageiro de Deus. "Ouça", disse eu, "se está preocupado com os cristãos da Jordânia, pode perguntar já a opinião de alguns que estão comigo nesta sala."

Em seguida, expliquei-lhe que a Jordânia leva muito a sério a sua responsabilidade de proteger os direitos dos cristãos que vivem no seu seio e em Jerusalém. Não sei bem se DeLay compreendeu ou aceitou as minhas garantias. O que sei é que a sua delegação não incluía nenhum muçulmano. Poucos meses após a sua visita à Jordânia, o eloquente evangélico DeLay foi indiciado por um grande júri do Texas sob acusações de lavagem de dinheiro e de violação da legislação referente ao financiamento das campanhas. Posteriormente, DeLay demitiu-se do cargo de líder da maioria da Câmara dos Representantes e acabaria também por abdicar do seu assento no Congresso.

Contudo, o papa estava bem ciente da diversidade religiosa da Jordânia. A sua vinda não só nos encheu de alegria, mas também constituiu uma celebração da tolerância religiosa da Jordânia. O papa visitou-nos numa altura muito propícia e a mensagem de paz e reconciliação espiritual entre cristãos, muçulmanos e judeus que espalhou veio complementar os esforços da esfera política para alcançarmos uma reconciliação entre israelenses e palestinos. Era difícil não discernir a importância da peregrinação religiosa do papa, que começou na Jordânia e acabou em Jerusalém, através da Cisjordânia. A sua visita contribuiu para nos inspirar, a todos nós que buscamos a paz. Todos necessitávamos muito dessa inspiração, pois o caminho para a paz estava crivado de buracos e desvios perigosos.

PARTE VI

CAPÍTULO 24

O Fim de Uma Era

O primeiro-ministro israelense Ariel Sharon já tomara posse havia três anos quando nos conhecemos. As suas políticas na Cisjordânia e em Gaza tinham gerado tanta tensão na região que, em termos políticos, fora quase impossível conhecermo-nos antes. Contudo, no início de 2004, convidei Sharon para vir à Jordânia num esforço de quebrar o impasse do processo de paz. Sharon foi para Amã de helicóptero, aterrissando na sede do Departamento Geral dos Serviços de Informações.

Homem de temerosa reputação, Sharon servira no Haganah – o movimento clandestino de resistência que combatia os palestinos e se tornaria parte do Movimento de Resistência Judaica contra os britânicos. Sharon liderou a 101.ª Unidade das Forças Especiais Israelenses, conduzindo raides clandestinos contra alvos árabes, e esteve implicado no ataque a Qibya, em 1953, que levou à morte de um grande número de civis palestinos. Era pelo fato de ter permitido o massacre de cerca de oitocentos palestinos nos campos de refugiados de Sabra e Shatila, no decorrer da invasão israelense do Líbano, em 1982, que o consideravam uma figura infame por toda a região. Árabe algum jamais se esquecerá das imagens aterradoras de mães e filhos de Sabra e Shatila massacrados.

Os extremistas não deixarão de me censurar por me ter encontrado com os líderes israelenses, sobretudo os que tinham uma história de violência, como Sharon, que a maioria dos árabes considera um homicida em massa e um criminoso de guerra. No entanto, os líderes não se podem dar ao luxo de escolher os seus homólogos. Não sou eu quem escolhe o primeiro-ministro israelense. Essa tarefa incumbe unicamente ao povo israelense. O que posso é escolher a forma como a Jordânia se comporta com os seus vizinhos e decidir como desenvolver o legado de paz de meu pai. Embora a recusa em encontrar-me com Sharon pudesse gerar uma certa satisfação emocional, esta seria de curta duração e contraproducente.

Tínhamos convidado Sharon para vir à Jordânia por sentirmos que seria essencial reiniciar, de alguma forma, o processo de paz. Tinha-me oposto veementemente a muitos dos seus atos e a muitas das suas políticas e esperava convencê-lo de que a única forma de assegurar a segurança duradoura a Israel seria forjar a paz entre Israel e os seus vizinhos árabes. Meu pai interagira com Sharon quando ele fora ministro no governo de Netanyahu, nos finais da década de 90, e dera-me algumas dicas acerca do seu caráter. Contara-me que, quando se comprometia a fazer o que fosse, Sharon fazia-o, pois era um homem de palavra.

Apesar de não conhecer pessoalmente Sharon, me beneficiaria do respeito que ele nutria pelo meu pai e pela Jordânia. Sentado à frente dele, numa sala de reuniões da sede do GID, disse-lhe que o meu pai me assegurara que ele era um homem de palavra. Era assim que queria dar início à nossa relação, declarei.

Sharon parecia tímido e um tanto ou quanto reservado, olhando para baixo, ao falar. "Preocupo-me com a segurança de Israel", disse ele, "mas também me preocupo com a proteção e a segurança da Jordânia."

Sabia que o verdadeiro interesse nacional da Jordânia e de Israel só seria servido quando se alcançasse a paz entre Israel e os palestinos. Tentei convencê-lo disso, mas, no fim da reunião, após uma longa discussão acerca dos atos de Israel nos territórios ocupados e da necessidade de tomar medidas efetivas para criar um ambiente conducente à retomada de sérias negociações de paz, já estava bastante seguro de que Sharon não partilhava da minha opinião.

Nosso encontro seguinte, a 19 de março, foi uma reunião secreta no seu rancho do deserto do Negev. Ao convidar-me para ir à sua quinta pessoal, onde a sua mulher estava sepultada, Sharon enviava-me a mensagem de que era amigo da Jordânia e esperava deitar para trás as velhas hostilidades. Naquela época vivia-se um clima de grande tensão. Israel já dera início à construção do muro que dividia a Cisjordânia e, na região, pensava-se que a administração Bush pretendia provocar uma "mudança de regime" na Autoridade Palestina, estando pouco interessada em levar as partes a negociar. Entretanto, Israel construía mais colônias ilegais na Cisjordânia e consolidava o seu domínio sobre os territórios ocupados. Em 1993, por altura da assinatura dos Acordos de Oslo, a população de colonos da Cisjordânia e de Jerusalém Oriental chegava aos cerca de 265 mil habitantes – em 2000 subira para cerca de 365 mil e em 2003 para mais de 400 mil. Esse crescimento refletia o fato de Israel nunca ter deixado de seguir a medida politicamente inflamadora de construir colônias na Cisjordânia e em Jerusalém Oriental. A construção de novas colônias era alarmante, não só por ir ocupando terras que deveriam pertencer ao futuro Estado palestino, mas também por ser uma clara indicação de que Israel não se comprometia com uma solução de dois Estados.

Fôramos ao rancho de Sharon debater a sua recente proposta de retirar as tropas israelenses da Faixa de Gaza e de algumas partes da Cisjordânia. Disse-lhe que uma medida dessas teria de ser feita em coordenação com a liderança palestina e os egípcios e que deveria marcar o início de uma abrangente retirada israelense de todos os territórios árabes ocupados. Não se devia cingir a uma retirada unilateral das forças israelenses, visando transferir os colonos israelenses de Gaza para outras localidades da Cisjordânia. Senti que fazíamos progressos na construção de uma relação funcional que poderia muito bem ajudar a levar avante os esforços pela paz. Contudo, na minha região, as aparências iludem.

Um dos problemas do governo israelense é que tudo sai cá para fora. Apesar do sigilo em que estaria envolta a reunião, com intuito de ganharmos confiança para vir a debater formas de nos orientarmos para um possível acordo com os palestinos, a imprensa israelense obteve conhecimento da minha viagem. Pouco tempo depois, os israelenses assassinaram o líder do Hamas, o xeque Ahmed Yassin, com uma canhoneira Cobra, quando ele saía de uma mesquita em Gaza. Juntamente com Yassin, cego e numa cadeira de rodas, morreram nove pessoas inocentes. O assassinato de um septuagenário tetraplégico parecia algo impensável, até pelos padrões israelenses. Fiquei furioso com o assassinato de Yassin e sabia que esse incidente geraria mais um ciclo de violência. Além disso, sentia-me furioso por a operação se ter realizado tão pouco tempo depois da minha visita. No mês seguinte, os israelenses assassinaram o sucessor de Yassin, Abdel Aziz Rantisi, provocando um surto de violência renovada na Cisjordânia e em Gaza. Os americanos não condenaram qualquer dos assassinatos e vetaram a resolução da ONU que o fazia.

De propósito ou não, os israelenses parecem agendar as reuniões diplomáticas para uns dias antes da realização de operações controversas. Um exemplo recente foi o encontro entre o primeiro-ministro turco Recep Tayyep Erdogan e o primeiro-ministro israelense Ehud Olmert, em dezembro de 2008, alguns dias antes de ter começado a guerra em Gaza. Erdogan ficou furioso, pois considerava que o governo israelense tentava suscitar a impressão de que ele dera o seu consentimento tácito ao ataque a Gaza.

O assassinato do xeque Yassin foi emblemático do atoleiro em que se encontra o conflito do Oriente Médio: uma das partes age com ousadia e a outra reage-lhe de forma exagerada. O caminho para a paz está repleto de bombas improvisadas. A única lei que se respeita baseia-se numa lógica que gera consequências inesperadas. Depois do assassinato de Rantisi pelos israelenses, o Hamas tinha de arranjar outro líder. A quem recorreram eles? Nada mais, nada menos do que ao ex-hóspede da Jordânia, Khaled Meshaal.

Em abril de 2004, tinha outra reunião agendada com o presidente Bush, na Casa Branca. Pretendia insistir no reinício do processo de paz e esperava que o presidente adotasse uma visão mais alargada dos desafios que a nossa região enfrenta. Antes da minha visita, Bush recebeu um outro visitante: o primeiro-ministro Sharon. Nessa visita, a 14 de abril, veio a público a troca de correspondência entre Bush e Sharon. Alguns dias antes, Sharon pressionara o presidente a revelar as posições da América relativamente a uma série de questões e a apoiar a sua retirada unilateral de Gaza. As garantias secretas de Bush representavam uma grande mudança na política americana. Na sua carta formal a Sharon, Bush prometia o apoio dos EUA à retenção israelense de parte dos colonatos da Cisjordânia e excluía o direito dos refugiados palestinos de regressarem às suas casas antigas, com a justificativa de que estes se deveriam instalar num futuro Estado palestino. A administração americana fazia um juízo antecipado de um dos temas mais controversos de todo o processo de paz. Segundo Bush:

> Os Estados Unidos estão firmemente empenhados na segurança e no bem-estar de Israel como Estado judaico. Parece evidente a necessidade de se encontrar um enquadramento consensual, justo, imparcial e realista para a solução da questão dos refugiados palestinos em qualquer acordo de estatuto permanente, por meio da instauração de um Estado palestino e do estabelecimento dos refugiados nesse Estado e não em Israel.

O mundo árabe em peso explodiu de raiva. Parecendo-me evidente que a administração Bush tencionava apoiar Israel, para o bem ou para o mal, informei a Casa Branca de que cancelava a minha ida. Ficaram atônitos. Poucas pessoas rejeitam um encontro com o presidente americano e menos ainda cancelam reuniões já agendadas com ele. No entanto, tinha de marcar a minha posição. Não poderia aceitar a mudança da política americana implícita na carta de Bush. O processo de paz ficou congelado e, apesar dos melhores esforços dos Estados árabes para tentar novamente fazer a paz, só estávamos conseguindo pronunciamentos unilaterais e mais violência.

Um mês depois, fui a Washington tentar reverter a mudança da política americana e fui parcialmente bem-sucedido. Na nossa conferência de imprensa conjunta, reiterando a substância das cartas que tínhamos trocado antes da minha visita, Bush reafirmou que não faria um juízo antecipado das conversações sobre o estatuto permanente. Reiterei a posição da Jordânia de que qualquer retirada israelense deveria seguir os parâmetros do roteiro para a paz e levar à criação de um Estado palestino, com base nas fronteiras de 1967.

Em outubro, dada a rápida deterioração da sua saúde, Yasser Arafat foi levado a Paris para lá receber tratamento. Entrando em coma, acabou por falecer um mês depois. Seu corpo foi levado para o Cairo, onde lhe prestaram um funeral com honras militares. Em seguida, um avião egípcio levou-o para o Sinai, de onde vários helicópteros jordanianos o transportaram para ser sepultado em Ramallah. O helicóptero em que o corpo seguia aterrissou perante uma multidão de desgostosos enlutados que tentava avançar, desesperada para ter um último vislumbre do seu amado líder. Independentemente do que o mundo possa ter pensado dele, Arafat fora um herói para o povo palestino e a sua morte marcou o fim de uma era.

Mahmoud Abbas (conhecido por Abu Mazen) foi eleito presidente da Autoridade Nacional Palestina no mês de janeiro seguinte. Israel passara décadas a acusar Arafat de ser um obstáculo para a paz. Agora, a sua morte retirava-lhes um pretexto para não cumprirem as suas promessas. Abbas assumiu a liderança da ANP num dos pontos mais baixos do processo de paz. Os desafios que enfrentava eram enormes. Tinha de preencher o vácuo deixado por Arafat e reconstruir as instituições palestinas que haviam sido sistematicamente destruídas por Israel nos últimos anos. O novo líder palestino também tinha de se esforçar para encarrilar novamente o processo de paz. Desde o dia em que assumiu o cargo que Abbas procurou chegar a um acordo político com os israelenses com base na solução de dois Estados. Contudo, sofreria uma grave desilusão.

Em agosto de 2005, os israelenses retiraram-se unilateralmente de Gaza, três dias antes da data anunciada – sem uma adequada coordenação nem com os egípcios que partilham uma longa fronteira com Gaza, nem com a Autoridade Palestina. O conselho de ministros israelense tinha aprovado por esmagadora maioria o apoio a essa medida no mês de fevereiro anterior. Ex-defensor dos colonizadores, Sharon dera ordens para lhes demolirem os edifícios e retirarem de lá os ocupantes, se necessário, à força.

Ainda que a retirada tenha sido bem-vinda, a forma como foi conduzida já não foi tão bem recebida.

Ao bloquear toda a entrada e os pontos de saída da Faixa de Gaza, os israelenses tinham transformado Gaza numa autêntica prisão. Além disso, retirando-se de forma descoordenada, criaram um vácuo de segurança que não tardou a ser preenchido pelo Hamas e pela Jihad Islâmica. Gerou-se um cenário de desolação, com homens altamente armados a atravessarem uma paisagem de arame farpado e ruínas. Não se geriu a transição e não houve uma passagem coordenada da segurança, nem de outras responsabilidades para as instituições palestinas.

Uns meses depois, em novembro, Sharon saiu do Partido Likud e fundou outro partido a que chamou Kadima. Sua decisão seguiu-se a meses de lutas políticas internas com os membros do Likud acerca daquilo que ficou conhecido por "plano de retirada", que implicava a retirada de Gaza e o desmantelamento de quatro colonatos no norte da Cisjordânia. Sharon contava com importantes membros do Likud, entre os quais Tzipi Livni, que se tornaria ministro dos negócios estrangeiros, e Ehud Olmert, o ex--prefeito de Jerusalém que era o seu adjunto.

No início de janeiro de 2006, Sharon sofreu um enfarte e entrou em coma. Os seus deveres foram assumidos por Olmert. Perante a evidência de que o velho guerreiro não iria recuperar, Olmert assumiu oficialmente o cargo de primeiro-ministro de Israel, em abril.

Ambas as partes tinham novos líderes e muitas pessoas da região julgavam que estes trariam uma nova abordagem ao velho conflito. Essa esperança não poderia ser mais forte do que entre os que se preparavam para as primeiras eleições legislativas palestinas em uma década, a se realizar no dia 25 de janeiro de 2006. Uma das partes a eleger era o Hamas, que escolhera não participar nas eleições legislativas de 1996. Dada a participação do Hamas, o governo israelense ponderou não permitir aos palestinos que viviam em Jerusalém Oriental votar nas eleições (pois considera Jerusalém Oriental parte de Israel). Contudo, eles acabaram por poder votar.

Muitos palestinos e outros habitantes da região argumentavam que não havia condições para se realizarem eleições, instando ao seu adiamento. Todavia, a administração Bush discordava. Numa sessão de perguntas e respostas com a Associação dos Correspondentes do Departamento de Estado, a 5 de janeiro, Condoleezza Rice disse:

> Realmente, não me parece que possamos favorecer o adiamento das eleições por recearmos o seu resultado [...] No que se refere ao Hamas, a nossa posição não se alterou. O Hamas permanece na lista das organizações terroristas. Reconhecemos que a política palestina está sofrendo uma transição. Assim, essa é uma questão interna que incumbe aos palestinos resolver. Estamos efetivamente convencidos de que todos devem poder participar – o povo palestino deve participar nas eleições.

No entanto, o que faria a administração Bush se o Hamas vencesse?

Muitos desejavam e tinham a expectativa de que o Partido Fatah de Yasser Arafat ganhasse as eleições. O Fatah prometia aos palestinos o estatuto de Estado e liberdade, através do processo de Oslo, mas o Estado há tanto prometido permanecia uma miragem distante e grassavam as acusações de corrupção contra membros da Autoridade Nacional Palestina. Várias pessoas sentiam que o Fatah não tinha cumprido as suas promessas, por isso, quando chegou o dia de correrem às urnas, os palestinos deram ao Hamas uma vitória decisiva. A vitória do Hamas gerou um grande problema. O governo americano considerava o Hamas uma organização terrorista e não queria ter nada que ver com ele. Muitos países europeus seguiram-lhe o exemplo. Isso, por sua vez, permitiu aos israelenses congelar os pagamentos fiscais à Autoridade Palestina e afirmar que não tinham um "parceiro para a paz".

Os americanos têm muita razão em enaltecer a democracia, mas a democracia manifesta-se em diferentes formas, em diferentes culturas. Se não se reunirem as condições necessárias, pode cimentar divisões e alimentar ódios. Parte do problema da administração Bush era a sua abordagem homogênea para com o conceito de exportação da democracia, que se resumia essencialmente a fazer eleições. Para mim, desenvolver uma democracia eficaz é uma viagem. Realizar eleições na ausência de uma aceitação generalizada dos valores democráticos e a existência de um sistema judicial independente pode ser desastroso. As instituições democráticas são consolidadas pela presença de uma forte e eficiente classe média e organismos governamentais respeitáveis. É certamente um processo mais difícil de desenvolver sob ocupação que poderia destruir – e destruiria – essas instituições a seu bel-prazer.

Não me parece que a administração Bush compreendesse totalmente as condições da região e será por isso que insistiu cegamente na realização de eleições precoces, sempre que pôde. Por vezes, foi como se a administração procurasse apenas uma vitória rápida para alimentar o interminável ciclo de notícias, a rodar vinte e quatro horas sobre vinte e quatro horas. Contudo, os problemas na Cisjordânia e em Gaza não poderiam ser resolvidos através das urnas antes do fim da ocupação israelense. Se as fundações de uma sociedade estável não existirem, os grupos extremistas aproveitarão as frustrações populares para conquistarem o poder. Assim que tomarem o controle, os radicais dificilmente abdicarão dele.

Depois de ganhar uma maioria de deputados nas eleições parlamentares, o Hamas assumiu o governo, enquanto o Fatah ainda conseguiu reter o controle da presidência e da OLP. O novo governo do Hamas tomou posse em março de 2006. Os Estados Unidos e os países da UE recusaram-se a reconhecer o governo e suspenderam as ajudas que lhe prestavam. A partir daí, a situação depressa se deteriorou, especialmente quando alguns militantes próximos do Hamas mataram dois soldados israelenses e capturaram outro, Gilad Shalit, durante o raide a Israel, vindo de Gaza. Israel reagiu invadindo Gaza em junho.

Quase três semanas antes da invasão de Gaza, demonstrei-me alarmado tanto com a deterioração da situação na Cisjordânia, em Gaza e no Iraque, bem como com a crescente disputa entre o Irã e os Estados Unidos. As probabilidades de um novo conflito pareciam-me elevadas. Num discurso proferido numa cerimônia de graduação da Universidade de Mu'ta, a 7 de junho, alertei para o risco que representavam os atores estatais e os grupos não-estatais que procuravam inflamar o conflito e referi as consequências devastadoras das políticas expansionistas iranianas na nossa região. Tenho o costume de abordar as questões internas nesses discursos, mas a enormidade das ameaças iminentes levou-me a dar mais ênfase a essas preocupações.

A 12 de julho de 2006, vários combatentes do Hezbollah atravessaram a fronteira para Israel, matando oito soldados israelenses e capturando outros dois. Em resposta, Israel lançou uma invasão total do Líbano e o Hezbollah disparou foguetes contra as cidades fronteiriças de Israel. Vi na televisão o Exército Israelense atacar cidades e aldeias do sul do Líbano e detonar bombas tanto nas centrais elétricas de todo o país como no aeroporto da cidade de Beirute, encerrando essa corda salva-vidas entre a cidade e o mundo exterior. Os combatentes do Hezbollah estavam no sul. Não escapariam pelo aeroporto, nem poderiam fazer entrar de avião mais homens ou abastecimentos militares. O encerramento do aeroporto prejudicou a população civil.

Condenei a guerra. Já vira sofrimento suficiente na nossa região para saber que a guerra só traz destruição. Israel só conseguirá garantir a sua segurança se chegar a acordo com os seus vizinhos e não com mais guerras e ações militares.

Os aviões israelenses visavam não só as centrais elétricas, mas também sistemas de distribuição de água, estradas, pontes e outras infra-estruturas civis. Nos últimos anos, com o regresso de expatriados libaneses de todos os estratos sociais, a economia do Líbano estava a florescer. Agora, os israelenses destruíam sistematicamente a economia e a infra-estrutura do país. Era um terrível ato de punição coletiva que infligia sofrimento ao país inteiro como retaliação pelos atos de um grupo.

Embora, ao longo de toda a história, tenhamos tido exemplos de estados que atacam os civis para quebrar os ânimos ao inimigo, essa não é uma decisão de que nos devamos orgulhar. Em tempo de guerra torna-se perigosamente fácil demonizar o inimigo e isso pode levar à morte de um grande número de civis, mulheres e crianças. No entanto, qualquer líder, seja ele comandante de um pelotão, seja ele um general, ou um chefe de Estado, tem o dever moral de saber fazer a distinção entre os civis e os combatentes. Olmert optou por não o fazer.

As estações televisivas por via satélite de todo o mundo árabe encheram as telas com imagens do sofrimento de civis em Beirute. Nos países árabes, a opinião pública pendia fortemente contra o ataque israelense e muitas pessoas da Jordânia e de toda a região instavam a que se fizesse alguma coisa para ajudar as centenas de milhares de libaneses inocentes apanhados na linha de fogo.

O nosso tratado de paz com Israel permitia-nos enviar aviões de ajuda humanitária para o Líbano. O primeiro avião a aterrissar no Aeroporto Internacional de Beirute – Rafic Hariri, após Israel lhe ter provocado danos graves à pista, foi um avião de transporte C-130 jordaniano. Os nossos engenheiros militares ajudaram a reabrir o aeroporto a aeronaves de abastecimento. Desde então que continuamos a enviar aviões com abastecimentos de auxílio para o aeroporto de Beirute, evacuando alguns libaneses e nacionais de países terceiros que não conseguiam sair de lá.

No dia 17 de julho a Liga Árabe reuniu-se emergencialmente no Cairo e condenou por unanimidade a ofensiva militar israelense contra o Líbano. Vários Estados árabes, incluindo o Egito, a Arábia Saudita e a Jordânia, também criticaram o Hezbollah pelos seus "atos inesperados, inapropriados e irresponsáveis". O ministro dos negócios estrangeiros saudita, o príncipe Al-Faisal, declarou: "Esses atos farão toda a região recuar anos e nós pura e simplesmente não podemos aceitá-los." Suspeitando que o Hezbollah agiria em representação do Irã, julgávamos que os seus ataques com foguetes eram uma intromissão direta do Irã na política árabe. Da nossa parte, sabíamos que nada de bom poderia advir dessa assertividade acrescida do Irã, mas o mundo árabe em geral criticou-nos por assumirmos essa posição.

A guerra durou trinta e quatro dias. Até cessarem os confrontos, a 14 de agosto, e dois dias depois de o Conselho de Segurança ter adotado a 1701.ª Resolução exigindo o fim das hostilidades, mais de 1100 libaneses e 160 israelenses morreram e grande parte do Líbano foi destruída. Montando uma forte resistência ao Exército Israelense e conseguindo disparar foguetes bem para o interior de Israel até ao último minuto da guerra, o Hezbollah declarou vitória. A maioria da opinião pública do mundo árabe elogiou o Hezbollah e orgulhou-se da sua capacidade para enfrentar o Exército Israelense. Por uma breve temporada, o líder do Hezbollah, Hassan Nasrallah, tornou-se o herói do Oriente Médio. A celebração da sobrevivência do Hezbollah na guerra contra Israel como vitória era indicativa de uma grande mudança no mundo árabe e muçulmano. A vitória passou a significar sobrevivência e não a derrota do Exército Israelense. As implicações dessa nova dinâmica são perigosas no sentido em que, persistindo o conflito, as pessoas se dispõem a apoiar confrontos armados, independentemente do seu custo, desde que possam sobreviver e infligir danos a Israel. Essa nova realidade confere maior credibilidade à convicção de que apenas a paz, e não a superioridade militar de Israel, garantirá a segurança dos israelenses e de todos os outros povos da região.

Entretanto, nos territórios palestinos o cenário tornava-se mais problemático. O clima de tensão entre a ANP, liderada pelo Fatah, e o governo do Hamas intensificava-se. A incômoda coabitação dos dois grupos acabou em violência, a 14 de junho de 2007, quando o Hamas se apoderou da Faixa de Gaza, após sangrentos confrontos com os apoiadores do Fatah e as forças de segurança.

Alguns meses depois, a 27 de novembro, a administração Bush fez uma última pressão no sentido de revigorar o processo de paz, convocando uma conferência internacional na Academia Naval dos EUA, em Annapolis. O Roteiro para a Paz de 2003 surtira poucos progressos. Apesar das etapas claramente definidas a serem seguidas pelos palestinos e os israelenses, o Roteiro para a Paz não estava a ser implementado e as duas partes persistiam em acusar-se mutuamente do incumprimento das suas obrigações.

Os Estados Unidos convidaram quarenta e nove países e organizações internacionais para a conferência em Annapolis, com o intuito de colocar em marcha um processo contínuo que resultaria na instauração de um Estado palestino. Entre os participantes encontrava-se o primeiro-ministro israelense Ehud Olmert e o presidente palestino Mahmoud Abbas, bem como o secretário-geral das Nações Unidas e os ministros dos Negócios Estrangeiros pertencentes ao comitê de acompanhamento da Iniciativa de Paz Árabe da Liga Árabe, incluindo o da Jordânia. Presentes na reunião estavam também os representantes do Quarteto – um grupo de quatro membros consistindo nos Estados Unidos, na União Europeia, na Rússia e nas Nações Unidas, instituído em Madri, em 2002, para ajudar a ultrapassar os obstáculos a que fazia face o processo de paz.

Num discurso que proferiu na conferência, Bush declarou: "Reunimo-nos para estabelecer as fundações com vista à instauração de uma nova nação – um Estado palestino democrático que viverá lado a lado com Israel, em paz e segurança. Reunimo-nos para ajudar a pôr um fim à violência que tem sido um verdadeiro inimigo das aspirações quer dos israelenses, quer dos palestinos." Bush disse que tanto os israelenses como os palestinos teriam de fazer escolhas difíceis para alcançar a paz e afirmou acreditar que os líderes de ambas as partes estavam dispostos a resolver as questões mais prementes e a avançar no sentido da paz.

A conferência acabou com o anúncio de um acordo que aumentava as esperanças para uma resolução final. Abbas e Olmert aceitaram proceder ao imediato cumprimento das respectivas obrigações, ao abrigo do Roteiro para a Paz, e formar um mecanismo liderado pelos Estados Unidos para controlar o seu cumprimento. As duas partes comprometeram-se a realizar negociações vigorosas, correntes e contínuas e a envidar todos os esforços para concluir um acordo antes do fim de 2008.

Seguiram-se negociações diretas entre os palestinos e os israelenses que abordaram questões relativas ao estatuto permanente, como a das fronteiras, a de Jerusalém, a dos refugiados e a da segurança, com vista a alcançarem uma resolução final. Prosseguindo sob o entendimento de que "não se resolve nada até tudo estar resolvido", as conversações pareciam estar avançando, especialmente no que se referia à questão essencial das fronteiras. Nos debates exaustivos e rigorosos, ambas as partes trocaram mapas e negociaram a percentagem de terras a trocar no contexto de uma resolução final. Contudo, em julho, as conversações perderam dinamismo, quando Olmert viu a sua autoridade minada por acusações de corrupção que o forçaram a apresentar a demissão.

A autoridade de Abbas também sofreu danos com a vitória eleitoral do Hamas, que abrira outra frente. As eleições de 2006 tinham dividido a liderança palestina, deixando Gaza sob o domínio absoluto do Hamas e a Cisjordânia sob o controle do Fatah.

Gaza permaneceu continuamente em confronto com Israel, até o Egito conseguir negociar tréguas em junho de 2008. A pressão popular para a reconciliação entre o Hamas e o Fatah aumentava. No entanto, isso revelar-se-ia uma tarefa extremamente difícil de cumprir.

Em retrospectiva, o sufrágio palestino com a participação do Hamas gerou mais problemas do que os que resolveu. Para além disso, à semelhança do que acontecera nas eleições iraquianas do ano anterior, o processo democrático pode, por vezes, trazer muitas surpresas.

CAPÍTULO 25

Cai a Máscara

As primeiras eleições gerais iraquianas decorreram um ano antes das eleições palestinas, a 30 de janeiro de 2005. As partes competiam por lugares na Assembleia Nacional de Transição, que redigiria uma nova constituição a ser submetida ao povo iraquiano. A vitória provável dos partidos políticos xiitas apoiados pelo Irã gerava o burburinho de que os xiitas estariam consolidando seu poder por toda a região. Se, por um lado, se suspeitava que o Irã fornecia fundos e apoio a um ou mais desses partidos, por outro, muitas pessoas da região temiam que este pudesse estar congeminando a tomada de posse da política iraquiana nos bastidores. Reticente em confiar num processo que considerava ser concebido para marginalizá-la, a comunidade sunita decidiu boicotar as eleições. Isso revelou-se um grande erro.

Apenas um mês antes das eleições, fui entrevistado no programa *Hardball with Chris Matthews* para a MSNBC. Quando Matthews me pediu a opinião sobre as eleições iraquianas vindouras e, mais em particular, sobre as implicações de uma vitória radical xiita, respondi-lhe:

> O pior resultado é não ter um Estado secular. Por outras palavras, o novo governo é fortemente representado por pessoas que poderão contar com o apoio do Irã. Esperemos que não seja esse o caso. Como bem sabe, os sunitas apresentam-nos um dilema. Queremos que realizem

eleições e queremos que participem nesse processo. Se isso não acontecer, podem surgir mais dificuldades.

Nessa altura, tendia a manifestar as minhas preocupações acerca da zona que abrangia o velho Levante e o Crescente Fértil – uma área que se estendia da Síria e do Líbano ao Iraque e ao Irã. No decorrer dessa entrevista com Chris Matthews, ocorreu-me que a imagem de um crescente poderia ser uma boa metáfora para representar a potencial expansão da influência iraniana. "Se fosse um Iraque de liderança xiita a manter relações especiais com o Irã e observando essa relação com a Síria, o Hezbollah e o Líbano", expliquei eu, "então, temos um novo crescente aparentemente muito desestabilizador tanto para os países do Golfo como para toda a região."

Com essa entrevista instalou-se o caos. Muitas pessoas criticaram-me, acusando-me de ser antixiita. O político iraquiano Abdul Aziz Hakim, líder do partido xiita CSII (Conselho Supremo Islâmico do Iraque) que passara muitos anos exilado no Irã, chamou "ridícula" à ideia de uma influência iraniana na política iraquiana. No entanto, por essa altura já ninguém duvidava que o Irã interferia ativamente na política iraquiana ou que até a orientava.

Essa controvérsia ilustra uma parte das dificuldades de se falar aos meios de comunicação social. Referia-me à política e não à religião, mas os meus comentários foram deliberadamente distorcidos. A minha preocupação era que alguns iranianos tentassem invocar sentimentos sectários para servir a seus próprios interesses, criando assim condições passíveis de gerar confrontos entre os sunitas e os xiitas de todo o mundo muçulmano. Aceito e respeito o xiismo como um ramo legítimo do Islã, estando plenamente convicto de que não é aceitável julgar as pessoas de acordo com a sua fé. Os xiitas contribuíram muito tanto para a cultura árabe e muçulmana como para a defesa da causa nacionalista árabe, mantendo-se leais para com o seu país, seja ele o Líbano ou o Iraque. Nunca tive intenções de sugerir que, em virtude da sua fé, se alinhariam automaticamente com o Irã – mas apenas que o governo iraniano manipularia a situação como melhor lhe aprouvesse, fomentando a divisão. Na verdade, os xiitas iraquianos lutaram com grande valentia em defesa do seu país na guerra com o Irã, na década de 80.

O pensamento xiita contemporâneo abrange um alargado âmbito de crenças. Numa extremidade estão alguns dos pensadores mais conservadores do mundo muçulmano e, na outra, estão alguns dos mais liberais. O Irã acolhe alguns clérigos visionários que lideram o Oriente Médio na resolução de determinadas questões sociais. Foi ao Irã que nós, na Jordânia, recorremos, quando procurávamos formas diferentes de tratar da questão do planejamento familiar, tentando perceber como é que as autoridades religiosas deles apoiam a contracepção – um tema tão delicado no mundo árabe. O falecido clérigo xiita libanês, Muhammad Hussein Fadlallah, acreditava que as mulheres deveriam ter os mesmos direitos e as mesmas funções que os homens têm na sociedade. Assim sendo, tal como podem ser uma força para a mudança positiva, os clérigos também podem ser reacionários.

Meu receio era que algumas pessoas do regime iraniano estivessem criando as condições necessárias para dar início a um devastador conflito sectário de rápida propagação, de Beirute a Bombaim. Alguns dos mais violentos acontecimentos ocorridos ao longo dos séculos tiveram origem na decisão dos políticos de utilizarem a religião para justificar uma guerra ou um interesse político. Das Cruzadas à Inquisição Espanhola, muitas foram as pessoas com a divina convicção de terem razão, que infligiram grande crueldade e sofrimento.

Falar em nome de Deus pode muito facilmente servir de justificativa para suprimir o debate. Colocarmo-nos num pedestal moral e espiritual permite-nos acusar quem quer que nos desafie de falência moral. Essa visão absolutista torna-se perigosa quando combinada com a política. De súbito, os nossos opositores políticos deixam de ser meros indivíduos com ideias e valores divergentes acerca de como se deve organizar a sociedade e passam a ser inimigos de Deus.

Queria assinalar o risco desse novo potencial conflito sectário. Infelizmente, a controvérsia em torno da minha entrevista gerou mais do que palavras hostis.

* * *

Na véspera de Natal de 2004, um caminhão tanque cheio de explosivos dirigido à embaixada jordaniana em Bagdá explodiu, destruindo uma casa próxima e matando nove pessoas. As subsequentes investigações revelaram que o ataque fora planejado por um determinado famoso grupo político xiita com apoio do Exército dos Guardiães da Revolução Islâmica do Irã. As esperanças de que minha visita a Teerã, no ano anterior, tivesse contribuído para a melhoria das relações entre a Jordânia e o Irã esfumaram-se literalmente. Tratava-se do segundo atentado contra a nossa embaixada em Bagdá. No primeiro, em agosto de 2003, um grupo de extremistas sunitas com ligações à Al Qaeda tinha feito explodir um carro. Agora, éramos atacados por extremistas xiitas associados ao governo do Irã. No Oriente Médio, o que não falta aos moderados são inimigos.

Com o início do novo ano, pessoas de todo o Iraque preparavam-se para as eleições. Pedi ao meu pessoal que me elaborasse uma análise da situação política iraquiana, baseada naquilo que ouvíamos e observávamos, para entregar ao recém-reeleito presidente Bush. Pedi-lhes que simplificassem o esquema, utilizando um sistema de semáforos. Assim, o meu pessoal apresentou-me um enorme mapa com três colunas coloridas, onde figuravam as fotografias de trinta políticos iraquianos, organizados por partido e filiação. Na coluna verde estavam o primeiro-ministro do governo interino, Ayad Allawi, os seus apoiadoes e os curdos – pessoas moderadas e com quem partilhávamos valores. A coluna vermelha era constituída tanto por pessoas aliadas ao Irã e a trabalharem no sentido de promover a influência iraniana no seio do Iraque como por extremistas sunitas. A coluna amarela continha pessoas que haviam mudado de cor mas com quem a comunidade internacional poderia funcionar, tal como Nouri al Maliki, do partido xiita Al-Da'wa, tecnocratas, empresários e alguns dos mais conservadores xeques tribais sunitas.

Também demos ao presidente americano e à sua equipe um pormenorizado plano de reconstrução da região ocidental do Iraque para ajudar a fazer regressar os sunitas ao processo político. Era crucial que os xeques tribais não intensificassem a sua oposição – o Iraque não poderia sobreviver sem os sunitas. Receávamos que, deixando-se dominar pelos tradicionais instintos tribais da região, todos os grupos começassem a lutar por influência e poder políticos. Tínhamos o objetivo de fazer os americanos compreenderem que a estabilidade no Iraque dependia de um governo inclusivo e representativo da sociedade iraquiana. Para meu grande choque, nem todos os oficiais americanos aceitavam essa lógica. Um general superior americano nem sequer perdeu tempo e rejeitou imediatamente o nosso argumento de que o envolvimento dos sunitas no processo político era essencial para a estabilidade do Iraque. Plenamente convencido de que os sunitas eram inimigos da América naquela guerra, o referido general disse que, se eles não se comportassem, os Estados Unidos os esmagariam militarmente. Aquela visão tão alarmantemente simplista da situação era muito desconcertante.

Os nossos planos definiam a forma de utilizar assistência socio-econômica para prestar apoio político aos líderes tribais iraquianos da região ocidental do país. Como partilhávamos uma fronteira, tratava-se de uma zona do Iraque que conhecíamos bem. Algumas das tribos mais numerosas tinham membros quer na Jordânia oriental, quer no Iraque ocidental. Uma das zonas tinha uma fábrica de fosfato degradada. Sugerimos que, se os Estados Unidos ajudassem a pô-la novamente em funcionamento, isso geraria postos de trabalho e proporcionaria uma bolsa de estabilidade que, por sua vez, poderia funcionar como base para as tribos locais contra-atacarem a Al Qaeda no Iraque.

Rumsfeld, o secretário da defesa norte-americano, aproveitou apenas alguns pontos do nosso plano, centrando-se sobretudo na segurança e na criação de milícias tribais. Contudo, a administração não prestou muita atenção às recomendações político-econômicas, tratando a ocupação e a gestão do Iraque principalmente como um empreendimento militar. Gostaram da ideia de utilizar as milícias tribais para combater a Al Qaeda, mas mostraram-se bastante menos interessados em os prover do apoio econômico necessário para se tornarem representantes de um governo central nas regiões mais remotas do Iraque.

Por essa altura, os americanos já não eram os únicos a confrontar-se com problemas no Iraque. No sul do país, os britânicos também estavam com dificuldades. O ministério dos Negócios Estrangeiros britânico tinha um profundo conhecimento do Oriente Médio e os seus diplomatas eram conhecidos quer pelo seu conhecimento da região, quer pela sua experiência em lidar com as suas questões mais complicadas e interligadas. No entanto, surpreendentemente, depois de irem para o sul, os britânicos parecem ter ficado cegos para o potencial de problemas vindos do Irã. Com delegados iranianos a fomentar o tumulto e unidades dos Guardiães da Revolução a serem enviadas para o outro lado da fronteira, toda a região parecia estar a explodir-lhes na cara. Em algumas localidades ouvia-se mais falar farsi do que árabe. Os britânicos poderiam ter utilizado menos burocratas de Whitehall e mais pessoas com conhecimentos histórico-culturais mais alargados do Iraque, especialmente tendo em conta que os iranianos começavam a lançar-se com mais força para obter influência política no sul.

Na corrida para as eleições, os agentes iranianos estavam decididos a influenciar-lhes os resultados, apoiando os partidos xiitas de filiação iraniana com dinheiro e recursos. Exercer maior influência no Iraque, cujo território estava cheio de soldados americanos de uma banda a outra, poderia ser extremamente útil para os iranianos em qualquer futuro confronto com os Estados Unidos.

Nas eleições de janeiro, a Aliança Unida Iraquiana (AUI) – uma coligação de partidos xiitas – ganhou a maioria dos lugares na Assembleia Nacional de Transição e um dos seus líderes, Ibrahim al Jaafari, substituiu Ayad Allawi no cargo de primeiro-ministro. O partido de Ahmad Chalabi não conseguiu ganhar um só lugar. A assembleia cumpriu o seu principal mandato de redigir uma nova constituição iraquiana e os iraquianos votaram novamente em dezembro para eleger um novo parlamento com um mandato de quatro anos. A AUI ganhou outra vez a maioria dos lugares e Jaafari voltou a ser escolhido para primeiro-ministro. Contudo, alvo de críticas pela sua liderança ineficiente, Jaafari viu-se forçado a demitir-se, sendo substituído por Nouri al Maliki, em abril de 2006.

Quando Maliki tomou posse, a segurança no Iraque encontrava-se em grave estado de deterioração. A violência sectária estava em alta. De acordo com relatórios da ONU dessa época, uma média de cem civis morria por dia nos confrontos entre xiitas e sunitas, que começaram a escalar após um ataque ao importante local de culto xiita, a Mesquita de Al-Askari, na cidade de Samara, em fevereiro de 2006. As pessoas já referiam a possibilidade de se instalar uma guerra civil em nível nacional.

Numa tentativa de restaurar a segurança, Maliki anunciou em junho um plano de reconciliação nacional. Esse plano incluía medidas para conter as milícias e abrir o diálogo com os rebeldes. Todavia, a violência continuava, suscitando preocupações de que o plano não estivesse sendo cumprido em seus objetivos. O Grupo de Estudo para o Iraque – um painel bipartidário americano instituído pelo Congresso, em março de 2002, para avaliar a situação no Iraque – dizia num relatório datado de dezembro que a situação no Iraque era "grave e deteriorava-se".

Inicialmente, os xeques tribais sunitas e xiitas enviavam-me muitos relatos positivos acerca de Maliki, em parte por ele enfrentar as milícias de apoio iraniano. Contudo, com o tempo, os relatos começaram a ser mais diversificados, com alguns no Iraque e na região a acusarem-no de se ter tornado mais sectário, apoiando as comunidades xiitas em detrimento das sunitas e recusando-se a despender fundos governamentais nas províncias sunitas. Malaki assumiu o cargo numa altura terrível, quando no Iraque grassavam os conflitos sectários e uma violência multifacetada. Foi graças a ele que o país começou a ganhar estabilidade durante o seu mandato.

À medida que a situação melhorava lentamente no Iraque, com o declínio dos níveis de violência, muitos iraquianos lembraram-se de perguntar por que razão não vinham os árabes falar com eles e por que motivo nenhum líder árabe visitava Bagdá. A verdade é que nada disso era fácil. Embora alguns dos outros líderes árabes quisessem efetivamente estender a mão ao Iraque, não queriam que os seus povos os vissem em conluio com os americanos. Atualmente, estando já o Iraque nas mãos dos iraquianos, o governo ainda carrega o estigma de ser considerado de liderança americana. As pessoas utilizam esse argumento para atacar os líderes árabes que parecem demasiado próximos do Iraque.

Em dezembro de 2006, Saddam Hussein foi executado. Um vídeo amador da execução amplamente divulgado apresenta um grupo de homens em torno do cadafalso a entoar "Muqtada! Muqtada! Muqtada!" no momento em que se coloca a forca no pescoço de Saddam. Era a Muqtada al-Sadr que se referiam – o inflamatório clérigo xiita que lidera o poderoso Exército de Al Mahdi e que se crê ser aliado do Irã e do Hezbollah. Em geral, os árabes partilham uma língua e uma cultura, por isso, uma só imagem emitida por satélite pode provocar impacto em toda a região. De repente, os ânimos do mundo árabe alteraram-se. A execução de Saddam não foi apenas vista como um ato inspirado pelo Ocidente contra um ditador árabe. Muitos sunitas de toda a região tomaram-na por um ato de vingança do Irã e dos grupos xiitas seus aliados. As implicações dessa perspectiva eram graves. No seguimento da morte de Saddam, a violência do Iraque mudou de rumo, degenerando em assassinatos de olho por olho, dente por dente, entre sunitas e xiitas. As milícias andavam pelas ruas. Surgia a sensação generalizada de que a perigosa divisão entre sunitas e xiitas se poderia propagar por toda a região. A legitimidade do líder do Hezbollah, Nasrallah, e de outros que, como ele, mantinham ligações ao Irã, começou a diminuir. Muitas pessoas passaram a considerá-los representantes do Irã que iam contra os interesses dos árabes. A máscara caíra.

Tentei explicar à administração Bush e, mais particularmente, à secretária de Estado Condoleezza Rice, que os humores tinham mudado na nossa região e que os moderados tinham voltado para a crista da onda. Os líderes árabes moderados já se poderiam juntar e fazer-se ouvir – desde o fim da guerra do Líbano, no verão, até à execução de Saddam, todos nós tínhamos baixado as cabeças e mantido o silêncio.

Pedi-lhes que, já tendo nós um impulso renovado, nos dessem poderes para avançar com o processo de paz. No entanto, não me parece que a nossa mensagem tenha passado. Fixando como nova prioridade a promoção da democracia, a administração Bush estava muito ocupada tentando travar a onda de violência no Iraque.

Os iranianos perderam muito terreno assim que Maliki decidiu combater as milícias de apoio iraniano numa série de confrontos e de campanhas de detenções que acabaram por obrigar Muqtada al-Sadr a deixar o país, em fevereiro de 2007. Depois disso, o estado da segurança começou a melhorar, devido a uma combinação de um aumento de soldados americanos no Iraque e dos esforços dos Filhos do Iraque, lançados pelas tribos sunitas que aderiram à luta contra a Al Qaeda nas suas áreas. Com o tempo, porém, os grupos de apoio iraquiano recuperaram as suas forças. Creio que os vizinhos árabes do Iraque são um pouco responsáveis por isso. A melhor forma de proteção contra a interferência acrescida do Irã no Iraque é que os países árabes avancem e ajudem o novo governo iraquiano a pôr-se de pé. Se assim não for, surgirá um vácuo e os iranianos voltarão para restabelecer a influência que perderam por breves momentos. O Irã oferece consideráveis somas a diferentes grupos sectários do interior do Iraque e convida crianças sunitas e xiitas a necessitar de cuidados de saúde ou de uma melhor educação a irem para o Irã. Os iranianos abriram as suas fronteiras e tentam colocar o Iraque sob a sua esfera de influência. O turbulento estado da segurança no Iraque veio dificultar o estabelecimento de missões diplomáticas dos países árabes em Bagdá e a consolidação das suas relações com o Iraque. Contudo, a verdade é que se torna essencial que os árabes se dediquem ao Iraque para o reforçarem contra o expansionismo e as ambições de hegemonia do governo iraniano.

Em 2008, pareceu-me importante demonstrar que o Iraque avançava na direção certa e que o seu contexto político estava se estabilizando. Uma medida prática que poderia tomar era a de visitar o Iraque. Um problema muito real era o da segurança, pois nem os iranianos, nem a Al Qaeda do Iraque me queriam lá. Seria o primeiro líder árabe a visitar o Iraque desde a invasão, e a minha presença funcionaria como um sinal de que, no Iraque, a vida voltava à normalidade.

Depois de se ficar sabendo da minha ida, a Al Qaeda no Iraque enviou um esquadrão de assassinos para me receber. Soubemos que tinham trazido sorrateiramente mísseis superfície-ar e que se preparavam para me assassinar. Adiei a viagem e tomei medidas para mostrar aos terroristas que entravam num jogo perigoso. Colaborando com os iraquianos, certificamo-nos de que deixaríamos de ter problemas com essa célula em particular. Resolvidos os problemas de segurança, retomei os meus planos para a visita.

A 13 de agosto de 2008, fui de avião para leste de Amã com o meu irmão Ali e uma reduzida delegação jordaniana, num avião de transporte militar C-17, em direção ao deserto da Jordânia, atravessando a fronteira para o Iraque, num trajeto que percorrera com meu pai. Nas proximidades de Bagdá, a tripulação começou a vestir coletes à prova de balas e a espreitar ansiosamente pelas janelas em busca da assinatura de algum míssil. Não nos ofereceram coletes, mas, felizmente, permitiram-me sentar-me no *cockpit*. Perto do aeroporto, o avião mergulhou num ângulo acentuado para evitar mísseis. Tratava-se de um procedimento operativo padrão para a aterrissagem no aeroporto de Bagdá. O enorme avião fez-se ruidosamente à pista, como um caça. Ao aterrissarmos, lembrei-me das minhas anteriores visitas a Bagdá. Estava de regresso – e o Iraque era governado por um regime muito diferente.

Uma vez em terra, fomos transferidos para um helicóptero e decolamos, sobrevoando as ruas e os edifícios de Bagdá. Avistei uma nuvem de qualquer coisa branca que percebi provir de um helicóptero que nos acompanhava e que ativava os seus sistemas de *flares* e *chaff* concebido para despistar o sistema de fixação de alvo dos mísseis. Depois de seguirmos para a esquerda, continuamos. Lá em baixo, o sol refulgia naquilo que parecia serem lagos e lagoas no meio da cidade. Não me lembrava de os ter visto nas minhas visitas anteriores e pensei que talvez fossem uma novidade. Ao voarmos mais perto, percebi que eram crateras infestando as ruas. Outrora, Bagdá fora a jóia do Oriente Médio. Era de lá que vinham os melhores cientistas, engenheiros e educadores da nossa região. A grande nação de um povo orgulhoso e capaz fora sujeita à mais extrema devastação. Era deprimente ver os danos que a cidade sofrera. Por todas as ruas, de sessenta em sessenta metros aproximadamente, havia abrigos anti-bomba para dentro dos quais os combatentes se poderiam lançar de modo a evitar os ataques de artilharia.

Quando chegamos ao complexo onde tinha combinado encontrar-me com o primeiro-ministro iraquiano Nouri al Maliki, instalou-se a confusão, uma vez que, por razões de segurança, não tínhamos revelado a minha visita com grande antecedência. Maliki recebeu-me e ambos nos entendemos. De certa forma, a substância daquela reunião era menos importante do que o fato de se realizar em Bagdá.

À medida que se espalhava a notícia da minha chegada, começavam a chegar mais iraquianos ao complexo. Tentamos reunir-nos com vários outros oficiais iraquianos, mas a logística revelou-se bastante problemática. Não tendo sido informados da minha presença em Bagdá com a devida antecedência, todos haviam recebido convites de última hora para se encontrarem com um importante visitante estrangeiro, mas tinham tido problemas em chegar ao local onde se encontrava o tal convidado misterioso, por se atrasarem a atravessar os diversos pontos de segurança. Fartamo-nos de esperar por um deputado superior que não apareceu. O responsável do meu destacamento de segurança não queria que o nosso grupo permanecesse muito tempo no mesmo lugar. Quando, por fim, nos disse: "Pronto. Já está", regressamos ao aeroporto. Sentíamo-nos todos um pouco intimidados ao entrarmos no avião. Com os motores a rugir, o avião fez uma subida acentuada, projetando-nos contra as costas dos assentos. Assim que saímos do alcance dos mísseis, voltei a olhar pela janela.

Recordando a Bagdá que vira vinte anos antes, era um choque para mim vê-la naquele estado deplorável. O meu irmão Ali disse-me que ficara deprimido com aquela visita. "Você também?", perguntei eu.

Com o tempo, os EUA mudaram de política e começaram a retirar seus soldados de combate do Iraque. Em novembro de 2009, o Parlamento iraquiano ratificou o Acordo do Estatuto das Forças*, que estabelecia a saída das forças americanas do Iraque até ao final de 2011. Esse é um bom objetivo e eu seria o primeiro a dizer que todas as tropas estrangeiras deveriam sair. Contudo, o que não queremos é que uma retirada apressada dê origem a um vácuo político que mais tarde alguém tenha de voltar para resolver. Se o estabelecimento de um sólido governo iraquiano implica uma retirada um pouco mais lenta, esse será o melhor caminho. Quando falamos com os iraquianos que estão no governo, muitos

* O chamado Status of Forces Agreement ou SOFA. (*N. da T.*)

admitem em privado que não querem nenhum vácuo e que a retirada deve ser bem planejada para evitar que a segurança do Iraque sofra.

A 31 de agosto de 2010, as tropas de combate americanas completaram a sua retirada e o presidente Obama anunciou o fim das operações de combate dos EUA no Iraque. Não tardou que o estado da segurança se deteriorasse, com as forças de segurança iraquianas a avançarem para preencher o vácuo. Cerca de cinquenta mil soldados americanos permanecerão no Iraque até ao fim de 2011 para formar o Exército Iraquiano e auxiliá-lo a assumir as suas responsabilidades de manutenção da segurança no país. A esperança é que, por essa altura, o Iraque já se tenha estabilizado e que o Exército Iraquiano esteja plenamente apto a manter a segurança.

CAPÍTULO 26

Uma Nova Voz da América

Em março de 2007, numa rara honra feita a um chefe de Estado estrangeiro, fui convidado para discursar numa sessão conjunta do Congresso americano. Após uma cuidadosa análise, sabia que só poderia falar sobre um tema: a urgente necessidade de paz no Oriente Médio.

Expliquei que, por toda a região, o povo do Oriente Médio buscava um novo começo e ansiava por um futuro de prosperidade e paz. Vimos o perigo e a destruição da violência, do ódio e da injustiça, mas também constatamos que as pessoas podem alcançar muita coisa, quando têm poder próprio, quando abatem os obstáculos e quando se empenham no seu futuro. Além disso sabemos que a paz entre os israelenses e os palestinos ofereceria novas possibilidades à nossa região e ao mundo inteiro. Nenhum pai palestino deveria ver-se impossibilitado de alimentar a sua família e construir um futuro para os filhos e as filhas. Nenhuma mãe israelense deveria sentir receio por os seus filhos andarem em transportes coletivos. Não nos podemos dar ao luxo de permitir que mais uma geração cresça com a noção de que a violência e o conflito são a norma.

Após o meu discurso, muitos amigos americanos vieram ter comigo para me perguntar o que poderiam fazer para ajudar. Outros mostram-se mais céticos. Alguns indagaram: "O que tem esse conflito a ver conosco? Por que haveríamos nós de nos envolver numa luta local da outra metade do mundo?"

Gostaria agora de esclarecer bem o que lhes respondi: resolver o conflito israelo-árabe é do interesse nacional dos Estados Unidos, da Europa e da restante comunidade internacional. A questão palestina assume uma importância fulcral para mais de um bilhão e meio de muçulmanos de todo o mundo. Assim sendo, trata-se verdadeiramente de uma questão global. Muitos homens violentos utilizam a ocupação israelense dos territórios árabes, especialmente de Jerusalém, como clamor de guerra, retratando o Ocidente – e a América em particular – como um apoiador cego de Israel. Por conseguinte, consideram a "América satânica" e os seus aliados responsáveis pela injustiça da ocupação israelense. As organizações terroristas exploram a legítima frustração dos muçulmanos com a incapacidade de pôr um fim à ocupação israelense dos territórios palestinos para atingirem os seus fins ilegítimos e para gerar apoio pela sua retórica e pelos seus atos antiamericanos. É imperativo resolver o conflito israelo-palestino para desprover esses extremistas de um dos seus mais potentes pólos de atração.

A Al Qaeda alimenta-se da continuação desse conflito. A criação de um Estado palestino diminuir-lhe-ia significativamente o apelo global e limitar-lhe-ia o seu alcance, transformando a Al Qaeda numa ameaça localizada restringida a determinadas zonas de conflito. Durante mais de dez anos, os Estados Unidos, a Grã-Bretanha e os seus aliados têm-se envolvido em guerras do mundo muçulmano. Sem a paz entre palestinos e israelenses, assistiremos a mais conflitos violentos de que a Al Qaeda se servirá para aumentar o seu âmbito. Os americanos talvez não distingam essa ligação, mas qualquer muçulmano sabe que a injustiça sofrida pelo povo palestino é uma dor que se espalha, radicalizando e mobilizando jovens de todo o mundo muçulmano. A Al Qaeda não desaparecerá com a instauração de um Estado palestino, mas passará a ter dificuldade em encontrar novos recrutas e em conquistar o apoio às suas ações criminosas.

Uma das funções mais vitais que os Estados Unidos podem preencher é a de ajudar os seus amigos a deixarem de lado as emoções para pensarem em termos estratégicos. Na minha região tendemos demasiado a deixar-nos consumir pelos mais recentes atos de injustiça ou de violência, perdendo de vista o panorama mais alargado. Por vezes, temos de erguer a cabeça e olhar para o futuro, para ponderar sobre onde queremos estar daqui a dez, vinte ou trinta anos e para agir no sentido de concretizar essa visão.

Infelizmente, no que se refere ao conflito israelo-palestino, não temos tempo a perder. O protelamento, a espera e as promessas adiadas comprometeram seriamente a confiança das pessoas na possibilidade da paz. Isso é nocivo para os moderados e benéfico para os extremistas. Se não agirmos agora, condenamos o Oriente Médio a um futuro pleno de guerras cujas repercussões se farão sentir bem para além das suas fronteiras, gerando um cenário dominado pelos terroristas e extremistas, para grande descrédito dos moderados.

Os elementos necessários para forjar um acordo de paz são muito claros. Toda a comunidade internacional patrocinou a solução de dois Estados, mas é preciso alguma ajuda para lá chegar. Nos últimos anos, o processo de paz caiu num impasse, produzindo pouco mais do que retórica oca, desilusão e violência.

A 5 de novembro de 2008, quando Barack Obama venceu a presidência americana com uma grande margem, muitas pessoas de toda a Jordânia e de todo o Oriente Médio suspiraram de alívio. As pessoas tinham esperança de que a sua administração trouxesse uma nova abordagem para os problemas da região e que ele estivesse à altura do histórico desafio do processo de paz – como mediador, intermediário e negociador honesto. Embora possa parecer que as complexas negociações só deveriam decorrer entre Israel e os palestinos, a América desempenha um papel crucial nelas. No passado, muitas foram as ocasiões em que os Estados Unidos demonstraram apoiar incondicionalmente Israel, mas todas as pessoas da nossa região sabem que a América é o único país a quem Israel dá ouvidos – mesmo que, por vezes, Israel opte por ignorar o que lhe dizem.

Em julho de 2008, o senador Obama fez uma pausa na sua campanha para fazer uma viagem pela Europa e pelo Oriente Médio. Foi a 22 de julho de 2008 que chegou à Jordânia, acompanhado pelos senadores Jack Reed e Chuck Hagel, depois de ter visitado o Iraque e o Afeganistão. Amã, a nossa capital, foi originalmente construída na interseção de sete colinas e Obama escolheu a Cidadela, um local histórico no topo de uma dessas colinas, para lá dar uma conferência de imprensa. Uma das cidades mais antigas do mundo, Amã foi conquistada por vários impérios, entre os quais os dos gregos, dos romanos e dos omíadas, que deixaram as suas marcas. Perto das ruínas de um templo grego, de uma igreja bizantina e de um palácio omíada, Obama falou da sua recente visita ao Afeganistão e ao Iraque e respondeu às perguntas da imprensa. Enfatizando a importância do processo de paz, declarou: "O meu objetivo é garantir que trabalhamos – desde o momento em que tomei posse – no sentido de tentar fazer alguns progressos."

Depois da conferência de imprensa, reuni-me com Obama em Beit Al Urdun, a minha residência dos subúrbios de Amã, onde lhe frisei a importância de uma paz justa e duradoura entre Israel e os palestinos, não só em nome da paz, mas também em prol da estabilidade na região e da mitigação dos perigos de outros pontos quentes regionais. Expliquei-lhe que, sob a minha perspectiva, seria extremamente importante ter uma política de negócios estrangeiros americana coordenada. Durante a administração Clinton, vieram vários enviados à nossa região, como Dennis Ross, Martin Indyk e Madeleine Albright, cada qual trazendo a sua mensagem. Disse-lhe que esse problema persistira com a administração Bush em que o presidente declarara: "O meu homem é Colin Powell. Ele será o único a falar de relações externas e sou eu quem lhe transmite diretamente esse poder." No entanto, outros membros da administração traziam-me diferentes mensagens, contradizendo a palavra de Powell.

Aconselhei Obama a selecionar uma pessoa para tratar do processo de paz no Oriente Médio e a recorrer sempre e só a essa pessoa. Constatando que compreendia todas essas questões, fiquei com a clara impressão de que falava a linguagem da paz. Após concluirmos a nossa conversa, juntamo-nos aos outros senadores e aos seus adjuntos para um jantar privado.

A parada seguinte de Obama era Israel e eu ofereci-me para levá-lo ao aeroporto. Transportar convidados importantes é algo que faço com frequência – mas o destacamento de segurança dele ficou um tanto ou quanto pasmado com isso. Contudo, ser rei tem as suas vantagens. Para surpresa de Obama, sentei-me ao volante de uma Mercedes cinzenta e convidei-o a sentar-se ao meu lado. Assim, seguimos para o aeroporto, seguidos por uma coluna de veículos. Na meia hora do percurso até ao aeroporto, falamos sobre as nossas famílias e outros temas de ordem pessoal e ficamos a conhecer-nos melhor.

Uma semana depois das eleições americanas, fui a Nova Iorque participar numa reunião da Assembleia Geral das Nações Unidas sobre o diálogo inter-religioso, patrocinada pelo rei Abdullah da Arábia Saudita. Enquanto lá estive, encontrei-me com o ex-presidente Bill Clinton que me instou a não perder os dois meses e meio seguintes que antecediam a tomada de posse e a começar a trabalhar imediatamente com a equipe de transição. Isso foi muito antes de a esposa de Clinton, Hillary, ter sido indicada para a próxima secretária de Estado. "Tem de começar já a mexer-se", recomendou-me ele. Tendo Clinton sido o presidente que mais próximo chegou de conseguir levar as duas partes a negociar, levo muito a sério os seus conselhos e comecei a contatar informalmente os membros da vindoura administração Obama.

A 12 de novembro, enquanto estava nos Estados Unidos, falei ao telefone com Obama. Dei-lhe os parabéns pela sua recente vitória e manifestei a minha vontade de colaborar com ele na resolução das questões do Oriente Médio. Disse-lhe que compreendia que ele tinha toda uma série de problemas à frente com o lançamento da sua nova administração – desde a crise econômica global até às aflições orçamentais da América e aos conflitos no Iraque e no Afeganistão – mas que esperava que ele arranjasse tempo para fazer avançar rapidamente as negociações entre os israelenses e os palestinos.

A nossa conversa deu-me muita esperança. Parecia-me que aquele presidente americano compreendia realmente que o conflito entre Israel e os palestinos estava na raiz da instabilidade da região e que era do interesse nacional da América alcançar uma paz justa, abrangente e duradoura. Era um profundo contraste em relação aos oito anos anteriores, em que a política americana parecera tantas vezes apoiar Israel, para o bem ou para o mal. No entanto, antes de Obama tomar posse, em janeiro de 2009, a situação deteriorar-se-ia radicalmente.

* * *

O cessar-fogo negociado pelo Egito entre o Hamas e Israel expirou em dezembro de 2008 e as duas partes voltaram a atacar-se. O cessar-fogo estava em risco desde novembro, quando Israel matara seis ativistas do Hamas que dispararam foguetes contra Israel. Desde 2007 sob bloqueio econômico de Israel – até o abastecimento de material médico era francamente limitado –, Gaza era uma bomba-relógio, prestes a explodir.

Aproveitando o período de transição política que decorria na América e a temporada do Natal e do Ano Novo, quando a maioria dos chefes de Estado estão de férias, a 27 de dezembro, o primeiro-ministro israelense, Ehud Olmert, decidiu lançar um ataque total a Gaza. A uma semana de bombardeios aéreos seguiu-se, em início de janeiro, uma invasão em grande escala de Gaza pelo exército israelense. Uma comissão de averiguações da ONU, estabelecida em abril de 2009, e liderada pelo eminente magistrado sul-africano, Richard Goldstone, relatou que, em três semanas de combates ferozes, cerca de mil e quatrocentos palestinos foram mortos, incluindo novecentos a mil civis, mais de seiscentos dos quais eram mulheres e crianças. O Exército Israelense perdeu dez soldados, quatro em fogo amigo, e os foguetes do Hamas mataram três civis israelenses. Além disso, os caças israelenses bombardearam o principal instituto prisional e o edifício do Conselho Legislativo Palestino, bem como uma escola da Agência das Nações Unidas de Socorro e Trabalho para os Refugiados da Palestina (UNRWA) na cidade de Gaza, numa ação que as averiguações da ONU consideraram ilícita e em clara violação das Convenções de Genebra. Publicado em setembro de 2009, o Relatório Goldstone concluiu que, ao atacarem um hospital da cidade de Gaza com bombas de fósforo branco e ao lançarem ataques deliberados contra civis em Gaza, chegando a disparar um míssil contra uma mesquita durante as orações da noite e matando quinze pessoas, as forças armadas israelenses infringiram códigos de conduta militar internacionalmente reconhecidos.

As estações noticiosas da televisão por satélite emitiram imagens de sofrimento dos civis em Gaza e deixaram as pessoas furiosamente ultrajadas. Por todo o mundo árabe, as pessoas uniram-se para exigir uma resposta severa aos atos dos israelenses. Pela primeira vez, um grupo de países árabes montou uma tentativa concertada de revogação da Iniciativa de Paz Árabe de 2002, colocando-se contra os moderados e insistindo na rejeição da paz com Israel. Os países árabes moderados, nomeadamente a Jordânia, o Egito, a Arábia Saudita e os Emirados Árabes Unidos, entre outros, perguntavam-se se Israel não teria conseguido destruir para sempre o processo de paz.

O Qatar pediu uma cimeira de emergência à Liga Árabe, a ser realizada em Doha, a 16 de janeiro. Temendo objetivos políticos ocultos, o Egito, a Arábia Saudita, a Jordânia e outros países com a mesma mentalidade mantiveram-se afastados. Apenas treze países árabes aceitaram participar na cimeira. Dado faltarem dois países para o quórum necessário que conferiria à reunião o estatuto de cimeira oficial da Liga Árabe, o Qatar acabou por alargar a lista de convidados ao presidente iraniano Mahmoud Ahmadinejad e ao líder do Hamas, Khaled Meshaal, que partiu para Doha da sua base em Damasco.

Alguns líderes árabes declararam a Iniciativa de Paz Árabe "já morta" e instaram ao corte de todos os laços com Israel, com o encerramento das embaixadas árabes (a do Egito e a da Jordânia) em Israel. Contudo, não se tratando de uma cimeira oficial, a Iniciativa de Paz Árabe não poderia ser formalmente rejeitada. Se julgássemos que o corte dos laços com Israel ajudaria a fazer justiça aos palestinos ou a trazer paz à região, não teríamos hesitado em fazê-lo. Sucederia exatamente o oposto. O nosso tratado com Israel levou a que, em várias ocasiões, os palestinos se servissem de nós para os representar e transmitir as suas mensagens. Num momento em que os cidadãos de Gaza precisavam desesperadamente de apoio, era pelo fato de manter relações diplomáticas com Israel que a Jordânia os poderia ajudar.

Apesar da nossa oposição à guerra em Gaza, nada podíamos fazer para evitá-la. Pedimos a Israel para cessar todas as operações militares contra Gaza e protestamos com veemência com os israelenses por eles visarem civis. Além disso, montamos um canal de socorro que era utilizado para fazer passar a maioria dos auxílios prestados pelos países árabes, europeus e da comunidade internacional. Centenas de toneladas de material médico e de ajuda humanitária da Jordânia e do resto do mundo entraram em Gaza através da Jordânia. Também fornecemos um hospital de campanha do exército – ainda operando em Gaza – que passou a tratar imediatamente mais de mil pessoas por dia. Até outubro de 2010, 340 mil cidadãos de Gaza receberam cuidados médicos nesse hospital.

A 19 de janeiro de 2009, os chefes de Estado árabes juntaram-se no Kuwait para aquilo que se previa ser uma cimeira econômica para traçar uma resposta à crise financeira global. Contudo, era-nos impossível ignorar a contínua crise em Gaza. O rei Abdullah da Arábia Saudita veiculou as preocupações de muitos, ao dizer: "A Iniciativa Árabe não permanecerá indefinidamente em cima da mesa."

O emir do Kuwait, o xeque Sabah al-Ahmad al-Jaber al Sabah, resistiu à pressão exercida por países que exigiam o fim da Iniciativa de Paz Árabe, e o comunicado final restringiu-se a um apelo por um cessar-fogo em Gaza, pela retirada israelense imediata e por uma averiguação dos eventuais crimes de guerra cometidos pelo exército israelense.

No dia seguinte, quando as tropas israelenses se retiraram finalmente de Gaza, cerca de um milhão de pessoas reuniu-se em Washington para assistir à cerimônia de empossamento de Barack Obama como o 44.º presidente dos Estados Unidos. O presidente Obama honrou a sua promessa de campanha e as suas primeiras chamadas da manhã seguinte foram para os líderes da Jordânia, do Egito, de Israel e da Autoridade Palestina.

Tradicionalmente, os novos presidentes americanos esperaram até ao segundo mandato para abordarem o conflito israelo-palestino, mantendo um olho aberto para o presente e o outro para o seu legado histórico. Todavia, ao comprometer-se em força desde o primeiro dia, Obama parecia apresentar à região uma rara oportunidade para se fazerem progressos no âmbito desses problemas tão difíceis e intratáveis. Todos tínhamos de nos perguntar se os líderes da região conseguiriam aproveitar aquela oportunidade.

Os desenvolvimentos na política israelense não eram encorajadores. Longe iam os dias do espírito otimista de Annapolis. As negociações que tinham sido lançadas em Annapolis, nos finais de 2007, acabaram em julho de 2008, quando, no seguimento de alegações de corrupção, Olmert anunciou que não se recandidataria como líder do Kadima e que, depois de o partido eleger o sucessor, apresentaria a sua demissão do cargo de primeiro-ministro. Em setembro, o seu ministro dos Negócios Estrangeiros, Tzipi Livni, conquistou a liderança o Partido Kadima. Contudo, Livni não conseguiu formar uma coligação. Olmert continuou como primeiro-ministro em cumprimento da lei, que dispõe que o incumbente se deve manter no cargo até ao empossamento de um novo primeiro-ministro. A 10 de fevereiro de 2009, os israelenses foram às urnas. Embora o Kadima tivesse arrecadado a maioria dos assentos no Knesset, mais uma vez, Livni não conseguiu formar uma coligação. Assim, o presidente israelense Shimon Peres pediu ao líder do Likud, Benjamin Netanyahu, para tentar formar um governo de coligação.

A 16 de março, Netanyahu assinou um pacto de coligação com o terceiro maior partido de Israel, o Yisrael Beiteinu (Israel é o Nosso Lar) – um partido nacionalista de extrema-direita, liderado por Avigdor Lieberman, que recebeu a pasta de ministro dos Negócios Estrangeiros. Em sinal da mudança de opinião do público de Israel, o histórico Partido Trabalhista, a que pertencia o velho parceiro do meu pai na paz, Yitzhak Rabin, e Ehud Barak, e que fora o partido político dominante entre 1948 e os finais da década de 70, passava a ser o quarto maior partido, atrás do Kadima, do Likud e do Yisrael Beiteinu. O regresso, após uma década, de um partidário de uma linha dura que tanto fizera para prejudicar Oslo, e a inclusão de nacionalistas israelenses de extrema-direita no seu governo de coligação, não eram muito abonatórios para o processo de paz.

Enquanto Netanyahu finalizava a sua coligação, os vinte e dois membros da Liga Árabe preparavam-se para se reunir na sua cimeira anual, em Doha. Dadas as anteriores tentativas de alguns países árabes de se retirarem da Iniciativa de Paz Árabe, sabia que os membros em prol da paz teriam de agir agressivamente para haver alguma hipótese de manter o processo vivo.

Uns dias antes de todas as cimeiras da Liga Árabe, os ministros dos Negócios Estrangeiros reúnem-se para preparar a reunião dos chefes de Estado. Dei instruções ao meu ministro dos Negócios

Estrangeiros, Nasser Judeh, para se certificar de que todos os outros presentes na reunião compreenderiam que o novo presidente dos Estados Unidos tinha de receber apoio no seu envolvimento precoce no processo de paz. Não podíamos deixar-nos levar pelas emoções, por mais horrenda que fosse a guerra de Israel em Gaza. Ninguém se beneficiaria com aquela situação contínua de ocupação e miséria. Disse-lhe que teria de garantir que a cimeira árabe faria uma declaração pragmática que insistisse num esforço coletivo para se reavivarem as conversações de paz.

O ambiente em Doha era muito negativo. Alguns ministros dos Negócios Estrangeiros árabes argumentavam que, dada a intransigência do governo de Israel e a sua recusa obstinada em cumprir a legislação internacional, não faria sentido buscar a paz. Alguns defendiam que a Iniciativa de Paz Árabe deveria sair da mesa. Tal como explicavam, Netanyahu acabara de ser eleito e isso significava que Israel não tardaria a adotar uma linha ainda mais dura e intransigente. Fazer a paz com um tal governo era para esquecer. O nosso ministro dos Negócios Estrangeiros e uns quantos outros afirmavam que, embora os ânimos fossem, em geral, pessimistas, não deveríamos deixar de tentar aproveitar todas as janelas de oportunidade.

Na cimeira, o meu objetivo era convencer os meus congêneres líderes árabes a pensar estrategicamente e a manter uma postura de união, para demonstrar ao mundo, de uma vez por todas, quem constituía o obstáculo à paz. Todos censurávamos Israel pela sua guerra a Gaza, mas eu instava os chefes de Estado meus congêneres a procurarem um raio de esperança, no meio daquela obscuridade geral. Mantive que tínhamos de dar oportunidades a Obama. Havia apenas seis semanas que ocupava o cargo e já fazia coisas muito boas. Nomeara George Mitchell, um ex-senador com um histórico de sucesso na Irlanda do Norte e uma profunda familiaridade com o Oriente Médio, como seu enviado especial para o processo de paz, mobilizando-o imediatamente para a região. Obama declarava que os colonatos israelenses eram ilegais e tinham de acabar. Com a sua bagagem de senadora e primeira-dama, a secretária de Estado Hillary Clinton já conhecia a região e os temas em questão extremamente bem. Todos se lembravam do quanto Clinton se aproximara de uma resolução. Não devíamos fazer o que muitos esperavam da parte dos árabes: rejeitar novas iniciativas, categoricamente. O meu conselho foi: "Mostremos alguma prudência e contenção, reafirmemos o nosso empenho na Iniciativa de Paz Árabe e observemos em que direção segue a atual iniciativa."

Foi esse argumento que acabou por se levar a avante e reafirmamos o nosso empenho na Iniciativa de Paz Árabe. Contudo, com a forte reação emocional de toda a região para com a conduta de Israel na guerra com Gaza, a iniciativa não sobreviveria a outro golpe de grande monta.

Disse aos meus congêneres chefes de Estado que o presidente Obama me telefonara uns dias antes, convidando-me para vê-lo em Washington. Como poderíamos nós utilizar essa visita para fazer avançar o processo de paz?

O príncipe Saud al-Faisal, o sensato e experiente ministro dos Negócios Estrangeiros da Arábia Saudita, veio ter comigo durante a cimeira para me sugerir que levássemos uma mensagem da cimeira ao presidente Obama. Convidamos os ministros dos Negócios Estrangeiros do Líbano, do Qatar, da Palestina, da Arábia Saudita, da Síria e do Egito, bem como o secretário-geral da Liga Árabe, para irem à Jordânia formular uma posição árabe conjunta. Alguns desses ministros também tinham estado em contato com o secretário dos Negócios Estrangeiros britânico, David Miliband, que estava ativamente empenhado nos esforços para reavivar o processo de paz.

Reunindo-se em Amã, a 11 de abril, os referidos ministros (exceto o da Síria que não pôde comparecer) discutiram a possibilidade de apresentar aos Estados Unidos várias medidas para fortalecer a confiança entre Israel e os Estados árabes, a serem apresentadas caso Israel congelasse a construção de colônias, antes do retomar das negociações, e que permitiram voltar ao ponto em que se estava nas vésperas da eclosão da segunda intifada, em 2000. Essas medidas incluiriam a revitalização de parte dos laços desenvolvidos em 1994, após o nosso tratado de paz com Israel. Nessa época, os israelenses abriram delegações comerciais em alguns países árabes, deu-se um acréscimo de circulação de bens e pessoas, e os países árabes acolhiam bem os visitantes israelenses, apesar da falta de relações diplomáticas. Contudo, boa parte disso acabara abruptamente em 2000, com o fracasso das negociações de Camp David e o surgimento da segunda intifada. As delegações comerciais foram encerradas e passou a haver pouca ou nenhuma interação entre Israel e os países árabes, salvo a Jordânia e o Egito, mas as nossas relações com Israel também sofreram. Aquilo que oferecíamos não era a normalização, mas medidas para proporcionar um pano de fundo positivo às negociações.

Aceitei apresentar essa proposta ao novo presidente.

Nos finais de abril de 2009, cheguei a Washington, sendo o primeiro líder árabe a visitar a Casa Branca, desde as eleições. Reuni-me com Obama, em privado, na sala de jantar do presidente, que era uma pequena divisão ao lado da Sala Oval. A atmosfera era de uma refrescante descontração. O presidente Obama conhece o mundo que existe para lá das fronteiras da América e adota uma abordagem equilibrada. Bem-apessoado, passa-nos a impressão de que já somos velhos amigos. Obama disse-me que enfrentava muitos desafios no Oriente Médio mas que, antes de os discutir, queria ouvir-me.

Expliquei-lhe que julgava ser imperativo relançar o mais depressa possível as negociações entre Israel e os palestinos. Teríamos de avançar depressa com uma solução de dois Estados, pois o crescente antagonismo entre Israel e os palestinos colocava em causa a noção de um acordo negociado. Mais prejudicial ainda era o câncer dos colonatos israelenses que se espalhava pelos territórios ocupados.

Disse também ao presidente que o pessimismo dos líderes árabes quanto à possibilidade de paz aumentava. Desde a guerra em Gaza que alguns até instavam à retirada da Iniciativa de Paz Árabe. No entanto, outros ainda mantinham a esperança e apostavam no seu compromisso precoce com o processo de paz. Se o governo israelense desse um passo mais ousado e congelasse a construção de colonatos, tal como já havia muito exigiam os palestinos, os árabes e uma boa parte da comunidade internacional, estaríamos dispostos a voltar ao espírito de antes da segunda intifada e apresentaríamos algumas medidas de reforço de confiança que ajudariam a aclarar o ambiente, possibilitando o retomar das conversações de paz.

Inspirando-me na minha experiência, dei a minha opinião sincera sobre o primeiro-ministro israelense, que tinha uma visita agendada a Washington algumas semanas depois. "Sr. presidente", disse eu, "Netanyahu virá ter consigo e dir-lhe-á que pretende discutir quatro pontos: o Irã, o Irã, o Irã e a certeza de não ter um parceiro palestino." Expliquei que seria um erro centrar a conversa no Irã. Parecia-me que a melhor forma de abordar as questões primordiais do Oriente Médio seria resolver o conflito israelo-palestino. Quanto a ter um parceiro palestino, esse poderia ganhar muito poder se os israelens se dedicassem seriamente à paz, por uma vez que fosse. Na verdade, poderíamos bem dizer que, desde a eleição de Sharon, em 2001, os palestinos tinham deixado de poder contar com um parceiro israelense para a paz.

O presidente disse-me que não iria tirar conclusões precipitadas antes da visita de Netanyahu e que lhe daria o benefício da dúvida. Contudo, acrescentou que tencionava ser duro na questão dos acordos. Lembrei ao presidente que tinha experiência com Netanyahu e instei-o a não confiar em todas as promessas do líder israelense, pois este já renegara muitos compromissos anteriores. O presidente respondeu que se empenharia vigorosamente numa solução de dois Estados.

Pouco depois, a nossa reunião privada terminou e juntamo-nos às nossas equipes para procedermos a um debate mais alargado. A essa reunião seguiu-se uma conferência de imprensa em que Obama declarou:

> Sou fortemente a favor de uma solução de dois Estados [...] O que pretendemos é recuar do abismo e dizer que, por mais duro e difícil que seja, o processo de paz persiste – mas que exigirá algumas escolhas complicadas, resolução da parte dos atores envolvidos e a criação de medidas concretas que todas as partes possam dar para se chegar a essa resolução. Os Estados Unidos empenhar-se-ão profundamente nesse processo para ver se fazemos progressos.

Ganhei coragem e a ousadia de alimentar esperanças de que depressa voltaríamos à mesa das negociações para tratar das coisas a sério. Disse que a primeira tarefa seria promover eventos nos dois meses seguintes que permitissem aos israelenses e palestinos, e aos israelense e árabes, sentarem-se para fazer avançar o processo.

Em seguida, dirigi-me ao Departamento de Estado para me reunir com a secretária de Estado Clinton. Conhecêramo-nos uns anos antes, em circunstâncias muito diferentes, e era bom rever uma velha amiga e tratar com ela de assuntos oficiais. Conversamos sobre formas de melhorar as condições para os palestinos e de criar o ambiente necessário para um acordo bem-sucedido. Declarei que considerava a Autoridade Nacional Palestina um parceiro credível nos esforços pela paz e que, juntos, trabalharíamos com os outros países árabes para reunir o apoio ao governo do primeiro-ministro palestino Salam Fayyad, que apresentara a sua demissão ao presidente palestino Mahmoud Abbas para permitir a formação de um governo de união com o Hamas. A verdade é que as conversações com o Hamas não estavam a dar resultados. Umas semanas depois de regressarmos dos Estados Unidos, Abbas agiu no sentido de formar um conselho de ministros sem o Hamas, e Fayyad foi empossado primeiro-ministro a 19 de maio. O seu governo, que contava com o apoio da maioria dos países árabes, seria um parceiro com disposição e capacidade para trabalhar no processo de paz. Fayyad é a favor das negociações de paz como meio para resolver o conflito com Israel, recorrendo à solução de dois Estados. No seu primeiro mandato como primeiro-ministro, que teve início em junho de 2007, após o Hamas se ter apoderado de Gaza, Fayyad conquistou o respeito dos governos árabes e do Ocidente, criando instituições palestinas e proporcionando uma boa administração.

Embora a região tivesse sofrido com a guerra brutal de Gaza em janeiro, em muitos aspectos, as perspectivas de paz eram as melhores da última década. Tínhamos um novo presidente americano que começara imediatamente a empenhar-se seriamente no processo de paz e que tencionava adotar uma abordagem de mútuo respeito e partilha de interesses com o mundo muçulmano. Tínhamos uma liderança palestina compreensiva e disposta a fazer sacrifícios pela paz. Além disso, tínhamos o forte apoio de um mundo árabe mais lato que manifestara o desejo de normalizar as relações com Israel, integrando totalmente o país na região, com base numa Iniciativa de Paz Árabe.

A única carta fora do baralho era o recém-eleito primeiro-ministro israelense, Benjamin Netanyahu. Da primeira vez que fora primeiro-ministro ganhara a reputação de ser um agressivo extremista que recusava o compromisso. Ao voltar para Amã, perguntava-me se a década anterior o tinha mudado. Teria de esperar para ver.

A 14 de maio, Netanyahu foi a Amã. Não me sentia particularmente otimista com o encontro, pois as nossas interações anteriores não tinham sido produtivas. Começamos com um *tête-à-tête*. Netanyahu mostrava-se um pouco incomodado, talvez por também se lembrar do nosso último encontro.

"Sr. primeiro-ministro", comecei eu, tentando quebrar o gelo, "parabéns pela sua eleição." Perante o sorriso reservado dele, decidi lançar-me de cabeça. "Sei que, para si, a vida de todos os israelenses é sagrada", declarei, "mas creio que a melhor forma de proteger os seus cidadãos é entrar em acordo com os palestinos, fazendo uma paz justa e duradoura com base na instauração de um Estado palestino." Explicando-lhe que tinha como objetivo ajudar a forjar a paz entre Israel e os árabes, disse-lhe que os países árabes se empenhavam numa paz abrangente que permitiria a Israel manter relações plenas e normais com os países árabes e muçulmanos e não apenas uma troca de embaixadas e de olhares frios. Garanti-lhe que tinha a certeza absoluta de que o estabelecimento de relações pacíficas entre Israel e os seus vizinhos árabes nos proporcionaria segurança coletiva e benefícios econômicos a todos. Falei-lhe nos benefícios do investimento árabe na economia israelense e no potencial de investimento israelense no mundo árabe.

Ao perceber que, independentemente das nossas diferenças, eu tentava encontrar um retorno comum, Netanyahu começou a descontrair e passou a contar-me que, aos cinquenta e nove anos, era quase tão velho como o estado de Israel. Segundo me afirmava, para ele era a primeira vez, em quase sessenta anos, que vira Israel e os árabes enfrentarem uma ameaça comum. Tinha alertado o presidente Obama para a grande probabilidade de Netanyahu querer centrar as suas discussões no Irã e observava-o fazer o mesmo comigo.

"Se pretende fazer-nos sentir que o Irã é uma ameaça comum", respondi, "primeiro, teremos de resolver o problema que está no cerne das aflições da região: o conflito israelo-árabe. É aquilo que mais nos preocupa e é nessa área que o Sr. poderá exercer mais impacto." Instei-o a dar passos concretos no sentido de alcançar a paz com os palestinos e disse-lhe que ele teria de deixar de construir colonatos na Cisjordânia e em Jerusalém Oriental, pois eles consumiam os territórios e ameaçavam a viabilidade de uma solução de dois Estados. Em acréscimo, salientei a necessidade de se compreender o caráter sagrado de Jerusalém para todos os muçulmanos e de se cessarem todas as ações unilaterais na cidade santa.

Netanyahu disse-me que não podia dizer algumas coisas em público, devido às pressões políticas internas. Teria alguma dificuldade em falar na necessidade de uma solução de dois Estados e no congelamento dos colonatos. No entanto, queria avançar e afirmava compreender a importância da paz.

"Se realmente quer paz", argumentei, "há sinais importantes que pode enviar ao mundo árabe. Convença-nos de que está empenhado em fazer acontecer alguma coisa nos próximos meses. Caso contrário, o apoio de todos os estados árabes, incluindo a Arábia Saudita, à Iniciativa de Paz Árabe começará a desvanecer-se."

A nossa reunião correu bem melhor do que eu esperava. Netanyahu pareceu-me diferente do homem que eu conhecera dez anos antes. Não rejeitara tudo o que eu dissera categoricamente. Parecia disposto a fazer progressos, mas sabia que os seus atos é que provariam as suas intenções, e não as suas palavras.

Após quarenta minutos a sós, procedemos a uma sessão expandida com os membros das nossas equipes. Começáramos a discutir os pormenores do processo de paz, quando Netanyahu declarou as suas intenções de se concentrar nas questões econômicas.

Contrapus que as oportunidades econômicas não poderiam ser uma alternativa à independência política para os palestinos. "Então e as questões políticas?", insisti eu. "Dada a sua história, os árabes esperam que se centre nos temas econômicos e de segurança em detrimento das conversações de paz."

Netanyahu aceitou os meus comentários e disse que talvez devesse começar com as questões políticas. No entanto, não apresentou qualquer indicação concreta daquilo que estaria disposto a fazer.

"Isso seria o mais prudente", afirmei, esperando que ele transmitisse essa mensagem no seu país.

Depois de Netanyahu se ter ido embora, pus-me a refletir sobre o ponto da situação. Netanyahu era completamente de extrema-direita, mas eu esperava que conseguíssemos colaborar no sentido de criar uma paz duradoura na região. Tínhamos a Iniciativa de Paz Árabe. Tínhamos um presidente americano empenhado na nossa causa. Seria demasiado esperar vir a ter também um primeiro-ministro israelense pragmático com vontade de deixar um legado de paz?

CAPÍTULO 27

Fortaleza Israel ou uma Solução de Cinquenta e Sete Estados?

Durante a primavera e no início do verão de 2009, mantive-me otimista julgando que estávamos prestes a fazer progressos. Tinha motivos para crer que os americanos não tardariam a desenvolver o seu plano de paz. A 4 de junho, três semanas após a visita de Netanyahu à Jordânia, o presidente Obama foi ao Cairo fazer um importante discurso ao mundo árabe e muçulmano. Nesse discurso, o presidente referiu-se à urgente necessidade de se conseguir a paz entre Israel e os palestinos:

> Mas se observarmos este conflito apenas sob a perspectiva de uma ou da outra parte, ficaremos cegos para a verdade: a única solução é ir ao encontro das aspirações de ambas as partes, com dois Estados, onde os israelenses e os palestinos possam viver, cada qual, em paz e segurança.
>
> É do interesse de Israel, da Palestina, da América e do mundo inteiro. E é por isso que tenciono seguir pessoalmente esse objetivo, com toda a paciência e dedicação que a tarefa implica.

Contudo, com a passagem do tempo, os progressos por que esperávamos há meses começaram a parecer uma hipótese cada vez mais remota. Os israelenses recusavam-se a proceder ao congelamento total dos colonatos – aos olhos do mundo árabe, um elemento necessário para se gerar um ambiente conducente a conversações sérias. A posição israelense desafiava as exigências diretas do presidente Obama, da União Europeia e da restante comunidade internacional. O certo é que essa postura quase unânime em nível internacional de pouco serviu para convencer Netanyahu a mudar de posição. A única coisa que este fez foi anunciar uma moratória parcial de dez meses à construção de novos colonatos na Cisjordânia, a 5 de novembro de 2009, à custa de muita confrontação pública e de um forte braço de ferro com os Estados Unidos. Essa moratória excluía as construções em Jerusalém Ocidental e não se aplicava aos dois mil e novecentos edifícios já em fase de construção.

Os esforços no sentido da paz pareciam estar num impasse e a esperança de se fazerem progressos desvanecia-se. No mundo árabe, a credibilidade de Obama e dos líderes árabes moderados tinham sofrido um grande golpe. Não funcionávamos num vácuo e os desmancha-prazeres da região não perderam tempo a atacar todo o processo de paz, denunciando-o como uma abordagem defeituosa que voltava a revelar-se ineficaz para acabar com a ocupação.

A certa altura, surgiram indicadores de que, em finais de setembro, quando os líderes mundiais, incluindo o primeiro-ministro israelense Netanyahu e o presidente palestino Abbas, se reunissem na reunião da Assembleia Geral da ONU, em Nova Iorque, se anunciaria um plano de paz americano. A pedido de Obama, Abbas e Netanyahu reuniram-se pela primeira vez desde a eleição de Netanyahu, seis meses antes. Contudo, essa reunião não deu frutos. O governo israelense recusava-se a tomar as medidas necessárias para se reiniciarem as negociações de paz. Além do cessar da construção de colonatos, os palestinos queriam que o governo israelense confirmasse que reconhecia os seus anteriores acordos e exigiam um claro compromisso de Israel para com a instauração de um Estado palestino independente nos territórios ocupados em 1967, com trocas de terras acordadas. Netanyahu mantinha-se firme na sua posição quanto aos colonatos e recusava-se a comprometer-se com acordos anteriores ou com quaisquer termos de referência para as negociações.

* * *

Desde que Israel ocupou a Cisjordânia e Jerusalém Oriental, em 1967, que os vários governos israelenses vêm aprovando a construção de colonatos nos territórios palestinos ocupados. Atualmente, existem cerca de cento e vinte colonatos e perto de cem "postos avançados" – comunidades israelenses erigidas por colonos israelenses sem o selo oficial de Israel – na Cisjordânia, bem como mais de vinte colonatos em Jerusalém. No total, vivem lá cerca de meio milhão de colonos, mais de duzentos mil dos quais em Jerusalém. Em termos de legislação internacional, esses colonatos são ilegais, pois foram construídos em territórios de onde a ONU mandou Israel retirar-se repetidas vezes. O congelamento dos colonatos era um dos componentes essenciais do Roteiro para a Paz de 2003. Os palestinos têm insistido em exigir o cessar da construção e expansão dos colonatos como pré-requisito fundamental para o sucesso das negociações. O problema é que os colonatos minam a viabilidade de um Estado palestino soberano. Israel gosta de se referir ao congelamento dos colonatos como sendo uma enorme concessão (que, até à data, não se dispõe a fazer), quando a verdade é que esse ato representa apenas o cumprimento da legislação internacional.

Nas semanas que antecederam a reunião da Assembleia Geral da ONU, em setembro de 2009, apesar da intensa pressão exercida pelos EUA, Netanyahu recusou-se a concordar com um congelamento total dos colonatos. Aliás, foram até autorizadas novas construções. O dilema que esses colonatos representavam para os palestinos e seus apoiantes árabes era evidente: como podia Mahmoud Abbas sentar-se a negociar um acordo de paz com um parceiro que todos os dias criava novos fatos no terreno, alterando a demografia e a geografia da própria terra em que o Estado palestino seria instaurado? Se o governo israelense estivesse realmente empenhado numa solução de dois Estados, por que razão continuaria a construir colonatos numa terra que pertenceria a um futuro Estado palestino? Estaria o governo israelense a construir habitações gratuitas para os palestinos? Seria pouco provável. A sua recusa em cessar a atividade dos colonatos suscitava dúvidas legítimas acerca do seu empenho na criação de um Estado palestino.

A 23 de setembro, o presidente Obama fez um importante discurso. Dirigindo-se à Assembleia Geral da ONU, declarou:

> Continuamos a apelar aos palestinos para deixarem de nos incitar contra Israel e continuamos a salientar o fato de a América não aceitar a legitimidade da contínua construção de colonatos israelenses.
>
> É chegado o momento – é chegado o momento de relançar as negociações sem pré-requisitos que abordem as questões relativas ao estatuto permanente: a segurança para os israelenses e os palestinos, as fronteiras, os refugiados e Jerusalém. Temos um claro objetivo: dois Estados a viver lado a lado em paz e segurança – um Estado judaico de Israel, com verdadeira segurança para todos os israelenses, e um Estado palestino independente, viável, com território contíguo, acabando com a ocupação que começou em 1967 e realizando o potencial do povo palestino.

Nesse discurso e no de junho de 2009, Obama definiu a política dos EUA em termos bem concretos. Na Jordânia, descrevemos essa posição política como os "termos de referência de Obama" para que as negociações alcancem uma paz justa e duradoura no interesse de Israel, da Palestina, da América e do mundo.

Com a deterioração da esperança que sentíamos na primavera para a desilusão que tivemos no outono, a administração americana começou a preocupar-se com todo um rol de problemas urgentes: o Afeganistão e o Paquistão; os novos desenvolvimentos do programa nuclear do Irã; a reforma do sistema de saúde a que Obama deu prioridade; e a contínua crise econômica global. Estes foram os principais problemas com que se confrontaram os Estados Unidos nos primeiros meses de 2010 e que vieram impedir a administração de dar toda a sua atenção ao processo de paz. Neste momento, já estamos diante de uma crise de grandes proporções. Por mais encorajador que tivesse sido o discurso de Obama, as suas palavras pouco tinham feito para alterar a realidade no terreno. A frustração veio substituir a esperança.

* * *

No momento de edição deste livro, estamos a um ano do vigésimo aniversário de um processo de paz nascido em outubro de

1991, em Madri. No entanto, o contraste entre o momento presente e essa época não poderia ser maior. Estamos num local bem mais obscuro do que estávamos há vinte anos. Nessa altura, os palestinos e os israelenses encontraram-se, cara a cara, para encetarem as negociações para um futuro partilhado. Ambas as partes ansiavam pelo futuro. Regredimos sob todos os aspectos, pois já nem sequer falamos em negociações diretas e sim em "conversações de proximidade", com um intermediário (os Estados Unidos) entre israelenses e palestinos.

As conversações de proximidade surgiram no início de 2010, no seguimento dos esforços de quase um ano da parte do enviado especial americano para o Oriente Médio, George Mitchell, para lançar negociações diretas. Até agora, os seus esforços ainda não conduziram ao progresso necessário, pois, além de se manter inflexível quanto à construção de colonatos na Cisjordânia e em Jerusalém Oriental, Netanyahu também se recusa a retomar as negociações com base nos resultados a que tinham chegado os palestinos com os anteriores governos israelenses, após os Acordos de Oslo.

Todos os estados árabes apoiaram a participação da liderança palestina nas conversações de proximidade como alternativa à ausência total de conversações, na esperança de que estes não tardassem a passar a sérias negociações diretas. Contudo, já sabíamos que isso seria um empreendimento muito difícil. Apoiamos as conversações de proximidade por crermos que o vácuo nos esforços pela paz só traria benefícios para os extremistas que aproveitariam o fracasso em retomar as negociações para promover os seus objetivos. Aliás, se os palestinos decidissem não se envolver nas conversações de proximidade, o maior beneficiário seria Netanyahu. Sob a acrescida pressão dos americanos e da comunidade internacional pelo fato de continuar a construir colonatos, minando as possibilidades de se retomarem as negociações, o que Netanyahu mais queria era provocar os palestinos e os países árabes ao ponto de os levar a desistir dos esforços pela paz. Se assim fosse, já poderia queixar-se novamente de não ter um parceiro para negociações.

Em abril de 2010, fui aos Estados Unidos reunir-me com o presidente Obama, em Washington. A nossa conversa centrou-se mais uma vez no conflito israelo-palestino. Ambos nos sentíamos desiludidos e preocupados perante a falta de progressos no último ano e esperávamos que as conversações de proximidade abrissem em breve o caminho para as negociações diretas. Depois da reunião, afigurou-se-me como evidente que os Estados Unidos ainda não tinham preparado o seu plano para levar as partes a estabelecer um acordo final. A administração queria que as partes começassem as conversações de proximidade para poder avaliar a situação, antes de lançar as suas ideias na mesa das negociações.

Saí da reunião com a garantia do persistente empenho do presidente na resolução do conflito israelo-palestino. Contudo, dada a intransigência de Netanyahu, sabia que ainda demoraria algum tempo até se fazerem progressos reais. Assim sendo, pareceu-me que a nossa tarefa seria manter viva a esperança até que a América estivesse preparada para exercer todo o seu peso sobre as partes de modo a que estas retomassem negociações sérias com a intenção de avançarem para um acordo. A região não podia dar-se ao luxo de perder mais uma vez a esperança. Isso implicaria uma guerra.

No mês de março anterior, exatamente quando o vice-presidente americano Joe Biden visitava Jerusalém, os israelenses anunciaram os seus planos para construir mil e seiscentas novas habitações de colonato nos territórios ocupados de Jerusalém Oriental. Essa medida israelense não só provocava o embaraço e a fúria do vice-presidente americano, como também desafiava efetivamente a autoridade americana. George Mitchell cancelou a sua viagem seguinte à região e Hillary Clinton convocou Netanyahu para lhe apresentar uma queixa formal. Seguiram-se severas trocas de palavras entre Washington e Tel Aviv. O desacordo diplomático seguiu-se a um desentendimento muito público que ocorrera entre a administração americana e Israel no outono anterior, acerca da questão do congelamento dos colonatos, num ambiente de censura internacional acrescida por Israel ter feito descarrilar o processo de paz. A União Europeia mostrou o seu particular desagrado pelas políticas de colonato israelenses e o seu impacto nos esforços para a paz. A 8 de dezembro de 2009, o Conselho dos Negócios Estrangeiros da UE, sob a presidência sueca, expressou sérias preocupações perante a falta de progressos e instou a que se retomassem negociações com caráter de urgência que conduzissem "num prazo acordado, a uma solução de dois Estados com o Estado de Israel e um Estado da Palestina independente, democrático, contíguo e viável, vivendo lado a lado, em paz e segurança."

O Conselho declarou que "os colonatos e a barreira de separação construídos em territórios ocupados, as demolições de casas e os despejos são ilegais ao abrigo da legislação internacional, constituindo um obstáculo à paz e ameaçando inviabilizar uma solução de dois Estados." Além disso, a UE instou o governo de Israel a "cessar imediatamente todas as atividades relativas aos colonatos, em Jerusalém Oriental e no restante território da Cisjordânia, incluindo o crescimento natural, e a desmantelar todos os postos avançados erigidos desde março de 2001", tal como se exige na primeira fase do Roteiro para a Paz de 2003.

Além disso, o Conselho afirmou nunca ter reconhecido a anexação israelense de Jerusalém Oriental, frisando que "não havendo uma paz verdadeira, deve-se proceder a negociações para encontrar uma forma de resolver a questão do estatuto de Jerusalém como futura capital de dois Estados". Em declarações subsequentes, a UE condenou com veemência o anúncio de novos planos de colonatos da parte de Israel.

Em abril de 2010, o ex-ministro dos Negócios Estrangeiros israelense, Tzipi Livni, lamentou a deterioração da posição de Israel perante a comunidade internacional. Tal como escreveu num artigo: "Na melhor das hipóteses, o mundo atual desconhece a política do governo israelense e, na pior das hipóteses, não confia nas suas intenções."

Pouco antes da minha ida a Washington, participei de uma reunião da Cimeira da Liga Árabe, em Sirte, na Líbia. Apesar de reiterar o seu apoio à Iniciativa de Paz Árabe, a cada dia que passa, a cimeira não observa qualquer progresso e sente cada vez mais pressão para abandonar as negociações como forma de resolver o conflito. Na região, intensificam-se as tensões em mais do que uma frente. Gaza continua a ser uma prisão virtual com mais de um milhão e meio de habitantes a viver em condições desesperantes. Jerusalém é um rastilho e Israel brinca com o fogo, tentando mudar-lhe a identidade e desprovê-la da sua população cristã e muçulmana, através de demolições e despejos, e recusando-se a permitir que os árabes construam o que seja na cidade. Mais adiante, na frente israelo-libanesa, parece que estamos prestes a testemunhar outro confronto, com Israel a ocupar território libanês no sul e o Hezbollah a desenvolver as suas capacidades militares. Como pano de fundo de tudo isto está a crise com o Irã e as suas implicações para a segurança regional.

As conversações de proximidade foram oficialmente lançadas em maio, após várias visitas de Mitchell à região. Abbas entrou nas conversações com o apoio da Liga Árabe, cujo comitê ministerial para a Iniciativa de Paz Árabe se reuniu a 1 de maio e marcou novo encontro ao fim de quatro meses para avaliar os progressos. A esperança era que com essas conversações se acordassem termos de referência para negociações diretas sobre o estatuto permanente.

Apoiamos essas conversações por estas nos parecerem ser a única alternativa à completa separação que teriam constituído um perigoso golpe aos nossos esforços de uma década para alcançar a paz. A esperança era que as conversações aproximassem as duas partes o suficiente para se retomarem as negociações diretas. Mesmo assim, em julho não se chegara a qualquer acordo quanto aos termos de referência para as negociações diretas. Para a Jordânia, o fracasso não é viável e continuamos a trabalhar com todas as partes para garantir que se fariam progressos no sentido de levar os israelenses e os palestinos novamente para a mesa das negociações.

O senador Mitchell trabalhou com os palestinos e os israelenses para chegarem a um acordo relativamente às condições para se retomarem as negociações diretas. Os seus esforços ficaram num impasse. Os palestinos queriam as conversações de proximidade para tratar das questões das fronteiras, da segurança, dos refugiados, de Jerusalém e de outros temas complexos relacionados com o estatuto permanente. Abbas apresentou a Mitchell documentos com uma posição totalmente marcada quanto a esses assuntos, dizendo-lhe que queria começar pelas fronteiras e a segurança, pois um acordo para as fronteiras do futuro Estado palestino facilitaria a resolução do problema dos colonatos, enquanto um acordo para as medidas de segurança responderia à principal preocupação de Israel.

Netanyahu, porém, não se envolveria em qualquer debate substancial em torno desses problemas. Apesar de continuar a falar em termos gerais acerca do seu compromisso para com a paz, não colocava novas ideias na mesa. Para ele, um tal envolvimento teria de ser feito em negociações diretas.

A frustração dos palestinos e de outros da região crescia de dia para dia perante a falta de progressos. As esperanças de que a administração americana salvasse a situação, avançando com as suas próprias propostas para dar andamento ao processo, desvaneceram-se quando Mitchell e outros oficiais americanos tornaram claro que Washington não se arriscaria a oferecer quaisquer propostas passíveis de ser rejeitadas categoricamente por qualquer das partes.

Com a aproximação do término do prazo para a moratória dos colonatos em setembro, naquilo que a região entendeu como uma grande reviravolta da posição dos EUA, Washington deixou de exigir o congelamento total da construção de colonatos como requisito para o envolvimento das duas partes em negociações diretas. A administração Obama começou a promover o retomar das conversações diretas mesmo sem um congelamento dos colonatos e a pressionar Abbas para concordar com os novos termos. Os palestinos afirmavam não poder envolver-se diretamente com os israelenses sem estes cessarem as atividades dos colonatos ou, pelo menos, anunciarem termos de referência concretos para a nova rodada de conversações.

Todos nós, os que tínhamos apoiado as conversações de proximidade, fomos altamente criticados por quem, na região, considerava esse exercício fútil. Abbas, muito em particular, foi acusado de ter sucumbido à pressão dos EUA e de ter comprometido o interesse do seu povo. Para ele, seria um suicídio político avançar para negociações diretas sem fixar como objetivo a instauração de um Estado palestino com base nas fronteiras de 1967, acompanhada de trocas menores de terras. O panorama tornava-se novamente desolador, mas sabíamos que era preciso manter viva a esperança de encontrar uma forma de sair do buraco. Abandonar o processo antes de o explorar até às suas últimas consequências não era viável. Isso implicaria condenar a região a um estado de desespero que a levaria a entrar num novo ciclo vicioso de conflito e guerra.

A 23 de julho recebi uma chamada de Obama. Tendo já decidido que a única forma de quebrar o impasse seria proceder a negociações diretas, o presidente reiterava o seu empenho na resolução do conflito israelo-palestino e afirmava que faria o que fosse preciso para se certificar de que se encontraria uma solução. No entanto, se os palestinos não aceitassem falar diretamente com os israelenses, a sua administração deixaria de se envolver no processo. Obama foi muito explícito: os palestinos poderiam colaborar com ele para resolver esta questão através de negociações diretas e contariam com o seu total apoio, ou voltavam-lhe as costas e resolviam tudo sozinhos. O presidente passou a mesma mensagem aos outros líderes da região.

Era preciso fazer uma escolha. Três dias depois, a 26 de julho, quando recebi Abbas em Amã, ambos concordamos que não se reuniam as condições necessárias para se passar às negociações diretas. A recusa de Netanyahu em aceitar os anteriores termos de referência e em cessar a construção de novos colonatos era desencorajadora, tal como o era a renitência dos Estados Unidos em comprometer-se com as suas próprias propostas para resgatar as negociações, caso estas chegassem a um beco sem saída. Contudo, dizer não a Washington sairia caro ao povo palestino com a sua demanda pelo estatuto de Estado. A decisão de abandonar o processo de paz não poderia ser tomada levianamente. O maior vencedor seria Netanyahu, que acusaria os palestinos de terem abortado os esforços pela paz e continuaria a criar novos fatos no terreno para inviabilizar a instauração de um Estado palestino. Ao mesmo tempo, os palestinos deixariam de ter uma justificativa para passar a negociações diretas que alterassem a direção a tomar, ignorando os progressos feitos nas anteriores rodadas de conversações, nas duas décadas transcorridas desde Madri. Combinamos explorar todas as possibilidades e consultar outros líderes árabes acerca dos próximos passos a dar. Além disso, ambos considerávamos necessário continuar a debater com a administração americana formas de encontrar uma solução.

No dia seguinte, recebi Netanyahu em Amã. Já passara um ano desde a sua anterior visita e, dada a urgência da situação em que nos encontrávamos, sentia que já era altura de termos outra conversa cara-a-cara. Na conversa que tivemos a sós, antes da reunião à hora do almoço com as nossas equipes, disse ao primeiro-ministro que tínhamos a oportunidade única de dar ao nosso povo a paz por que tanto se ansiava. Se deixássemos escapar essa oportunidade, os israelenses, os palestinos e todos nós na região teríamos de viver com as terríveis consequências de outras guerras devastadoras. Mais uma vez, Netanyahu só falou em termos gerais acerca do compromisso do seu governo em alcançar um acordo de paz com os palestinos. No entanto, explicou-me que, primeiro, Israel teria de receber garantias de segurança. Disse-lhe que um acordo de paz com os palestinos, num contexto abrangente que assegurasse relações normais com todos os países árabes e muçulmanos, seria a melhor garantia de segurança para Israel. Para além disso, instei o primeiro-ministro a cessar a construção dos colonatos, de modo a permitir o reinício de um sério debate em torno de questões essenciais como a das fronteiras e não só.

Durante o almoço com as nossas equipes, discutimos o potencial econômico da região no caso de se fazer um acordo de paz. Quando Netanyahu me falou dos seus planos para construir ferrovias até às fronteiras com a Jordânia e a Síria, referi-lhe que a Jordânia também tencionava construir vias férreas com ligação às novas ferrovias sauditas, a sudeste, e sírias, a norte. Se tivéssemos paz na região, Israel poderia ligar-se às nossas ferrovias para chegar aos países árabes do Golfo e às da Síria para chegar à Europa. Todavia, nas circunstâncias presentes, a rede de ferrovias israelense acabaria nas suas fronteiras. Conversamos sobre outros projetos de infra-estrutura regional que serviriam Israel se conseguíssemos alcançar uma paz abrangente. Tinha esperanças de que, ao frisar a disposição de todos os países árabes e muçulmanos para estabelecer laços normais com Israel e ao salientar o grande potencial de cooperação regional, encorajaria o primeiro-ministro israelense a tomar as medidas necessárias para avançar com os esforços pela paz. A reunião terminou num tom positivo, com a conversa centrando-se no potencial de crescimento de uma cooperação econômica bilateral entre os nossos setores públicos e privados. No entanto, precisávamos de mais do que visões elevadas de uma futura cooperação econômica para sairmos do atoleiro em que nos encontrávamos. Além disso, no passado, as palavras positivas não se haviam traduzido em atos. A verdade é que tínhamos demasiado em jogo e estava decidido a fazer tudo o que pudesse por meus esforços para promover o progresso.

Entretanto, a pressão sobre Abbas aumentava. Antes de uma reunião do Comitê de Acompanhamento da Liga Árabe para a Iniciativa de Paz Árabe, no Cairo, a 29 de julho, Abbas falou sobre as difíceis escolhas com que se deparava. Numa entrevista à imprensa, referiu: "Nunca na vida me confrontei com tanta pressão como a que os Estados Unidos e a União Europeia estão atualmente a exercer sobre mim para retomar as negociações diretas com os israelenses." Estávamos num momento crítico e, na reunião que realizaram no Cairo, os ministros dos Negócios Estrangeiros aperceberam-se disso. Após longos debates e muito trabalho da parte da Jordânia, do Egito, da Arábia Saudita e dos palestinos, entre outros países moderados, os ministros dos Negócios Estrangeiros concordaram com o princípio de retomar negociações diretas, mas incumbiram Abbas de decidir quando. Os ministros redigiram uma carta que seria enviada a Obama, definindo as condições necessárias para se retomarem as conversações. Uma delas era a articulação de claros termos de referência para as negociações e o cessar das atividades relativas aos colonatos. A Liga Árabe concedeu a Abbas o poder de avaliar a situação para decidir a favor ou contra as conversações diretas com os israelenses.

A 12 de agosto, reuni-me com o presidente Mubarak, no Cairo, para falarmos sobre aquela situação de rápido desenvolvimento. Mitchell e outros oficiais americanos tinham lançado a ideia de o Egito ou a Jordânia acolherem o relançamento das conversações diretas e de se convidar a Secretária de Estado Hillary Clinton. Ambos sentimos que isso não bastaria. Éramos da opinião de que, para retomar as conversações, os Estados Unidos teriam de se encarregar do processo. O presidente Obama teria de lhe demonstrar total apoio para que o processo pudesse ter qualquer oportunidade real de êxito. Teria de ser ele o anfitrião da cerimônia de relançamento do processo, em Washington, ou participar no referido evento, caso este fosse realizado no Egito ou na Jordânia. Além disso, tanto eu como Mubarak estávamos de acordo no que dizia respeito à necessidade de se encontrar uma fórmula para dar aos palestinos algumas garantias quanto aos termos de referência para as negociações. Após a reunião com Mubarak, reuni-me com Abbas, que também se encontrava no Egito para falar com Mubarak.

Eu, Mubarak e Abbas reconhecemos que seria essencial contar com o envolvimento continuado dos EUA no processo. Além disso, não queríamos que os palestinos fossem culpabilizados pelo colapso dos esforços pela paz. Precisávamos de ideias criativas para nos certificarmos de que as negociações não seriam um exercício fútil, passível de desencadear outro interminável processo e de comprometer os interesses dos palestinos.

Nos dias que se seguiram, e após um intenso debate com a participação de muitos países árabes, os palestinos, os europeus e os americanos, acordou-se em retomar as conversações em Washington, a 2 de setembro, no seguimento de uma cerimônia de relançamento organizada por Obama no dia anterior e a que compareceriam Mubarak, Abbas, Netanyahu, Tony Blair (em representação do Quarteto da União Europeia, da Rússia, dos Estados Unidos e das Nações Unidas) e eu próprio. Antes disso, o Quarteto prepararia o cenário das negociações, emitindo uma declaração onde se estabelecia que o objetivo das negociações seria alcançar um acordo final com base numa solução de dois Estados.

A 20 de agosto, o Quarteto emitiu uma declaração em que reafirmava o apoio dos seus membros a "negociações diretas entre os israelenses e os palestinos para resolver todas as questões relativas ao estatuto permanente." O Quarteto reiterou as posições que tinha adotado nas declarações anteriores e, muito particularmente, as que haviam sido anunciadas a 9 de março de 2010, em Moscou. As referidas declarações sublinhavam que as negociações deveriam "levar a um acordo negociado entre as partes que ponha fim à ocupação iniciada em 1967 e resulte na emergência de um Estado palestino independente, democrático e viável, a viver lado a lado em paz e segurança com Israel e os seus outros vizinhos".

O Quarteto apelava a que os palestinos e os israelenses se juntassem ao lançamento das negociações diretas a 2 de setembro, em Washington. Em acréscimo, expressava a sua "determinação em apoiar as partes no decorrer das negociações a serem concluídas no prazo de um ano" e instava as duas partes a absterem-se de cometer atos provocatórios e de recorrer a uma retórica inflamatória. Os palestinos consideraram que as declarações do Quarteto constituíam os termos de referência.

Os convites para as negociações foram emitidos pela secretária de Estado Clinton no mesmo dia. Nas cartas que enviou aos israelenses e aos palestinos, Clinton enfatizou o compromisso da administração dos EUA para com uma abrangente paz no Oriente Médio. Clinton declarou: "Ao avançarmos, é importante que as ações de todas as partes contribuam para nos impulsionar os esforços e não para os travar. Tivemos dificuldades no passado e teremos dificuldades no futuro. Sem dúvida alguma que encontraremos mais obstáculos. Os inimigos da paz continuarão a tentar derrotar-nos e a tentar fazer descarrilar estas conversações. Mas peço perseverança às partes e que sigam adiante, mesmo nas fases mais complicadas, sem deixarem de trabalhar para alcançarem uma paz justa e duradoura na região."

Nessa tarde, Clinton telefonou-me para me pôr ao corrente dos preparativos e para me fazer o convite. Passei os dias seguintes a debater as medidas que poderiam ser tomadas para assegurar o progresso com os meus congêneres líderes árabes. Encontrei-me com o rei Abdullah da Arábia Saudita, com o rei do Bahrein, Hamad Al Khalifa, e com o emir do Kuwait, o xeque Sabah Al-Ahmad Al-Sabah. Além disso consultei-me telefonicamente com o rei Mohammed VI de Marrocos e com o presidente sírio Bashar Al-Assad. Nenhum de nós tinha quaisquer ilusões quanto ao grau de dificuldade daquela situação, mas éramos majoritariamente da opinião, que, apesar das aparentes concessões que os palestinos tinham de fazer, envolvendo-se nas negociações sem um congelamento total dos colonatos, sem termos de referência, nem mesmo objetivos definidos, era imperativo dar o nosso apoio àquela oportunidade que proporcionavam as conversações.

Deixei Washington a 29 de agosto. Antes de partir, pareceu-me conveniente dirigir-me diretamente ao público israelense, para tentar explicar como seria importante para eles apoiar decisões corajosas. Numa entrevista à televisão israelense que foi ao ar a 28 de agosto, disse que, mais do que nunca, precisávamos de políticos corajosos, dispostos a tomar as difíceis decisões requeridas para a paz. Dada a sua tendência para se enervarem face a questões de real magnitude ou controvérsia, os políticos teriam de saber que contavam com o apoio da população para se sentirem encorajados a seguir em frente.

Infelizmente, as pessoas de ambos os lados já tinham perdido a fé no processo. A falta de resultados das inúmeras rodadas anteriores de conversações tinha gerado uma alarmante erosão de apoio público às negociações. Desde os Acordos de Oslo que Israel fora passando gradualmente para a direita – abandonando o Partido Trabalhista em prol de alternativas mais nacionalistas e religiosas. Muitas das pessoas que haviam apoiado o processo de paz tinham perdido a esperança ou deixado o país após o assassinato de Rabin. O mundo árabe também tinha sido abalado por décadas de falsas promessas e revogações. A "barreira de segurança", o confisco de terras e as detenções arbitrárias, a guerra em Gaza e a invasão do Líbano tinham tido os seus custos – tal como o clima de desconfiança e antagonismo em torno da guerra do Iraque. Desta vez, o ceticismo era particularmente elevado, devido à reputação que Netanyahu tinha de ser um inflexível seguidor da linha dura e à percepção de que os palestinos haviam sido forçados a fazer concessões importantes, abdicando da exigência de se cessarem todas as atividades relativas aos colonatos antes do início das conversações.

Eu sabia que, ao apoiarmos conversações diretas num cenário de tanta oposição pública, eu, Mubarack e Abbas perderíamos capital político entre os nossos povos, que não acreditavam na possibilidade de as negociações serem frutíferas. Contudo, todos sentíamos que o preço de abandonar esta última oportunidade era demasiado alto. Não nos poderíamos dar ao luxo de ter mais um período de não interferência dos Estados Unidos. Aqui tínhamos nós um presidente americano a exercer o seu peso pessoal sobre o processo. Não poderíamos deixar escapar esta oportunidade, pois assim só beneficiaríamos os desmancha-prazeres. Quando estivera com Obama, em Washington, em abril de 2009, dissera-lhe que, desta vez, os árabes não o deixariam sozinho a carregar aquele fardo pesado às costas. Estávamos numa encruzilhada decisiva e tínhamos de nos certificar de que seguiríamos na direção correta.

Quando atravessamos a porta para entrar num salão cheio de câmaras, na Casa Branca, na noite de 1 de setembro, eu, Obama, Mubarak, Abbas e Netanyahu éramos o centro das atenções. Estávamos ali para enviar uma mensagem de esperança e demonstrar que se executavam as ações necessárias para resolver um conflito que, nas últimas décadas, vinha frustrando os esforços de muito boa gente. Essa não era uma mensagem fácil de enviar naquele ambiente generalizado de desilusão e descrença que se instalara na região. As pessoas queriam atos e não palavras – e atos era o que esperávamos conseguir nas intensas rodadas de debates que se seguiriam imediatamente. O presidente Obama referiu o seu inabalável empenho na resolução do conflito. Mubarak foi claro ao enfatizar o apoio árabe a uma solução e eu indiquei as dificuldades que nos esperavam, mas alertei para as desastrosas consequências do fracasso. Netanyahu esforçou-se ao máximo para se apresentar como um homem de paz e dirigiu-se diretamente a Abbas, declarando que vinha a Washington trabalhar para se chegar a uma paz histórica. Abbas mostrou-se magnificente, afirmando querer dignidade, liberdade e paz tanto para o seu povo como para os israelenses.

Os discursos públicos foram seguidos de um jantar oferecido pelo presidente Obama. Abbas e Netanyahu sentaram-se ao lado um do outro. Obama frisou a necessidade de os dois líderes se ajudarem mutuamente a ter êxito e disse que poderiam contar com o nosso auxílio na sua difícil caminhada para a paz. Durante o jantar, Abbas e Netanyahu entraram em sérias conversações. Poderiam aqueles dois homens negociar um acordo de paz que pudesse, finalmente, livrar a nossa região da ameaça de guerra? Teríamos de esperar para ver. Faltavam apenas vinte dias para um teste decisivo. A 26 de setembro expirava a moratória parcial à construção de colonatos que Netanyahu anunciara em novembro. O futuro das negociações dependeria da sua decisão de renovar ou não essa moratória.

Na manhã seguinte, Abbas e Netanyahu reuniram-se na sede do Departamento de Estado para a primeira rodada de negociações. Após uma reunião alargada que incluía membros das delegações da Palestina, de Israel e da América, Netanyahu, Abbas, Clinton e Mitchell realizaram uma reunião menor antes de Netanyahu se reunir a sós com Abbas. As partes acordaram em abster-se de tecer quaisquer declarações públicas para evitar quaisquer pronunciamentos provocatórios passíveis de colocar em causa o processo. O senador Mitchell seria o único a emitir uma declaração à imprensa.

Mitchell caracterizou as conversações como "longas e produtivas", reiterou a sua convicção de que as negociações poderiam concluir-se num ano e explicou que Abbas e Netanyahu estavam dispostos a abordar as negociações de boa-fé. Mitchell reiterou o empenho deles para com o "objetivo de dois Estados para dois povos e uma solução do conflito que resolva todas as questões, acabe com todas as reivindicações e estabeleça um Estado da Palestina viável ao lado de um Estado de Israel seguro".

As partes aceitaram começar a trabalhar no enquadramento para um acordo de estatuto permanente. Abbas e Netahyahu combinaram reunir-se de duas em duas semanas, marcando o encontro seguinte para os dias 14 e 15 de setembro. A rodada de conversações que se seguiu teve lugar em Sharm El Sheikh, a 14 de setembro, e em Jerusalém, no dia 15, na presença de Clinton e ensombrada pelo fim do prazo para a moratória que não tardava a chegar. Mais uma vez, Mitchell foi o único que prestou declarações à imprensa. Nesta ocasião, o senador comunicou que os dois líderes haviam reiterado o compromisso feito em Washington e começado a abordar as questões complicadas. Além disso, explicou que os Estados Unidos permaneceriam envolvidos como um parceiro sério. Apesar da sua tentativa de demonstrar otimismo, todas as pessoas da região receavam que as conversações estivessem prestes a entrar em colapso, uma vez que Israel dava todas as indicações de retomar a construção de colonatos a 26 de setembro.

Quando os dois líderes passaram a centrar-se em pormenores, as dificuldades tornaram-se mais aparentes. Abbas disse a Netanyahu que queria avançar nas questões do estatuto permanente e confrontou o primeiro-ministro de Israel com as posições palestinas, sugerindo novamente que começassem por tratar das fronteiras e da segurança. Contudo, as conversações acabaram num tom negativo, com Netanyahu a insistir no estabelecimento de medidas de segurança que assegurassem a contínua presença de Israel nas futuras fronteiras orientais e ocidentais da Palestina, para proteção de potenciais ameaças. Abbas declarou que concordava com a manutenção de mecanismos de segurança, incluindo a presença de forças internacionais, mas que não poderia aceitar a presença de soldados israelenses em território palestino.

A situação deteriorou-se ainda mais nos dias seguintes, pois os políticos israelenses fizeram declarações públicas inflamatórias, dizendo que a construção dos colonatos recomeçaria imediatamente depois do fim da moratória. Os palestinos foram enfáticos nas suas afirmações de que se retirariam das negociações se os israelenses não prolongassem a moratória. A crise parecia inevitável.

Tal como nós, o presidente Obama apercebia-se de que se não se encontrasse uma solução para o dilema da moratória, todo aquele difícil esforço para conseguir levar as duas partes à mesa de negociações teria sido em vão. Assim, aproveitou a reunião da Assembleia Geral da ONU, em Washington, para enviar uma poderosa mensagem acerca da necessidade de dar seguimento às negociações. "Consideramos que a moratória deve ser prolongada", disse ele. "Consideramos também que as conversações devem prosseguir até à sua conclusão." Obama declarou ainda a todos os chefes de Estado e diplomatas reunidos: "Desta vez, devíamos procurar o melhor que temos em nós. Se o fizermos, quando voltarmos daqui a um ano, podemos ter um acordo que nos traga um novo membro das Nações Unidas – um Estado da Palestina soberano e independente, a viver em paz com Israel."

Infelizmente, o governo israelense não prestou atenção ao apelo do presidente americano, da comunidade internacional e de todos nós que vivemos na região. Mal terminara a moratória e já se anunciava a construção de mais de 840 novas unidades na Cisjordânia e em Jerusalém Oriental. Perante tal situação, os palestinos suspenderam imediatamente as negociações, mas adiaram a decisão formal de as abandonar para dar oportunidade aos esforços para resolver o impasse.

Encontrei-me com Abbas a 3 de outubro, seis dias antes de uma cimeira árabe agendada para 9 de outubro, na Líbia. Abbas sentia-se frustrado com a recusa de Israel em renovar a moratória ainda que fosse por um período limitado de dois ou três meses, durante o qual ele esperava poder tratar da questão das fronteiras. Estudamos cenários criativos que pudessem oferecer outra oportunidade à diplomacia. O desafio consistia em manter a porta aberta a um progresso. Contudo, era de Israel que tudo dependia. Antes de me reunir com Abbas, nesse dia, recebi o senador Mitchell que terminara uma rodada de negociações com os líderes israelenses e tinha combinado reunir-se com Abbas em Amã, após a nossa reunião. Estávamos todos empenhados em encontrar uma forma de quebrar o impasse. Expliquei-lhe que seria impossível para Abbas continuar as conversações sem se resolver o problema dos colonatos. Mitchell reiterou o seu empenho.

A 8 de outubro, Abbas informou o comitê da Liga Árabe de que se retiraria das negociações, caso o governo israelense não renovasse a moratória aos colonatos. Abbas afirmou que se não se prolongasse o congelamento, os palestinos estudariam outras opções, começando por exigir aos EUA o reconhecimento unilateral de um Estado palestino. Caso os Estados Unidos se recusassem a fazê-lo, os palestinos pediriam aos membros da Liga Árabe para exigirem coletivamente uma resolução do Conselho de Segurança da ONU, reconhecendo um Estado palestino, e tentariam obter uma resolução da Assembleia Geral da ONU para colocar os territórios palestinos ocupados sob a tutela da ONU, se os Estados Unidos vetassem essa resolução. "Esgotamos todas as opções", declarou Abbas. O comitê da Liga Árabe apoiou a decisão de Abbas, mas decidiu dar aos Estados Unidos um mês para tentar resgatar as negociações, antes de passar à opção apresentada por Abbas.

No momento da edição deste livro, as negociações diretas estão à beira do colapso. Estamos a duas semanas da expiração do período de um mês dado aos Estados Unidos pela Liga Árabe para encarrilar novamente as negociações. Netanyahu não dá sinais de querer comprometer-se. O seu pretexto é que os parceiros da coligação não aguentariam uma extensão da moratória e que o seu governo desabaria se ele promovesse tal decisão. Teria de oferecer-lhes incentivos suficientes para os convencer a prolongar a moratória – incentivos que os Estados Unidos teriam de proporcionar na forma de um novo pacote de assistência financeira e militar. No frenesi das negociações por canais da retaguarda, os Estados Unidos ofereceram grandes estímulos para Israel prolongar o congelamento dos colonatos, nem que fosse por apenas três meses. Surpreendentemente, até agora Israel tem torcido o nariz a essas ofertas.

Os Estados Unidos continuam a realizar exaustivos esforços diplomáticos para quebrar o impasse, mas as hipóteses de sucesso são cada vez mais escassas. Muitas pessoas do mundo árabe temem que as mudanças de pessoal que se espera advirem das eleições intermédias dos EUA concedam maior proeminência ao atual assistente especial de Obama, Dennis Ross, no processo de paz. Dado, no passado, as suas posições rígidas em nada terem contribuído para o avanço dos esforços pela paz, receia-se que a crescente influência de Ross só sirva para complicar tudo.

É impressionante que um acordo de paz permitindo a Israel estabelecer relações normais com todos os seus vizinhos não tenha sido incentivo suficiente para o governo israelense dar uma oportunidade às conversações de paz, travando os colonatos nem que fosse por um curto período de tempo. Esse é um sinal muito negativo para o mundo árabe e para todos os membros da comunidade internacional que encaram a paz no Oriente Médio como um pilar da estabilidade global. Essa mensagem só poderá servir para dar poder a quem sempre apostou no nosso fracasso. Além disso, é um golpe profundo desferido em todas as forças de moderação da nossa região, sobretudo em Abbas. Em caso de colapso do governo israelense, os israelenses elegerão um novo governo, mas se Abbas perder a credibilidade junto do seu povo ou ficar tão desmoralizado a ponto de se demitir, todo o mundo perderá um parceiro credível para a paz que não será facilmente substituível.

Abbas disse-me pessoalmente e tornou claro em público que fará todos os sacrifícios necessários pela paz. No entanto, não pode fazê-lo sozinho. As afirmações de algumas pessoas em Israel de que ele não conseguia nada devido ao desafio à sua autoridade pelo Hamas são meras desculpas para não se avançar. Abbas necessita de ter um acordo credível para apresentar ao seu povo. Se conseguisse esse acordo, levá-lo-ia a referendo para o seu povo decidir. Nessa altura, ninguém poderia interpor-se entre o povo palestino e o seu direito à liberdade e ao estatuto de Estado. Contudo, sem um acordo, todos teremos de lidar com a real possibilidade do colapso total do apoio público ao processo de paz e a completa falência das políticas moderadas, abrindo caminho ao domínio dos extremistas.

Quando me propus escrever este livro, esperava que já estivéssemos a celebrar a resolução do conflito israelo-palestino e a iniciar uma nova era de paz abrangente no Oriente Médio. Em vez disso, todos nós na região tememos cada vez mais a ameaça de mais uma guerra devastadora. As políticas israelenses são as principais responsáveis por esta deprimente realidade.

Assim, digo o seguinte ao povo de Israel: não permitam que os vossos políticos coloquem em risco a segurança da nação através de escolhas cegas e irrefletidas que continuam a isolar o seu país. Os países que não mantêm relações normais com Israel perfazem quase um terço da totalidade de países do mundo. Até a Coreia do Norte tem melhor reputação junto da comunidade internacional. Uma solução de dois Estados com os palestinos significa, na sua essência, uma solução de cinquenta e sete Estados árabes e muçulmanos, garantindo as relações normais de Israel com os cinquenta e sete países árabes e muçulmanos que apoiam a Iniciativa de Paz Árabe. Se os seus líderes insistirem em escolher o conflito e a guerra, cada um de vocês pode decidir-se pela paz. Isto porque, em última análise, só uma paz uniforme com os seus vizinhos poderá garantir a tão ansiada segurança a Israel.

Não temos de olhar para o futuro distante, para encontrar problemas no horizonte de Israel. A própria demografia alterará a composição da sociedade israelense na próxima década. Atualmente, os israelenses árabes compõem cerca de 20% da sociedade israelense. Sem paz e se Israel continuar a controlar a Cisjordânia, os árabes tornar-se-ão uma maioria. Como resolverá o governo israelense essa situação? Se não nos entendemos no sentido de chegarmos a uma solução de dois Estados que ofereça a promessa de paz e segurança para todos, resta apenas a solução de um Estado. Isso significa que o governo israelense terá de conceder aos palestinos os plenos direitos como cidadãos, acabando assim com o caráter judaico do Estado. A outra opção possível seria Israel continuar a desprover de direitos uma boa parte da sua população, sujeitar os palestinos à ocupação militar e negar-lhes os direitos da cidadania, gerando um novo estado de *apartheid* e mantendo a região inteira refém da ameaça de guerra.

Não existem alternativas. Algumas vozes em Israel falaram daquilo a que chamam a "opção jordaniana", através da qual a Jordânia se tornaria a pátria dos palestinos. Isso pura e simplesmente não acontecerá. Não o permitiremos. Os palestinos não querem e Israel não os pode forçar, pois qualquer tentativa nesse sentido implicará uma guerra e alargará a zona de conflito. Além do mais, a Jordânia não terá qualquer participação na segurança da Cisjordânia. Não substituiremos os carros de combate israelenses pelos carros de combate jordanianos. O único papel que assumiremos será o de continuar a trabalhar pela paz regional, ajudando os palestinos nos seus esforços para estabelecer um Estado independente viável que viverá em paz, lado a lado, com um Estado seguro de Israel.

Israel tem uma clara opção. O que será melhor? Manter-se a Fortaleza Israel, a vigiar pelos taludes os seus vizinhos cada vez mais hostis e agressivos? Ou dispor-se a tomar a mão da paz que lhe estendem os cinquenta e sete Estados muçulmanos para finalmente se integrar na sua região, sendo aceite e aceitando os outros?

Meu pai passou mais de quarenta anos à procura tanto de uma paz duradoura entre Israel e os palestinos como de uma paz abrangente na região. Todavia, muito embora se tenha esforçado por isso até à morte, jamais conseguiria vê-la acontecer. Meu bisavô Abdullah I foi assassinado em Jerusalém, pagando o derradeiro preço pela busca da paz num clima de guerra. Todos nós esperamos que este conflito não nos leve mais líderes corajosos, persistindo pelas futuras gerações.

Em 2009, designei o meu filho mais velho, Hussein, príncipe real, em concordância com a Constituição estatuindo que "o título real passará do detentor do Trono para o seu filho mais velho" mas conferindo ao rei o direito de selecionar um dos seus irmãos como herdeiro. Foi uma decisão difícil. Teria preferido poupá-lo do escrutínio acrescido subjacente ao cargo e conferir-lhe a bênção de uma adolescência tão descontraída como a minha.

Contudo, acabei por considerar que era melhor para o país e para o meu filho saber concretamente que destino eu pretendia para o Reino Hachemita da Jordânia. Hussein já fez dezesseis anos. A minha mais fervorosa esperança é que quando, a seu tempo, assumir as suas responsabilidades, não tenha de se debater com o mesmo conflito que ceifou a vida do seu trisavô.

Há uma década, nos últimos meses da sua vida, meu pai levantou-se, doente, do seu leito para se dirigir a Yasser Arafat e a Benjamin Netanyahu, na assinatura dos Acordos de Wye. Sabia como podia ser frágil o sonho de paz e não alimentava ilusões quanto às dificuldades que surgiriam. "Creio que um passo como este que se conclui hoje inflamará inevitavelmente os que pretendem destruir a vida e a esperança e semear o medo nos corações e nos espíritos das pessoas, fazendo vir-lhes ao de cima os seus piores instintos. À superfície sentir-se-ão céticos, mas se puderem infligirão danos, onde quer que estejam e onde quer que pertençam", disse ele.

Meu pai pronunciava-se numa altura em que a confiança entre israelenses e palestinos era elevada e em que muitos esperavam que os líderes de ambas as partes aproveitassem aquelas fundações para construir uma paz duradoura. A última década de negligência registou a queda da confiança e da esperança para níveis inferiores e fortaleceu quem aposta na destruição.

Todas as famílias de Jerusalém Oriental ou de Tel Aviv, de Ramallah ou de Jaffa, acabam por desejar as mesmas coisas: uma vida com paz e dignidade; a capacidade para cumprir o seu potencial e proporcionar um futuro melhor para os seus filhos. O nosso bom fundo compele-nos sempre a olhar para a luz. Não acredito que o povo de Israel e o povo da Palestina queiram continuar a matar e a morrer. Todos devemos rezar para que os seus líderes políticos lhes dêem a oportunidade de uma vida digna e pacífica.

Se não assistirmos a progressos positivos no próximo ano, temo que se perca a nossa última esperança de paz numa geração e se condene a nossa região a sofrer mais um ciclo de violência, guerra e morte. Receio que estejamos a resvalar para as trevas. Contudo, esse não tem de ser o futuro da nossa região. O nosso povo quer paz. Cabe-nos a nós, líderes, concretizar esse sonho já tão desfeito.

Agradecimentos

Há relativamente pouco tempo, conversei com alguns amigos sobre como era espantoso para mim que já tivessem passado dez anos desde que me tornei rei. Falamos sobre a extraordinária série de acontecimentos por que a Jordânia, o Oriente Médio e o mundo tinham passado nessa década e nas minhas esperanças de que os próximos dez anos registrassem mais segurança, prosperidade e oportunidades para todos os nossos cidadãos. Acima de tudo, abordamos a minha convicção de que o mundo se encontra numa encruzilhada. No início de 2009, parecia-me que as estrelas se poderiam colocar num alinhamento único para nos proporcionarem a oportunidade de resolver o conflito israelo-palestino e alcançar a paz regional que se nos esquiva há tantas gerações. Afirmei que continuaria a fazer o possível para que tal acontecesse.

No decorrer dessa conversa, um dos meus amigos sugeriu que esta seria uma boa altura para eu escrever um livro sobre tudo o que tinha visto e feito, referindo os meus sonhos acerca do futuro.

Escrever um livro nunca fora algo em que ponderara muito. A minha formação militar faz-me preferir cursos de ação com resultados mais oportunos. Além disso, no meu entender, sou ainda um jovem adulto que, se Deus quiser, só agora assumiu o seu cargo de rei da Jordânia. No entanto, alguém me lembrou que o meu pai publicara um livro, *Uneasy Lies the Head*, em 1962, no ano em que nasci, descrevendo os seus primeiros dez anos como rei. Como sempre me pareceu bem seguir o exemplo de meu pai, comecei a pensar seriamente no assunto.

O primeiro passo era encontrar um editor que pudesse estar interessado em levar a minha história a um público mais alargado. Andrew Wylie e Scott Moyers, da Wylie & Company, uma das mais respeitadas agências literárias americanas, ajudaram-me a navegar pelas complexas águas das publicações internacionais. Foi através deles que conheci Clare Ferraro e Joy de Menil, da Viking Penguin. Clare acreditou imediatamente que a minha história poderia ser interessante para os leitores e começamos a trabalhar juntos no processo de produção de um livro. Joy foi designada como a minha editora. Me beneficiei muitíssimo não só da sua extrema perspicácia e do seu amplo conhecimento de política e história, mas também da forma como sabe apresentar fatos complexos com simplicidade. Joy ajudou-me a conjuntar as partes de uma vida diversificada para formar uma narrativa coerente. O seu assistente, Chris Russel, também foi uma excelente ajuda.

Seria muito difícil depender unicamente das nossas recordações para escrever algumas memórias. Contei com a ajuda de inúmeras pessoas que me refrescaram a memória e me afinaram as opiniões. Por outro lado, recorro a muitos documentos e registos dos nossos arquivos que me forneceram contextos, cores e clareza às recordações mais esbatidas. Tentei conferir a este livro a maior precisão possível. No entanto, sei que sempre que há mais do que uma pessoa na sala, sobretudo quando tentamos reconstruir discussões complexas e importantes em torno de temas como o da paz no Oriente Médio, podemos contar com múltiplas recordações daquilo que se soube. Tudo o que posso dizer é que este livro representa o meu melhor esforço para partilhar convosco as minhas memórias, impressões e opiniões.

Muitas foram as pessoas que me ajudaram a levar este projeto avante. Por questões de espaço, só posso mencionar algumas, mas sinto-me profundamente agradecido para com as muitas outras cujos contributos foram significativos e que não nomearei.

Em primeiro lugar, devo identificar os vários membros da minha equipe da Corte Real que me fizeram extraordinárias contribuições. Foi o meu conselheiro Ayman Safadi, o administrador geral do projeto, com o seu incansável trabalho, a sua atenção aos pormenores e a sua persistência em tornar este livro superior que tornou possível este projeto. Sem ele, o livro jamais teria sido impresso. Mohammad Abu Taleb, o tesoureiro real, demonstrou-se tremendamente enérgico, otimista e entusiasmado, ao conduzir este complexo projeto com toda a tranquilidade para a sua conclusão. Não poderia ter contado com melhor pessoa para me ajudar a garantir que todos os envolvidos cumpririam os prazos e manteriam a concentração. Nadime Khamis, gestora de projetos da Tesouraria Real, foi imprescindível no trabalho de procurar as nuances legais de se publicar um livro em tantos países e línguas. A minha secretária pessoal, Shereen Shuwayhat, fez um trabalho fantástico a transcrever as muitas – muitas – horas de conversa que proporcionaram a base para o material escrito do livro. Além disso, ajudou-me a encontrar documentos e manteve-se atenta aos muitos projetos dos diversos capítulos enquanto trabalhava neles, para se certificar de que eu transmitia os meus pensamentos com precisão.

O chefe de protocolo real, Amer al-Fayez, e a sua equipe, particularmente Seeta Talhouni Mirza, foram essenciais na coordenação das mais de mil entrevistas com oficiais jordanianos atuais e passados, assegurando que o livro refletiria com exatidão as opiniões dos que mais sabiam acerca dos eventos que descrevo. Widad Maria Salah e Shaza Moghraby, do Diretorado para as Comunicações e os Meios de Comunicação Social da Corte Real, fizeram um excelente trabalho de pesquisa e revisão de materiais para o livro. Agradeço igualmente ao Dr. Jafar Hassan, ex-diretor do Diretorado de Assuntos Internacionais da Corte Real e, a partir de 14 de dezembro de 2009, ministro do planejamento e da cooperação internacional, que me ajudou a encontrar um grande número de documentos fulcrais nos arquivos reais. Haron Hassan também merece a minha gratidão por ter ajudado a criar uma página web para o livro.

Muitos amigos, familiares e oficiais jordanianos atuais e antigos partilharam as suas memórias acerca de determinados eventos para me ajudarem a incrementar as minhas. Segue-se uma lista parcial: SM rainha Rania, SAR princesa Muna, SAR príncipe Feisal, SAR príncipe Ali, SAR príncipe Ghazi, SA príncipe Zeid,

Zaid Rifai, marechal-de-campo Abdul Hafez Kaabneh, Dr. Samir Mutawi, general Ahmed Sarhan, Dr. Marwan Muasher, Nasser Judeh, Samir Rifai, Karim Kawar, Dr. Bassem Awadallah, brigadeiro Ali Jaradat, tenente-coronel Nathem Rawashdeh, Dr. Mutayyam al O'ran, Dr. Eric Widmer e Robert Richer.

Os meus especiais agradecimentos a Drosten Fisher pela sua ajuda inestimável com a redação do que se tornou *A Nossa Última Esperança*. Drosten frequentou as universidades de Oxford e Georgetown. Falante de árabe e sério estudioso do Oriente Médio, Drosten teve a amabilidade de pedir uma licença do seu emprego numa firma de consultoria para me ajudar no projeto. Drosten revelou-se espetacular na ajuda que me prestou tanto a reunir e dar forma aos meus pensamentos como a passá-los para o papel.

Como em tudo, sinto uma enorme gratidão para com a minha família alargada. Os leitores desta obra saberão que as minhas sete irmãs, os meus quatro irmãos e os meus inúmeros tios, tias e primos desempenharam um papel fundamental na formação da minha pessoa e ajudando-me a conseguir tudo o que alcancei de bom na minha vida. O meu falecido pai, Sua Majestade o rei Hussein, e a minha mãe, Sua Alteza Real a princesa Muna, deram-me a oportunidade de ter uma vida extraordinária, ver tudo o que vi e fazer o meu melhor para servir o povo da Jordânia.

Deus concedeu-me muitas bênçãos. Contudo, a maior de todas é ser marido de Rania e pai dos nossos quatro filhos, Hussein, Iman, Salma e Hashem. Eles são a luz da minha vida.

Índice remissivo

11 de Setembro, atentados, 238-240
Abbas, Mahmoud (Abu Mazen)
Abdullah II, encontros com, 368, 371, 373-378
Annapolis, conferência (2007), 326-7
condições para acordo, 354, 361, 366-7, 379
Israel – Palestina, esforços pela paz, 320, 326-8, 370-371, 373-377
Netanyahu, encontros com, 360, 371, 374-6
presidente da ANP, 320
Abdel Ilah, príncipe do Iraque, 96
Abdel-Rahman, xeque, 303
Abdullah bin Abdulaziz, príncipe real da Arábia Saudita, 14, 180
Abdullah II, encontro com, 183
Abdullah I ibn Al Hussein, rei da Jordânia
assassinato, 381
e a Revolta Árabe, 24-5
e o conflito israelo-palestino, 27, 29, 231, 289
reino, alcance do, 26
sobre T. E. Lawrence, 24-5
Abdullah II ibn Al Hussein, rei da Jordânia
11 de Setembro, 238-9
Academia do Rei, 218-221, 224
ACL EUA – Jordânia, 206
alcance global, êxito de, 195, 206, 212
ameaças de assassinato, 245-6, 289-291, 302, 338
anistia prisional, 177, 300
ascensão a rei, 162
Bento XVI, alcance, 308-11
caça ao terrorismo, 299-304
Congresso dos EUA, discurso (2007), 341
durante a Guerra no Iraque, 257-267
e os extremistas islâmicos na Jordânia, 289-304
economia, abordagem, 193-195, 200-202, 206-210, 212-13
educação, reformas, 176, 205-6, 212, 217-224
extremistas islâmicos, melhor defesa contra, 307, 336-7, 342
governo, reformas, 214-15
Guerra no Iraque, oposição, 253, 257-8, 263-4, 269
homicídios de honra, campanha contra, 174
início de vida. *Ver* Abdullah II ibn Al Hussein, príncipe da Jordânia
Iraque xiita, 329-331
Israel – Palestina, esforços pela paz, 243-4, 252, 275, 316-19, 341-43, 350-57, 363-379
liderança, preparação pelo rei Hussein, 165-6, 188
líderes mundiais, relações. *Ver nome de cada líder*

Oriente Médio, visita como rei, 182-193
melhorias institucionais, 197-200
Mensagem de Amã, 305-8
mistura religião/política, 255-6
Organização Mundial do Comércio (OMC), 195-6, 202, 206-7
plano de reconstrução do Iraque, 332-3
primeiros ministros de, 170-171, 214
príncipe real de. *Ver* Hussein bin Abdullah II, príncipe da Coroa da Jordânia
programa nuclear, 208-10
Rania proclamada rainha, 172
rede de informação, desenvolvimento, 204
Abdullah II ibn Al Hussein, príncipe da Jordânia
ascensão a rei, 129
avô. *Ver* Talal bin Abdullah, rei da Jordânia
bisavô. *Ver* Abdullah I ibn Al Hussein, rei da Jordânia
como elo diplomático, 116-121
como príncipe real, 150, 155-159
Coreia do Norte, visita, 117-121
durante a guerra de 1967, 35-6, 39
e a família de Saddam Hussein, 94-7
educação, 50, 53-63, 67-70, 73, 88-9, 91
filhos. *Ver* Hashem bin Abdullah II, príncipe da Jordânia; Hussein bin Abdullah II, príncipe real da Jordânia; Iman bint Abdullah II, princesa da Jordânia; Salma bint Abdullah II, princesa da Jordânia
formação militar, Sandhurst, 67-70
Guerra do Golfo (1991), 101-2
invasão iraquiana do Kuwait (1990), 99-100
irmãos, 57, 156-7
lema, 68
linha sucessória, retirada, 47, 143
linhagem, 41
migração judaica para a Palestina, 26-7
mulher. *Ver entradas de* Rania al Abdullah
nascimento, 48
no Exército Britânico, 69-73
no Exército Jordaniano. *Ver* Exército Jordaniano (Forças Armadas da Jordânia)
pais. *Ver* Hussein bin Talal, rei da Jordânia; Muna al Hussein, princesa da Jordânia
passatempos, 108, 114-16
prática desportiva, 59-60, 109
preconceito, experiência, 56, 58-9
proteção na infância, 47, 49, 53, 56, 61
sucessor de, 156
trisavô. *Ver* Hussein bin Ali, xerife de Meca
Abir Muheisen, 57
Abrams, Elliott, 237, 279
Abu Baker al Sediq, 287
Abu Dhabi, Abdullah II, visita como rei, 186
Abu Ghraib, 278-9
Abu Hussein "pai de Hussein", 121
Academia do Rei, 218-9
Acordo de Sharm El Sheikh (1999), 228
Acordo do Estatuto das Forças (2009), 339
Acordo Sykes-Picot (1916), 26
Acordos de Oslo/Declaração de Princípios (1993), 104, 124
Acordos de Paz. *Ver* Acordos de Paz Israelo-Palestinos; Oriente Médio, Acordos de Paz
Ato de União, 30, 231
Afeganistão 240, 288
extremistas islâmicos, 240, 288
guerra dos EUA (2001), 240
ocupação russa, 293-300
Agência Internacional de Energia Atômica (AIEA), 209
Ahmadinejad, Mahmoud, 274, 347
Aisha bint al Hussein, princesa da Jordânia
educação, 114
mãe de, 55, 57
na Clínica Mayo, 147
no Exército Jordaniano, 114
Akkad, Moustapha, 298
Al Ahliyya, Universidade de Amã, 206
Al Aqsa, intifada, 233-4
Al Aqsa, Mesquita de, 31, 42, 126, 230-3, 309
Al Askari, Mesquita de, 335
Al Bashir, Hospital, 197
Al Haram Al Sharif
Muçulmanos, importância para os, 232
Sharon, provocação, 233-4
Al Qaeda
caçada pela Jordânia, 299-303

conspiração para assassinar Abdullah II, 289-91
Iraque, 271-272, 301-3, 333, 335-7
Jordânia, 298-303
raízes, 291-2
11 de Setembro, atentados, 238-9
Alami, Nadia, 297
Ali bin Al Hussein, príncipe da Jordânia, 57, 203, 239
Ali bin Al Hussein, rei do Hejaz, 24
Alia bint al Hussein, princesa da Jordânia, 57
Aliança Unida Iraquiana (AUI), 334
Allawi, Ayad, 279, 332, 334
Amit, general Meir, 38
Annapolis, conferência de (2007), 326, 348
Ansar al-Islam, 301
Aqaba, 78, 83-5, 207, 210, 212
Arábia Saudita
Abdullah II, visita como rei, 183-5
Jordânia, relações, 183-4
Arafat, Yasser
aprisionado em Ramallah, 241, 243, 246-8, 250
Bush (G. W.), visão de, 243, 250
cirurgia cerebral na Jordânia, 53
e Abdullah II, 177, 190
e os Acordos de Oslo, 104
Fatah, movimento, 45
Israel – Palestina, esforços pela paz, 228, 234
Jordânia, expulsão, 51-2
Memorando de Wye River (1998), 149-150, 227
morte, 320
na Jordânia, violência de, 45, 49, 51
Aramex, 207
armas nucleares, 181
Armitage, Richard, 279
Assad, Bashar al-,190, 372,
Assad, Hafez, al-
Abdullah II, encontro com, 188-190
Clinton (Bill), encontro com, 196-7, 207
montes Golã, ataque (1973), 58
e Hussein da Jordânia, 180, 188-9
Associação Internacional para a Avaliação dos Resultados Educativos, 205
Autoridade Nacional Palestina (ANP)
controle pelo Fatah (2005), 320, 326
Ver também Abbas, Mahmoud
Autoridade Provisória da Coligação (APC), 270, 279
Aviões desviados, 51
Awadallah, Bassem, 194, 280
Ayoubi, Randa, 204
azeite, exportações, 208

Baader- Meinhof, Gangue, 188
Baath, Partido, 46, 96, 180, 188, 270
Bab Al Salam, 153, 157
Balfour, Arthur, 26
Balfour, Declaração de, 26
Batismo, Local do, 309-11
Barak, Ehud
Abdullah II, encontros com, 227-8
Israel – Palestina, esforços pela paz, 228-9, 235-6
sobre Netanyahu, 169-70
Barqawi, Isam Muhammad Taher, 292
Bashir, Omar Al-, 203
Basman, Palácio, 172
Battikhi, General Samih, 145
Bay'at al-Emam, 300
Begin, Menachem, 28, 152, 228
Beidh, Ali Salem Al-, 99
Bento XVI, papa, alcance de Abdullah II, 308-12
Berg, Nicholas, 301
Biden, Joe, 364
Bilbeisi, Ali, 209
Bin Laden, Osama, 288, 295-6, 300-2
Blair, Tony, 161, 202, 371
Bremer, L. Paul, 269-71, 279
Buergenthal, Thomas, 249
Burns, William, 252, 254-5, 280
Bush, George H. W., invasão iraquiana do Kuwait (1990), 98
Bush, George W.
Abdullah II, encontros com, 238, 242-4, 250-6, 274-9, 319
Abu Ghraib, 277-9
administração, neoconservadores, 237, 253, 279-81
Afeganistão, guerra no, 240
Annapolis, conferência, 326, 348
Arafat, 243, 250
democracia no estrangeiro, conceito,

322-3, 332
invasão do Iraque. *Ver* Guerra no Iraque
Iraque como enfoque, 244, 251, 255
Paz israelo-palestina, negligência da, 237, 241-44, 251, 275-6
posição antipalestina, 318-9
Sharon, encontro com, 318

Camberley, Staff College, 68, 90, 93, 100, 257
Camp David, Acordos (de Paz) (1978), 58
Carlos o Chacal, 49
Charles, príncipe de Gales, 99, 123, 161
Carta de Damasco (1915), 24
Carter, Jimmy, 58
Centro Médico Rei Hussein, 53, 160, 168
Chalabi, Ahmad, 271-2, 275, 279, 334
Chambers, John, 202, 204
Cheney, Dick, 238, 246, 262, 269
Cheney, Liz, 280
Chirac, Jacques, 254
Cimeira Árabe (1967), 42
Circassianos, 162
Cisco Systems, 202, 204
Cisjordânia
árabes, alocação para (1949), 30
colonatos israelenses ilegais, 317, 363-4, 376-7
conquista israelense (1967), 40, 105
conquista israelense (2002), 246
construção de muro por Israel, 248-9, 317
controle parcial pela Palestina, 126, 149
moratória à construção, fracasso, 359-378
no Reino Hachemita da Jordânia, 30, 105, 231
refugiados palestinos, 30, 45
separação da Jordânia, 105
separação israelense (2005), 319
Clínica Mayo, 143-6, 158
Clinton, Bill
Abdullah II, encontros com, 195-7, 206-7, 345
Assad da Síria, encontro com, 196, 207
Barak/Arafat em Camp David, 228-9
Declaração de Princípios (1993), 104
Declaração de Washington (1994), 124
envenenamento do líder do Hamas, ajuda, 167-8
Hussein da Jordânia, visão de, 181, 195
Lei de Libertação do Iraque (1998), 181
Memorando de Wye River (1998), 227
Parâmetros Clinton (2000), 234, 237
Clinton, Hillary
Abdullah II, encontros com, 350, 370
e a política do Oriente Médio, 350
Israel – Palestina, esforços pela paz, 350, 364, 371
Comando Árabe Unido, 37
Comando das Operações Especiais (SOCOM)
Abdullah II cria, 129-31
Abdullah II lidera, 144
alerta para problemas internos, 159-60
captura de homicida, 136-7
operação anti-tráfico de droga, 133-5
Comércio Livre, Acordo, 206-7
Companhia Jordaniana de Desenvolvimento das Exportações (JEDCO)
(atual Companhia Jordaniana de Desenvolvimento Empresarial), 114, 121
Companhia Jordano-Francesa de Exploração de Urânio, 209
Conferência de Jericó, 231
Conferência de Paz de Madri (1991), 103
Conferência de San Remo (1920), 26
Conflito Israelo-Palestino
Abdullah I, atos, 29-30
acordos de paz, atos israelenses contra, 149, 227, 247, 346, 377
agressão, justificativa de Israel, 38, 40,
Al Haram Al Sharif, incidente no túnel, 149
assassinato de Yassin, 317-8
calendário dos ataques israelenses, 318, 346
condenação de Israel pela ONU, 247-8, 346, 361
construção de um muro por Israel, 248-9, 317
e líderes governamentais. *Ver líderes específicos e partidos políticos específicos*
e os territórios palestinos. *Ver* Jerusalém Oriental; Gaza; Cisjordânia
falsa associação à "guerra ao terrorismo" 240

Guerra de 1967, 35-44
Igreja da Natividade, cerco, 247-8
intifada Al Aqsa, 233-4
intifada palestina (1987), 105
Jerusalém, captura israelense (1967), 40-1, 232
Judeus, terrorismo, 72
Karamé, invasão israelense (1968), 45-6
Karine A, captura, 240-1
Líbano, invasões israelenses, 71-2, 228, 324
moratória à construção, fracasso, 359--77
negociações/acordos de paz. *Ver* Paz Israelo-Palestina
Netanyahu, atos negativos, 149-51, 227
raízes, 23, 27-30
Sharon, atos negativos, 72, 233-40, 245-9, 315, 317-8
violência das guerrilhas palestinas (1960-80), 45-55
violência sionista (anos 40), 28-9
Conselho Econômico Consultivo, 201
Conversações de Proximidade (2010), 363-72
Coraixitas, tribo, 41
Coreia do Norte, visita de Abdullah II, 117-20
Corte Real (Diwan), 93, 170,
Crawford, James, 249
Cristãos
comunidade jordaniana de, 309-10
Jerusalém, importância para, 150-3
locais religiosos na Jordânia, 310
Cruzadas, 17, 223, 331
Cúpula da Rocha, 126, 232-3

Da'as, Ashraf, 297-8
Dawson's Field, desvio de aviões, 51
Dayan, Moshe, 231
Days Inn de Amã, atentado, 298
Declaração de Princípios (1993), 104
Deerfield, Academia
Abdullah II na, 60-63
Academia do Rei baseada na, 217-224
Deir Yassin, massacre (1948), 29
DeLay, Tom, 311-12
Dhofar, rebelião, 148
Diwan. *Ver* Corte Real (Diwan)
Dori, Coronel Shaul, 130
Dura, Jamal, 234

Eaglebrook, Escola de, 55-62
Eden, Anthony, 33
Egito
- Jordânia, tratado de defesa (1967), 37
Abdullah II, visita como rei, 182-3
Camp David, Acordos de (1978), 58
grupos revolucionários no, 46
Guerra de 1967, 35-43
palestinos, proteção dos, 29
reconquista o Sinai (1979), 58
Suez, crise no, 33, 37
Ver também Mubarak, Hosni; Nasser, Gamal Abdel; Sadat, Anwar
Emirados Árabes Unidos, Abdullah II visita como rei, 186
Erdogan, Recep Tayyep, 318
Escudo Defensivo, 246
Eshkol, Levi, 38
estados árabes. *Ver* Oriente Médio
Estados Unidos da América
11 de Setembro, atentados, 238-9
Guerra do Golfo (1991), 101-2
Jordânia, ACL, 206-7
migração judaica para a Palestina, posição, 26-7
reféns no Irã (1979), 94
Ver também cada presidente norte-americano
Estrada do Rei, 78, 219
estreito de Tiran, 37
Exército da Jordânia. *Ver* Exército Jordaniano (Forças Armadas da Jordânia); Força Aérea Real da Jordânia
Exército do Profeta Maomé, 288
Exército Jordaniano (Forças Armadas da Jordânia)
Abdullah II comandante das Forças Especiais, 111, 115, 122-3, 129
Abdullah II comandante, 86-7, 107
Abdullah II cria Comando das Operações Especiais, 129-30
Abdullah II progresso no, 86, 208
Abdullah II, início de carreira, 75-91

Abdullah na unidade blindada, 75-80
Aisha general brigadeiro, 115
força do, 39, 52, 77-9, 86
guerras combatidas, 75, 78
membros, perfil de, 76-77, 79
pára-quedistas, 122-3, 129-30
Exército Vermelho Japonês, 49
extremistas islâmicos, 291-6
caça pela Jordânia, 299-80, 302-3
melhor defesa contra, 307-8, 337, 342
na Jordânia, 289-303
no Afeganistão, 240, 288
no Irã, 93-4, 292
no Iraque, 270, 272, 300-3
objetivos, 287-8, 298-9
takfiristas, crenças/atos, 287-90, 293
Ver também grupos específicos

Fadlallah, Muhammad Hussein, 331
Fahad Al-Ahmad Al-Jaber Al-Sabah, xeque do Kuwait, 97
Fahd bin Abdulaziz Al Saud, rei da Arábia Saudita, 98, 180
Faisal I ibn Al Hussein, rei da Síria e do Iraque, 24
Faisal II, rei do Iraque, 96
Farraj, Dr. Samir, 189
Fatah, Partido
ANP controle pelo, 322
fundação, 45
Hamas, conflito, 326-7
Fatwas, 293
Faux, George "Gig", 61-3, 101, 109, 112, 218, 223
Fayez, Faisal, 118-20
Fayyad, Salam, 354
Fedayeen. *Ver* guerrilhas palestinas
Feisal bin al Hussein, príncipe da Jordânia
como comandante da Força Aérea, 259
e a família de Saddam Hussein, 94-6
educação, 50, 55, 56, 60, 63
guerra de 1967, 36, 39
Feith, Douglas, 237, 279-80
Fiéis do Monte do Templo, 233
Filhos do Iraque, 337
Foley, Laurence, 293
Força Aérea Real da Jordânia, 40
Forças Especiais, Abdullah comandante, 90, 121-2, 129
Fort Knox, 86-7
Fórum Católico – Muçulmano, 309
Fórum Econômico Mundial (2000), 202-3
Fórum Econômico Nacional (1999), 200-2
França
e a crise no Suez, 32
e o mundo árabe, pós-Primeira Guerra Mundial, 25
Franks, Tommy, 240, 260-2
Frente Popular para a Libertação da Palestina (FPLP), 51
fundamentalistas
islâmicos, 286-9
Ver também extremistas islâmicos
Fundo de Desenvolvimento do Rei Abdullah II, 207

Gabinete de Design e Desenvolvimento do Rei Abdullah II (GDDRA), 208
Gardiner, Antoinette. *Ver* Muna al Hussein, princesa da Jordânia
Gates, Bill, 202
Gaza
Abdullah II, visita como rei, 190-1
ajuda humanitária da Jordânia a (2009), 347
bloqueio israelense (2007), 346
captura israelens (1967), 39-41, 125
invasão israelense (2006), 324
invasão israelense (2008), 346-8
ocupação pelo Hamas (2007), 326, 328,
separação de Israel (2005), 354-5
Gemayel, Bachir, 72
Georgetown, Universidade de, 88, 89
Ghazi bin Muhammad, príncipe da Jordânia
e a família de Saddam Hussein, 94-6
e a Mensagem de Amã, 305-6
guerra de 1967, 39
Papa, alcance, 308
Glubb, *Sir* John, 101
Goldberg, Arthur, 42
Goldstone, Richard, 346
Golfo Pérsico, presença americana, 89, 101
Grã-Bretanha
e a crise no Suez, 33
e o mundo árabe, pós-Primeira Guerra Mundial, 23-8
Guerra no Iraque, 257, 334
Mandato sobre a Palestina, 26, 28
Grand Hyatt de Amã, atentado, 298-9, 302

Grande Mesquita, captura, 292
Guarda Real, 162
Guerra do Golfo (1991), 101
Guerra no Iraque
  Abdullah II, oposição, 253, 257-8, 264, 269
  Abu Ghraib, 277-8
  Oriente Médio, reação, 258, 264, 265-6, 276
  progressão, 262-79
  rescaldo, caos, 269-72, 276-7
  território jordaniano fora de alcance, 259-62
Guerrilhas palestinas
  na Jordânia, 45-53
  ameaça ao mundo árabe, 46
  violência (anos 60–70), 45-54
  Ver também grupos específicos

Habib, Philip, 71
Haganah, 28, 315
Hajj, 285, 286
Hakim, Abdul Aziz, 330
Halaby, Lisa. *Ver* Noor, rainha da Jordânia
Halevy, Efraim, 84
Halutz, Dan, 260
Hamad bin Isa Al Khalifa, príncipe real do Bahrein, 69
Hamas
  bombistas suicidas, 238, 247, 290
  controle do governo (2005), 321-3
  Fatah, conflito, 325-7
  Gaza, ocupação pelo (2007), 325, 327
  líderes, assassinato de, 167
  na Jordânia, 167
  pagamentos fiscais/ajuda suspensa por Israel (2006), 321
Hamzah bin al Hussein, príncipe da Jordânia
  e a linha sucessória, 146, 151, 156, 165
  mãe de, 57
Hashem bin Abdullah II, príncipe da Jordânia, 386
Hashemiyah, Palácio, 127
Hashim bin al Hussein, príncipe da Jordânia, 57, 173
Hachemitas, família dos
  guardiães de Jerusalém, 41, 105, 124, 149, 231-2, 309
  história, 23, 41, 183, 231
  no Iraque, 96
Hassan bin Talal, príncipe real da Jordânia
  Hussein nomeia sucessor, 47, 143, 146
  reprimenda de Hussein, 157-8
  retirado da linha sucessória, 157
  rumores da morte de Hussein espalhados por, 143-7
  ultrapassa cadeia de comando, 147, 149, 153, 157-8
Haya bint Al Hussein, princesa da Jordânia, 57
Helms, Richard, 38
Hercules, 90
Herut, Movimento, 28
Hezbollah, invasão de Israel (2006), 323-5
Hikma, 207
Hodermarsky, Dan, 62
homicídios de honra, 173
Hussein bin Abdullah II, príncipe real da Jordânia
  e a linha sucessória, 156, 165
  e a visita do Papa Bento, 309
  na Academia do Rei, 221
  nascimento, 121
  relação com Hussein (Rei), 144
Hussein bin Ali, xerife de Meca
  filhos, 23
  Revolta Árabe, 24-26, 231, 232
Hussein bin Talal, rei da Jordânia
  a Síria ataca a Jordânia (1970), 51
  Acordos de Oslo, reação a, 104
  apoio pró-Ocidente, 37
  câncer, atos durante a doença, 143-60
  caráter, 50, 83-5, 160, 155-6
  casamentos, 48-9, 57-8
  Cimeira Árabe (1967), 42
  Cisjordânia, cisão com, 105
  Clinton (Bill), visão, 181, 195
  como rei, 32
  divórcios, 55, 57
  e a invasão iraquiana do Kuwait (1990), 97-100
  e a libertação do xeque Yassin, 168
  e Assad, 188-9
  e o filme *Lawrence da Arábia*, 24-5
  e os Fedayeen, 45-53, 51-52
  e Qadhafi, 186-7
  educação, 31-3
  esforços de mediação mal-interpretados, 99, 100, 169
  George (H. W.) Bush, diplomacia com, 99

Guerra de 1967, 35-44
Guerra do Golfo (1991), 101-2
Israelo-Palestino, conflito, abordagem, 83-5, 149-51, 244-5, 381-2
Jerusalém, amor a, 125-6
Karamé, invasão israelense de, 45-6
Memorando de Wye River (1998), 149-50
montes Golã, batalha (1973), 58
morte e funeral, 160-2
mulheres, visão, 114, 121
pai, assassinato do, 31-2, 231
Prêmio Nobel, nomeação, 152
Príncipe real de. *Ver* Abdullah II ibn Al Hussein, príncipe da Jordânia; Hassan bin Talal, príncipe real da Jordânia
Rabin (Yitzhak), relação com, 124-5, 126
Saddam Hussein, esforços de mediação com, 93-100
Suez, crise, 34
tentativas de assassinato, 46, 50-1, 143
Hussein, Qusay
caráter, 94-6, 100, 129
e Abdullah II, 95-6
morte, 276
traficante de droga, 133
Hussein, Raghad, 127-9
Hussein, Rana, 127-9
Hussein, Saddam
captura, 276
execução, 336
filhas, exílio na Jordânia, 127
Hussein da Jordânia, esforços de mediação com, 93-100, 188-9
invasão do Kuwait (1990), 97-100
mata genros, 128-9
palácio, 94-5
personalidade, 95
Hussein, Uday
acusação de homicídio, 97
caráter, 94-6, 129
e Abdullah II, 95-6
morte, 276

Ibn Saud, rei da Arábia Saudita, 183
Igreja da Natividade, 310
cerco israelense, 247
Igreja do Santo Sepulcro, 230, 309-10
Iman bint Abdullah II, princesa da Jordânia, 289
Iman bint al Hussein, princesa da Jordânia, 173
Império Otomano, Revolta Árabe contra, 23-6
Indiana Jones e a Última Cruzada, 210-1
Iniciativa de Paz Árabe (2002), 245-6, 248, 327, 347-352, 355-7, 365-6, 370, 379
Instituto Cardiovascular Rainha Alia, 168
Instituto de Artes Cinematográficas do Mar Vermelho, 212
Irã
complexidade política do, 274
crise reféns americanos (1979), 94
Iraque, guerra (1980-1988), 89, 93
Iraque do pós-guerra, influência, 329--36
Jordânia, relações, 272, 331
programa nuclear, 209, 273, 362
Revolução (1979), 93-4, 291
Iraque
Abdullah II, plano de reconstrução, 332-3
Al Qaeda, 271, 272, 301-3, 333, 337-8
Aliança Unida Iraquiana (AUI), 334-5
atentados à embaixada da Jordânia, 272-3, 332
EUA, Guerra. *Ver* Guerra no Iraque
grupos revolucionários, 46
Guerra do Golfo (1991), 101-2
Hachemitas, massacre da família, 96
instalações de armamento, ataques dos EUA (1998), 181
invasão do Kuwait (1990), 93, 97-8
Irã, Guerra (1980-1988), 89, 93
Jordânia, relações, 180
líderança alauíta, 300
objetivos democráticos dos EUA, 181
palestinos, proteção dos, 29-30
poder xiita, pós-guerra, 329-30
retirada dos EUA, 332-3
Síria, relações, 188-9
Ver também Hussein, Saddam
Irgun, 28-9
Elizabeth II, rainha da Inglaterra, 68, 70, 80
Islã
grupos extremistas. *Ver* extremistas islâmicos
Jerusalém, importância, 231-3

Mensagem de Amã, 305-7
Pilares do Islã, 285-6
princípios básicos, 286-7
Islã ibadista, 306
Islã sunita, 292, 306
Islã xiita, 292, 306
Israel
Abdullah II, visita como rei, 228-9
exército, poder do, 38
formação, história da, 26-30
grupos radicais, 233, 315
Jordânia, tratado de paz, 85-6, 105, 123-5
programa nuclear, 209

Jaafari, Ibrahim Al, 334
Jabal Rum, 223
Janakat, Samih, 112
Jayousi, Azmi, 294
Jenin, ataque a, 246
Jerash, 78
Jerusalém
atos israelenses, potenciais consequências,
232-3
Muçulmanos, importância para, 231-3
ocupação israelense (1967), 41-4, 233
santuários sagrados, proteção jordaniana,
42, 124, 149, 231,
violência sionista (anos 40), 28
visão histórica, 28-9, 230
Ver também Jerusalém Oriental
Jerusalém Oriental
captura israelense (1967), 40-3, 125, 231
colonatos israelenses ilegais, 317, 350-2, 361
luta da Palestina por, 30, 39-40, 229, 231, 233-4, 246
moratória à construção, fracasso, 359-382
reformas da educação jordanianas em, 176
reivindicação de Israel, 321, 364
Jesus Cristo, importância na Jordânia, 310
Jihad Muqaddas, 31
Jihad, 286
Jogos Olímpicos, massacre (1972), 55
Johnson, Lyndon, guerra de 1967, 38-39, 42
Jordan River Foundation, 121
Jordânia
Arábia Saudita, relações, 183-4
Arafat/OLP na, 45, 49-50, 51
comunidade cristã na, 309-11
crises econômicas, 193-5, 212
de Abdullah I. *Ver* Abdullah I ibn Al Hussein, rei da Jordânia
de Abdullah II. *Ver* Abdullah II ibn al Hussein, rei da Jordânia
de Hussein. *Ver* Hussein bin Talal, rei da Jordânia
Egito tratado de defesa (1967), 37
exército. *Ver* exército jordaniano (Forças Armadas da Jordânia); Força Aérea Real da Jordânia
filmes rodados na, 24-5, 210
Guerra do Golfo(1991), impacto na, 102-3
Irã, relações, 272-3, 331
Iraque, relações, 180
Iraquianos, refugiados, 105
Israel, tratado de paz, 86, 105, 125-26
Jerusalém, santuários sagrados, proteção pela, 41-2, 124, 149, 231
Kuwait, relações, 177, 207
locais belos/interessantes na, 78, 210, 219, 223, 310-1, 343-4
mulheres, educação, 174-5
países circundantes, 180
petições dos cidadãos ao rei, 170
refugiados palestinos na, 30-31, 41, 45, 105, 191
reis, regras de sucessão, 31, 381
Síria, relações, 188-90
sistema de governo, 170, 214
Talal bin Abdullah torna-se rei, 31
Judeh, Nasser, 350
Judeus
movimento sionista, 26
Palestina, imigração para, 26-7
Ver também entradas de Israel
Juma, Aoun, 115

Kaaba, 231, 285
Kaabneh, marechal-de-campo Abdul Hafez, 129, 145-6
Kabariti, Abdul Karim, 152, 171

Kadima, Partido, 321-2, 349-50
Kahan, Comissão, 72
Kamel, Hussein, 100, 127-8
Kamel, Saddam, 127-8
Karamé, invasão israelense (1968), 45-6
Karine A, 240-1
Kawar, Tawfiq, 108
Kerak, castelo, 78
Khair, Saad, 264
Khalayleh, Ahmed Fadil Nazzal. *Ver* Zarqawi, Abu Musab al-
Khalifa Bin Zayed al Nahyan, emir de Abu Dhabi, 186
Khamenei, Aiatola, Abdullah II, encontro com, 273
Khasheb, Abu, 139
Khatami, Mohammad, Abdullah II, encontro com, 272
Khomeini, Aiatola, 94, 291
Khoury, Hussam, 204
Kim Il-sung, 117-8
King David, Hotel, 28
Kuwait
- invasão iraquiana (1990), 93, 97-8
- Jordânia, relações, 176

Latrun, batalha de (1948), 29
Lawrence da Arábia (filme), 24-25
Lawrence, T. E., 24-25
Legião Árabe, 29-31
Lei de Libertação do Iraque (1998), 181-2
Líbano
- guerrilhas palestinas, 53-4
- invasão israelense (1982), 71-72
- invasão israelense (2000), 228
- invasão israelense (2006), 324
- retirada parcial israelense (2000), 228

Líbia
- Abdullah II, visita como rei, 186
- Jordânia, relações, 186-7

Lieberman, Avigdor, 349
Liga Árabe
- cimeira (2009), 347, 349-352
- cimeira (2010), 365-6
- invasão do Kuwait (1990), 98

Likud, Partido, 233, 321
Livni, Tzipi, 321
Lohamei Herut Israel (*Stern Gang*), 28

Madrasati (A Minha Escola), 176
Mahdi, 292-3
Majali, Coronel Hussein, 146-7
Majali, Habis, 30
Majed, Mohammad, 159
Maktoob, 204
Maliki, Nouri al
- Abdullah II, encontro com, 338
- liderança iraquiana, 334-5

Malvinas, Guerra das (1982), 71-2
Mandato Britânico, 26, 28-9
Maomé, Profeta
- descendência dos líderes jordanianos, 41,
- e Jerusalém, 230, 231

Mapa Mosaico de Madaba, 219, 311
Maqdisi, Abu Muhammad al-, 292, 300
Masri, Safwan, 218
McMahon, *Sir* Henry, 24
Meca
- e família Hachemita, 23, 41, 183
- Grande Mesquita, captura, 292-3
- local, 180
- Muçulmanos, importância para os, 231-2, 285

Medina, 180, 183, 232
Oriente Médio
- Abdullah II, visita como rei, 182-3
- debilidade militar, 29, 37-38
- diversidade de povos, 179
- e o colapso soviético, 91
- estados pró-Ocidente, 37
- estados pró-soviéticos, 37, 46, 90-1
- modernização, 173-6, 184-6
- nacionalismo, século XX, 23, 46
- palestinos, proteção, 103
- política, natureza pessoal, 181-2, 196
- Revolta Árabe, 24-7
- tratados entre os países do. *Ver* Oriente Médio, Acordos de Paz. *Ver também cada país*

Oriente Médio, Acordos de Paz
- Cimeira de Rabat (1974), 105
- Declaração de Washington (1994), 124-5
- Jordânia – Egito, 37
- Jordânia – Israel, 85-6, 104

Memorando de Wye River(1998), 149, 227, 381
Mensagem de Amã, 305
Meshaal, Khaled, 166-169, 318

Miliband, David, 351
Mitchell, George, 350
Mohammad bin Zayed al Nahyan, príncipe real de Abu Dhabi, 186
Monte do Templo, 233
Monte Nebo, 311
montes Golã
  conquista israelense (1967), 39-42
  tentativas de reconquista da Síria (1973), 58
Mordechai, Yitzhak, 131
Mossad, 37, 84, 166
Movimento de Resistência Judaica, 315
Moyne, *Lord* (Walter Edward Guinness), 28
Muasher, Marwan, 254-5
Mubarak, Hosni
  Abdullah II, encontros com, 182-3, 370-1
  ameaça de assassinato, 245-6
  e Hussein da Jordânia, 98, 180
  Israel – Palestina, esforços pela paz, 320-6
Muhammad bin Talal, príncipe da Jordânia, 31
Muna Al Hussein, princesa da Jordânia
  corte/casamento com Hussein, 48
  divórcio, 55
  e o filme *Lawrence da Arábia*, 24
  passado, 48
Muro de Berlim, queda, 91
Mutaib bin Abdulaziz, príncipe da Arábia Saudita, 184

Nações Unidas (ONU),
  condenação de Israel, 247-8, 346, 361
  e a invasão iraquiana do Kuwait (1990), 97-9, 99
  forças no Líbano (1978), 71
  política de terra-pela-paz, 42
  Resolução 242 (1967), 42
  solução de dois Estados, 29
Nadwa, Palácio, 94
Nasrallah, Hassan, 326
Nasser bin Jamil, sharif da Jordânia, 32, 50
Nasser, Gamal Abdel
  atos contra a Jordânia, 39
  apoio pró-soviético, 37-8
  crise no Suez, 46
  encerramento do estreito de Tiran, 37
  guerra de 1967, 37-9
Nasseritas, 46
Netanyahu, Benjamin
  Abbas, encontros com, 360, 371-5
  Abdullah II, encontros com, 168-9, 355-6, 369-78
  como influência negativa, 149, 166-9, 227, 355, 361
  e fracasso da moratória à construção, 360, 363-4, 369, 375
  Guerra de 1967, 35-44
  Israel – Palestina, esforços pela paz, 349-50, 352, 355-6, 360, 363, 368, 371-2, 374
  Memorando de Wye River(1998), 149-50, 227,
  tentativas de assassinato na Jordânia por, 167-9
Nixon, Richard, 57
Noor, rainha da Jordânia, 57, 146, 152, 158, 172-3

Obama, Barack
  Abdullah II, encontros com, 344-5, 352-4, 363-4, 368, 371-4
  e a retirada norte-americana do Iraque, 339
  Israel – Palestina, esforços pela paz, 349, 351-4, 359-61, 366-7, 371, 373-4, 376
  Oriente Médio, visitas, 343-4
  novos colonatos israelenses, reação, 364
Olmert, Ehud
  Annapolis, conferência (2007), 326-7
  Gaza, bombardeio (2008), 346-7
  Líbano, invasão (2006), 324-5
  primeiro-ministro, 321
  demissão, 349
Omã,
  Abdullah II, visita como rei, 185-6
Omar bin al-Khattab, Califa, 230
opção jordaniana, 380-81
Operação Paz na Galileia, 71
Organização Mundial do Comércio (WTO), 195-6, 202, 206-7
Organização para a Libertação da Palestina (OLP)
  como representante legal dos palestinos, 105
  expulsão da Jordânia, 51-2

expulsão do Líbano, 71-2
fundação, 45
na Jordânia, 45, 49-53
Ver também Arafat, Yasser
Oslo II (1995), 126
Otaibi, Juhayman al-, 292

Pacto de Omar, 230
Pahlavi, Mohammad Reza, xá do Irã, 272,
Palestina
esforços para o estatuto de estado. *Ver* Paz israelo-palestina
Judeus, conflito. *Ver* conflito israelo-palestino
migração judaica para, 26-9
reformas na educação, 176
refugiados na Jordânia, 29-30, 41, 45, 105, 190
territórios. *Ver* Jerusalém Oriental; Gaza; Cisjordânia
Paz israelo-palestina
Abdullah I, esforços, 26-7, 289
Abdullah II, esforços, 243, 252, 255, 275, 316-9, 341-2, 363-79
Acordo de Sharm El Sheikh (1999), 228
Acordos de Camp David (1978), 58
Acordos de Oslo/Declaração de Princípios (1993), 104, 124,
Annapolis, conferência (2007), 326-9, 348
Bush (G. W.) negligência da, 237, 241-
-4,
251-2, 275
Conferência de Paz de Madri (1991), 103
conversações de proximidade (2010), 363-4, 366
Hussein da Jordânia, esforços, 83-5, 245-6, 380-1
impasse (2009-2010), 359-379
Iniciativa de Paz Árabe (2002), 246-8
líderes mundiais, esforços. *Ver cada líder*
Memorando de Wye River(1998), 149
Oslo II (1995), 126
política de terra pela paz, 42, 149, 245
Resolução 242 (1967), termos, 42
roteiro para a paz, abordagem, 252, 255, 275, 319-20, 326
solução de dois Estados, 29, 251-2, 353-4, 362
Pedra Fundadora, 231
Pembroke College, 73-4
Península do Sinai
conquista israelense (1967), 39-41
devolução ao Egito (1979), 58
tropas de manutenção da paz, 37
Peres, Shimon, 149
Perle, Richard, 237, 271
Petra, 78, 126, 210-1
Pilares do Islã, 285-6
política de terra-pela-paz, 42-3, 149, 245
Ponte Longe Demais, Uma, 123
Powell, Colin, 241-2, 279, 344
Prêmio Nobel da Paz, 152, 190, 252
Prêmio Rei Abdullah II, 224
Programa nuclear
Irã, 209, 272-3, 362
Jordânia, 208-9

Qaboos bin Said al Said, Sultão de Omã, encontro com Abdullah II, 185
Qadhafi, Muammar
Abdullah II, encontro com, 186-7
e Hussein da Jordânia, 186-7
Qibya, ataque (1953), 315
Qualificação das Zonas Industriais (QZI), 201-2
Quarteto, 372

Rabin, Yitzhak
assassinato, 126-7, 166, 183
Declaração de Princípios (1993), 104
Declaração de Washington (1994), 124
Hussein da Jordânia, relação 123-4, 126
no Exército Israelense, 40
Radisson de Amã, atentado, 297, 299
Raghadan, Palácio, 111, 161
Raid, General Abdul Monim, 37
Raiyah bint al Hussein, princesa da Jordânia, 57, 173
Rali Internacional da Jordânia, 109
Rania al Abdullah, princesa da Jordânia
casamento, 107-115
Companhia Jordaniana de Desenvolvimento

das Exportações (JEDCO), trabalho com, 114, 121
defensora questões sociais, 121
encontro e corte com Abdullah II, 107-110
filhos. *Ver* Hashem bin Abdullah II, príncipe da Jordânia; Hussein bin Abdullah II, príncipe real da Jordânia; Iman bint Abdullah II, princesa da Jordânia; Salma bint Abdullah II, princesa da Jordânia
passado, 107-8
vida familiar, 113, 156
Rania al Abdullah, rainha da Jordânia
administração da Fundação, 121
defensora dos direitos das mulheres, 175
e Bento XVI, 309-10
ferramentas de alcance global, 175-6
Fórum Econômico Mundial 203
proclamada rainha, 172
programas de educação lançados por, 176
Rania al Yassin. *Ver* Rania al Abdullah
Rantisi, Abdel Aziz, 318
Rawabdeh, Abdul Raouf, 171
Rawashdeh, Nathem, 137-9
Razaq, Abdul, 143
Reagan, Ronald, 196
reféns
americanos no Iraque (1979), 94
no Kuwait (1990), 97, 99-100
República Árabe Unida, 46
Revolta Árabe, 24-6
Rice, Condoleezza, 254-5, 277, 322, 336
Rifai, Samir, 215, 386
Rifai, Zaid, 50-1, 53, 84
Rihab, escavações, 310
Rio Tinto, 209
Ross, Dennis, 344
Roteiro para a Paz, abordagem, 252, 254, 275, 320, 326
Royal Jordanian, Linhas Aéreas Jordanianas, 121
Rubicon, 204-5
Rumsfeld, Donald, 277, 333
Rússia, visita de Abdullah II, 120

Sabah al-Ahmad al-Jaber al-Sabah, emir do Kuwait, 207 348
Sabra, massacre, 72, 252, 315
Sadat, Anwar
assassinato, 125
visita a Israel (1977), 58
recupera o Sinai (1979), 58
Sadr, Muqtada al-, 336
Said bin Taimur, sultão de Omã, 185
Salafista, movimento, 287-90, 292-3
Salaheddin Minbar, 232
Salma bint Abdullah II, princesa da Jordânia, 309
Salomon, Gershon, 233
Sandhurst
presença da princesa Aisha, 115
presença de Abdullah II, 63, 67-73,
presença de Hussein da Jordânia, 31-2
presença de Talal bin Abdullah, 31
Sarvath El Hassan, princesa da Jordânia, 152
Saud al-Faisal, príncipe da Arábia Saudita, 325
Schwarzkopf, general Norman, 89
Setembro Negro, organização, 53-5
Shalit, Gilad, 323
Sharif Nasser bin Jamil, 32, 50-1
Sharifa Dina Abdel Hamid, 57
Sharon, Ariel
Abdullah II, encontro com,315-7
Al Haram al Sharif, visita, 233
Bush (G. W.) encontro com, 318
construção de muro, 248-9, 317
e massacre dos palestinos, 72, 238, 315
eleição (2001), 237
enfarte/coma, 321
Líbano, invasão(1978), 71-2
no exército israelense, 29, 315
ordens de separação, 320-1
presidente, atos destrutivos, 233-4, 246
Shatila, massacre, 72, 252, 315
Shawabkeh, Jamal, 138-142
Shobak, castelo, 78
Sino Uranium, 209
Sionistas, 28
Síria
Abdullah II, visita como rei, 188-9
ataca a Jordânia (1970), 52-3
ataca montes Golã (1973), 58
guerra de 1967, 41

grupos revolucionários na, 46
Iraque, relações, 188-90
Jordânia, relações, 188-9
Palestinos, proteção dos, 29
Ver também Assad, Hafez, al-
Smith, Chip, 61
Smith, Jim, 61
Sofia, rainha de Espanha, 112
Solução de dois Estados, 251-2, 343, 352-3
Spielberg, Steven, 210-12
St. Edmund's School, 50, 56
Stern Gang, 28
Sudão, Abdullah II, visita como rei, 203-4
Sunitas, partidos
negatividade dos EUA para com, 332
Xiitas, conflito no Iraque, 270, 329-34

Takfiristas, *Ver também* extremistas islâmicos
Tal Al Rumman, 109
Tal, Wasfi , 53
Talal bin Abdullah, rei da Jordânia, 31
Talal bin Muhammad, príncipe da Jordânia
e a família de Saddam Hussein, 94-5
guerra de 1967, 39
Tarawneh, Ahmad, 224-5
Tenet, George, 240
Thatcher, Margaret, 99
Toukan, Alia, 57-8
Toukan, Samih, 204
Transjordânia
devolvida à Jordânia por Israel, 125
refugiados palestinos na, 41
Tratado de Não-Proliferação (TNP), 209
Truman, Harry, 29

U Thant, 42-3
Umra, 285
União Soviética
colapso, e o Oriente Médio, 91
estados árabes pró-soviéticos, 37, 46, 91
Universidade da Jordânia, 206
urânio, jazidas, 208-9
Urbano II, Papa, 231
USS *Cole*, 291
USS *Elrod*, 90
USS *Samuel B. Roberts*, 89
USS *Stark*, 89
USS *Vincennes*, 89

Vella, Perry, 61, 112

Wadi Rum, 78, 126, 223
Waqf, 231
Watts, Sir Arthur, 249
Weymouth, Lally, 279
Widmer, Eric, 219-21
Wolfowitz, Paul, 237, 271, 279, 280

Xiitas, partidos
associação do Irã a, 329-37
poder no Iraque do pós-guerra, 329-36
Sunitas, conflito no Iraque, 270, 329-36

Yassin, Ahmed, Xeque
assassinato, 317-8
libertação israelense, 168-9
Yatom, Danni, 167
Yisrael Beiteinu (Israel é o Nosso Lar), 349

Zahran, Palácio, 111
zairistas, 306
Zarqa, 89
Zarqawi, Abu Musab al-
anistia da Jordânia, 177, 300
desenvolvimento como terrorista, 300-3
Iraque, 272, 300-3
morte, 303
violência na Jordânia por parte de, 272-303
Zayed bin Sultan al Nahyan, emir de Abu Dhabi, encontro com Abdullah II, 186
Zeid bin al Hussein, príncipe do Iraque, 24
Zeid bin Shaker, 84-5
Zein Al Sharaf, rainha da Jordânia, 32
Zein bint al Hussein, princesa da Jordânia, 57, 147, 157,
Zia-ul-Haq, brigadeiro, 41
zonas econômicas especiais, 207

A presente obra, de autoria de Sua Majestade o Rei Abdullah II,
do Reino Hachemita da Jordânia,
teve o seu texto traduzido para o português por Michelle Hapetian,
da Civilização Editora, Porto, Portugal, titular e cedente da tradução,
e adaptado para as características linguísticas e culturais inerentes
à utilização do idioma no Brasil por Luiz Márcio Betetto Scansani,
sendo composta pela Spress em Meridian corpo 11/14pt e impressa
sobre papel Pólen Soft 80 gr/m² e Cartão Supremo 250 gr/m² nas capas
pela Geográfica na cidade de Santo André, SP
para a Linotipo Digital Editora e Livraria Ltda., no inverno de 2014.